工学结合·基于工作过程导向的项目化创新系列教材

桥梁施工技术

QIAOLIANG SHIGONG JISHU

主　编　赵巧明　孙　虎
　　　　赵树青
副主编　王振峰　薛振华
　　　　杜祝遥　高晶晶
　　　　于辉辉
主　审　赵树青

华中科技大学出版社
http://www.hustp.com
中国·武汉

内 容 简 介

"桥梁施工技术"是道路与桥梁、公路与城市道路、公路监理等相关专业的一门主干专业课。本书以交通运输部最新颁布的技术标准和技术规范为依据,结合全国建造师职业资格考试用书等,较全面和系统地介绍了桥梁总论、桥梁测量放样、常用模板支架和拱架的设计与施工、桥梁钢筋混凝土施工、桥梁基础及下部构造施工,同时针对桥梁上部构造的施工,介绍了桥梁上部构造装配式施工、桥梁上部构造支架及逐孔施工和桥梁上部构造悬臂、转体及缆索吊装施工等技术,也介绍了大跨径桥梁施工、桥梁工程质量通病及防治措施等内容。

本书在编写过程中,力争做到深入浅出,注重理论和实践的结合,重点介绍了桥梁结构的施工技术和相关桥梁的构造特点,按照"注重实践技术培养、理论知识够用为度"的原则组织编写内容,强化实用性和可操作性,体现了职业教育的特色。

为了方便教学,本书还配有电子课件等教学资源包,可以登录"我们爱读书"网(www.ibook4us.com)浏览,任课教师还可以发邮件至 husttujian@163.com 索取。

图书在版编目(CIP)数据

桥梁施工技术/赵巧明,孙虎,赵树青主编.—武汉:华中科技大学出版社,2019.3(2023.1重印)
ISBN 978-7-5680-3801-0

Ⅰ.①桥… Ⅱ.①赵… ②孙… ③赵… Ⅲ.①桥梁施工-高等职业教育-教材 Ⅳ.①U445

中国版本图书馆 CIP 数据核字(2019)第 046629 号

桥梁施工技术
Qiaoliang Shigong Jishu

赵巧明 孙 虎 赵树青 主编

策划编辑:康 序
责任编辑:康 序
责任监印:朱 玢
出版发行:华中科技大学出版社(中国·武汉)   电话:(027)81321913
　　　　　武汉市东湖新技术开发区华工科技园   邮编:430223
录　　排:武汉正风天下文化发展有限公司
印　　刷:武汉市籍缘印刷厂
开　　本:787mm×1092mm 1/16
印　　张:19
字　　数:474 千字
版　　次:2023 年 1 月第 1 版第 3 次印刷
定　　价:48.00 元

本书若有印装质量问题,请向出版社营销中心调换
全国免费服务热线:400-6679-118   竭诚为您服务
版权所有　侵权必究

前言

"桥梁施工技术"是道路与桥梁、公路与城市道路、公路监理等相关专业的一门主干专业课。本书以交通运输部最新颁布的技术标准和技术规范为依据,结合全国建造师职业资格考试用书等,较全面和系统地介绍了桥梁总论、桥梁测量放样、常用模板支架和拱架的设计与施工、桥梁钢筋混凝土施工、桥梁基础及下部构造施工,同时针对桥梁上部构造的施工,介绍了桥梁上部构造装配式施工、桥梁上部构造支架及逐孔施工和桥梁上部构造悬臂、转体及缆索吊装施工等技术,也介绍了大跨径桥梁施工、桥梁工程质量通病及防治措施等内容。

本书在编写过程中,力争做到深入浅出,注重理论和实践的结合,重点介绍了桥梁结构的施工技术和相关桥梁的构造特点,按照"注重实践技术培养、理论知识够用为度"的原则组织编写内容,强化实用性和可操作性,体现了职业教育的特色。

本书计划 92 学时,各学习情境分配学时可参考下表。

序号	内容	学时		
		讲授	课程设计	小计
学习情境1	桥梁总论	4		4
学习情境2	桥梁测量放样	6		6
学习情境3	常用模板、支架和拱架的设计与施工	8		8
学习情境4	桥梁钢筋混凝土施工	10		10
学习情境5	桥梁基础及下部构造施工	12	8	20
学习情境6	桥梁上部构造装配式施工	8	8	16
学习情境7	桥梁上部构造支架及逐孔施工	8		8
学习情境8	桥梁上部构造悬臂、转体及缆索吊装施工	6		6
学习情境9	大跨径桥梁施工	8		8
学习情境10	桥梁工程质量通病及防治措施	6		6
	总计	76	16	92

本书共分十个学习情境,每个学习情境又包括多项任务。本书由江苏省无锡交通高等职业技术学校赵巧明、陕西国防工业职业技术学院孙虎、山东交通职业学院赵树青担任主编,赵巧明统稿,由山东交通职业学院赵树青主审。具体编写分工为:山东交通职业学院赵树青编写学习情境1;江苏省无锡交通高等职业技术学校赵巧明编写学习情境9;陕西国防工业职业技术学院

杜祝遥编写学习情境 2;陕西国防工业职业技术学院孙虎编写学习情境 3、10;陕西铁路工程职业技术学院薛振华编写学习情境 4、7;陕西铁路工程职业技术学院高晶晶编写学习情境 5;陕西国防工业职业技术学院王振峰编写学习情境 6;江苏省无锡交通高等职业技术学院于辉辉编写学习情境 8。

希望本教材的出版,能促进高等职业技术学校的道路与桥梁、公路与城市道路等相关专业的教材建设,为培养符合市场需要的高技能人才起到一定的推动作用。

为了方便教学,本书还配有电子课件等教学资源包,可以登录"我们爱读书"网(www.ibook4us.com)浏览,任课教师还可以发邮件至 husttujian@163.com 索取。

由于编者水平有限,书中的不妥和错误之处,敬请各位同仁、读者能批评指正,在此表示衷心感谢。

编 者

2021 年 11 月

目录

学习情境 1　桥梁总论 ·· (1)
 任务 1　桥梁发展概况 ·· (2)
 任务 2　桥梁的组成和分类 ·· (6)
 任务 3　桥梁施工准备 ··· (12)
 复习思考题 ··· (16)

学习情境 2　桥梁测量放样 ·· (17)
 任务 1　桥梁测量放样概述 ··· (18)
 任务 2　桥梁高程测量放样 ··· (20)
 任务 3　桥梁平面控制测量 ··· (25)
 复习思考题 ··· (32)

学习情境 3　常用模板、支架和拱架的设计与施工 ························ (33)
 任务 1　常用模板、支架和拱架的设计 ······································ (34)
 任务 2　常用模板、支架和拱架的施工 ······································ (41)
 任务 3　模板、支架和拱架的拆除 ·· (53)
 复习思考题 ··· (59)

学习情境 4　桥梁钢筋混凝土施工 ·· (60)
 任务 1　钢筋施工 ··· (61)
 任务 2　混凝土施工 ··· (66)
 任务 3　预应力混凝土 ··· (78)
 复习思考题 ··· (88)

学习情境 5　桥梁基础及下部构造施工 ······································· (89)
 任务 1　明挖扩大基础施工 ··· (90)
 任务 2　桩基础施工 ··· (96)
 任务 3　承台施工 ··· (114)
 任务 4　墩台施工 ··· (118)
 复习思考题 ··· (133)

学习情境 6　桥梁上部构造装配式施工 (134)
  任务 1　先张法预制梁板 (135)
  任务 2　预制梁(板)的吊装 (154)
  任务 3　后张法预制梁板 (166)
  复习思考题 (183)

学习情境 7　桥梁上部构造支架及逐孔施工 (184)
  任务 1　支架施工 (185)
  任务 2　逐孔施工 (192)
  复习思考题 (199)

学习情境 8　桥梁上部构造悬臂、转体及缆索吊装施工 (200)
  任务 1　悬臂拼装施工 (201)
  任务 2　悬臂浇筑施工 (206)
  任务 3　转体施工 (220)
  任务 4　缆索吊装施工 (223)
  复习思考题 (225)

学习情境 9　大跨径桥梁施工 (226)
  任务 1　刚架桥的施工 (227)
  任务 2　拱桥的施工 (230)
  任务 3　斜拉桥的施工 (241)
  任务 4　悬索桥的施工 (250)
  复习思考题 (258)

学习情境 10　桥梁工程质量通病及防治措施 (259)
  任务 1　桩基施工质量通病与防治 (260)
  任务 2　预应力钢筋混凝土梁桥的防治 (268)
  任务 3　箱梁桥的通病及防治 (273)
  任务 4　钢筋混凝土结构的防治 (277)
  任务 5　桥面铺装病害的防治 (285)
  任务 6　桥梁伸缩缝病害的防治 (289)
  复习思考题 (297)

参考文献 (298)

学习情境 1

桥梁总论

学习目标

通过本情境的学习,了解国内外桥梁的发展历程及趋势,掌握桥梁的组成及分类,掌握桥梁总体规划设计的基本原则和程序,了解桥梁设计方案的比选,熟悉桥梁建设程序,掌握桥梁施工准备的工作内容。

◈ **知识链接**

试说出图 1-1 中各桥梁的结构形式。

图 1-1　桥梁结构形式

任务1　桥梁发展概况

一、我国桥梁的发展历程

1. 桥梁的作用与地位

桥梁不仅是一个国家文化的象征,更是生产发展和科学进步的表现。改革开放以来,我国公路建设进入了以高速公路为标志的快速发展阶段。随着国家实施积极的财政政策,公路投资力度不断加大,公路建设更是以前所未有的速度向前发展,这对改善人民的生活环境、改善投资环境、促进经济发展,起到了关键性的作用。

在公路、铁路、城市和农村道路以及水利建设中,为了跨越各种障碍(如河流、沟谷或其他道路等),必须修建各种类型的桥梁,因此桥梁是交通线中的重要组成部分。随着科技的进步、工业水平的提高、社会生产力的高速发展,人们对桥梁建筑提出了更高的要求。就其数量来说,即使地形不复杂的地段,每公里路线上一般也有2~3座桥梁。就其造价来说,桥梁一般要占公路全部造价的10%~20%,是保证全线通车的咽喉。同时,桥梁施工也比较复杂。因此,正确、合理地进行桥梁设计和施工,对于节约材料、加快施工进度、降低工程费用、保证工程质量和公路的正常运营,都有着极其重要的意义。

2. 我国桥梁的建设成就

我国古代桥梁的辉煌成就举世瞩目,古代的桥梁不但数量多,类型也较为丰富,几乎包括了桥梁中的最主要的几种形式。其所用的材料多是一些天然材料,如土、石、木、砖等。

根据史料记载,在三千多年前的周文王时期,就曾经在渭河上架设浮桥和建造石桥。隋、唐时期,是我国古代桥梁建设的兴盛年代,其间在桥梁形式、结构构造等方面都有很多创新,可谓"精心构思,丰富多彩"。宋代之后,建桥数量大增,桥梁的跨越能力、造型和功能也有所提高,在桥梁施工方面充分体现了我国古代工匠的智慧和艺术水平,成为我国桥梁建造史上的宝贵财富。

举世闻名的河北省赵县的赵州桥(又称安济桥),就是我国古代石拱桥的杰出代表,如图1-2所示。该桥建于隋大业初年(公元605年左右),是一座空腹式的圆弧形石拱桥,净跨37.02 m,宽9 m,拱矢高度7.23 m。在拱圈两肩各设有两个跨度不等的腹拱,这样既能减轻桥身自重、节省材料,又便于排洪、增加美感。赵州桥采用纵向并列砌筑,将主拱圈纵向分为28圈,每圈由43块拱石组成,每块拱石重1 t左右,用石灰浆砌筑。拱石表面凿有斜纹、腰铁(铁箍),在主拱中拱背上设置5根铁拉杆,拱顶石砌筑采用刹尖方法。赵州桥至今保存完好。

我国是最早建设吊桥的国家,迄今已有三千年左右的历史。据记载,在唐朝中期,我国就从藤索、竹索发展到用铁链建造吊桥,而西方在16世纪才开始建造铁链吊桥,比我国晚了近千年。至今保存较好的古代吊桥有四川省泸定县的大渡河铁索桥(1706年)以及灌县的安澜竹索桥(1803年)等,如图1-3和图1-4所示。泸定县大渡河铁索桥跨长约100 m,宽约2.8 m,由13条锚固于两岸的铁链组成。

我国古代桥梁建筑的历史是辉煌的,可是自1840年鸦片战争以后,我国逐步沦为半殖民地半封建社会,桥梁的发展也停滞不前。新中国成立前,我国的交通落后,可供通车的公路里程很少,质量低劣,公路桥梁绝大多数为木桥,且年久失修,到新中国成立时已经破烂不堪。新中国成立后,我国的公路建设事业突飞猛进。特别是改革开放以来,随着我国国力迅速增强,交通事业快速发展,桥梁建设也取得了很大的进步。

图1-2　赵州桥

图1-3　大渡河铁索桥

图1-4　安澜竹索桥

1957年,第一座长江大桥——武汉长江大桥的胜利建成,结束了我国万里长江无桥的状况,从此"一桥飞架南北,天堑变通途"。它标志着我国建造大跨度钢桥的现代化桥梁技术提升到了一个新的水平。大桥的正桥为三联3×128 m的连续钢桁梁,下层为双线铁路,上层为公路,桥面宽18 m,两侧各设2.25 m人行道,包括引桥全桥总长为1 670.4 m。1969年我国又胜利建成了举世瞩目的南京长江大桥,这是我国自行设计、制造、施工,并使用国产高强度钢材建造的现代化大型桥梁。上层为公路桥,下层为双线铁路,包括引桥在内,铁路桥梁全长6 772 m,公路桥梁全长为4 589 m。桥址处水深流急,河床地质极为复杂,大桥桥墩基础的施工非常困难。南京长江大桥的建成,标志着我国的钢桥建设已接近世界先进水平,也是我国桥梁史上又一个重要的里程碑。

从拱桥的发展历史来看,20世纪50年代左右是我国拱桥发展的全盛时期。1958~1960年期间,我国因地制宜,就地取材,修建了大量经济美观的石拱桥。目前已建成的世界跨度最大的石拱桥,是于2000年建成的跨度为146 m的山西晋城丹河新桥。目前世界最大跨度的混凝土拱桥,当属1997年建成的重庆万县长江大桥,其桥拱净跨径420 m,其主拱圈是采用劲性骨架法进行施工的。此外,我国2003年建成通车的上海卢浦大桥(主跨550 m)及2009年建成通车的重庆朝天门大桥(主跨552 m),两座钢拱桥的跨度皆超过了当时号称"世界第一钢拱桥"的位于美国西弗吉尼亚州的新河峡大桥(主跨518 m)。

预应力混凝土斜拉桥,由于结构合理,跨度能力大,用材指标低和外形美观而迅速发展。我国斜拉桥起步比较晚,1975年建成的跨径76 m的重庆市云阳县的云阳斜拉桥是国内第一座斜拉桥。20世纪90年代以后,因跨越大江大河的需要,斜拉桥得到了快速的发展,陆续修建了一系列特大跨度的斜拉桥。据不完全统计,我国已建成的斜拉桥已超过100座,其中跨度超过400 m的斜拉桥已达20座,居世界首位。目前我国主跨超过600 m的钢梁斜拉桥有5座。

悬索桥的跨越能力在各类桥型中是最大的。我国于1999年9月建成通车的江阴长江大桥,主跨1 385 m,是中国第一座跨度超过千米的钢箱梁悬索桥,当时世界排名第四。该桥在沉井、地下连续墙、锚碇、挂索等工程施工中创造的经验,推动了我国悬索桥施工技术的进一步发展。位于香港特别行政区的青马大桥,全长2 160 m,主跨1 377 m,为公铁两用双层悬索桥,是其标志性建筑。它把传统的造桥技术升华至极高的水平,宏伟的结构令世人赞叹,在世界171项工程大赛中荣获"建筑业奥斯卡奖"。2005年建成通车的江苏润扬长江大桥的南汊主航道桥采用跨径为1 490 m的单孔双铰钢箱梁悬索桥,为当时我国最长的大跨径桥梁。

跨海大桥方面,我国公路2020年远景规划中,跨越渤海湾、杭州湾、琼州海峡及舟山群岛工程等大型工程已列入规划建设阶段。2003年6月开工建设的浙江杭州湾跨海大桥是国道主干线——同三线跨越杭州湾的便捷通道,大桥北起嘉兴市海盐郑家埭,跨越宽阔的杭州湾海域后止于宁波市慈溪水路湾,全长 36 km,大桥建成后缩短宁波至上海间的陆路距离 120 余千米。2006 年 12 月开工建设的青岛海湾大桥又称胶州湾跨海大桥,是我国自行设计、施工、建造的特大跨海大桥。它是国家高速公路网 G22 青兰高速公路的起点段,是山东省"五纵四横一环"公路网上框架的组成部分,是青岛市规划的胶州湾东西两岸跨海通道"一路、一桥、一隧"中的"一桥"。大桥起自青岛主城区海尔路,经红岛到黄岛,大桥全长 36.48 km,投资额近 100 亿元,历时 4 年完工。全长超过我国杭州湾跨海大桥和美国切萨皮克湾跨海大桥,是当时世界上最长的跨海大桥,也是世界第二长桥。大桥于 2011 年 6 月 30 日全线通车。2011 年上榜吉尼斯世界纪录和美国《福布斯》杂志,被《福布斯》杂志称赞为"全球最棒桥梁"。

我国的交通事业和桥梁建设进入了一个全新的时期,一个干支衔接、布局合理、四通八达的公路网已经形成,公路交通对国民经济发展的"瓶颈"制约状况得到了有效缓解。所以,我们应不断努力,不断吸取国内外桥梁建筑的先进技术和有益经验,为我国的桥梁建设做出更大的贡献。

二、国外桥梁建筑概况

悬索桥方面,1883 年建成纽约布鲁克林大桥,跨径达 483 m,开创了现代悬索桥的先河。1937 年建成的旧金山金门大桥,主跨达 1 280 m,保持了 27 年的世界纪录,至今金门大桥仍是举世闻名的桥梁经典之作。1998 年 4 月建成通车的日本明石海峡大桥是日本神户市和濑户内海中大岛淡路岛之间的明石海峡上的一座大跨径悬索桥,主跨径为 1 990 m,居当前世界同类桥梁之首,其桥塔高度也为世界之冠。两桥塔矗立于海面以上约 300 m。桥塔下基岩为花岗岩,但埋置很深,均在海平面 150 m 以下。

世界上第一座现代化斜拉桥是于 1955 年在瑞典建成的斯特罗姆海峡大桥,其主跨达 128.6 m。加拿大的安纳西斯大桥,是世界上较大的斜拉桥,于 1986 年建成,主跨 465 m,桥宽 32 m。桥塔采用钢筋混凝土结构,塔高 154.3 m,主梁采用混凝土桥面板与钢梁组合结构。日本多多罗大桥于 1998 年竣工,是当时跨径最大的斜拉桥,其主跨为 890 m。

世界上最长的拱、梁组合钢桥首推美国的弗莱蒙特大桥。它是一座三跨连续加劲拱桥,主跨 382.6 m,双层桥面。该桥主跨中央 275.2 m 的结构部分重约 6 000 t,采用一次提升架设。克罗地亚的克拉克大桥,桥跨 390 m,是当时世界上跨度第二大的钢筋混凝土拱桥,拱肋为单箱三室断面,采用悬臂拼装法施工,中室先进行拼装合拢,再拼装两侧边室,于 1980 年建成。

于 1977 年建成的奥地利阿尔姆大桥,主跨为 76 m,是世界上最大的预应力混凝土简支梁桥。加拿大的魁北克大桥是世界著名的跨度最长的悬臂桁架梁桥,桥的主跨为 548.6 m,桥全长为 853.6 m。

目前已建或在建的大跨度桥梁统计情况见表 1-1 至表 1-3。

表 1-1 跨海大桥

序号	桥名	总长/km	桥址	建成时间
1	青岛胶州湾大桥	36.48	中国	2011
2	杭州湾大桥	36	中国	2008
3	港珠澳大桥	49.968	中国	2017
4	东海大桥	32.5	中国	2005
5	法赫德国王大桥	25	巴林	1986

表 1-2 悬索桥

序号	桥名	跨径/m	桥址	建成时间
1	明石海峡大桥	1 990	日本	1998
2	西堠门大桥	1 650	中国	2009
3	大贝尔特桥	1 624	丹麦	1998
4	李舜臣大桥	1 545	韩国	2012
5	润扬长江大桥	1 490	中国	2005

表 1-3 斜拉桥

序号	桥名	跨径/m	桥址	建成时间
1	俄罗斯岛大桥	1 104	俄罗斯	2012
2	苏通大桥	1 088	中国	2008
3	昂船洲大桥	1 018	中国	2009
4	鄂东长江大桥	926	中国	2010
5	多多罗大桥	890	日本	1998

三、未来桥梁发展趋势

纵观大跨度桥梁的发展趋势,可以看到世界桥梁建设必将迎来更大规模的建设高潮,同时对桥梁技术的发展方向提出了新的要求,具体如下。

1. 大跨度桥梁向更长、更大、更柔的方向发展

研究大跨度桥梁在气动、地震和行车动力作用下结构的安全性和稳定性,将截面做成适应气动要求的各种流线型加劲梁,增加特大跨度桥梁的刚度;采用以斜缆为主的空间网状承重体系;采用悬索加斜拉的混合体系;采用轻型而刚度大的复合材料做加劲梁,采用自重轻、强度高的碳纤维做主缆。

2. 轻质高性能、耐久材料的研发和应用

新材料应具有高强、高弹模、轻质的特点,玻璃纤维和碳纤维增强塑料从最初作为加固补强材料向最终替代传统的钢材和混凝土两种基本建筑材料方向发展,从而引发桥梁工程材料的革命性转变。在这一过程中,高性能轻骨料混凝土、超高强度钢材和预应力钢材及其防腐工艺的研发也不会停止。

3. 计算机技术的应用

在设计阶段采用高度发展的计算机辅助手段,进行有效的快速优化和仿真分析,运用智能化制造系统在工厂生产部件,利用 GPS 和遥控技术控制桥梁施工等。

4. 大型深水基础工程

目前世界桥梁基础尚无超过 100 m 的深海基础工程,下一步需进行 100～300 m 的深海基础工程的实践。

5. 桥梁设计、施工规范、标准的更新

近年来桥梁建设中出现了一些工程质量事故,对我国桥梁规范的适用范围提出了疑问。普遍的看法是目前的规范用于跨度小于 200 m 的中小跨度桥梁还是合理的,是有试验依据的,但不适应近年来跨度迅速增大的桥梁工程,需要专门针对大跨度桥梁推出专门的规范。因此,应当加快中国桥梁规范的更新和修改周期,改变我国桥梁规范滞后于技术发展的被动局面。

6. 桥梁的健康监测和旧桥加固

随着桥梁长大化、轻柔化和行车速度的提高等因素的影响,大跨度桥梁在运营阶段可能出现结构振动过大以及构件的疲劳、应力过大、老化失效、开裂等问题,并由此危及桥梁的正常使用和安全。这就需要建立完善的健康监测系统,对容易发生损伤的部位及时作出诊断和警报,对桥梁结构的健康状况进行评定,并向养护部门提供维修或加固的决策,以保证桥梁的使用寿命。同时,我国的交通事业在经过二十多年的快速发展期之后,既有桥梁存在的荷载等级不足、年久失修等问题逐渐显现,旧桥的检测和加固的重要性也日益增加。通过正确评估旧桥的现有承载能力,以研究发展旧桥的加固方法,可以延长桥梁结构的使用寿命,更好地保障交通的通畅,获得更大的经济效益。

7. 重视桥梁美学及环境保护

桥梁是人类最杰出的建筑之一,著名的大桥都是宝贵的空间艺术品,成为陆地、江河、海洋和天空的景观,同时也成为城市的标志性建筑。

21 世纪的桥梁结构必将更加重视建筑艺术造型,重视桥梁美学和景观设计,重视环境保护,达到人文景观与环境景观的完美结合。

任务2　桥梁的组成和分类

一、桥梁的组成

桥梁由上部结构、下部结构、支座和附属设施等四个基本部分组成。图 1-5 和图 1-6 分别表示公路上所用的梁式桥及拱式桥的结构图式。一般桥梁工程中主要名词的解释如下。

1. 上部结构

上部结构,又称桥跨结构,是路线遇到障碍(如河流、山谷等)而中断时跨越障碍的主要承重结构。它的作用是承受车辆荷载,并将荷载通过支座传给墩台。

2. 下部结构

下部结构(包括桥墩、桥台和基础等),是支承桥跨结构并将恒荷载和车辆等活荷载传至地基的建筑物。通常将设置在桥梁两端的称为桥台,将设置在两个桥台之间的称为桥墩。桥墩的作用是支承桥跨结构;而桥台除了有支承作用外,还与路堤相衔接,以抵御路堤土压力,防止路堤填土的滑坡和坍落。

桥墩和桥台中使全部荷载传至地基的底部奠基部分,通常称为基础,它是确保桥梁能安全使用的关键。由于基础往往深埋于土层之中,并且需要在水下施工,故基础也是桥梁建筑中施工比较困难的一部分。

3. 支座

支座是一座桥梁在桥跨结构与桥墩或桥台的支承处所设置的传力装置,其作用是传递上部结构的支承反力,包括恒荷载和活荷载引起的竖向力和水平力;保证结构在活荷载、温度变化、混凝土收缩徐变等因素作用下的自由变形。支座按约束方向可以分为固定支座和活动支座等;按材料可以分为简易支座、板式橡胶支座和盆式橡胶支座等。

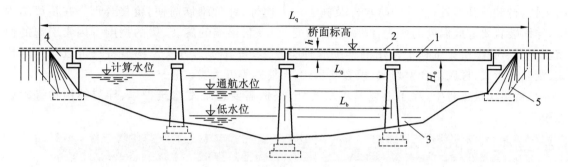

图 1-5 梁式桥的基本组成部分
1—主梁;2—桥面;3—桥墩;4—桥台;5—锥形护坡

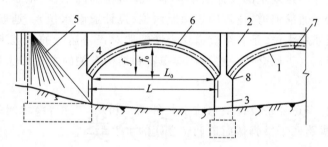

图 1-6 拱式桥的基本组成部分
1—拱圈;2—拱上建筑;3—桥墩;4—桥台;5—锥形护坡;6—拱轴线;7—拱顶;8—拱脚

4. 桥梁的基本附属设施

桥梁的基本附属设施包括桥面系、伸缩缝、桥台与路堤衔接处的桥头搭板和在桥台两侧设置石砌的锥形护坡。其中,桥面系主要包括桥面铺装和防排水设施,如图 1-7 所示。

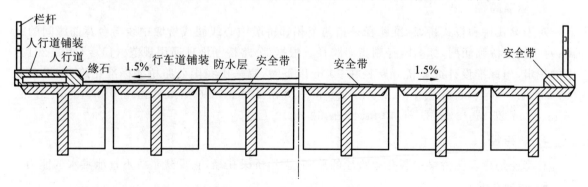

图 1-7 桥面部分的一般构造

桥面铺装可分为沥青混凝土桥面铺装和水泥混凝土桥面铺装等。混凝土桥面铺装层直接承受车辆轮压的作用,既是保护层,又是受力层,因此必须有足够的强度和良好的整体性以及抗冲击与耐疲劳的特性,同时还应具有防水性及其对温度的适应性。

伸缩缝是桥梁结构的重要组成部分。为了适应材料胀缩变形对结构的影响,而在桥梁结构的两端设置的间隙称为伸缩缝。为了使车辆平稳通过桥面并满足桥面变形的需要,在桥面伸缩接缝处设置的各种装置统称为伸缩装置。伸缩装置能满足梁体的自由伸缩,并要求具有较好的耐久性、行驶的舒适性、良好的防水性及施工的方便性,并且维修简便、价格合理。在桥梁结构中,伸缩装置要适应温度的变化、混凝土的徐变及收缩、梁端的旋转、梁的挠度等因素引起的伸缩变化等。我国桥梁工程上使用的伸缩缝种类繁多,按其受力方式及构造特点可以分为对接式、钢制支承式、橡胶组合剪切式、模数支承式、无缝式等五大类。

在桥梁建筑工程中,除了上述基本结构外,根据需要还常常修筑护岸、导流结构物等附属工程。

二、桥梁的主要尺寸和术语名称

河流中的水位是变动的,在枯水季节的最低水位称为低水位;洪峰季节河流中的最高水位称为高水位。桥梁设计中按规定的设计洪水频率计算所得的高水位(很多情况下是推算水位),称为设计洪水位。对于通航河道,还需确定通航水位(设计通航水位)。通航水位包括设计最高通航水位和设计最低通航水位,是各级航道代表性船舶对正常运行的航道维护管理和有关工程建筑物的水位设计依据。下面介绍一些与桥梁布置和结构有关的主要尺寸和术语名称。

1. 净跨径

对于梁式桥来说,净跨径是设计洪水位上相邻两个桥墩(或桥台)之间的净距;对于拱式桥来说,净跨径是每孔拱跨两个拱脚截面最低点之间的水平距离。

2. 计算跨径

计算跨径对于具有支座的桥梁来说,是指桥跨结构相邻两个支座中心之间的距离。对于拱式桥来说,是两个相邻拱脚截面形心点之间的水平距离。因为拱圈(或拱肋)各截面形心点的连线称为拱轴线,故跨径也就是拱轴线两个端点之间的水平距离。桥跨结构的力学计算是以计算跨径为基准的。

3. 标准跨径

对于梁式桥和板式桥,标准跨径是指两个相邻桥墩中心线间或桥墩中线与台背前缘间的距离;对于拱式桥和涵洞,标准跨径则指净跨径。根据《公路桥涵设计通用规范》(JTG D60—2015)中的规定,当标准设计或新桥涵跨径在 50 m 以下时,宜采用我国公路桥涵标准化跨径,规定为 0.75 m、1.0 m、1.25 m、1.5 m、2.0 m、2.5 m、3.0 m、4.0 m、5.0 m、6.0 m、8.0 m、10 m、13 m、16 m、20 m、25 m、30 m、35 m、40 m、45 m、50 m。

4. 总跨径

总跨径是指多孔桥梁中各孔净跨径的总和,也称桥梁孔径,它反映了桥下宣泄洪水的能力。

5. 桥梁全长

桥梁全长简称桥长,是指桥梁两端两个桥台的侧墙或耳墙后端点之间的距离;对于无桥台的桥梁则为桥面系行车道的全长。在一条线路中,桥梁和涵洞总长的比重反映它们在整段线路建设中的重要程度。

6. 桥梁高度

桥梁高度简称桥高,是指桥面与低水位之间的高差,或为桥面与桥下线路路面之间的距离。桥高在某种程度上反映了桥梁施工的难易性。

7. 桥下净空

桥下净空是指为满足通航(或被跨道路路面和铁轨轨面)的需要和保证桥梁安全而对通航水位至桥跨结构最下缘之间规定的距离,它应保证能安全通航和泄洪。按《公路桥涵设计通用规范》(JTG D60—2015)中的规定,高速公路和一级、二级公路上桥梁的桥下净空应为 5.0 m,三、四级公路上桥梁的桥下净空应为 4.5 m。

8. 桥梁建筑高度

桥梁建筑高度是指上部结构底缘至桥面顶面的垂直距离。铁路跨线桥的建筑高度一般不低于 9.5 m,通航河流上架设的桥梁的高度还必须同时满足泄洪的要求。

9. 净矢高

拱桥从拱顶截面下缘至起拱线的水平线间的垂直距离,称为净矢高。拱桥从拱顶截面重心至拱脚截面重心的水平线间的垂直距离,称为计算矢高。

10. 矢跨比

拱桥的拱轴线(或拱肋)的矢高与计算跨径之比,称为拱圈的矢跨比(或称拱矢度)。

三、桥梁的分类

1. 桥梁按受力体系分类

按照桥梁受力体系分类,桥梁可分为梁式桥、拱式桥、刚架桥、斜拉桥和悬索桥等五种基本体系。其中,梁式桥以受弯为主,拱式桥以受压为主,斜拉桥和悬索桥以受拉为主。下面分别介绍各种桥梁体系的主要特点。

1) 梁式桥

梁式桥是一种在竖向荷载作用下无水平反力结构的桥梁,如图 1-8(a)和(b)所示,梁作为承重结构是以它的抗弯能力来承受荷载的。梁分为简支梁、悬臂梁、固端梁和连续梁等,如图 1-8(a)和(c)所示。对于大跨径的特大桥可采用预应力混凝土变截面梁桥钢桥和钢筋混凝土叠合梁桥,如图 1-8(d)和(e)所示。由于外力(永久作用和可变作用)的作用方向与承重结构的轴线接近于垂直,因而与同样跨径的其他结构体系相比,桥梁内产生的弯矩最大,通常需用抗弯、抗拉能力强的材料来建造。

2) 拱式桥

拱式桥的主要承重结构是拱圈(或拱肋),如图 1-9(a)所示。在竖向荷载作用下,拱圈既要承受压力,也要承受弯矩,桥墩和桥台将承受水平推力。同时,根据作用力和反作用力原理,墩台向拱圈(或拱肋)提供一对水平反力 H,这种水平反力将大大抵消在拱圈(或拱肋)内由荷载所引起的弯矩,如图 1-9(b)所示。

3) 刚架桥

刚架桥的主要承重结构et构是由梁(或板)与立柱(或竖墙)整体结合在一起的刚架结构,梁和柱的连接处具有很大的刚性,以承担负弯矩的作用。门式刚架桥,在竖向荷载作用下,受力状态介于梁桥与拱桥之间。

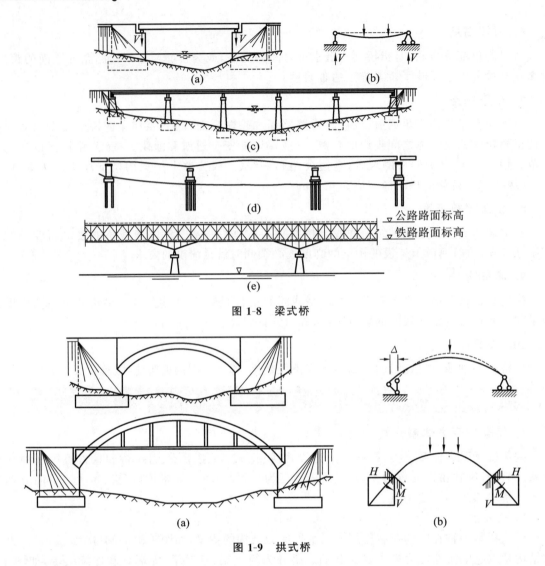

图 1-8 梁式桥

图 1-9 拱式桥

T形刚构桥(带挂孔的或不带挂孔的)是修建较大跨径混凝土桥梁曾采用的桥型,属静定或低次超静定结构。连续刚构桥,属于多次超静定结构,在设计中一般应减小墩柱顶端的水平抗推刚度,使得温度变化在结构内不致产生较大的附加内力。对于很长的桥,为了降低这种附加内力,往往在两侧的一个或数个边跨上设置滑动支座,从而形成连续组合体系桥型。当跨越陡峭河岸和深谷时,修建斜腿刚架桥往往既经济合理又轻巧美观。

刚架是介于梁与拱之间的一种结构体系,它是由受弯的上部梁(或板)结构与承压的下部桩柱(或墩)整体结合在一起的结构。由于梁与柱的刚性连续,梁因柱的抗弯刚度而得到卸载作用,整个体系是压弯结构,也是推力结构。刚架分直腿刚架与斜腿刚架。刚架的桥下净空比拱桥大,在同样净空要求下可修建较小的跨径。

4)斜拉桥

斜拉桥由桥塔、主梁和斜拉索组成,如图 1-10 所示。桥塔主要受压,悬挂在塔柱上的受拉张紧的斜缆将主梁吊住,使主梁像多点弹性支承的连续梁一样工作,这样既发挥了高强材料的作用,又显著减小了主梁截面,使结构减轻而能跨越很大的跨径。

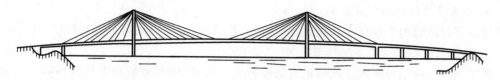

图 1-10 斜拉桥

常用的斜拉桥是三跨双塔式结构,但独塔双跨式结构也较常见,具体形式及布置的选择应根据河流、地形、通航、美观等要求加以论证确定。

5)悬索桥

传统的悬索桥均用悬挂在两边塔架上的强大缆索作为主要承重结构,如图 1-11 所示。在竖向荷载作用下,桥塔受压,通过吊杆使缆索承受很大的拉力,而主梁也是弹性支撑连续梁。吊桥的承载系统包括缆索、塔柱和锚碇三个部分,因此结构自重较轻,能够跨越任何其他桥型无与伦比的特大跨度。吊桥的另一特点是受力简单明了,成卷的钢缆易于运输,在将钢缆架设完成后,便形成了一个强大稳定的结构支承系统,施工过程中的风险相对较小。

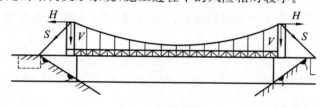

图 1-11 悬索桥

2. 桥梁的其他分类简介

除上述按受力特点将桥梁分成不同的结构体系外,人们习惯按桥梁的用途、规模大小和建桥材料等因素将桥梁分类。

1)按桥梁的用途分类

按照用途的不同可将桥梁分为公路桥、铁路桥、公路铁路两用桥、农桥、人行桥、运水桥(渡槽),以及其他专用桥梁(如通过管路、电缆等)。

2)按桥梁多孔跨径总长和单孔跨径的不同分类

按桥梁多孔跨径总长和单孔跨径的不同可将其分为特大桥、大桥、中桥、小桥和涵洞。我国《公路桥涵设计通用规范》(JTG D60—2015)中对特大桥、大桥、中桥、小桥的划分见表 1-4。

表 1-4 桥梁按多孔跨径总长 L 和单孔跨径 l 分类

桥梁分类	多孔跨径总长 L/m	单孔跨径 l/m
特大桥	$L>1\,000$	$l>150$
大桥	$100<L\leqslant 1\,000$	$40<l\leqslant 1\,150$
中桥	$30<L\leqslant 100$	$20<l\leqslant 40$
小桥	$8\leqslant L\leqslant 30$	$5\leqslant l\leqslant 20$
涵洞	—	$l<5$

3)按桥梁上部结构建筑材料分类

按桥梁上部结构所用的材料可将其划分为钢筋混凝土桥、预应力混凝土桥、圬工桥(包括砖、石、混凝土桥)、钢桥和木桥等。

4) 按桥梁跨越障碍的性质分类

按桥梁跨越障碍的性质可将其划分为跨河桥、跨线桥(立交桥)、高架桥和栈桥等。

5) 按桥梁上部结构的行车道位置分类

按桥梁上部结构的行车道位置可将其划分为上承式桥、中承式桥和下承式桥等。桥面布置在主要承重结构之上的称为上承式桥;桥面布置在主要承重结构之下的为下承式桥;桥面布置在主要承重结构中间的为中承式桥。

6) 按桥梁特殊使用条件分类

按桥梁特殊使用条件可将其分为开启桥、浮桥、漫水桥等。

任务3　桥梁施工准备

桥梁施工准备工作的基本任务是为桥梁工程的施工建立必要的技术和物质条件,统筹安排施工力量和施工现场,它是施工企业做好目标管理,推行技术经济承包的重要依据,也是施工得以顺利进行的基本保证。

施工单位在承接了施工任务后,应尽快做好各项准备工作,创造有利的施工条件,使施工工作能够有计划、连续、均衡地进行,在确保质量和安全的前提下,降低施工成本,按期交工,尽早使工程投入使用,发挥效益。

施工准备通常包括技术准备、劳动组织准备、物资准备和施工现场准备等工作。本任务主要学习桥梁施工准备的基本知识,在学习桥梁施工准备前,我们有必要先了解一下桥梁建设的程序。

一、技术准备

任何工程的技术准备都是施工准备的核心。由于任何技术上的差错及其造成的隐患,都可能造成质量与安全事故,带来生命、财产和经济的巨大损失,因此必须认真做好技术准备工作。

1. 熟悉设计文件、研究和审查设计图纸

施工单位在收到拟建工程的设计图纸和有关技术文件后,应尽快组织工程技术人员熟悉、研究所有技术文件和图纸及其相关资料。通过了解、熟悉、研究设计文件,能够全面透彻地领会设计意图,明确工程建设期限以及整个工程所用的主要材料与设备的数量、规格及来源。检查各种图纸与设计文件是否齐全、清晰、准确,各组成部分之间有无矛盾和错误,以及在几何尺寸、坐标、标高和说明等方面是否一致,技术要求是否准确。

2. 原始资料的进一步调查分析

对拟建工程进行实地勘察,进一步获得有关原始数据的第一手资料,这对于正确选择施工方案、制订技术措施、合理安排施工顺序和施工进度计划是非常必要的。

1) 自然条件的调查

(1) 地质。应了解的主要内容包括地质构造、墩台位处的基岩埋深、岩层状态、岩石性质、覆盖层土质、土的性质和类别、地基土的承载力、土的冻结深度、妨碍基础施工的障碍物、地震级别和烈度等等。

(2) 水文。应了解的主要内容包括河流流量和水质、年水位变化情况、最高洪水位和最低枯

水位的时期及持续时间、流速和漂浮物、地下水位的高低变化、含水层的厚度和流向;冰冻地区的河流封冻时间、融冰时间、流冰水位、冰块大小;受潮汐影响的河流或水域中潮水的涨落时间、潮水位的变化规律和潮流等情况。

(3) 气象。进一步调查的内容一般包括气温、气候、降雨、降雪、冰冻、台风(含龙卷风、雷雨大风等突发性灾害)、风向、风速等变化规律及历年记录;冬、雨季的期限及冬季地层冻结厚度等情况。

(4) 施工现场的地形地物。主要包括建设场地的地形地貌,邻近的房屋、桥梁、道路、输变电线路、通信线路,施工现场的地上与地下障碍物状况等,为编制"四通一平"计划及进行施工现场平面布置提供依据。

2) 技术经济条件的调查

技术经济条件主要内容包括地方建筑施工企业的状况、施工现场的征地拆迁状况、当地可利用的地方材料状况、地方能源和交通运输状况、地方劳动力和技术水平状况、当地生活供应和医疗卫生状况、当地消防与治安状况和参加施工单位的技术力量状况等。

3. 施工前的设计技术交底

设计技术交底一般由建设单位(业主)主持,设计、监理和施工单位(承包人)参加。先由设计单位说明工程的设计依据、意图和功能要求,并对特殊结构、新材料、新工艺和新技术提出设计要求,进行技术交底。然后施工单位根据研究图纸的记录以及对设计意图理解,提出对设计图纸的疑问、建议和变更。最后在统一认识的基础上,对所探讨的问题逐一做好记录,形成设计技术交底纪要,由建设单位正式行文,参加单位共同会签盖章,作为与设计文件同时使用的技术交底和指导施工的依据,以及建设单位与施工单位进行工程结算的依据。当工程为设计施工总承包时,应由承包人主持进行内部设计技术交底。

4. 制订施工方案、进行施工设计

在全面熟悉设计文件和设计图纸后,正确理解设计意图和技术要求,以及进行以施工为目的的各项调查之后,应根据进一步掌握的各种情况和资料,对投标时初步拟订的施工方法和技术措施等进行重新评价和深入研究,以制订出详尽的更符合现场实际情况的施工方案。

施工方案一经确定,即可进行各项临时性结构的施工设计,如基坑围堰,浮运沉井和钢围堰的制造场地及下水、浮运、就位、下沉等设施,钻孔桩水上工作平台,连续梁桥顶推施工的台座和预制场地,悬浇桥梁的挂篮,导梁或架桥机,模板支架及脚手架,自制起重吊装设备,施工便桥、便道及装卸码头的设计。施工设计应在保证安全的前提下,尽量考虑使用现有材料和设备,因地制宜,使设计出的临时结构经济适用、装拆简便、功能性强。

5. 编制施工组织设计

中标后的施工组织设计是施工准备工作的重要组成部分,也是指导工程施工全部生产活动的技术经济文件。编制施工组织设计的目的在于全面、合理、有计划地组织施工,从而具体实现设计意图,优质、高效地完成施工任务。

6. 编制施工预算

施工预算是根据施工图纸、施工组织设计或施工方案、施工定额等文件进行编制的。施工预算是施工企业内部控制各项成本支出、考核用工、签发施工任务单、限额领料以及基层进行经济核算的依据,也是制订分包合同时确定分包价格的依据。

二、劳动组织准备

1. 建立组织机构

建立组织机构应遵循的原则是：根据工程项目的规模、结构特点和复杂程度，系统进行各职能部门的设置，坚持合理分工与密切协作相结合，使之便于指挥和管理，分工明确，责权具体，权责一致。人员的配备应力求精干，以适应任务的需要。

2. 合理设置施工班组

施工班组的设置应认真考虑专业和工种之间的合理配置，技工和普工的比例应满足合理的劳动组织，并符合流水作业方式的要求，同时制订出该工程的劳动力需要量计划。

3. 组织劳动力进场

集结施工力量，组织劳动力进场。进场后应对工人进行技术、安全操作规程以及消防、文明施工等方面的培训教育，并安排好职工的生活。

4. 施工组织设计、施工计划和施工技术交底

施工技术交底应在单位工程或分部分项工程开工之前，按照管理系统逐级进行，由上而下直到工人班组，其方式有书面形式、口头形式和现场示范形式等。施工组织设计、施工计划和施工技术交底的目的是把拟建工程的设计内容、施工计划和施工技术等要求，详尽地对施工班组和工人进行讲解，交代清楚。以保证：①工程能严格按照设计图纸、施工工艺、安全技术措施、降低成本措施和施工验收规范的要求进行施工；②新技术、新材料、新结构和新工艺的实施方案和保证措施得以落实；③有关部位的设计变更和技术措施等事项得以贯彻执行。

5. 建立健全各项管理制度

为了各项施工活动的顺利进行，必须建立健全工地的各项管理制度。这些制度通常包括以下内容：技术质量责任制度、工程技术档案管理制度、施工图纸学习与会审制度、技术交底制度、技术部门及各级人员的岗位责任制度、工程材料和构件的检查验收制度、工程质量检查与验收制度、材料出入库制度、安全操作制度、机具使用保养制度等。

三、物资准备

材料、机具和设备是保证施工顺利进行的物质基础，这些物资的准备工作必须在工程开工之前完成。根据各种物资的需要量计划，分别落实货源、安排运输和储备，使其满足连续施工的要求。物资准备工作主要包括工程材料（如钢材、木材、水泥、砂石等）的准备、工程施工设备的准备、构件的加工准备，以及其他各种小型生产工具、小型配件等的准备，其详细流程如下。

（1）根据施工预算、分部（项）工程施工方法和施工进度的安排，拟订材料、施工机具等物资的需要量计划。

（2）根据各种物资需要量计划，组织货源，确定加工、供应地点和供应方式，签订物资供应合同。

（3）根据各种物资的需要量计划和合同，拟订运输计划和运输方案。

（4）根据拟订的运输计划和运输方案及施工总平面图的要求，组织物资按计划时间进场，并在指定地点、按规定方式进行储存或堆放。

四、桥梁施工现场准备

施工现场的准备工作,主要是为工程的施工创造有利的施工条件,提供必备的物资保证,其具体内容如下。

1. 施工控制网测量

按照勘测设计单位提供的桥位总平面图和测图控制网中所设置的基线桩、水准标高以及重要桩志和保护桩等资料,进行三角控制网的复测,并根据桥梁结构的精度要求和施工方案补充加密施工所需要的各种标桩,建立满足施工要求的平面和立面施工测量控制网。

2. 补充钻探

桥梁工程在初步设计时所依据的地质钻探资料往往因钻孔较少、孔距过大而不能满足施工的要求,因此必须对有些地质情况不明了的墩位进行补充钻探,以查明墩位处的地质情况和可能的隐蔽物,为基础工程的施工创造有利条件。

3. 搞好"四通一平"

"四通一平"是指水通、电通、路通、通信通和场地平整。为了蒸汽养生的需要以及在寒冷冰冻地区特殊性,还应考虑暖气供热的要求。

4. 建造临时设施

按照施工总平面图的布置,建造所有生产、办公、生活、居住和储存等临时用房,以及临时便道、码头、混凝土拌和站、构件预制场地等。

5. 安装调试施工机具

对所有施工机具都必须在开工之前进行检查和试运转。

6. 材料的试验和储存堆放

按照材料的需要量计划,应及时提供材料的试验申请计划,包括混凝土和砂浆的配合比和强度、钢材的机械性能等试验,并组织材料进场,按规定的地点和指定的方式进行储存堆放。

7. 新技术项目的试制和试验

按照设计文件和施工组织设计的要求,认真组织新技术项目的试验研究。

8. 冬、雨季施工安排

按照施工组织设计要求,落实冬、雨季施工的临时设施和技术措施,做好施工安排。

9. 消防、保安措施

建立消防、保安等组织机构和有关的规章制度,布置安排好消防、保安等措施。

10. 建立健全施工现场各项管理制度

根据工程特点,制定施工现场必要的各项规章制度。

五、其他准备

1. 做好分包工作和签订分包合同

由于施工单位本身的力量有限,有些专业工程的施工、安装和运输等均需要委托外单位完成,因此应依据招标文件、投标文件,根据工程量、完成日期、工程质量和工程造价等内容,选择合适的分包单位,并与其签订分包合同,保证分项工程的按时实施。

2. 向监理单位提交开工申请报告

施工单位在做好上述准备工作后,应该及时地填写开工申请报告,并上报业主单位或监理单位批准。施工单位开工必须具备的条件有:①施工图经过会审,图中存在的问题和错误已得到纠正;②施工组织设计或施工方案已经得到监理工程师的批准并进行技术交底;③已办理好施工许可证;④施工力量已经调集,并已经过必要的技术安全和防火教育,安全消防设备已经具备;⑤施工机械和设备已进场,并经过检验,能保证正常运转;⑥材料、成品、半成品等物资能满足连续施工的要求;⑦场内外施工便道已经修通,施工用水、用电、排水和通信能满足施工的需要;⑧附属加工场和职工生活福利设施的建设能满足施工和生活的需要。

复习思考题

1. 桥梁是由哪几部分组成的?
2. 桥梁的基本体系有哪几种?
3. 与桥梁总体布置有关的术语有哪些?
4. 桥梁设计的基本原则是什么?
5. 一般情况下,桥梁的设计程序是怎样的?其中,每一阶段的主要内容是什么?
6. 桥梁施工准备工作包括哪几个方面?
7. 桥梁施工现场准备工作的具体内容有哪些?

学习情境 2 桥梁测量放样

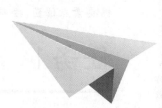

学习目标

1. 知识目标

(1) 熟悉桥梁测量放样。

(2) 掌握桥梁高程控制测量。

(3) 熟悉水中桥墩建筑过程中的测量与放样。

(4) 掌握引桥(或旱桥)的施工测量与放样。

2. 能力目标

(1) 能够进行桥梁的测量放样。

(2) 能够描述桥梁各部位测量放样中应注意的问题。

知识链接

桥梁施工测量的基本任务

根据设计文件,按照规定的精度,将图纸上设计的桥梁墩台位置标定于地面,据此指导施工,确保建成的桥梁在平面位置、高程位置和外形尺寸等方面均符合设计要求。

1. 下部结构的测设

桥梁工程的桩基、承台、立柱、盖梁均根据总样测定。及时熟悉设计图纸、领会设计意图是基本要求,另外还须注意设计图上的墩台轴线桩号不一定是桩位、承台、盖梁的中心点,部分桥墩控制点的前后、左右不一定对称,因此在计算桥墩放样要素时应特别注意,以免出错。

(1) 桩基放样:根据墩台纵横轴线用钢尺测设四根边角桩位,并用钢尺复核这四根桩的相对位置无误后(矩形对角线长度相等原理),就根据这四个点用钢尺测设桥墩的其他桩位。

(2) 承台放样:根据墩台纵横轴线测设。

(3) 立柱放样:根据承台轴线测设立柱纵横轴线。立柱纵横轴线用红三角标注在已浇制完

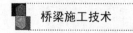

毕的承台上。

(4) 盖梁放样:盖梁是控制跨径和桥面标高的重要项目,因此盖梁测设时必须确保精度。具体测设时可根据墩台纵横轴线测设,并丈量跨径以确保架梁位置。

(5) 各分项工程结构放样、复测都单独分开进行,并经监理复核签证后,方可进行下一道工序的施工。

2. 上部结构与桥面铺装的测设

根据施工图,首先测设桥梁纵轴线和桥墩横轴线,然后按照纵横轴线划出梁位,并测出跨径。

采用坐标法和常规测设方法相结合的手段来测设。首先根据主线及匝道平面线型要素表用坐标法测设要素点位置(中线和边线),即测设直线和曲线的起讫点;然后用常规测设方法根据要素点位置,按照施工需要测设线上各点,直线用通视法,曲线用偏角法。

任务1　桥梁测量放样概述

现代新型桥梁如悬索桥、斜拉桥等,结构设计复杂,均建有很高的索塔,主桥面都为逐段焊接的钢箱梁组成,以高强度的缆索拉紧。这些桥梁的鞍座定位、索导管定位和施工线形控制等都要求极高的精度。因此,测量工作的精度对保证大桥施工与监测的高质量,确保大桥长久正常运营有着极为重要的作用。

1. 桥梁施工测量的原则

先整体后局部,先控制后碎部,先高级后低级,上步工作未作检核,下步工作不准进行。

2. 桥梁施工测量的特点

桥梁施工测量的特点有:控制范围小、点位密度大、精度要求高;控制点使用频繁;受施工干扰大;桥梁控制网一般分两级布设,且两级控制网精度相当;控制网精度需估算。

一、桥梁工程测量的意义

桥梁跨越宽阔的水面,一些桥墩坐落在离岸边数百米甚至数千米的水中,测量的条件十分困难,而定位及安装精度又要求极高,因此必须研究现代测量技术在桥梁中的应用问题,以解决那些属于精密工程测量的关键技术难题。桥梁施工控制网建网的主要目的是精确放样桥梁墩台的位置及其跨越结构的各个部分,以保证实现桥梁的设计跨度和线形及其与两侧道路的正确连接,并依据控制网随时监测桥梁在施工过程中的构造变形和检查已竣工构筑物的施工质量。因此桥梁控制网是桥梁施工放样、结构变形监测和质量检查的基准。为实现桥梁控制网的上述功能,应对控制网建网过程中的坐标系统、起算数据、精度设计、点位与网型布设、施测方法、数据处理和网的质量评价等各环节进行逐项研究。

桥梁工程测量是工程测量学中一个重要的组成部分,主要是研究和解决大桥施工前后所有的测量和放样工作。因此也是桥梁修建过程中不可忽视的重要一环。从实际意义上来说,桥梁工程测量是确保工程质量的关键点之一。为了做好测量工作,客观上要求桥梁建筑行业的行政和技术领导,应给予足够的重视。例如:支持引进新技术的应用;配置必要的仪器、工具及其更新;在工地上给予必要的测量条件等。对每个工程测量人员则要求:①在工作上必须具有严肃的高度责任感,互相协作;②在业务知识上,必须接受新事物,精益求精,不断学习,以提高操作水平。

测量成果是由集体创造的,不论是技术人员或工人,稍有一点疏忽或麻痹大意,往往就会铸成大错,给工程带来严重的质量后果。"失之毫厘,差之千里"应该是工程测量人员必须牢记的座右铭。

二、桥梁工程测量的任务及其基本内容

桥梁工程测量的任务按工程进行的先后步骤可分为以下三个方面。

1. 施工前的勘测工作

这个阶段的测量工作主要是为选择桥址、确定桥跨方案给设计工作提供所必需的水文资料、跨河长度及两岸必要的各种比例尺地形图。其基本内容包括:①收集和测量各种典型水位的流向平面图;②收集和测量最大船只的航道图;③收集和测量桥位地区冲淤变化的固定断面,垂线流速综合图;④收集和测量桥位地区上下游河流水面坡度变化的水流纵断面图;⑤收集和测量桥址区域范围内的1:5 000、1:2 000河床平面图;⑥收集和测绘历年的水位过程线图及逐年最高洪水位和最大流量图;⑦桥址两岸1:5 000、1:2 000的地形图测绘;⑧配合工程地质勘探中的测量定位工作;⑨过江水准测量使两岸的水准点采用统一高程;⑩平面控制网的初测工作,以供布设桥跨及连接两岸里程或坐标。

2. 施工过程中的测量放样工作

在初步文件设计经审查并经国家批准后,即进入施工阶段,就要根据施工组织设计的总平面图的布置,将建筑物和墩、台的位置在实地进行定线放样,以作为施工的依据。其基本内容包括:①对勘测部门移交的平面控制网进行验收及复测,同时根据放样工作的需要,加密施工控点;②永久性的水准基点的验收、复测及配合施工和变形观测需要加密施工水准点及基岩水准点(或深层标)组成高程控制网;③定期检测平面控制网、高程控制网的成果;④水中桥墩基础(如沉井、围笼、管柱等)的测量和放样工作;⑤桥墩、桥台的平面轴线放样和高程放样;⑥施工中的水文观测;⑦架梁过程中的测量放样工作;⑧施工准备阶段的附属工程(如购地、房屋、公路、铁路专用线、电力线路、管路等)的放样和测量;⑨引桥的施工测量工作;⑩竣工测量及墩、台的变形观测。

3. 桥梁竣工测量

墩台施工完成后及架梁前,应进行墩台的竣工测量。对于隐蔽在竣工后无法测绘的工程,如桥梁墩台的基础等,必须在施工过程中随时测绘和记录,作为竣工资料的一部分。桥梁架设完成后还要对全桥进行全面测量。

桥梁竣工测量的目的:测定建成后墩台的实际情况;检查是否符合设计要求;为架梁提供依据;为运营期间桥梁监测提供基本资料。

桥梁竣工测量的内容:测定墩台中心、纵横轴线及跨距;测量墩台各部尺寸;测定墩帽和支承垫石的高程;测定桥中线、纵横坡度;根据测量结果编绘墩台中心距表、墩顶水准点和垫石高程表、墩台竣工平面图、桥梁竣工平面图等;如果运营期间要对墩台进行变形观测,则应对两岸水准点及各墩顶的水准标以不低于二等水准测量的精度联测。

4. 工程竣工后运营期间的测量工作

在大桥建成通车后,为了检查桥的安全质量和稳定的情况,并且验证设计是否正确合理,需要定期对全桥各重要部位进行位移、倾斜、沉陷等内容的观测,其基本内容包括:①墩、台的沉陷、倾斜、位移观测工作应从施工单位接收累计的观测资料后,长期进行下去,其观测时间的密度视工程稳定的情况而定;②钢架支座(特别是活动支座)受温度影响的位移观测工作;③水中墩周围河床洪水期受冲刷的观测;④钢架的预拱度(或下挠度)情况的观测。

凡全桥长度超过 1 000 m 的桥梁工程测量工作,应成立专门的测量组织来进行专业性的工作,特别是当工程量很大,工程性质艰苦复杂且有两岸同时施工时,更应由一个统一的测量队来统筹安排全桥的测量工作。因此,人员的多寡和仪器、工具的配备很难进行标准的规定,必须按照实际的自然地理条件、工程量大小、进度快慢、人员的技术水平和测量设备的状况来具体规划,但必须贯彻技术职责制度和岗位责任制这个管理原则,使技术人员有职、有责、有权,充分发挥技术人员的职能作用。然而作为桥梁工程测量的技术人员还必须具有桥梁工程的知识,善于识图和读图,应基本了解工程结构的设计意图和施工中的工艺,这样才能根据工程质量的要求,确定应该放样的点和线以及选择相应精度的观测方法和技术措施。使测量放样工作具有针对性,避免或减少盲目性,合理解决施工过程中的各种测量问题。

任务2 桥梁高程测量放样

高程控制网的布设形式及技术要求为:高程控制网的主要形式是水准网,布设成闭合环线附合水准路线或节点网;不允许布设水准支线。

水准测量分一、二、三、四等,其中具体要求如下。

(1) 与线路水准点联测的精度要求:当桥长(包括引桥)<500 m 时,四等;当桥长(包括引桥)≥500 m 时,三等。

(2) 跨河水准测量的精度要求:当桥长<300 m 时,三等;当桥长 300~1 000 m 时,二等;当桥长≥1 000 m 时,一等。

(3) 施工水准点在基本水准点间布设成附合水准路线,等级低于三等时,也可用三角高程测量方法。

一、高程测量放样

桥梁水准测量不仅要满足测图和水文测量的需要,而且要在全桥范围内建立统一的高程控制网,以作为精确测定墩、台和各主要建筑物高度、钢梁支座高程以及其他附属工程高程放样的起始依据。对于重要的、工期较长的桥梁而言,测设的高程控制网必须具有较高的稳定性,在建桥过程中作为墩、台基础在施工过程及交付运营前后沉降观测的可靠控制基础。这是一项与平面控制网同样重要的高精度测量工作,一般宜在施工前的勘测阶段进行,同时在施工过程中每年或来年必须进行复测,检查其是否具有垂直位移变动情况。高程控制网由两岸的水准基点及施工水准点组成,联测时还应进行过江水准测量和水准点之间的联测,这样就需要组成不同等级的闭合环或符合路线,并进行平差计算,因而也就涉及各种等级的水准测量。

水准测量的高程依据一般引测自附近的水文站、铁路和国家高等点的系统。由于桥梁的建设牵涉面较广，与船只运行的净空高度、铁路与公路的联络线的衔接以及城市建设布局的影响均有关。所以在正式施工前就应与城建、航道、铁路、公路水文站等有关部门的水准点进行联测协商，采用统一的水准基点高程系统，作为各自高程放样的统一依据，以求得各个工程环节衔接的一致性。

二、桥梁高程测量放样的一般规定

为桥梁工程测设的高程控制网，具有相对的独立性，若其高程系统与全国性水准控制系统相一致的话，也可纳入国家水准点等级行列，因其施测的精度较高，一般均按国家水准测量细则进行操作来取得成果。水准测量等级和测量精度见表2-1。

表2-1 水准测量等级和测量精度（mm）

水准测量等级	每公里高差中数中误差 M_Δ	限差				
		检测已测段高差之差	往返测不符值	符合路线闭合差	环闭合差	左右路线高差不符值
二	≤1.0	$6\sqrt{R}$	$4\sqrt{R}$	$4\sqrt{L}$	$4\sqrt{F}$	—
三	≤3.0	$20\sqrt{R}$	$12\sqrt{R}$	$12\sqrt{L}$	$12\sqrt{F}$	$8\sqrt{R}$
四	≤5.0	$20\sqrt{R}$	$30\sqrt{R}$	$20\sqrt{L}$	$20\sqrt{F}$	$14\sqrt{R}$
五	≤7.5	$30\sqrt{R}$	$30\sqrt{R}$	$30\sqrt{L}$	$30\sqrt{F}$	$20\sqrt{R}$

表中：F 为环线长度（km）；R 为测段长度（km）；L 为符合路线长度（km）。

每公里水准测量高差中数的偶然中误差 M_Δ 按下式计算。

$$M_\Delta = \sqrt{\frac{1}{4n}\left[\frac{\Delta\Delta}{R}\right]}$$

式中：Δ 为测段 R 往返高差不符值（mm）；n 为测段数。

三、高程控制网、埋标的基本要求

1. 选点原则

桥梁水准基点布设的密度应视全桥长度而定，当桥址两岸的引桥长度短于1 000 m时，应各设不少于一个水准基点，若一岸引桥长度超过1 000 m时，则该岸至少设置两座水准基点，一座设在正桥桥头附近，另一座则宜设在正桥桥头至引桥全长的2/3地段附近，这样使水准基点的联测距离基本相等，一条为符合路线，一条为闭合环。为了施工放样方便起见，水准基点间的距离不宜超过2 km，且在水准基点之间，应每隔200 m埋设一个施工水准点，这种施工水准点既可作为水准点联测时的转点或间歇点，又可直接作为建筑物高程放样的后视水准点，只要置一镜就可将高程传递到建筑物上。当然这些水准点的位置既要考虑点位的稳定、安全和长期保存，又必须考虑进行水准联测时应能方便使用。

2. 水准点的结构形式和埋设要求

根据地质条件的不同，水准基点可埋在基岩内，或深埋于原状土内，但决不允许埋在人工土（如大堤、建筑废弃土或地表土等）内，这种人工土有时可深达数米，故埋设时应谨慎勘察。对于重要的桥梁工程，水准基点应力求埋于基岩中。

当交通不便或运输材料有困难时,可采用钢管或铁管作为柱子的水准标石,钢管或铁管的外径不宜小于 6 cm,壁厚为 3 mm,长度约为 70～80 cm,在管顶焊上水准标志,下端距管底 10 cm 处,装上两根成正交的钢轴根络,与混凝土底座相固结。

在桥址线附近若有完整基岩露头时,可埋设基岩水准基点,埋设前,首先对岩层外部的覆盖土及风化层进行彻底清理,然后在基层上开凿一个适当深度的岩坑,在此坑内再凿出两个高差约为 0.1 m 的岩孔,岩孔内必须用水洗净石粉,以 1∶2 水泥砂浆灌注,并分别埋入两个水准标志,每个水准标志上均以混凝土标志盖覆盖。另对副点及其岩坑均盖以混凝土板,然后在四周再修建挡水或排水设备。

3. 水准标志

关于水准标志的形式可参阅《国家一、二等水准测量规范》(GB/T 12897—2006)和《国家三、四等水准测量规范》(GB/T 12898—2009)中的几种形式。一般按材质可分为陶瓷水准标志和金属水准标志两种;按用途可分为墙上水准标志和平埋水准标志。但不管采用哪种形式,任何水准基点、施工水准点、观测沉降标志点或临时水准点都必须埋设水准标志,以作为高程测算的标准点。用一、二等水准测量的水准基点均必须采用不锈钢或铜质标志,三、四等以下的水准测量用水准点标志,则可用瓷质的或镀锌(圆头部分)的钢标志。

四、水准测量实施的有关方法和注意事项

1. 观测的仪器和工具

水准基点之间的精密水准联测,必须采用精密水准仪器及相应配用的精密水准尺来完成。在测量仪器系列化方案中规定:水准仪器的代号为"DS"。我国是按仪器所能达到的精度即每公里往返的高差中数偶然中误差的大小制定的仪器系列型号。并对每一型号仪器的其他参数进行了相应规定。表 2-2 所示为水准管式水准仪的有关技术参数。

表 2-2 水准管式水准仪技术参数

技术参考项目		水准仪系列型号			
		$DS_{0.5}$	DS_1	DS_3	DS_{10}
每公里往返平均高差中误差		0.5 mm	≤1 mm	≤3 mm	≤10 mm
望远镜放大率		≥40 倍	≥40 倍	≥30 倍	≥25 倍
望远镜有效孔径		≥60 mm	≥50 mm	≥42 mm	≥35 mm
管状水准器格值		10″/2 mm	10″/2 mm	20″/2 mm	20″/2 mm
测微器有效量测范围		5 mm	5 mm	—	—
测微器最小分格值		0.05 mm	0.05 mm	—	—
自动安平水准仪补偿性能	补偿范围	±8′	±8′	±8′	±10′
	安平精度	±0.1″	±0.2″	±0.5″	±2″
	安平时间不长于	2 s	2 s	2 s	2 s

精密水准仪器系列指 $DS_{0.5}$ 及 DS_1 级水准仪。它可以在 -25 ℃～5 ℃ 条件下正常工作。这类仪器结构坚固,受温度影响小,望远镜性能良好,水准器灵敏度高,望远镜上附加有平行玻璃板测微器,以提高读数精度。水准管式水准仪上应有倾斜螺旋,倾斜螺旋上有分划尺,以测定视线的微小变化。常用的水准仪有以下几种。

(1) 微倾水准仪。微倾水准仪借助微倾螺旋获得水平视线。其管水准器分划值小、灵敏度高。望远镜与管水准器连接成一体。凭借微倾螺旋使管水准器在竖直面内微作俯仰，使符合水准器居中，视线水平。作业时先用圆水准器将仪器粗略整平，每次读数前再借助微倾螺旋，使符合水准器在竖直面内俯仰，直到符合水准气泡精确居中，使视线水平。微倾的精密水准仪与普通水准仪相比，前者管水准器的分划值小、灵敏度高，望远镜的放大倍率大，明亮度强，仪器结构坚固，特别是望远镜与管水准器之间的连接牢固，装有光学测微器，并配有精密水准标尺，以提高读数精度。中国生产的微倾式精密水准仪，其望远镜放大倍率为40倍，管水准器分划值为$10''/2$ mm，光学测微器最小读数为 0.05 mm，望远镜照准部分、管水准器和光学测微器都共同安装在防热罩内。

(2) 自动安平水准仪。借助自动安平补偿器可获得水平视线。当望远镜视线有微量倾斜时，补偿器在重力作用下对望远镜做相对移动，从而迅速获得视线水平时的标尺读数。这种水准仪与微倾水准仪相比具有工效高、精度稳定等优点。尤其在多风和气温变化大的地区作业时其优点更为显著。

(3) 激光水准仪。激光水准仪利用激光束代替人工读数。将激光器发出的激光束导入望远镜筒内使其沿视准轴方向射出水平激光束。在水准标尺上配备能自动跟踪的光电接收靶，即可进行水准测量。利用激光的单色性和相干性，可在望远镜物镜前装配一块具有一定遮光图案的玻璃片或金属片，即波带板，使之产生衍射干涉。经过望远镜调焦，在波带板的调焦范围内，获得一个明亮而精细的十字形或圆形的激光光斑，从而更精确地照准目标。若在前、后水准标尺上配备能自动跟踪的光电接收靶，即可进行水准测量。

(4) 数字水准仪。数字水准仪是于20世纪90年代发展起来的，其集光机电、计算机和图像处理等高新技术为一体，是现代科技最新发展的结晶，又称电子水准仪。数字水准仪是目前最先进的水准仪，配合专门的条码水准尺，通过仪器中内置的数字成像系统，自动获取水准尺的条码读数，不再需要人工读数。这种仪器可大大降低测绘作业的劳动强度，避免人为的主观读数误差，提高测量精度和效率。

不论进行何种等级的水准测量，在工作前对新领的、经过修理的或经过长途运输的水准仪，必须按相关测量规范进行必要的检验和校正。对于精密水准仪，在使用前必须学习一下使用说明书，熟悉一下各种螺旋和附件的性能和作用，严禁不了解仪器性能的人随意使用，初学者必须在熟练的技术人员指导下进行操作。

2. 水准联测的基本条件和要求

(1) 观测应在成像清晰且稳定时进行。在中午前后2 h，日出后、日落前1 h，风力大于四级，气候突变，雨雪天气以及出现成像跳动时，应停止水准联测工作。有微风的阴天，则可全日进行观测。

(2) 开始工作前，应在气温与仪器温度一致后（一般可将仪器置于露天阴影下约15 min），方可进行观测，并不得使仪器受日光照射，须用测伞遮阳。

(3) 观测中，同一测站不得调焦两次，各制动螺旋不宜旋得过紧，转动仪器的倾斜螺旋和测微鼓时，其最后旋转方向均应为"旋进"。微动螺旋应尽可能使用中间部分。

(4) 往返测量的测站数均为偶数站，否则应加入标尺零点差改正，往返测前后水准尺应互换。往返测中途不得变更人员和仪器。

(5) 中途间歇时,至少联测到两个牢固的标尺上或尺桩上,不得停留在尺垫上。

(6) 当安置尺垫时,持尺员必须将尺垫置于坚硬的地面上,并用力踩实,防止位移。水准尺底须小心地轻放在尺垫顶面的球状头上,扶尺时应稳定的保持尺上的水准气泡居中。

(7) 每个测站的后视持尺人员,只有当观测人员在本测站观测完毕搬动仪器时,方可拔除尺垫转移。

(8) 迁站时,应使仪器竖轴始终大致保持垂直状态搬移,严禁水平扛在肩上,避免竖轴受力过大产生变形。

(9) 在进行水准线路联测时,水准仪的三脚架安置,应使其中两条脚与水准路线大致平行,而第三个脚则轮换置于线路前进方向的左侧与右侧。除线路拐弯处外,每一测站上仪器和前后标尺的三个位置,应尽可能接近于一条直线。

(10) 水准仪应安置在坚实的土壤上,并将水准仪的支脚尖牢牢踩入土中。桥梁工程水准联测,路线基本可以固定,因此置仪点的位置可打三个木桩或挖三个小坑灌填以混凝土,其表面保持粗糙,便于每次置镜时能很快置于稳定状态,加快工作的进度。

3. 各等水准测量的观测方法和程序要求

一、二等水准测量,采用光学测微法,必须进行往返观测,在一个测站上的具体操作程序如下。

(1) 将仪器整平,要求望远镜垂直轴旋转时,在360°范围的任何位置,符合气泡两端影像的分离不得超过1 cm。若使用的是精密自动安平水准仪,则只要将圆水准气泡调至圆圈内即可。

(2) 将望远镜对准后视尺(此时持尺者利用尺上的圆水准器调整设置标尺垂直),旋转微倾螺旋使符合水准气泡两端的影像近于符合,随后用上、下丝照准标尺在基本分划上进行视距读数,然后旋进微倾螺旋使符合水准气泡两端的影像准确符合,转动测微鼓用楔形平分丝精确照准标尺的基本分划,并读定基本分划与测微鼓读数。

(3) 旋转望远镜照准前视标尺,并使符合水准气泡两端的影像准确符合,通过转动测微鼓用楔形平分丝精确照准标尺的基本分划,并读出标尺的基本分划与测微鼓读数,然后用上、下丝进行视距读数。

(4) 用微动螺旋转动望远镜,照准前视标尺的辅助分划,并使符合水准气泡的影像准确符合,转动测微鼓用楔形平分丝精确照准辅助分划,进行标尺的辅助分划与测微鼓读数。

(5) 旋转望远镜,照准后视标尺的辅助分划,并使符合水准气泡的影像准确符合,同前用楔形平分丝精确照准辅助分划,同时读出辅助分划与测微鼓的读数。

至此,一个测站上的观测操作程序全部完成。

三等水准测量,使用DS_3级水准仪。采用中丝读数法时,水准尺一般应采用3 m长的红、黑双面尺,并且尺上附有圆水准气泡,进行往返测量。

4. 外业成果的记录、计算、重测以及取舍应注意的问题

工地观测成果,是推算水准点、建筑物高程的原始依据,是全桥长期使用、保存的重要资料,因此必须做到记录真实、注记明确、内容详尽、格式统一且整饰清洁美观。

五、高程测量内业

高程控制网测量计算完成后应整理归档以下资料:①技术设计书;②仪器计量鉴定证书资

料；③高程控制网络图和点位说明资料；④高程控制网概算资料；⑤平差计算成果和精度评定资料；⑥原始观测记录手簿或 U 盘（附说明）；⑦技术总结。

任务3 桥梁平面控制测量

建立桥梁施工平面控制测量的目的是保证墩台中心位置能按设计精确的放样出来。但墩台中心位置测设的精度，直接受桥轴线长度精度的影响。为了满足放样墩台中心位置的需要，必须先计算出桥轴线的精度，再根据桥轴线长度的精度，来确定平面控制网的等级，拟定测量方案。桥梁平面控制测量准备工作包括以下内容。

（1）广泛收集测区及其附近已有的控制测量成果和地形图资料。

① 控制测量资料包括成果表、点标记、展点图、路线图、计算说明和技术总结等。

② 收集的地形图资料包括测区范围内及周边地区各种比例尺地形图和专业用图。

③ 如果收集到的控制资料的坐标系统、高程系统不一致，则应收集、整理这些不同系统间的换算关系。

（2）收集合同文件、工程设计文件、业主（监理）文件中有关测量专业的技术要求和规定。

（3）准备相应的规范，包括：《国家三角测量规范》《国家一、二等水准测量规范》《国家三、四等水准测量规范》《全球定位系统（GPS）测量规范》《工程测量规范》《水利水电工程施工测量规范》等。

（4）了解测区的行政划分、社会治安、交通运输、物资供应、风俗习惯、气象和地质情况。例如：了解冻土深度，用于考虑埋石深度；了解最大风力，以考虑觇标的结构；了解雾季、雨季和风季的起止时间、封冻和解冻时间，以确定适宜的作业月份。

一、桥轴线长度中误差估算

在学习桥轴线长度中误差估算内容前，首先应了解什么是桥轴线以及桥轴线长度。桥梁的中心线通常称为桥轴线；桥轴线两岸控制桩间的距离称为桥轴线长度。

1. 混凝土梁及钢筋混凝土梁

混凝土梁及钢筋混凝土梁都是简支梁，梁的两个端点分别支撑在相邻的两个墩或台上，设墩中心点位的放样限差为 ΔD，则其中误差为 $\Delta D/2$，由于每跨梁是架在相邻的两个墩（台）上，则跨长的中误差为：

$$M_{跨} = \pm 2 \times \frac{\Delta D}{2} \times \sqrt{2} = \pm \frac{\Delta D}{\sqrt{2}}$$

设全桥有 n 跨，则桥轴线长度中误差为：

$$m_L = \pm M_{跨} \times \sqrt{n} = \pm \frac{\Delta D}{\sqrt{2}} \times \sqrt{n}$$

通常取 $\Delta D = \pm 10$ mm，则 $m_L = \pm 7\sqrt{n}$。

2. 钢板梁及短跨（≤64 米）简支钢桁架梁

不论是钢板梁还是简支钢桁架梁都是架设在支座上的，因此考虑桥轴线精度时，梁长的制造误差和固定支座的安装误差都要考虑。

规定梁长 l 的限差为 $\Delta L = 1/5\,000$，支座的安装限差 $\delta = \pm 7$ mm。则跨长限差为：

$$m_{限} = \pm \sqrt{(\Delta L^2 + \delta^2)}$$

单跨桥梁的中误差为：

$$m_l = \pm \frac{1}{2} \times \sqrt{(\Delta L^2 + \delta^2)}$$

n 跨等跨桥梁的桥轴线的中误差为：

$$m_L = \pm m_l \times \sqrt{n}$$

n 跨不等跨桥梁的桥轴线的中误差为：

$$m_L = \pm \sqrt{(m_{l1}^2 + m_{l2}^2 + \cdots + m_{ln}^2)}$$

3. 连续梁及长跨（>64米）简支钢桁架梁

钢桁梁由多个杆件拼装成一个节间，再由多个节间相联，拼装成为一联（连续式）或一跨（简支式）。这种钢梁的梁长误差主要来源是由 n 个节间拼装的误差 $n \times \Delta l$（通常 $\Delta l = \pm 2$ mm）和支座安装的误差 δ（通常 $\delta = \pm 7$ mm），则每跨（联）钢梁安装后的中误差为：

$$m_l = \pm \frac{1}{2} \times \sqrt{(n \times \Delta l^2 + \delta^2)}$$

n 跨等跨桥梁的桥轴线的中误差为：

$$m_L = \pm m_l \times \sqrt{n}$$

n 跨不等跨桥梁的桥轴线的中误差为：

$$m_L = \pm \sqrt{(m_{l1}^2 + m_{l2}^2 + \cdots + m_{ln}^2)}$$

例 2-1 某三联三跨连续梁桥，每跨支座间距离为 128 m，由长 16 m 的 8 个节间组成，每联 24 个节间，固定支座安装极限误差为 ±7 mm，试计算全桥桥轴线中误差。

解 单联中误差为：

$$m_l = \pm \frac{1}{2}\sqrt{n\Delta l_i^2 + \delta^2} = \pm \frac{1}{2}\sqrt{24 \times 2^2 + 7^2} = \pm 6.02 \text{ mm}$$

全桥桥轴线中误差为：

$$m_L = \pm \sqrt{m_{l_1}^2 + m_{l_2}^2 + \cdots + m_{l_N}^2} = m_l \sqrt{3} = \pm 10.43 \text{ mm}$$

二、桥梁控制网精度的确定

在《铁路测量技术规则》中，按照桥轴线的精度要求，将三角网分为五个等级。桥轴线的相对中误差，以及其对应的三角网等级和所要求的测边和测角的精度见表 2-3。

表 2-3 测边和测角的精度

三角网等级	桥轴线相对中误差	测角中误差/″	最弱边相对中误差	基线相对中误差
一	1/175 000	±0.7	1/150 000	1/400 000
二	1/125 000	±1.0	1/100 000	1/300 000
三	1/75 000	±1.8	1/60 000	1/200 000
四	1/50 000	±2.5	1/40 000	1/100 000
五	1/30 000	±4.0	1/25 000	1/75 000

桥梁控制网的精度，亦可根据桥轴线长度在规范中选择相应的控制网等级；对精度有特殊要求的桥梁应按设计要求或另行规定。具体要求如表2-4所示。

表2-4 平面控制测量等级

等级	公路路线控制测量	桥梁、桥位控制测量	隧道洞外控制测量
二等三角	—	≥5 000 m 特大桥	≥6 000 m 特长隧道
三等三角、导线	—	2 000～5 000 m 特大桥	4 000～6 000 m 特长隧道
四等三角、导线	—	1 000～2 000 m 特大桥	2 000～4 000 m 特长隧道
一级小三角、导线	高速公路、一级公路	500～1 000 m 特大桥	1 000～2 000 m 特长隧道
二级小三角、导线	二级及二级以下公路	<500 m 特大桥	<1 000 m 隧道
三级导线	三级及三级以下公路	—	—

三、桥梁控制网的布设

1. 建立控制网的目的

建立控制网的目的包括：测定桥轴线长度和墩台位置的放样；用于施工过程中的变形检测。

2. 布设控制网的方法和注意事项

布设控制网时，可以利用桥址地形图，拟定布网方案，并在仔细研究桥梁设计图、施工组织设计图及施工组织计划的基础上，结合当地情况进行踏勘选点。点位布设应满足以下要求：① 图形应简单；② 控制网的边长一般在0.5～1.5倍河宽的范围内变动；③ 使桥轴线与控制网紧密联系；④ 所有控制点不应位于淹没地区和土壤松软地区，尽量避开施工区、堆料区及受交通干扰区，以便于观测和保存。

3. 控制网的布网方案

布网方法有常规地面测量法和采用GPS技术布网法。由于全站仪的使用，控制网一般都布设成边角网或精密导线网。边角网和GPS网的等级划分为一、二、三、四等，导线网划分为三、四等和一、二、三级。

精密导线的布置形状：平面控制测量中精密导线的布置形状一般为直伸形、曲折形、闭合环形和主副导线环形等。

4. 桥梁控制网的坐标系

采用独立坐标系，即施工控制网坐标轴平行或垂直于桥轴线方向，坐标原点选在工地外的西南角。对于曲线桥梁，坐标轴选择平行或垂直于一岸轴线点（控制点）的切线。施工控制网与测图控制网发生联系时，进行坐标换算使坐标系统一。桥梁控制网投影面应选择桥墩顶平面。施工控制网精度确定的一般原则为：使控制点误差对放样点位不发生显著影响的原则，即要求控制点误差影响仅占总误差的十分之一。

四、桥梁平面控制测量的外业工作

1. 平面控制网的选点、埋石、造标

在控制点上应刻有十字的金属中心标志；如果其兼作高程控制点用，则其顶部应做成半球状；中心标志凸出桩顶3～5 mm；埋深一般在0.2～0.6 m之间，严寒地区埋深在冻线以下0.5 m；标

明点号、点名。水平角测量使用 J_2 或 J_1 级仪器,按测量在设计中的测角精度,结合所用的仪器等级参照表2-5选择导线。也可以根据测量设计中所确立的测角中误差 m_β 和测角工作中所使用仪器的测回测角中误差 m,按下式计算所需测回数。

$$n = \frac{m^2}{m_\beta^2}$$

第 i 测回起始方向读数的变动值 R_i 按下式计算。

$$R_i = \frac{180°}{n} \times (i-1) + 10' \times (i-1) + \frac{600''}{n} \times (i-1)$$

测水平角的方法有测回法、复测法和方向观测法三种。

2. 导线的水平角测量要求

《铁路测量技术规则》中要求,导线的水平角观测,应以总测回数的奇数测回和偶数测回,分别观测导线前进方向的左角和右角。观测右角时,仍以左角起始方向为准换置度盘位置。左角和右角分别取中数后,按下式计算测站周围角度闭合差的限差。

$$\beta_\Delta = \beta_左 + \beta_右 - 360°$$

计算所得的 β_Δ 不应大于下列规定:

二等网中 $\beta_\Delta \leqslant \pm 2.0''$,三等网中 $\beta_\Delta \leqslant \pm 3.5''$,四等网中 $\beta_\Delta \leqslant \pm 5.0''$。

如果 β_Δ 不超限,将观测所得结果统一归算为左角或右角。如果统一归算左角,则有:

$$\beta_{左'} = (\beta_左 + (360° - \beta_右))/2$$

按《铁路测量技术规则》,观测前,计算好测回数 n 及各测回起始方向的度盘位置。方向观测法的观测限差如表2-6所示。

水平角观测值精度评定:如不超限,将角度闭合差平均分配到各观测角上,然后根据改正后的角值,计算导线各边方位角及其坐标。在计算过程中,角值取至 $0.01''$,边长和坐标值取 0.1 mm,最后的平差结果,角值保留 $0.1''$,边长和坐标保留至 1 mm。

表2-5 水平观测技术要求

等级	测角中误差/″	测绘数		方位角闭合差/″
		J_1	J_2	
三等	1.8	6	10	$3.6\sqrt{n}$
四等	2.5	4	6	$5\sqrt{n}$
一级	5.0	—	2	$10\sqrt{n}$
二级	8.0	—	1	$16\sqrt{n}$
三级	12.0	—	1	$24\sqrt{n}$

表2-6 方向观测法的观测限差

仪器型号	两次重合读数差	半测回归零差	2C互差	同一方向值互差
J_1	1″	6″	9″	6″
J_2	3″	8″	18″	10″

3. 距离测量

(1) 全站仪或测距仪标称精度表达式为:

$$m_D = \pm(a + bD)$$

式中：a 为固定误差(mm)；b 为比例误差系数(mm/km)；D 为测距长度。

测距前根据距离测量的精度要求，按上式选择仪器。

（2）测距作业的技术要求如表 2-7 所示。

表 2-7 测距作业的技术要求

等级	测距仪标称精度/(mm/km)	一测回读数较差/mm	测回间较差/mm	气象数据		测回时间间隔	数据取用
				温度最小读数/℃	气压最小读数/Pa		
二等	±2	2	3	0.2	50	每边观测始末	每边两端平均值
三等	±3	3	5	0.2	50		
四等	±5	5	7	1	100	每边测定一次	测站端观测值

注1：光电测距仪一测回的定义为照准一次，测距 4 次。
注2：往返较差必须将斜距换算到同一高程上后方可进行比较。

（3）测距作业应注意以下事项。

① 测距前应先检查电池电压是否符合要求，在气温较低的条件下作业时，应有一定的预热时间。视线应高出地面或离开障碍物 1.3 m 以上，离开高压线 2～5 m，避免通过发热体和较宽水面的上空，测距过程中避免外界电、磁场和反射光的干扰。测距应在成像清晰、稳定的情况下进行，雨、雪、雾及大风天气不应作业。

② 测距时应使用相配套的反射棱镜。未经验证不得与其他型号的相应设备互换使用，反射棱镜背面应避免有散射光的干扰，镜面不得有水珠或灰尘沾污。晴天作业时测站应用测伞遮阳，不宜逆光观测，严禁将仪器照准部的物镜对准太阳，架设仪器后测站、镜站不得离人。迁站时仪器应装箱。当观测数据出现分群现象时应分析原因，待仪器或环境稳定后重新进行观测。温度计宜采用通风干湿温度计，气压表宜选用高原型空盒气压表。读数前，通风干湿温度计应悬挂在测站或镜站附近离开地面和人体 1.5 m 以外的阴凉处；读数前必须通风 15 min，至少气压表要置平，指针不应滞阻。

距离测量人工记录时，每测回开始要读、记完整的数字，以后可读记小数点后的数，厘米以下数字不得划改，米和厘米部分的读、记错误在同一距离的往返测量中只能划改一次。

（4）边长改算。

检查外业记录，摘抄计算数据。气象改正，不同厂家的仪器因波长不同而气象改正公式略有不同，计算时应注意查阅仪器说明书。例如，DI2002 测距仪气象改正系数为：

$$K=281.8-0.29065P/(1+T/273.16)$$

加常数、乘常数改正：经过气象、加、乘常数改正后斜距为：

$$S_{斜}=S_{测}(1+K_{气}+R_{乘})+C_{加}$$

改正后的斜距换成平距：

$$D=S_{斜}\times\cos\alpha$$

式中：D 为平距；$S_{斜}$ 为经过改正后的斜距；α 为直角。

五、桥梁平面控制测量的内业工作

1. 资料准备

资料准备包括以下工作：①画出平面控制网的示意图，标上点名，并标出已知点、已知方向和固定边;②把已知数据、观测等级、测距仪精度等抄记在示意图上;③从水平角观测测站平差数据中抄取每个点各个方向的方向观测值,写在示意图上;④从边长改正计算表中抄取各观测边的改正后的平均边长,写在示意图上每边的中间;⑤按已知点在前、未知点在后用1,2,…,N的顺序给网点编号。

2. 平差计算

平差计算包括以下工作:①按准备好的示意图和数据,以文本格式编写数据文件,不同软件要求的内容、格式不一样,计算人员一定要按照软件使用说明进行编写;②启动平差软件,按程序要求输入数据文件名和结果文件名,自动计算;③根据提示的出错信息,修改数据文件,再启平差程序计算,这个过程可能要重复多次,直到完成计算;④打开结果文件,检查验算结果和平差结果。

3. 资料归档

平面控制测量结束后,应对下列资料进行整理归档:①平面控制网技术设计书;②平差计算成果资料,程序平差;③外业观测记录手簿;④仪器检验资料;⑤技术总结。

高程控制网测量计算完成后应整理归档下列资料:①技术设计书;②仪器计量鉴定证书资料;③高程控制网络图和点位说明资料;④高程控制网概算资料;⑤平差计算成果和精度评定资料;⑥原始观测记录手簿或U盘(附说明);⑦技术总结。

六、桥梁施工测量

桥梁施工放样的主要工作内容包括:①墩台纵横向轴线的确定;②基坑开挖及墩台扩大基础的放样;③桩基础的桩位放样;④承台及墩身结构尺寸、位置放样;⑤墩帽及支座垫石的结构尺寸、位置放样;⑥各种桥型的上部结构中线及细部尺寸放样;⑦桥面系结构的位置、尺寸放样;⑧各阶段的高程放样。

1. 桥梁墩台中心放样

在桥梁施工测量中,准确定出桥梁墩台的中心位置和它的纵横轴线的工作称为墩台定位。

直线桥的墩台中心放样:直线桥的墩台中心都位于桥轴线的方向上。墩台中心的设计里程及桥轴线起点的里程已知,如图2-1所示,相邻两点的里程相减即可求得它们之间的距离。根据地形条件,可采用直接测距法或交会法测设。

1) 直接测距法

直接测距法适用于无水或浅水河道

2) 交会法

如图2-1所示,A、B、C、D为控制点,A为桥轴线上点,P_1、P_2、P_3为墩中心位置,它们的坐标已知,可以计算出放样数据。在D、C点放置仪器,用方向交会法放出P_1点,为了检核,在A点放置仪器,在三个方向交会,由于测量误差的影响,会出现示误三角形。如果示误三角形在桥轴线方向上的边长不大于2 cm,最大边长不超过3 cm,则取三角形的重心作为墩中心位置。交会角的要求:当置镜点位于桥轴线两侧时,交会角应在90°~150°之间;当置镜点位于桥轴线一侧时,交会角应在60°~110°之间。在桥梁控制网的设计和布网时,应充分考虑每个墩台中心交会时交会角的大小,必要时可根据情况增设插入点或精密导线点作为次级控制点。

现场测设如图2-2所示。在控制点D安置仪器,后视控制点A,将度盘安置为$α_{DA}$。根据测设数据表,转动照准部至度盘读数为 α_{Di} 得到 $D-i$ 方向。采用同样方法得到 $C-i$ 方向,在两条视线的交点处打桩,钉设出 i 号墩台中心位置,然后在桥轴线上检查各墩台位置。

示误三角形如图 2-3 所示。通常将三台经纬仪分别安置于三个控制点上,用三条方向线同时交会。理论上三条方向线应交于一点,而实际上由于控制点误差和交会测设误差的共同影响,三条方向线一般不会交于一点,而是形成一个小三角形,该三角形的大小反映了交会的精度,故称其为示误三角形。

交会限差及墩台中心的确定如图 2-4 所示。示误三角形的最大边长或两交会方向与桥中线交点间的长度,在墩台下部(如承台、墩身)不应大于 25 mm,在墩台上部(如托盘、顶帽、垫石)不应大于 15 mm。若交会的一个方向为桥轴线,则以其他两个方向线的交会点 P_1 投影在桥轴线上的 P 点作为墩台中心。交会方向中不含桥轴线方向时,示误三角形的边长不应大于 30 mm,并以示误三角形的重心作为桥墩台中心。

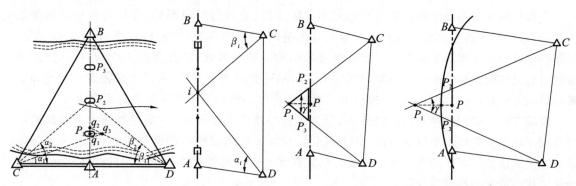

图 2-1 交会法放样　　图 2-2 现场测设　图 2-3 示误三角形　图 2-4 交会限差及墩台中心的确定

2. 明挖基础施工测量

明挖基础就是在墩台位置处先挖一基坑,将坑底整平后,然后在坑内砌筑或灌注混凝土基础及墩台身。当基础及墩台身露出地面后,再用土回填基坑。

基坑放样时,边线要放一定的坡度以及工作面宽度 d,基坑边界线放样采用试探法。边桩放出后撒灰线,依据灰线进行基坑开挖。在开挖过程中,应随时检查标高或坑深,防止超挖,待到距设计标高 20~30 cm 时,用人工清底至设计标高,坑底整平,做垫层,再放样墩台纵横轴线,根据纵横轴线弹出边线位置。

1) 墩台身平面位置放样

当基础浇筑完成后,就可以进行墩台身的放样,放样墩台身纵横轴线,根据纵横轴线及中心位置用墨斗弹出立模边线。

2) 高程放样

水准测量放样就是在墩台上测设出各部位的设计高程位置,用于指导施工。为了提高放样速度,常在其桥墩水准线能看见的位置先画好标记,测出其高程,再计算出与 B 点的高差,然后用钢尺量出距离即可。其尤其适用于桥墩较高时,用倒尺进行放样的环节。如果水准点与待测点距离远,需转点,则无论转点与否,均要闭合。

当桥墩施工到一定高度时,水准测量无法将高程传递到工作面,而工作面上架设棱镜又不方便时,可用检定过的钢尺进行垂吊测量。

3. 现浇梁施工放样

(1) 预拱度的确定。

(2) 立模标高的计算。箱梁浇筑时各节段立模标高由以下几部分组成。

$$H_i = H_o + f_i + (-f_{i预}) + f_篮 + f_x$$

式中：H_i 为待浇筑箱梁底板前端横板标高；H_o 为该点设计标高；f_i 为本次及以后各浇筑箱梁段对点挠度影响值；$f_{i预}$ 为各次浇筑箱梁纵向预应力束张拉后对该点挠度影响值；$f_篮$ 为挂篮弹性变形对该点挠度影响值；f_x 为由收缩、徐变、温度、结构体系转换、二期恒载、活载等影响值。

(3) 挠度观测包括：测点布置；测量时间；立模标高的测量；主梁顶面高程的测量；多跨线形通测和结构几何形状测量；对称截面相对高差的测量等。

七、水中桥墩建筑过程中的测量与放样

大桥桥墩水下基础结构所采用的形式不仅随水深、流速的不同而异，而且与地质结构施工条件、河床地形等各个因素均有关。一般有开挖基础、打入桩基础、钻挖桩基础、管柱基础、沉井沉箱基础以及双壁围堰基础等。由于这些基础结构的特点各异，因此测量工作的内容、方法和精度要求也有所差异。故必须采取与其施工方法相适应的测量方法，放样出必需数量的点和线来满足施工需要，同时应尽量做到进行施工测量放样时不影响施工进程并及时提供数据。

桥墩在施工中的测量工作内容颇多，但主要分为两个主要部分：一是对桥墩水下基础的结构在漂浮状态下进行水平位移观测，在下沉到设计标高后则放样出墩位中心；二是水下基础结构在建筑接高过程中的高程及细部尺寸的放样和检查。前者是工程测量中的共性问题，后者则是工程测量中的特殊性问题。

复杂特大桥的桥墩定位工作，从水下基础到墩帽竣工，测量次数较为频繁，其精度要求随着工序进程越来越高，这样就必须采取相应精度的测量方法。目前从国内外的已有文献资料中来看，不外乎有以下几种：前方交会直接标定法、前方交会坐标计算法、前方交会角差位移图解法、前方交会网络图定位法、后方交会定点法、后方交会网络图定位法、光电测距仪测距定点法、光电测距仪边长交会法、全站仪极坐标法、三角网插点平差法等。

1. 简述桥梁工程测量的意义。
2. 讨论桥梁工程测量的任务。
3. 简述桥梁高程控制测量的步骤。
4. 简述水中桥墩建筑过程中的测量与放样注意事项。
5. 复述桥梁测量放线实例的步骤。
6. 简述桥梁测量工作的发展前景。

学习情境 3

常用模板、支架和拱架的设计与施工

学习目标

1. 知识目标

(1) 熟悉常用模板、支架和拱架的设计。

(2) 掌握常用模板、支架和拱架的施工。

(3) 掌握模板、支架和拱架的拆除。

2. 能力目标

(1) 能够从理论上了解桥梁常用模板、支架和拱架的施工。

(2) 能够描述桥梁模板、支架和拱架拆除的技术要点。

知识链接

模板、支架、拱架的类型如图 3-1 所示。

1. 模板

施工所用的模板,有组合钢模板、木模板、木胶合板、竹胶合板、硬铝模板、塑料模板、各类纤维材料板等。施工时应根据结构物的外观要求选用。

2. 支架

支架按其构造的不同可分为支柱式、梁式和梁-柱式支架;按材料的不同可分为木支架、钢支架、钢木混合支架和万能杆件拼装的支架等。

(1) 立柱式支架。立柱式支架构造简单,可用于陆地或不通航河道以及桥墩不高的小跨径桥梁施工。

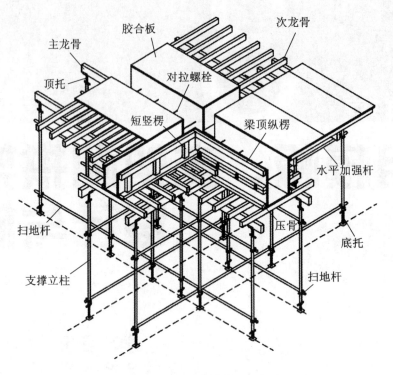

图 3-1 梁模板支撑体系示意图

（2）梁式支架。根据跨径不同，梁可采用工字钢、钢板梁或钢桁梁。

（3）梁柱式支架。当桥梁较高、跨径较大或必须在支架下设孔通航或排洪时可用梁柱式支架。

3．拱架

拱架按结构的不同可分为支柱式拱架、撑架式拱架、扇形拱架、桁式拱架、组合式拱架等；按材料的不同可分为木拱架、钢拱架、竹拱架等。

任务1　常用模板、支架和拱架的设计

一、概述

1．模板、支架和拱架的总设计原则

常用模板、支架和拱架的设计，承包人应在制作模板、拱架和支架前14d，向监理工程师提交模板、拱架和支架的施工方案，施工方案应包括工艺图和强度、刚度与稳定性等的计算书，经监理工程师批准后才能制作和架设。监理工程师的批准及制作、架设过程中的检查，并不免除承包人对此应负的责任。

2．模板、支架和拱架的设计

1）设计的一般要求

模板、支架和拱架的设计，应根据结构形式、设计跨径、施工组织设计、荷载大小、地基土类别及有关的设计、施工规范进行。应绘制模板、支架和拱架总装图、细部构造图等。应制定模板、支架和拱架结构的安装、使用、拆卸保养等有关技术安全措施和注意事项。应编制模板、支架及拱架材料数量表。应编制模板、支架及拱架设计说明书。

2) 设计荷载

计算模板、支架和拱架时,应考虑下列荷载并按表3-1进行荷载组合。

表 3-1 模板、支架和拱架设计计算的荷载组合

模板结构名称	荷载组合	
	计算强度用	验算刚度用
梁、板和拱的底模板以及支承板、支架及拱等	(1)+(2)+(3)+(4)+(7)	(1)+(2)+(7)
缘石、人行道、栏杆、柱、梁、板、拱等的侧模板	(4)+(5)	(5)
基础、墩台等厚大建筑物的侧模板	(5)+(6)	(5)

表 3-1 中:(1)为模板、支架和拱架自重;(2)为新浇混凝土、钢筋混凝土和其他圬工结构物的重力;(3)为施工人员和施工材料、机具等行走运输或堆放的荷载;(4)为振捣混凝土时产生的荷载;(5)为新浇混凝土对侧面模板的压力;(6)为倾倒混凝土时产生的水平荷载;(7)为其他可能产生的荷载,如雪荷载、冬季保温设施荷载等。

3) 稳定性及强度、刚度要求

支架的立柱应保持稳定,并用撑拉杆固定。当验算模板及其支架在自重和风荷载等作用下的抗倾倒稳定时,验算倾覆的稳定系数不得小于1.3。支架受压构件纵向弯曲系数可按《公路钢结构桥梁设计规范》(JTG D64—2015)进行计算。验算模板、支架及拱架的刚度时,其变形值不得超过下列数值:结构表面外露的模板,挠度为模板构件跨度的1/400;结构表面隐蔽的模板,挠度为模板构件跨度的1/250;支架、拱架受载后挠曲的杆件(如盖梁、纵梁等),其弹性挠度为相应结构跨度的1/400;钢模板的面板变形为1.5 mm;钢模板的钢棱和柱箍变形为$l/500$和$b/500$(其中,l为计算跨径,b为柱宽)。

受压杆件的长细比不得超过下列数值:主要受压杆件(立柱)的长细比为100,次要受压杆件的长细比为150。拱架各截面的应力验算,根据拱架结构形式及所承受的荷载,验算拱顶、拱脚及1/4跨各截面的应力、铁件及节点的应力,同时应验算分阶段浇筑或砌筑时的强度及稳定性。验算时不论板拱架或桁拱架均作为整体截面考虑,验算倾覆稳定系数不得小于1.3。

二、常用模板设计

模板是混凝土结构或钢筋混凝土结构成型的模具。它由面板和支撑系统组成,面板是使混凝土成型的部分;支撑系统是稳固面板位置和承受上部荷载的结构部分。模板的质量关系到混凝土工程的质量,其关键在于尺寸准确、组装牢固、拼缝严密、装拆方便。应根据结构的形式和特点选用恰当形式的模板,才能取得良好的技术经济效果。大型工程和特种工程的模板及支撑系统应进行计算,验算其刚度、强度、稳定性和承受侧压力的能力。

1. 模板的分类及设计的基本要求

在混凝土工程中,模板是一种重要的施工临时结构物,它有很多种类型,在不同的工程实践中,应根据实际情况,选择合适的模板类型,同时在模板设计时,也必须满足规定的条件。

1) 模板的分类

模板工程按结构形式可分为现浇结构用模板和预制混凝土构件用模板两种。其中,前者多用于施工现场,而后者多用在工厂或预制厂中。

2) 模板设计时的要求

模板是施工过程中的一种重要的临时结构物,因为它不仅控制着结构物尺寸的精度,还直接影响施工进度和混凝土成型的质量。其设计时应从力学、几何尺寸、使用性能等方面进行考虑,保证其满足以下要求:①具有足够的强度、刚度和稳定性,能可靠地承受施工过程中可能产生的各项荷载和震动作用;②充分保证结构物的设计形状、尺寸及各部分相对位置的正确性;③构造和制造力求简单,装拼方便,以提高装、拆速度和增加周转次数;④接缝严实、紧密,保证在强烈振捣下不漏浆,靠结构外露表面的模板,应平整、光滑。

在桥梁工程的施工过程中,要用到大量的各种各样的模板,从承台、墩身到梁体施工均离不开模板。

2. 混凝土及钢筋混凝土墩台模板类型、构造及设计

1) 墩台模板的类型

桥梁墩台的模板类型有固定式模板、拼装式模板、组合钢模板、滑动模板及整体吊装模板等。

(1) 固定式模板。

固定式模板也称零拼模板,它是采用预先在木工厂制备好的模板构件,在工地就地安装的。模板由紧贴混凝土的面板(壳板)、支承面板的肋木、立柱、拉条(或钢箍)、铁件等组成。固定式模板安装时,先拼骨架,后钉壳板。其具体做法是先将立柱安装在承台顶部的枕梁(底肋木)上,肋木固定在立柱上,在立柱两端用钢拉条拉紧并加强连接,可临时加横撑和斜撑形成骨架,若桥墩较高时,要加设斜撑、横撑和抗风拉索等。模板骨架拼成后,即可将面板钉在肋木上,为防止面板翘曲,每块面板宽度最好不超过 200 mm,厚度为 30~50 mm。在桥墩曲面处,应根据曲度采用较窄木板。圆锥形模板的面板则应做成梯形。与混凝土接触的面板,一般应刨光,拼缝应严密不要漏浆,以前常用油灰、木条等嵌塞缝隙,或用搭口缝、企口缝等。现在则多在模板表面铺塑料薄膜、钉胶合板或薄铁皮等。

(2) 拼装式模板。

拼装式模板又称盾状模板,它是将墩台表面划分成若干尺寸相同的板块,按板块尺寸预先将模板制成板扇,然后用板扇拼成所要求的模板。拼装模板适用于高大桥墩或在同类型墩台较多时使用。其特点是当混凝土达到拆模强度后,可整块拆下,直接或略加修整后可重复周转使用。

在划分板块时,应尽量使板扇尺寸相同,以减少板扇类型。板扇高度可与墩台分节灌筑的高度相同,约 3~6 m,宽可为 1~2 m,可依墩台尺寸与起吊条件而定,务必使立模方便、施工安全。

单块板扇可用木材、钢材或钢木结合加工制作。木质板扇加工制作简便,制作方法基本与固定式模板相同。模板组装时可用连接螺栓连接,两侧相对应的立柱间,用穿过模板的拉条拉紧,圆端部分则常要配置固定式模板的弧形模板。

钢模是用钢材加工制作的,需用 3~4 mm 厚钢板及型钢骨架,不仅浪费钢材,而且成本较

高、加工制作困难。因此,只有在组合钢模、滑模、爬模等类模板中采用。

(3) 组合钢模板。

组合钢模板是一种标准式常备拼装模板,在民用建筑施工中早已广为使用。在桥梁施工中,模板是一项使用多、耗资大的临时设施,它的设计制作不仅要花费较多的人力物力,有时还会因不能及时提供模板而延误工期。因此设计、制造常备式组合钢模,也是桥梁施工中应提倡的措施。原铁道部于1986年颁布了《铁路组合钢模板技术规则》(TBJ 211—86),为铁路桥梁施工中应用组合钢模提供了技术依据。铁道部大桥工程局还设计制造过一套组合钢模,采用的模数为:模板长 $A=c_1 m_1$,宽 $B=c_2 m_2$。其中 $m_1=500$ mm,$m_2=100$ mm;对平面模板取 $c_1=1、2、3、4$,$c_2=1、2、5、15、20$。这样可组合出16种规格的平面模板。

组合模板由面板及支承面板的加劲肋组成,在四周边的加劲肋上设有连接螺栓孔,以便于板的连接。为了防止漏浆,模板接缝处应夹橡胶条或塑料条。

组合钢模具有强度高、刚度大、拆装方便、通用性强、周转次数多、能大量节约材料等优点。在实际使用中,组合钢模可预拼成大的安装板块后安装使用,这样可提高安装模板的速度。拼装式常备模板的构造、结构要求及模板计算可参考相关施工手册。

(4) 整体吊装模板。

整体吊装模板是将墩台模板沿高度水平分成若干节,每一节的模板预先组装成一个整体,在地面拼装后吊装就位。节段高度可视起吊能力来决定,一般为2~4 m。使用这种模板可大大缩短工期,灌筑完下节混凝土后,即可将已拼装好的上节模板整体吊装就位,继续灌筑而不留工作缝。整体吊装模板的其他方面优点还有:模板拼装可在地面进行,有利于施工安全;利用模板外框架作为简易脚手架,不需要另搭施工脚手架;模板刚性大,可少设或不设拉条;结构简单、装拆方便。其缺点是起吊重量较大。

(5) 滑动模板。

滑动模板是模板工程中适宜于机械化施工的较为先进的一种形式,它是利用一套滑动提升装置,将已在桥墩承台位置处安装好的整体模板连同工作平台、脚手架等,随着混凝土的灌筑,沿着已灌筑好的墩身慢慢向上提升,这样就可连续不断地灌筑混凝土。滑动模板施工,具有速度快、结构整体性好等优点,适用于竖立式而断面变化较小的高耸结构,如桥墩、电视塔、水塔、立柱、墙壁等。滑动模板都用钢材制作,其构造依据桥墩类型、提升工具的不同而稍有不同,但其主要组成部分和作用则大致相同。

2) 模板设计

(1) 模板的设计荷载,包括:①模板及支架自重,可根据其体积及材料容重计算;②新灌筑混凝土重量,按 γH 计算,其中 H 为混凝土灌筑高度(单位为 m),γ 为混凝土容重,素混凝土可取 2.5 t/m³,钢筋混凝土为 2.6 t/m³;③施工人员及设备重量,在计算模板及支架荷载时,按 2.5 kN/m² 计,另外还要以集中荷载 1.3 kN(人挑)或 2.5 kN(双轮手推车)进行验算,比较二者所求弯矩值,取其较大的采用。④振动器所产生的荷载,对水平放置模板按 2.0 kN/m² 计算,垂直模板按 4.0 kN/m² 计算,振动所产生荷载不与人群荷载(第③项)同时计算;⑤混凝土对模板的侧压力;⑥倾倒混凝土时的冲击荷载。

设计模板及其支架时,应根据模板类型按表3-2进行荷载组合。

表 3-2 模板及支架计算荷载组合表

序号	模板类型	荷载组合类型	
		强度计算	刚度计算
1	水平放置的模板(如梁、拱等的底板)及支架	①+②+③ 或 ①+②+④	①+②
2	梁、拱、柱、墙的侧面模板	④+⑤	⑤
3	尺寸较大结构(墩台)的侧面模板	⑤+⑥	⑥

(2) 钢模板计算。钢模板计算应分别对面板、肋条、拉条等进行强度和刚度两个方面验算。钢模板通常采用厚 2~4 mm 的钢板,面板上焊有纵横加劲肋,形成四边嵌固的板。

① 面板计算,强度验算。取模板中纵横加劲肋最长的一块面板作为计算单元。四边嵌固板承受均布荷载时,长边跨中支承处的负弯矩为最大,可按下式计算。

$$M = -Aql_a^2 l_b$$

式中:A 为计算系数,与 l_a/l_b 有关,可从有关设计手册中查用;l_a,l_b 为板的短边与长边;q 为作用在模板上的侧压力。

② 挠度计算。四边嵌固板中心点的挠度为:

$$f = B \frac{q l_{a0}}{E \delta^3} \leqslant \frac{1}{400} l_a$$

式中:B 为挠度计算系数,可查表求得;l_{a0} 为短边的净跨度;δ 为钢板厚度。

③ 加劲肋计算。水平加劲肋和竖向加劲肋也应进行强度和刚度两个方面验算。作用在水平加劲肋上的荷载取上下板块各半跨的侧压力,按简支梁进行强度和挠度计算。

$$M = \frac{1}{8} q l_b^3$$

$$f = \frac{5}{384} \frac{q l^4}{EI} \leqslant \frac{1}{400} l_a$$

竖向加劲肋通常即为模板的竖向支架。竖向支架可为桁架式结构,承受水平加劲肋的支点反力。竖向支架的上下端分别设置拉杆,承受竖向支架的反力。竖向支架、拉杆的计算可参照钢结构设计的有关规定进行。

3. 桥梁上部结构模板

桥梁上部结构模板主要用于浇筑梁体混凝土,一般由底模、侧模、端模和内模等几部分组成。

1) 侧模

侧模沿梁任意置于构件的两侧,小跨径梁可为整体侧模,跨度较大梁的侧模,考虑起吊重量,可分成几段,每段长度可为 4~5 m,常在横隔梁处分隔,横隔梁间距较大时,还可在中间再分隔。侧模在构造上应考虑悬挂侧模震动器的构件。

在梁高较高,梁肋厚度较小而钢筋布置密集时,为灌筑和振捣混凝土的方块,钢模板上常需开设天窗。

为了节约木材和降低成本,钢木结合模板常能取得较好的效果。它用角钢做支架,木料做模板,模板与支架用平头开槽螺栓连接,模板表面钉有铁皮。这种模板具有较大的刚度,变形小。例如,16 m 的 T 形梁中段模板的横断面,属于钢木混合结构,面板用 45 mm 厚木板,表面钉有镀锌铁皮。框架使用角钢,上部用小槽钢作拉杆相连,下部在底模以下用螺丝拉杆与底模挤紧。段与段之间,用螺栓穿过端部框架相连。接缝处嵌以橡胶或泡沫塑料以防漏浆。

2) 内模

内模是形成空心截面所必需的特殊模板,其结构形式应考虑制作简便、经济,立模拆模方便,不易损坏,可以重复使用等因素。空心内模目前常用四合式活动模板,并装有铁铰链,使壳板可以转动。

箱梁内模本身呈箱形,在竖向分为上下两部分。上部高度较大,下部较小,在竖向连接处做成斜面。上下两部分又都在中线处分成两块,用铰连接。内模下部的顶面设有轻便轨道。拆除内模时,推入小车,旋动伸缩撑杆使其长度缩短,安装模板时,内外模板以 5 m 一段整体吊装,分段连接处由连接角钢用螺栓连接,接缝处嵌泡沫塑料以防漏装。

对于更小高度的空腹梁,还可以采用充气胶囊等方法制作内模。这种方法施工方便,容易拆除,但常会出现胶囊受压变形而使形状不规则,及胶囊上浮和偏位等问题,施工时应用定位钢筋、压块等办法加以固定。

3) 底模

底模支承在支架的底座上或设置在预制梁的台座上,在预制梁时,底模可做成固定式不必拆除。底模构造除应注意底模与侧模、端模的可靠联系外,底模还应有布置振动器的构造。底部振动器应能沿梁纵向移动,以便在不同部位进行振捣。底模的两端还应考虑顶梁、移梁所需的千斤顶和滑道。

4) 模板安装精度

模板制作安装的精确程度,直接关系到梁的制造精确度。因此,要求模板安装完毕后,各部尺寸的误差应符合要求。

三、支架设计

1. 支架的分类、构造与应用

就地施工是桥梁施工中一种重要的施工方法。它是指桥跨结构直接在桥位上进行建筑的一种施工方法,包括就地灌筑(包括在脚手架上进行整孔灌筑和分段悬臂灌筑)和就地拼装(包括有支架与无支架拼装)等。

1) 满堂支架

支架按构造形式可分为支柱式、梁式和梁柱式。

支柱式支架构造简单,常用于陆地或不通航的河道,或桥墩不高的小跨径桥梁。其特点是在桥跨下满布支架立柱,模板直接支承在立柱上的方木或型钢上。梁式支架是在两端设立柱,上方设承重梁,模板直接支承在承重梁上。依其跨径可采用工字钢、钢板梁或钢桁梁作为承重梁,当跨径小于 10 m 时可采用工字梁,跨径大于 20 m 采用钢桁架。梁可以支承在墩旁支架上,也可支承在桥墩上预留的托架或在桥墩处临时设置的横梁上。梁柱式支架则是当梁式支架跨度比较大时,在跨的中间再设几个立柱,它可在大跨径桥上使用,梁支承在多个立柱或临时墩上而形成多跨梁柱式支架。另外工程中还常采用排架式支架,它通常使用工程脚手架,采用直径 48 mm 钢管和扣件连接(也可采用腕扣式支架)设置纵横向水平连杆且在一定范围内设置纵、横向垂直剪刀撑和水平拉杆以保证排架的整体刚度和整体稳定性。

2) 移动支架

移动支架法又称移动模架法。可使用移动模架法进行现浇施工的桥梁结构形式有简支梁、连续梁、刚构桥和悬臂梁桥等钢筋混凝土或预应力混凝土桥。所采用的截面形式可为T形截面或箱形截面等。

对中小跨径连续梁桥或建造在陆地上的桥跨结构,可以使用落地式或梁式移动支架。

当桥墩较高、桥跨较长或桥下净空受到限制时,可以采用非落地支承的移动模架逐孔现浇施工。常用的移动模架可分为移动悬吊模架与支承式活动模架两种类型。

2. 支架常备式构件

1) 钢管脚手架(支架)

常用的钢管脚手架有扣件式、螺栓式和承插式三种连接方式。扣件式钢管脚手架的特点是装拆方便,搭设灵活,能适应结构物平、立面的变化。螺栓连接的钢管脚手架的基本构造形式与扣件式钢管脚手架大致相同,所不同的是用螺栓连接代替扣件连接。承插式钢管脚手架是在立杆上焊以承插短管,在横杆上焊以插栓,用承插方式组装而成。

2) 万能杆件

钢制万能杆件可以组拼成桁架、墩架、塔架和龙门架等形式,以作为桥梁墩台、索塔的施工脚手架,或作为吊车主梁以安装各种预制构件。必要时还可以作为临时的桥梁墩台和桁架。

万能杆件拆装容易,运输方便,利用率高,可以大量节省辅助结构所需的木料、劳动力和工期,因此适用范围较广。

万能杆件的类型有原铁道部门生产的甲型(又称M型),乙型(又称N型)和西安筑路机械有限公司生产的乙型(称为西乙型)。三者在结构、拼装形式上基本相同,仅弦杆角铁尺寸、部分缀板的大小和螺栓直径稍有差异。

3. 贝雷架

贝雷式梁由贝雷桁架片、销子、横梁、纵梁通过铰接和螺栓拼装而成。根据需要,贝雷式梁可以拼装成以下三类结构:①桥梁施工中用的脚手架、架桥机架梁;②临时钢桥的梁体;③在上弦接头处加上不同长度的钢铰接头,即可将贝雷式梁拼装成多种曲度和跨度的拱式桁架,用于大跨度拱桥施工。

4. 军用梁

六四式军用梁分为普通型和加强型两种,二者主桁构件尺寸均相同,具体区别在二者使用的材料不同,普通型军用梁的材料是16锰低合金钢,加强型军用梁仅加强三角和加强弦杆的材料是15锰钒氮合金钢。两种军用梁主桁都是全焊结构,采用销接组装,可拼装单层或双层多片梁式明桥面体系的拆装式上承钢桁梁。

六四式铁路军用梁的主桁包括标准三角、端构架、标准弦杆、端弦杆、斜弦杆和撑杆等六种基本构件和钢销、撑杆销栓等两种节点连接件组成。标准弦杆、端弦杆、斜弦杆和撑杆为两端带销孔的单一杆件。其构件单元在与其他构件单元连接处都有销孔。

5. 碗扣式支架

碗扣式多功能脚手架是在吸取国外同类型脚手架的先进接头和配件的基础上,结合我国实际情况研制的一种新型脚手架。碗扣式多功能脚手架接头构造合理,制作工艺简单,作业容易,适用范围广,能充分满足房屋、桥涵、隧道、烟囱、水塔等多种建筑物的施工要求。碗扣式脚手架具有带齿的碗扣接头,在二维力向均有可靠的力学强度和自锁性能,而且拼装快速、省力,避免了螺栓作业和零散扣件,能方便组装成多种荷载力的脚手架和各种支撑承力架等。与其他类型的脚手架相比,碗扣式多功能脚手架是一种有广泛发展前景的新型脚手架。

任务2 常用模板、支架和拱架的施工

一、常用模板、支架和拱架施工概述

在浇筑混凝土之前应对支架和模板进行全面、严格的检查,核对设计图纸要求的尺寸、位置,检查支架的接头位置是否准确、可靠,卸落设备是否符合要求;检查模板的尺寸,制作是否密贴,螺栓、拉杆、撑木是否牢固,是否涂抹模板油及其他脱模剂等。

1. 模板的制作及安装

模板按制作材料的不同可分为木模板、钢模板、竹木模板、钢丝网水泥模板、玻璃钢模板、胶囊内胎模等。按构造形式和安装方法的不同,模板可分为固定式模板和活动式模板。

模板板面应平整光洁,接缝严密、不漏浆,保证结构物外露面光洁美观,线条流畅;保证结构各部形状、尺寸准确。模板应采用内撑进行支撑,用对拉螺栓销紧;内撑根据混凝土构件的厚度、高度的大小及部位的不同,分别可用钢管、钢筋、硬塑料管或采用木料作为临时内撑。待混凝土浇筑至内撑位置时随即取掉,对于厚度较小的构件也可利用底模和立木支设外撑。外露面混凝土模板的脱模剂应采用同一品种,不得使用污染混凝土表面的废机油等,且不得污染钢筋及混凝土施工缝部位。模板截面尺寸与长度(包括分扇长度和组拼后总长度)应准确,钢模的放样、拼装及整体拼焊应在工作平台上或胎具上进行。工作平台的底梁应具有足够的刚度和稳定性,台面必须平整。

模板的安装与钢筋工作应配合进行,妨碍绑扎钢筋的模板应待钢筋安装完毕后再安设。一般是在底板平整,钢筋骨架安装后,再安装侧模和端模;也可先安装端模后安装侧模,模板不应与脚手架发生联系,以免脚手架上运存材料和人工操作引起模板变形。模板安装的精度要高于预制梁精度要求。每次模板安装完成后需通过验收合格后,方可进入下一道工序。模板的精度要求,可参照施工规范的有关规定。为了保护模板方便拆模,模板与混凝土接触面、整体拆卸芯模及塞子与混凝土接触面,在使用前要涂抹隔离剂或用其他措施处理。模板制作与安装的工艺流程见图3-2。

1) 钢模板制作

(1) 钢模板的组合模板。组合钢模板的拼装应符合现行国家标准《组合钢模板技术规范》(GB/T 50214—2013)。各种螺栓连接件应符合国家现行有关标准。

(2) 钢模板及其配件应按批准的加工图加工,成品经检验合格后方可使用。

2) 模板安装的技术要求

混凝土的模板板面应采用下列材料之一:金属板、木制板及高分子合成材料面板、硬塑料或

图 3-2 模板制作与安装的工艺流程

玻璃钢板等材料。外露面的模板板面宜采用钢模板、胶合板,为了减少模板的拼缝,对于大面积的混凝土,其每块模板的面积宜大于 1.0 m²。梁及墩台帽的突出部分,应做成倒角或削边,以便脱模,并按图纸所示或监理工程师指示,在结构物的某些部位设置凸条或凹槽的装饰线。在模板内的金属连接件或锚固件,应按图纸规定及监理工程师的要求将其拆卸或截断,且不损伤混凝土。模板内应无污物、砂浆及其他杂物。以后要拆除的模板,应在使用前彻底涂以脱模剂或其他功能相当的代用品,应使其易于脱模,并使混凝土不变色。

(1) 模板与钢筋安装工作应配合进行,妨碍绑扎钢筋的模板应待钢筋安装完毕后再安设。模板不应与脚手架连接(模板与脚手架整体设计时除外),避免引起模板变形。

(2) 安装侧模板时,应防止模板移位和凸出。基础侧模可在模板外设立支撑固定,墩、台、梁的侧模可设拉杆固定。浇筑在混凝土中的拉杆,应按拉杆拔出或不拔出的要求,采取相应的措施。对于小型结构物,可使用金属线代替拉杆。

(3) 模板安装完毕后,应对其平面位置、顶部标高、节点联系及纵横向稳定性进行检查,签认后方可浇筑混凝土。浇筑时,发现模板有超过允许偏差变形值的可能时,应及时纠正。

(4) 模板在安装过程中,必须设置防倾覆设施。

(5) 当结构自重和汽车荷载(不计冲击力)产生的向下挠度超过跨径的 1/1 600 时,钢筋混凝土梁、板的底模板应设预拱度,预拱度值应等于结构自重和 1/2 汽车荷载(不计冲击力)所产生的挠度。纵向预拱度可做成抛物线或圆曲线。

(6) 后张法预应力梁、板,应注意预应力、自重和汽车荷载等综合作用下所产生的上拱或下挠,应设置适当的预挠或预拱。

(7) 当所有和模板有关的工作完成,待浇混凝土构件中所有预埋件亦安装完毕后,应经监理工程师检查认可后,才能浇筑混凝土。这些工作应包括清除模板中所有污物、碎屑物、木屑、水及其他杂物。

3) 中小跨径的空心板制作时所使用芯模的要求

(1) 充气胶囊在使用前应经过检查，不得漏气，安装时应有专人检查钢丝头，钢丝头应弯向内侧，胶囊涂刷隔离剂。每次使用后，应妥善存放，防止污染、破损及老化。

(2) 从开始浇筑混凝土到胶囊放气时止，其充气压力应保持稳定。

(3) 浇筑混凝土时，为防止胶囊上浮和偏位，应采取有效措施进行固定，并应对称平衡地进行浇筑。

(4) 胶囊的放气时间应经试验确定，以混凝土强度达到能保持构件不变形为宜。

(5) 木芯模使用时应防止漏浆和采取措施便于脱模。应控制好拆芯模时间，过早易造成混凝土塌落，过晚则拆模困难。应根据施工条件通过试验确定拆除时间。

(6) 钢管芯模应由表面匀直、光滑的无缝钢管制作，混凝土终凝后，即可将芯模轻轻转动，然后边转动边拔出。

(7) 充气胶囊芯模在工厂制作时，应规定充气变形值，保证制作误差不大于设计规定的误差要求。在设计无规定时，应满足《公路桥涵施工技术规范》(JTG/T F50—2011)中对板梁构造尺寸的要求。

4) 滑升、提升、爬升及翻转模板的技术要求

(1) 滑升模板适用于较高的墩台和吊桥、斜拉桥的索塔施工。采用滑升模板时，除应遵守现行《滑动模板工程技术规范》(GB 50113—2005)外，还应遵守下列规定。

① 滑升模板的结构应有足够强度、刚度和稳定性，模板高度宜根据结构物的实际情况确定，滑升模板的支承杆及提升设备应能保证模板竖直均衡上升。滑升时应检测并控制模板位置，滑升速度宜为 100～300 mm/h。

② 滑升模板组装时，应使各部尺寸的精度符合设计要求。组装完毕须经全面检查试验后，才能进行浇筑。

(2) 滑升模板施工应连续进行，如因故中断，在中断前应将混凝土浇筑齐平。中断期间模板仍应继续缓慢提升，直到混凝土与模板不至粘住时为止。

(3) 提升模板中提升模架的结构应满足使用要求。大块模板应使用整体钢模板，加劲肋在满足刚度需要的基础上应进行加强，以满足使用要求。

(4) 爬升及翻转模板、模架爬升或翻转时结构的混凝土强度必须满足拆模时的强度要求。

2. 支架、拱架的制作及安装

支架按其构造的不同可分为立柱式、梁式和梁-柱式支架；按材料的不同可分为木支架、钢支架、钢木混合支架和万能杆件拼装的支架等。

拱架按结构的不同可分为支柱式拱架、撑架式拱架、扇形拱架、桁式拱架、组合式拱架等；按材料的不同可分为木拱架、钢拱架、竹拱架和土牛拱胎等。

支架、拱架应尽量采用标准化、系列化、通用化的钢结构拼装。钢支架目前定型产品较多，可根据工程需要购买或租用，工程施工中常用支架主要有钢管支架、六四式军用梁、万能杆件设备和贝雷梁等。支架立柱必须安装在有足够承载力的地基上，底部应加设垫板以分布和传递压力。

地基土必须进行夯实或碾压坚实，必要时需进行换填或其他有效的处理，并有良好的排水

设施。在施工中出现最多的质量问题就是由于地基处理不好,发生沉降。在风力较大地区应设置风缆。

1) 重支架、拱架制作的强度和稳定

(1) 支架。

应根据设计图进行制作和安装,应尽可能采用标准化、系列化、通用化的构件拼装。无论使用何种材料的拱架和支架,均应进行施工图设计,支架整体、杆配件、节点、地基、基础和其他支撑物应进行强度和稳定验算。

就地浇筑梁式桥的支架,参照《公路桥涵施工技术规范》(JTG/T F50—2011)的规定执行。

(2) 木拱架。

拱架所用的材料规格及质量应符合要求。桁架拱架在制作时,各杆件应当采用材质较强、无损伤及湿度不大的木材。夹木拱架制作时,木板长短应搭配好,纵向接头要求错开,其间距及每个断面接头应满足使用要求。面板夹木按间隔用螺栓固定,其余用铁钉与拱肋固定。

木拱架的强度和刚度应满足变形要求。杆件在竖直面与水平面内,应用交叉杆件连接牢固,以保证稳定。木拱架制作安装时,应基础牢固,立柱正直,节点连接应采取可靠措施以保证支架的稳定,高拱架横向稳定应有保证措施。

(3) 钢拱架。

① 常备式钢拱架纵、横向距离应根据实际情况进行合理组合,以保证结构的整体性。

② 钢管拱架排架的纵、横距离应按承受拱圈自重计算,各排架顶部的标高应符合拱圈底的轴线。为了保证排架的稳定,应设置足够的斜撑、剪力撑、扣件和缆风绳等。

2) 施工预拱度

支架和拱架应预留施工拱度,在确定施工拱度值时,应考虑下列因素:①支架和拱架拆除后上部构造本身及活载 1/2 所产生的挠度;②支架和拱架在荷载作用下的弹性压缩;③支架和拱架在荷载作用下的非弹性压缩;④支架和拱架基底在荷载作用下的非弹性沉陷;⑤由混凝土收缩及温度变化而引起的挠度(以上五个因素拱、梁均有);⑥承受推力的墩台,由于墩台水平位移所引起的拱圈挠度(拱特有)。

3) 支架、拱架制作安装

支架、拱架制作安装一般要求如下。

(1) 支架和拱架宜采用标准化、系列化、通用化的构件拼装。无论使用何种材料的支架和拱架,均应进行施工图设计,并验算其强度和稳定性。

(2) 制作木支架、木拱架时,长杆件接头应尽量减少,两相邻立柱的连接接头应尽量分设在不同的水平面上。主要压力杆的纵向连接,应使用对接法,并用木夹板或铁夹板夹紧。次要构件的连接可采用搭接法。

(3) 安装拱架前,对拱架立柱和拱架支承面应详细检查,准确调整拱架支承面和顶部标高,并复测跨度,确认无误后方可进行安装。各片拱架在同一节点处的标高应尽量一致,以便于拼装平联杆件。在风力较大的地区,应设置风缆。

(4) 支架和拱架应稳定、坚固,应能抵抗在施工过程中有可能发生的偶然冲撞和振动。

安装时应注意以下几点。

支架立柱必须安装在有足够承载力的地基上,立柱底端应设垫木来分布和传递压力,并保证浇筑混凝土后不发生超过允许的沉降量。施工用的脚手架和便桥,不应与结构物的模板支架相连接,以避免施工振动时影响浇筑混凝土质量。船只或汽车通行孔的两边支架应加设护桩,夜间应用灯光标明行驶方向。施工中易受漂流物冲撞的河中支架应设坚固的防护设备。

支架或拱架安装完毕后,应对其平面位置、顶部标高、节点连接及纵、横向稳定性进行全面检查,符合要求后,方可进行下一工序。在浇筑混凝土及砌筑拱圈过程中,承包人应随时测量和记录支架和拱架的变形及沉降量。现浇混凝土的梁(板)结构,在支架架设后,应按图纸要求或监理工程师的指示,对支架进行预压,加在支架上的预压荷载应不小于梁(板)自重。

3. 模板、支架和拱架的拆除

承包人应在拟定拆模时间的 12 h 以前,向监理工程师报告拆模建议,并应取得监理工程师同意。如果由于拆模不当而引起混凝土损坏,其修补费用应由承包人承担。卸落拱架时应用仪器观测拱圈挠度和墩台变位情况,并做好记录,供监理工程师查阅和随时控制。拆除期限的原则规定如下。

(1) 模板、支架和拱架的拆除期限应根据结构物特点、模板部位和混凝土所达到的强度来决定。

(2) 非承重侧模板应在混凝土强度能保证其表面及棱角不致因拆模而受损坏时方可拆除,一般应在混凝土抗压强度达到 2.5 MPa 时方可拆除侧模板。

(3) 芯模和预留孔道内模,应在混凝土强度能保证其表面不发生塌陷和裂缝现象时,方可拔除,拔除时间可按《公路桥涵施工技术规范》(JTG/T F50—2015)的有关规定确定。

(4) 钢筋混凝土结构的承重模板、支架和拱架,应在混凝土强度能承受其自重力及其他可能的叠加荷载时,方可拆除。

当构件跨度 4 m 内时,在混凝土强度符合设计强度标准值的 50% 的要求后,方可拆除;当构件跨度大于 4 m 时,在混凝土强度符合设计强度标准值的 75% 的要求后,方可拆除。若设计上对拆除承重模板、支架、拱架另有规定,应按设计规定执行。

石拱桥的拱架卸落时间应符合下列要求:浆砌石拱桥,须待砂浆强度达到设计要求,或如设计无要求,则须达到砂浆强度的 70%;跨径小于 10 m 的小拱桥,宜在拱上建筑全部完成后卸架;中等跨径的实腹式拱,宜在护拱砌完后卸架;大跨径空腹式拱,宜在拱上小拱横墙砌好(未砌小拱圈)时卸架。当需要进行裸拱卸架时,应对裸拱进行截面强度及稳定性验算,并采取必要的稳定措施。

二、滑模施工

滑模施工的主要内容包括钢筋绑扎、混凝土灌筑、模板提升和混凝土养护等。

1. 钢筋绑扎

模板每提升到一定高度后,就需要接长支承顶杆和绑扎钢筋,为了不影响提升时间,钢筋接头均应事先配好,最好采用冷压式套筒连接。套筒式接头连接操作简便、质量可靠,且有提高工效、节约钢材等优点。套筒连接工艺的原理为:将两根待接螺纹钢筋插入特制的钢连接套筒内,用专门的高压钢筋连接机对套筒外壁施加压力,使套筒产生冷态挤压塑性变形,套筒内壁便紧紧地嵌入螺纹钢筋的片牙形横肋间隙中,并紧密地箍紧钢筋而将钢筋连接为一体。冷压接头靠套筒变形后与钢筋横肋间的剪力来传力。钢筋连接如果采用焊接连接,则应估计所需电焊机的数量,并安置在工作平台的适当位置处,钢筋长度一般不超过 6 m,竖直主筋下端就位焊后,上端应用限位支架临时固定,要及时绑扎水平筋或箍筋。

支承顶杆无论采用工具式接头还是焊接方式,都要求顺直、平整,支承杆穿过较高洞口时,应及时加固,以防失稳。顶杆接长应分批对称轮流进行,一次不能超过全部顶杆的半数,使钢模始终均匀支承在拼接式顶杆上。

2. 混凝土灌筑

滑模施工宜选用低流动度或半干硬性混凝土,坍落度可为 20～40 mm,水灰比为 0.5～0.65,初凝时间控制在 2 h 左右。

半干硬性混凝土和易性差,须掺减水剂。灌筑前在模板内先铺 20～30 mm 砂浆底层,然后分三层灌筑混凝土,总高度为 0.7～0.9 m。在底层混凝土强度达到 0.2～0.5 MPa 时,即可开始模板的初升和墩身混凝土的灌筑工作。混凝土应连续施工,不能中途停止。应严格执行分层分圈、对称均匀的原则,而且做到快灌快振。混凝土灌筑速度应满足滑升速度的要求,正常灌筑后,应使每次提升高度等于每层灌筑厚度。混凝土应用插入式振动器捣固,振捣时不得提升模板,振动棒应避免接触模板、钢筋或行程套管。滑模施工不宜在冬季进行。

3. 模板提升

模板提升可分为初滑、正常滑升和停滑等几种情况。为了克服提升模板的摩阻力,减少提升设备的损耗,在混凝土达到较低的出模强度(0.2～0.3 MPa)时,缓慢提升模板 20～50 mm,观察混凝土凝固情况,在现场可用手指按刚脱模混凝土表面,若留有指痕,砂浆不黏糊,则认为混凝土已达到要求强度,可以开始继续提升,这一过程为试升阶段。试升时模板内混凝土未灌满(仅 0.7～0.9 m 高),故试升后的模板提升高度应稍小于每层灌筑的厚度,这一过程一直到混凝土灌筑至距模板顶面不少于 0.1 m 左右距离,这就是初升阶段。

初升后,经全面检查合格后即可进入正常滑升。正常滑升时应每灌筑一层模板高度的混凝土提升一次,这样连续不间断地进行,每次灌筑的厚度与每次提升的高度基本一致。在正常气温条件下,滑升间隔时间不应超过 1 h。

当混凝土灌筑至需要高度时,不再继续灌筑,或因墩身横隔板施工需要,混凝土灌筑至要求标高后,即停止滑升。停滑后,为防止混凝土粘模,模板应继续提升,可每隔 1 h 提动模板一次,每次提升一个行程,直至模板不与混凝土黏结为止。

滑模提升应做到垂直、均衡一致,顶架间高差不大于 20 mm,位移与扭转不得大于规定的数值。模板纠偏,不得一次调整过多,每滑升 1 m,纠正位移值不大于 10 mm。一般应先调整平台水平,再纠正位移和扭转。

4. 修补与养生

混凝土脱模后,由于模板的接缝不平或灌筑时捣固不实,混凝土表面可能出现麻面或凹凸不平的缺陷,必须立即修补,并利用混凝土自身的砂浆进行抹面,使桥墩表面光洁美观。

脱模后,根据气温和太阳照射等条件,应及时开始养生,养生可用吊在吊架上的环绕墩身的带小孔的水管来进行。

5. 滑模施工的优缺点

用滑动模板施工,只需一节模板配合平台吊架、支承顶杆、穿心式千斤顶和提升混凝土设备等即可完成全部混凝土的灌筑工作。它具有施工进度快、节省劳力等优点,但由于滑模是在混凝土强度还较低的条件下脱模,故有可能使混凝土表面出现变形或环向沟缝,有时会因水平力的作用使滑模发生扭转。滑模在动态下灌筑混凝土,提升操作频繁,因而对中线的水平控制要求极严,稍有不当就会发生中线水平偏差。因而滑模施工方法在桥梁施工中已逐渐减少,有被爬升模板取代的趋势。

三、爬升模板施工

根据模板与支架爬升方法的不同,爬升式模板可以分为多种形式。

1. 滑升式爬模

滑升式爬模由大块钢模、滑升桁架及脚手架组成。它具有滑动模板和大模板施工的优点,但克服了滑模的不足。其构造特点是在大面模板一侧设有竖向轨道,作为竖向桁架的爬升轨道。竖向桁架滑升带动水平桁架及作业平台整体上升,在桁架提升完成并固定后,拆除底下一节模板,并用扒杆起吊安装到顶部已灌筑混凝土的模板之上(即倒升),作为新的一节模板进行混凝土灌筑工作。

我国在斜拉桥索塔施工中已多次应用爬升模板施工技术。在索塔的个大囡模板的背固上设置竖向轨道(轨距为 2 m),作为竖向桁架的爬升轨道。竖向桁架用万能杆件组拼,作为起重扒杆的中心立柱,与摇头扒杆共同受力。每节爬模由支承桁架的主承重模板两块、前模两块及左右侧面各一块组成。每块模板重量不超过 1.5 t(扒杆起重能力)。为了有效支承滑升架的重量,在二节钢模下面又增加了两块承重背模,即一套钢模由两节半钢模组成。钢模之间采用螺栓连接。其施工程序为:在塔柱底部灌筑两节模板混凝土后,安装滑升桁架及起重设备,用起重设备安装第三节模板并灌筑混凝土,待混凝土达到 10～15 MPa 后,安装提升桁架的设备(主要是手拉葫芦),并将桁架及起重设备滑升一节高度(2.5 m),将竖向桁架锁定在第二、第三节模板背面的竖向轨道上,拆第一节模板,用扒杆起吊,安装第四节模板,从而完成一次倒升模板的施工循环。

承重背模上焊有两条竖向钢轨,轨距为 2 m,与万能杆件的间距相等,它既是桁架的滑道,也是桁架的支承点。钢轨腹板上每隔 0.1 m 钻一个直径为 3.1 mm 的定位栓孔,一个滑升桁架通过 6 个特制的钢夹头在节点处与滑道钢轨相连。松开夹头固定螺栓,滑升架即可沿轨道上下滑动而不致脱开,并可在背模轨道上的任意位置固定。由于三节背模的轨道设计成连续的,故滑升架可以由下节钢模滑升到上一节钢模并重新固定。滑升架的提升利用手拉葫芦进行,吊运则利用滑升架上的扒杆(共两副、起重量为 2 t)进行。

在武汉长江二桥索塔施工中,对以上施工技术进行了改进。模板为钢框竹胶面模板,采用两个槽钢(C12)作为钢带,用螺栓拼接,钢带既是模板的承力结构又是提升爬架的承力结构。这套模板具有重量轻、强度高、装拆方便、倒用次数多、灌筑混凝土表面平整光洁等特点。爬架支承点作用在主塔混凝土上,模板支承在主塔内的劲性柱上。模板的提升靠爬架,爬架的提升靠模板或劲性柱。这样形成了爬架和模板之间相互依靠、相互交替爬升的施工过程。

滑升爬模的模板,它不仅承受混凝土的侧压力,同时还要承受施工荷载,因此应设计成大面积钢模。它的强度、刚度必须充分保证,尤其是背模,可选用C22 mm 做主受力框架,面板可选用 5 mm 钢板,再加钢轨滑道与角钢竖肋,焊接成整体。一节钢模的高度,不仅要考虑它的重量和起重扒杆的起吊能力,同时还要考虑混凝土振捣的方便。索塔通常都是箱形截面,内部钢筋密集,工人一般无法下去振捣,只能在模板上采用插入式振动器,故高度不宜超过2.5 m,否则另考虑其他方法解决。

一套滑升爬模,如采用两节钢模,同样可以实现爬模作业,但模板中只有一节模板承受全部施工荷载,故其高度应加大(可以到4 m左右),相应的重量将加大,但可加快施工速度。垂直塔柱或高墩施工时,滑升架可设计成门形刚架形式。滑升架的设计,要能在其上安装所有施工设备,能提供足够的操作平台,有足够的连接夹头,既可整体滑升,又能牢固固定。

滑升架上的起重设备,可根据实际情况确定,必要时可在滑升架的顶端安装塔式吊机的端头部分或其他专用吊机。滑升架的提升,也可由人工葫芦改为液压式千斤顶顶升。

2. 翻板式爬模

滑升爬模兼有滑模施工与普通模板施工的优点,既像滑模那样有提升平台和模板提升系统,又像普通模板那样分节分段进行安装定位,可根据模板的安装能力制定模板的分块尺寸。但因滑升爬模更适宜采用大板式模板(因支承滑升架的需要),所以主要用于不变坡的方形塔柱施工,对于变坡的或者弧形截面的塔墩,应用翻板式爬模,可能更为方便。

翻板式爬模的特点是没有滑升架和提升装置,模板也可由大板改成小块模板,以适应墩身变坡和随着墩高变化而引起的直径曲率变化。每套模板由3节同样规格的模板及配件组成,每个模板的高度约为1.5~2.0 m,宽度可根据桥墩截面形状、尺寸发起吊设备能力拟定。翻板式爬模适用于变截面空心桥墩施工。

1) 工艺原理

翻模是一种自下而上逐层上翻循环施工的特殊钢模,由三层模板组成一个基本单元,并配有随模板升高的工作平台。当灌注完上层模板的混凝土后,将最下层模板拆除翻上来装在第三层模上而成为第四层模,以此类推,循环施工,直至桥墩施工完毕。

2) 模板设计实例

某空心高墩翻模施工方案如下。每节翻模由内、外钢模板,三角支架,混凝土支承块,对拉螺栓,吊挂脚手,栏杆,斜拉索具及步行板组成。每块模板高1 490 mm,宽500 mm。三脚支架高1 420 mm,宽1 220 mm,由∠75×75×5角钢组成。相邻模板及上下层模板的连接均靠模板"舌头"搭接来实现。对拉螺栓穿过内、外模板孔眼及混凝土支撑块,将内外三脚架拉紧,从而使内外模板成为一体。当墩身截面发生变化时,就调整模板"舌头"的搭接,使整个模板满足设计坡度要求。随着墩身增高,截面越来越小,仅靠"舌头"的搭接调整不能满足时,就去掉一块模板,重新调整各块模板的搭接,即可达到收坡要求。为了方便工人施工,设计了作业平台。它是由支架、纵横梁和平板组成,支架由8根立柱支承生根于中、下节模板上,上部支撑平纵、横梁,以两台缆索吊车提升活动平台,活动平台每上升一次,模板向上翻一次,直至完成全部空心墩施工。

3) 操作要点

(1) 清理混凝土表面,并应凿毛,按设计尺寸,支立第一层模板,检查、校正,确保模板几何尺寸准确、连接牢固,中心对中。

(2) 经检查无误后,灌注基本节混凝土,灌注一节支一节。

(3) 支架操作平台,安装提升架。

(4) 清洗、凿毛混凝土面,焊接、绑扎墩身钢筋,将上次灌注的混凝土表面凿毛以利于连接新混凝土,焊接接长长度不够的钢筋,并将凿毛后的混凝土碎石冲刷干净。

(5) 拆模:拆模人员站在吊架上,上下、内外各一个人互相配合,拧下对拉螺母,将三脚架依次拆除(与安装顺序相反),边拆模边吊到上边挂在上层模板的三脚架上备用,自该层最后支立的模板开始,依次用小撬棍拆除各块模板,吊至上层脚手架上。

(6) 凿除拉筋头,然后用同标号水泥砂浆堵孔,并用混凝土原浆抹面,使颜色与墩、混凝土一致。养护采用粘塑料膜浸水养护,而后将底层工作架及安全网依次提升一个模板高度,挂在中层模板上。

(7) 整修模板:拆下的模板及时整修,主要是砸平施工中翘曲了的模板"舌头"清除板面上残余混凝土,并刷脱模剂。

(8) 支立校正模板:此项工作一般为十人左右,自一侧墩壁中心开始,双方背面支立。由外模板就位,将欲支立的模板下部"舌头"插入下层模内侧,将对拉螺栓穿入混凝土支撑块,放入内外模板侧面的圆眼内,安装相邻的内外模板,装上内外三脚架,拧紧螺母,使三脚架挂好斜拉索具,以此逐块组装,直至与角模合拢。模板的搭接量应根据墩身截面尺寸提前算好并做上标记,组装时按计算值和标记施工,避免返工和降低墩收坡调整幅度、注意搭接密度,防止漏浆。工作平台8个支腿处的16块模板,同其他模板略有不同,其下部加强,并用直径为8 mm的对拉螺栓连接,将这些模板、螺栓涂成红色,以防装错。根据中线调整内外斜拉索具,使内外模板达到设计尺寸和中心位置。

(9) 隐蔽工程检查,钢筋安装必须经监理工程师认可并签字。

(10) 混凝土由输送泵运送到模板内,为了减少循环时间,加快施工进度,选用合适的早强剂,使混凝土在10 h内达到12 MPa的强度,以便及时进行下道工序。

(11) 等强:即等待已浇筑的混凝土强度达到12 MPa后,即可提升平台,进入下一道循环。活动平台一次,模板向上翻一次,直到完成全部空心墩身施工。

4) 测量控制

桥墩中线测量控制,采用全站仪测量立模,同时用吊垂球的简便易行的方法辅助。即在墩底实体段完工后,在其中心预埋一块铁板,利用纵横方向护桩交会出墩中心。制作一个滑轮架,缠上细钢丝绳,下吊一个10 kg大垂球。将滑轮架安装在工作平台中心,使垂球对准墩底中心,误差控制在±5 mm以内。墩身高程控制采取每5 m测一次相对标高,使模板顶面基本保持在一个水平面上。遇有预埋件、进入孔时,随时测定标高,使其控制在允许误差范围以内。

5) 钢筋制作安装工艺

(1) 钢筋进入加工场后先进行除锈、调直处理,然后按设计下料长度切断、加工成型。

(2) 加工成型的钢筋分类堆放整齐,吊运时应根据提升设备运输能力将钢筋分类捆绑牢固吊运。

(3) 焊接和绑扎时应先接长竖向钢筋,然后绑扎水平环筋,最后绑扎内外钢筋网体之间的拉筋。钢筋安装时应严格控制钢筋保护层厚度,钢筋交叉点绑扎时的绑扎方向成梅花形布置,箍筋与主筋相垂直,主筋间距偏差不大于6 mm,箍筋间距偏差不大于10 mm。

(4) 钢筋绑扎完后,及时安装就位各种预埋件、通风孔,然后做好隐蔽工程检查和质量评定。

6) 混凝土浇筑工艺

(1) 混凝土施工前认真查拌和站、输送泵是否完好;检查模板内是否清理并用水冲洗干净;检查振捣器具、入模、振捣各部分工人是否就位。

(2) 混凝土灌注前先均匀铺1~2 cm厚且与混凝土同标号的砂浆,混凝土采取分层灌注,连续施工。

（3）混凝土灌注时应注意观察振捣层的变化，振捣时以表面不再沉降，表面有少量气泡为宜，防止漏振和过振。

（4）每次模板内混凝土浇筑完毕后，用抹子将顶面抹平拍严，防止顶面出现疏松混凝土。

（5）混凝土灌注初凝后，用草帘覆盖，并陆续将草帘洒水湿润，混凝土终凝后，及时洒水养生且表面要凿毛清洗干净，保证施工缝质量。

7）安全施工

（1）模板施工与吊装。根据施工实际影响范围划分高空作业时，高空作业区内严禁站人。

（2）高空作业，在危险作业面（如拆除模板）作业时应系好安全带，周围采取设防护栏杆和安全网等防护措施。

（3）电气、机械操作，工作人员必须持证上岗，非电气、司机操作人员不得操作。

（4）高空作业设备，上班前由专职安全员检查，危险作业项目有安全员跟班旁站，工人上下班后由专职安全员检查作业现场设施、设备的安全状况。

8）翻模施工的特点

由于翻模模板设计合理，既可用于圆形空心桥墩，也可用于方形空心墩，桥墩变坡、变厚均可适用，模板重量轻，人工拆装十分方便。其缺点是立模次数多、混凝土接缝多。另外，需要有其他起重运输机械协同施工。

3. 爬升模板

这种模板与前两种模板的不同之处是它只需一套模板，即可完成全部混凝土的灌注工作。爬模所要解决关键问题的是模板与脚手架的自升，而滑升爬模所要解决的是吊机与脚手架的自升，模板的拆装仍由吊机（扒杆）完成。

爬升钢模从形式上可分为内爬式和外爬式两种。内爬式采用双层框架两套支腿，爬升时以下支腿顶紧，用外框架顶升内框架、内外模板和上支腿，然后顶紧上支腿，将外框架及下支腿提升上来，这样完成一次爬升循环。爬模的施工荷载都由预埋在结构表面的钢件（锚固螺栓或拉杆）承受。这与滑升爬模和翻模不同，后者靠钢模或模板与混凝土的黏结力传递施工荷载。

外爬式钢模只用一套支架，靠预埋构件固定框架及内外模板，利用模板、框架的相互交替顶升完成混凝土的灌注工作。

模板爬升原理为：以空心桥墩已凝固的混凝土墩壁为承力主体，以上下爬架及液压顶升油缸为爬升设备的主体。油缸活塞杆与下爬架、缸体与上爬架铰接，上爬架与外套架连接，外套架与网架工作平台连接，支撑爬模。通过油缸活塞杆与缸体间的一个固定、一个上升，上下爬架就一个固定，一个做相对运动，达到上爬架与外套架、下爬架与内套架的交替爬升，从而完成模板的爬升就位。

施工步骤：先在桥墩下部灌筑 4 m 高左右混凝土，然后安装爬模设备，组装时应注意顺序，确保精度要求和连接牢固。当上一节模板混凝土灌注完毕并经 10 h 以上养护后（强度达 15～20 MPa），即可开始爬升。爬升就位后，绑扎钢筋，拆下一节模板并立到上一节模板上，然后灌注混凝土，依此循环作业。该模板设计的特点是自成体系，自带塔吊，使用组合钢模，具有拆装方便、经济、灵活的优点。

在实际工程中还可利用墩身主钢筋或劲性骨架作为承力骨架，用来悬挂和爬升工作平台，随着钢筋骨架的接高,逐节完成墩身混凝土的灌注工作。应用这种方法施工,墩身的竖立钢筋,除应有较大的直径和较多根数外,还应有水平钢筋和斜置钢筋,以便牢固绑扎,形成具有较大承载力的劲性骨架。然后利用夹紧器、扁担梁和导链滑车组成的提升系统,提升支架和工作平台等。

爬模工艺是一种正在发展中的工艺,其种类很多,但只是在模板、支架、吊运方法及爬升等方面略有不同,各有其优缺点。

4. 墩帽模板

无论滑模还是各种形式的爬模,当混凝土灌注至最后一节后,都需要对工作平台重新进行改装,以便灌注墩帽混凝土。通常的办法都是按需要的高度预留牛腿孔洞,安装承托及过载梁,将平台托架下落,支承于牛腿过载梁上,拆除提升系统及其他不需要的附属设施后,即可立模绑扎钢筋并灌注混凝土,然后利用墩帽,吊起托架,拆除牛腿,将整个工作平台徐徐下落至地面回收。

墩台顶帽施工前后均应复测其跨度及支承垫石标高。施工中应确保支承垫石钢筋网及锚栓孔位置正确,垫石顶面要求平整,高程符合设计要求。

四、满堂支架施工

满堂支架法(又称就地浇筑法)施工是一种比较古老的施工方法,其施工过程比较明确,易于控制,设计计算也比较简单,是工程技术人员乐意采用的施工方法。施工时在支架上安装模板,绑扎及安装钢筋骨架,预留孔道,并在现场浇筑混凝土与施加预应力。但施工过程中需要使用大量的模板支架,一般仅在小跨径桥或交通不便的边远地区采用。随着桥梁计算理论的进步,桥梁的结构形式的样式越来越多,出现了一些变宽的异形桥、斜弯桥等复杂的混凝土结构,又由于近年来临时钢构件和万能杆件系统的大量应用,在其他施工方法都比较困难或经过比较,施工方便、费用较低时,也有在中、大跨径桥梁中采用满堂支架法施工。

1. 施工方法

由于就地浇筑施工在简支梁中较为简单,因此这里主要介绍预应力混凝土连续梁桥采用的支架就地浇筑。

预应力混凝土连续梁桥箱应按一定的施工程序完成混凝土的就地浇筑,待混凝土达到所要求的强度后,拆除模板,进行预应力筋的张拉、管道压浆工作。至于何时可以落架,则应与施工程序和预应力筋的张拉工序相配合。当在张拉后恒载自重已能由梁本身承受时可以落架。对多联桥梁,支架拆除后可周转使用。有时为了减轻支架的负担,节省临时工程材料用量,主梁截面的某些非主要受力部分可在落架后利用主梁自身进行支承,继续浇筑第二期结构的混凝土,但由此要增加梁的受力,并使浇筑和张拉的工序有所反复。

小跨径预应力混凝土连续梁桥,一般采用从一端向另一端分层、分段的施工程序。大跨径预应力混凝土连续梁桥常采用箱形截面,施工时应分层或分段进行。其中,一种是水平分层方法,先浇筑底板,待其达到一定强度后进行腹板施工,或直接先浇筑成槽形梁,然后浇筑顶板。当工程量较大时,各部位可分数次完成浇筑。另一种施工方法是分段施工法,根据施工能力,每隔20~45 m设置连接缝,该连接缝一般设在梁的弯矩较小的区域,连接缝宽约1 m,待各段混凝土浇筑完成后,最后在接缝处施工合拢。为使接缝处结合紧密,通常在梁的腹板上做齿槽或留企口缝。分段施工法,大部分混凝土重力在梁合拢之前已作用,这样可减少支架早期变形和由此原因而引起的梁的开裂。

2. 优缺点

满堂支架法施工的优缺点:①桥梁的整体性好,施工平稳、可靠,不需要大型起重设备;②施工中无体系转换;③预应力混凝土连续梁桥可以采用强大预应力体系,使结构构造简化,方便施工;④需要使用大量施工支架,跨河桥梁搭设支架影响河道的通航与排洪,施工期间支架可能受到洪水和漂流物的威胁;⑤施工工期长、费用高,需要有较大的施工场地,施工管理复杂。

五、移动悬吊模架施工

移动悬吊模架的形式也很多,构造各异,其基本构造包括三个部分:承重梁、肋骨状横梁和移动支承。承重梁通常采用钢箱梁,长度大于两倍桥梁跨径,用于承担施工设备自重力、模板系统重力和现浇混凝土重力的主要承重构件。承重梁的后端通过移动式支架落在已完成的梁段上,承重梁的前方支承在桥墩上,工作状态呈单悬臂梁。承重梁除起承重作外,在一跨梁施工完成后,作为导梁将悬吊模架纵移到前方施工跨。承重梁的移位及内部运输由数组千斤顶或起重机完成,并通过控制室操作。

在承重梁的两侧悬臂伸出许多横梁覆盖全桥宽,并由承重梁向两侧各用2~3组钢束拉住横梁,以增加其刚度。横梁的两端各用竖杆和水平杆形成下端开口的框架并将主梁包在其中,当模板支架处于浇筑混凝土状态时,模板依靠下端的悬臂梁和锚固在横梁上的吊杆定位,并用千斤顶固定模板;当模板支架需要纵向移位时,放松千斤顶及吊杆,模板安放在下端悬臂梁上,并转动该梁前端一段可转动部分,使模架在纵移状态时顺利通过桥墩。

六、支承式活动模架施工

支承式活动模架又称移动支架造桥机,它的基本结构由承重梁、导梁、台车和桥墩托架等组成,它采用两根承重梁,分别设置在箱形梁的两侧,承重梁用于支承模板和承受施工荷载,承重梁的长度要大于桥梁的跨径,浇筑混凝土时承重梁支承在桥墩托架上。导梁主要用于移动承重梁和活动模架,因此需要有大于两倍桥梁跨径的长度。当一跨桥梁施工完成进行脱模卸架后,由前方台车(在导梁上移动)和后方台车(在已完成的梁上移动),沿纵向将承重梁的活动模架运送到下一跨,承重梁就位后,导梁再向前移动并支承在前方墩上。

根据国外几十座使用移动模架法施工的桥梁的统计资料分析:从构造上看大多数桥为等截面梁桥,箱梁截面的尺寸按一定规则变化,支点位置处可设置横隔板;从使用的范围分析,大多数桥长均超过200 m,常用于400~600 m,也有超过1 000 m的,当桥很长时,则要考虑材料、设备的合理运输问题;桥梁跨径大多数为23.5~45 m,也就是说,对于中等跨径的桥梁采用移动模架法施工较为适宜。此外,对于弯桥和坡桥都有成功的桥例。但移动模架法施工需要一整套设备、动力装置和自动控制装置,一次性投资相当大。为了提高使用效率,必须解决机具设备的装配化及科学管理的问题。

七、拱架施工

1. 拱架的制造

拱架的制作和安装主要工序如图3-3所示,支架的制作与安装工序也基本如图3-3所示。

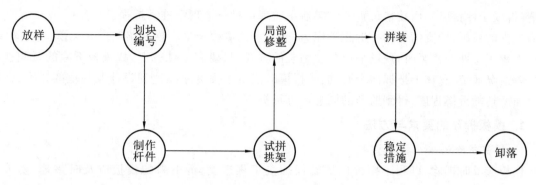

图 3-3 拱架的制作和安装工序

拱架、支架大都使用钢、木等材料制作,在荷载较小时,可用竹及其他材料加工支架或支撑。为了确保桥梁构筑物竣工后的尺寸准确,应预留施工拱度以便抵消拱架和支架自身产生的垂直变形以及构筑物在卸架后因自重产生的变形。预留拱度时主要应考虑如下变形:①施工荷载产生的弹性变形;②载重时因杆件接头受挤压而产生的非弹性变形;③支架基底的非弹性变形;④恒载引起梁(或拱圈)的弹性挠度;⑤活载引起梁(或拱圈)的弹性挠度;⑥混凝土收缩及温差变化而引起的挠度;⑦承受推力的墩因水平位移引起拱圈产生的变形。

2. 拱架的安装

安装拱架前,应对全部杆件进行详细检查:木构件视其是否有节疤、蛀孔,发现问题应予以撤换;钢构件视其是否腐蚀、锈污、有无严重扭曲,少焊或漏焊处。在拱架支承面上要抄平测量,准确调整标高复测拱跨,确认无误后才可进行拼装,在风力较大时,拱架、支架要设置缆风绳增加稳定性,各片拱架在同一节点处的标高应尽量一致,以便于拼装平联杆。安装要有较高的架设技术和一定的吊装设备,并要在操作中逐步加固拱架和支架的纵、横向联系,以保证平面、立面的稳妥、坚固、安全和可靠。在作业时应考虑偶然发生的冲撞和振动,支撑应安置在坚实的地基上,并有足够的支撑面积,以保证所浇筑的混凝土结构的沉陷和位移不超过允许值,在特殊地基土上架立支架时,应对支撑附近的土进行适当处理。

安装运输拱架时,不能与构筑物、支架或其他支撑相连,以免车辆通行时,振动力传给构筑物后发生事故,拱架之间的通行空间两侧应安设护桩以防拱架架被车辆、船只和漂流物等冲撞。为使拱架和支架在卸落时能均匀受力,不致发生意外,在安装前就应考虑在架上安设卸架设备。选择卸架器具应根据支架承受的荷载及卸落量决定。

拱架、支架安装完成后,应对其平面位置、顶部标高、节点联系,纵、横向稳定性等进行检查。若有差错应立即予以纠正。

任务3 模板、支架和拱架的拆除

一、模板拆除

1. 模板拆除作业的程序

送拆模试块(同条件试块)到检测单位试压→当混凝土强度达到拆模强度要求时,办理拆模申请(拆模工序报验),由技术负责人签字后报监理审批→监理批准→拆模。

先支的后拆,后支的先拆。拆除顺序为:非承重的侧模→平台模→梁侧模→梁模。

工程因工期非常紧时,现场采取分块施工的方式,只要有条件就上,故模板拆除的时间视现场具体情况而定,总体上把握两个原则:①拆模时混凝土强度必须达到设计及规范的要求;②按照上面所述的拆模程序,得到监理的同意后方可拆模。

2. 模板拆除的要求与方法

1) 模板拆除的安全技术要求

模板应及时拆除,以利于模板的周转而加快工程进度,拆下来的模板应及时整理,妥善保管,以利于再用。

现浇结构的模板及其支架拆除时,应根据现场同条件的试块强度报告,符合设计要求的百分率后,提出拆模申请,技术人员核对无误后,方可拆除。当设计无具体要求时,应符合下列规定:①侧模在砼强度能保证其表面及棱角不因拆除模板而受损坏后,方可拆除;②底模在砼强度符合表 3-3 规定时,方可拆除。

表 3-3 现浇结构拆模时所需砼强度

结构类型	结构跨度/m	设计的砼强度标准值的百分率计/(%)
板	≤2	≥50
	>2,≤8	≥75
	>8	≥100
梁,拱,壳	≤8	≥75
	>8	≥100
悬臂构件	≤2	≥75
	>2	≥100

对于大跨度及悬臂构件、悬吊构件,支模应经严密施工组织设计以确保安全,并应在达到 100% 立方体强度后方可拆模。

已拆除模板及其支架的结构,在砼强度符合设计强度等级的要求后,可承受全部使用荷载。当施工荷载所产生的效应比使用荷载的效应更为不利时,必须经过验算,加设临时支撑。

在拆模过程中,如发现实际结构混凝土强度并未达到要求,应暂停拆模,经妥当处理,实际强度达到要求后,方可继续拆除。

拆除顺序一般应是先支的后拆、后支的先拆;先侧模,后底模;拆除跨度较大的梁下模板时,应先从跨中开始,分别向两端进行;重大复杂的模板的拆除,事前应制定拆模方案。

上层楼板正在浇灌砼时,下一层楼板模板的支柱不得拆除,再下一层楼板模板的支柱,仅可拆除一部分,跨度 4 m 及 4 m 以上的梁下均应保留支柱,其间距不得大于 3 m。

快速施工的高层的梁和楼板模板,其底模及支柱的拆除时间,应对所用砼的强度发展情况分层进行核算,以确保下层楼板及梁能安全承载。

拆除区域需设置警戒和监护人。模板拆除时,操作人员应站在安全处,以免发生安全事故。待该片段模板全部拆除后,方准将模板、配件、支架等运出堆放。拆下的模板等配件,严禁抛扔,应有人接应传递,按指定地点堆放。

2) 模板拆除的文明施工要求

拆模时严禁猛撬、硬砸或大面积撬落或拉倒,停工前不得留下松动和悬挂的模板,拆下的模板应及时运送到指定的地点集中堆放或清理归垛。几个人同时拆模应注意相互间的安全距离,禁止抛掷模板。

模板拆除后,应将表面黏结的砼块、砂浆清除干净,铁钉要拔除,然后将支撑、木方、模板等运至集中堆放点堆放整齐,对木方等要搭好防护棚,并做好消防准备工作。

3) 模板拆除的方法

(1) 柱模板拆除:先拆除楞、柱箍和对拉螺栓等连接、支撑件,再由上而下逐步拆除。

(2) 墙模板的拆除:墙模板在混凝土强度达到 1.2 MPa,能保证其表面及棱角不因拆除而损坏时方能拆除,模板拆除顺序与安装模板顺序相反,先外墙后内墙,先拆外墙外侧模板,再拆内侧模板,先模板后角模。

拆墙模板时,首先拆下穿墙螺栓,再松开地脚螺栓,使模板向后倾斜与墙体脱开。不得在墙上撬模板,或用大锤砸模板,保证拆模时不晃动混凝土墙体,尤其拆门窗阴阳角模时不能用大锤砸模板。

门窗洞口模板在墙体模板拆除结束后拆除,先松动四周固定用的角钢,再将各面模板轻轻振出拆除,严禁直接用撬棍从混凝土与模板接缝位置撬动洞口模板,以防止拆除时洞口的阳角被损坏,跨度大于 1 m 的洞口拆模后应加设临时支撑。

(3) 梁、楼板模板的拆除:应先拆梁侧模,再拆楼板底模,最后拆除梁底模。其顺序如下:拆除部分水平拉杆、剪刀撑→拆除梁连接件及侧模→松动支架柱头调节螺栓,使模板下降 2~3 cm→分段分片拆除楼板模板及支承件→拆除底模和支承件。

楼板模板拆除时,先调节顶部支撑头,使其向下移动,达到模板与楼板分离的要求,保留养护支撑及其上的养护木方或养护模板,其余模板均落在满堂脚手架上。拆除模板时应保留板的养护支撑。

(4) 后浇带模板的拆除:后浇带模板必须等混凝土强度达到 100% 方可拆除。

3. 箱梁模板拆除

在混凝土强度达到标准强度的 75% 后,方可进行箱梁外侧模的拆除,在松开横向拉杆和底托后,整体外侧模靠自重脱落,由卷扬机沿顺桥向方向拉至欲浇下一跨就位。在拆除过程中避免硬敲猛砸,拖拽过程中需保证模板完全脱离梁体,确保梁体的整体外观质量不受破坏。

箱梁内模从两端向中间拆除,先将内模支撑拆除,然后将内模竹胶板逐块撬开,拆除内模,拆除完毕后,内模板由顶板预留人洞送出。

底部模板在张拉完成后拆除,将落架沙桶内的沙全部排出,使支架承重梁以上部分下落,然后将模竹胶板逐块撬开,逐段拆除。最终拆除的支架、方木根据现场实际情况直接拴绳续下。拆除要求及注意事项为:①内模拆除前将支承拆除;②内模拆除顺序要从两端向中间拆除;③箱梁内模拆除时,若箱内温度超过 38 ℃时,需设通风设备(如鼓风机、风扇等),适当降低箱内的气温;④外侧模拆除要分段从一端拆除。

4. 拆除模板的外运

拆下的模板、支架和配件均应分类、分散堆放整齐,并及时清运。为了便于地下室模板等周转材料的外运,楼板上应设置预留洞。各区模板的拆除均以预留洞为中心向四周散开。

二、支架(拱架)拆除

1. 主拱支架拆除施工措施

拱圈砼强度达到设计强度,按照设计要求裸拱拆除满堂支架,对称均匀卸落拱架。为了保证主拱支架逐渐均匀地降落,以便使拱架所支承的桥跨结构重量逐渐转移给主拱圈自身来承担,因此拱架不能一次性进行过大量卸架,严格按6次卸架方式逐段卸架(顶托),保证拱圈受力逐渐加载,并作好沉降监测。

1) 拱架卸落的原则和方法

总体原则是对称、少量、多次、逐渐完成,使结构物逐渐承受荷载,避免发生开裂。在纵向对称均衡卸落,在横向一起同时卸落。

施工人员按照项目部对技术人员、安全管理人员所要求的安全技术交底和安全操作规程实施,高处作业人员必须戴好安全帽,扣好安全带。

拆除支架前须设警戒区域,张挂醒目的警戒标志。现场布置安全值班人员两名作好安全警告,警戒区域内严禁非操作人员通行或在支架下方继续施工。拆除支架前,应清除支架上的材料、工具和杂物。项目部应高度重视拱架的卸落,严格按程序操作,制定好安全措施和卸落拆除顺序,防止安全事故的发生。

拱架卸落:在横桥向每一排立杆必须同时由中间向两侧卸落,在纵桥向从拱顶向拱脚逐排卸落,立杆间距90 cm,按4.5米等分计算卸落量,并保持左右两侧同步对称进行,每点卸落量按直线分布。卸落前应在卸架支架上用油漆在钢尺辅助下标定出卸落量,画好每次卸落量的标记。拆卸支架时,设专人用仪器观测拱圈挠度及拱座位置的变化情况,提前在主拱圈上口和下口布置好沉降观测点,并做好详细记录,以指导卸架的程序,以免发生过大的变形而产生裂缝等质量事故。设专人观察是否有裂缝发生。卸架的时间宜在白天进行,便于观测主拱沉降变形。

2) 支架拆除顺序

按照整个支架脱离拱圈后再按先搭设的后拆,后搭设的先拆,从上到下的顺序,最先拆除底模木方、钢管,再逐层往下拆,分层拆除连接加强杆件,拆除水平锁杆和剪刀撑,再拆除横杆、立杆。拆除吊装方法为:在主拱支架拆除底板后,应观察主拱底板有无质量缺陷,应安排人员打磨修饰平整;在逐层往下拆除支架过程中,应每6米高在主拱外侧搭设卸料平台,卸料平台外侧设置好防护栏杆,每层铺设好跳板,供工人搬运材料的通道,钢管木方人工往外面传递,不能随意乱扔钢管扣件,严禁高空抛物,材料集中搬运到卸料平台堆放,采用塔吊集中吊装施工,吊装严格按照操作规程执行。

2. 监控量测

监控量测是桥梁施工中一个极其重要的环节,在拱圈施工中的监控量测工作尤为重要。应加强监控量测工作,确保桥拱圈施工的工程质量安全。

桥拱圈施工的监控量测工作主要是:拱架预压的监控量测、拱圈砼浇筑的监控量测、拱架卸落的监控量测、拱上建筑施工期间主拱的沉降变形监测。

拱圈的监控量测工作是观察控制点的空间位置的变化情况。在拱座、拱架、拱圈规定位置设置拱架预压、拱圈砼浇筑、拱架卸落的控制点,在施工过程中全过程观测其空间位置变化情况,利用观测数据及时指导施工。

采用全站仪对控制点进行精确放样,观测点布设在拱脚、1/8L、1/4L、3/8L、拱顶(1/2L)处,每断面两点,分布在拱圈两侧。控制点布置好后作明显标识,并注意保护,防止破坏。设置好测量控制点后,用水准仪精确测量控制点高程并做好记录。

在主拱支架预压和主拱砼浇筑过程中,在满堂支架工况下,整个支架比较稳定,累计沉降量小。在卸架过程中,每卸落一个循环,监测组跟踪监测一次,记录好数据,作好数据分析。在卸架过程中主拱沉降过大,应及时报告上级领导,分析原因,并采取可靠有效的措施进行补救,确保工程质量和施工安全。

3. 贝雷片拆除

I14 分配梁的拆除:通过吊车配合拆除,在横桥向一侧,将 I14 分配梁用手拉葫芦抽出梁体,再由吊车吊放至指定位置。

贝雷片梁的拆除:先将中部销扣拆除,再逐段随着拆除进度松开角钢连接件,翼缘板下的贝雷片可直接由吊车吊放,底板下的贝雷片需将贝雷片打倒后用手拉葫芦吊横向拉至吊车能够直接吊放的位置,由吊车将其放置在指定位置。

贝雷片梁拆除后进行横向 2I45 工字钢拆除。用卷扬机或手拉葫芦将工字钢拉出梁体范围,吊车配合将工字钢吊出,具体见图 3-4。

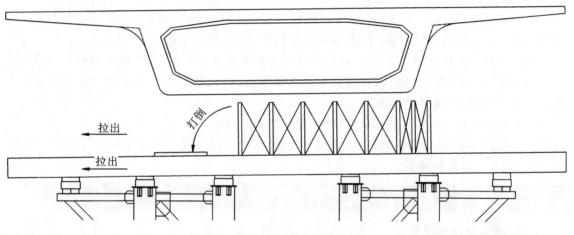

图 3-4 贝雷片拆除

拆除要求及注意事项:①贝雷片拆除时,横向连接要逐片松开,严禁大面积松开贝雷片梁横向连接;②横向工字钢用手拉葫芦移出梁体范围时,工字钢周围严禁站人;③贝雷片拆除放倒作业时,拉、顶应同时进行,并注意倒落方向不得有人。

4. 箱梁支架拆除

在上部贝雷片及型钢拆除完毕后,进行顶部支架的拆除。顶部支架拆除时,利用梁体泄水孔及翼缘板预留孔下放钢丝绳,通过手拉葫芦将顶部支架向上提起,逐节拆除中间搭配长度的钢管。待下部钢管拆除完毕后,再缓缓下放顶部钢管至吊车能起吊位置,由吊车将其吊出,运至下一跨就位。

5. 支架拆除技术措施及注意事项

(1)最先拆除主拱两侧边腹板支架,在拆除支架前,进场便道封闭,设好安全警戒线,严禁人员和车辆进入施工现场,派专人值班管理。

(2)拆除支架时,地面设好 10 m 警戒线,严禁人员入内,预防高空坠物,人员要躲到安全地方。

(3)支架拆除时的水平运输通道,要搭设好通道走道板,向外侧转移钢管等周材,集中堆放在专用的吊装平台上,平台要确保支架稳定,平台支架搭设好剪刀撑等加强杆件,四周设好安全防护栏。严禁立杆等钢管从高处自由坠落,变形损坏的按照合同相关要求赔偿。

(4) 塔吊吊装要设专人统一指挥,信号一致,不同规格的材料要分类堆码、分类吊装。作业过程中施工人员及机械要听从安排。

(5) 在拆除支架的同时,必须确保整个主拱及桥台的外观质量完好,打磨和修饰完毕。

(6) 拆除过程中施工人员必须站在临时设置的脚手板上作业,并按照规定佩戴安全帽、安全带相应安全防护用品。

(7) 拆除前应先松动可调托座,拆下模板、木方及钢管并运出后才可拆除跨河门洞工字钢。

(8) 拆除工作中,严禁使用榔头等硬物击打、撬挖,拆下的插销要放在袋内,拆下的可调顶托、调节杆、交叉拉杆先传递至地面并堆放整齐。

(9) 拆卸连接部件时,应先将锁座上的锁板与卡钩上的锁片旋转至开启位置,然后开始拆除,不得硬拉,严禁敲击。

(10) 脚手架同一步(层)的构配件和加固件应按先上后下,先外后内的顺序进行拆除。

(11) 通长水平加固杆必须在脚手架拆卸到相关的位置时方可拆除,严禁先拆。

(12) 当日没有拆除完成的支架,在收工时一定要确保架子稳定,以免发生意外。当日完工后,应仔细检查岗位周围情况,如发现留有隐患的部位,应及时进行修复或继续完成至一个程序、一个部位的结束,方可撤离岗位。

(13) 如遇强风、雨、雪等特殊气候,停止进行支架的拆除。

(14) 为保证安全,支架拆除尽可能安排在白天施工,如工期紧张必须在晚上进行拆除作业,则必须保障作业环境的照明。

三、模板支架坍塌的原因与控制措施

1. 模板支架坍塌的原因

脚手架结构模板支架坍塌之所以会发生,不外出现以下两种情况,或者二者兼而有之:一是架体或其杆件、节点实际受到的荷载作用超过了其实际具有的承载能力,特别是稳定承载能力;二是架体由于受到了不应有的荷载作用(如侧力、扯拉、扭转、冲砸等),或者架体发生了不应有的设置与工作状态变化(如倾斜、滑移和不均衡沉降等),导致发生非原设计受力状态的破坏。

2. 模板支架坍塌的控制措施

支架工作安全的限控规定包括:支架设置地基的处理要求;垫板材料和规格;支架立杆的对中或对称布置要求;构架设计尺寸(如纵距、横距、步距)的施工允差;竖向和水平剪刀撑的设置和连接要求;可调底座、顶托丝杆的直径和工作长度;扫地杆的设置高度;立杆顶部的伸出长度;扣件的单重和拧紧扭力矩;支架立杆的垂直度允差;钢管杆件的规格和壁厚;方木及其他承传梁件的规格;支架安装顺序;混凝土浇筑顺序和分层厚度;浇筑时作业面上人员和设备数量的控制;楼盖浇筑完毕至可以上层支架作业的间隔时间;支架可以拆除的条件。

(1) 支架设置条件包括:①支架设置地面和楼盖等的承载能力及加固、支撑措施;②高设置空间内有无设置附着拉结的条件;③周边毗邻(连)楼层楼盖是否先期或同时施工;④在支架设置及对其安全有影响的范围有否存在同时或交叉施工项目;⑤施工季节风力对高位(支架底部距地面≥50m)支架的作用。

（2）架种和杆件材料选用：①采用架种构架对工程的适应能力及其配合措施的可靠性；②可用杆件、材料规格和质量的变化情况及其措施。

（3）荷载及其作用计算：①劲性配筋和高配筋率构件的自重标准值；②活载的计算项目和取值及与浇筑工艺和施工安排情况的出入；③支架之上承传载构造下传荷载的取值；④支架立杆轴力不均布系数的取值；⑤浇筑顺序和层厚的影响；⑥多层连支荷载的计算；⑦倾斜杆件的水平分力及其他存在的侧力作用计算；⑧荷载是否按最不利情况取值。

（4）承传载措施和架体构造：①有较大梁楼盖支架的立杆是否对中或对称布置；②是否有不安全的横杆直接承载情况；悬挑、悬空架体的跨度和节点与承传架体是否已按计算内力予以加强；③是否存在斜杆单侧作用于立杆步中的情况，是否存在扫地杆过高、立杆伸出长度过大及可调低、托座丝杆过细和工作长度过大的情况；④当有可能的上翻风力作用时，是否有必要的抗风拉结措施；杆件长细比是否符合规定；⑤混合架型满堂架横杆是否全部或按构架稳定要求拉通；⑥当有可能的上翻风力作用时，是否有必要的抗风拉结措施，可能出现最大或危险荷载作用的立杆、横杆和斜杆是否采用双杆或减少构架尺寸；⑦剪刀撑或斜杆设置是否符合标准规定和需要加强的要求，圆形、弧形、环形、三角形等异形平面架体及承传载构造设计是否安全，重载立杆、斜杆底部的支垫设计是否可靠；⑧竖向剪刀撑、水平剪刀撑（加强层）与附着拉结设置是否相互配合；⑨支架顶部、底部、边部和中间部位是否设置水平加强层，当有可能的上翻风力作用时，是否有必要的抗风拉结措施，杆件长细比是否符合规定；⑩重载处、受侧力作用处、设吊拉和附着措施处及其他需要局部加强构造之处是否已做可靠的加强。

1. 简述模板、支架和拱架的设计原则。
2. 简述支架设计稳定性要求。
3. 模板制作与安装的工艺流程有哪些？
4. 模板安装的技术要求有哪些？
5. 简述支架、拱架制作安装一般要求。
6. 简述模板、支架拆除期限的原则。
7. 模板、支架拆除时的技术要求有哪些？

学习情境 4
桥梁钢筋混凝土施工

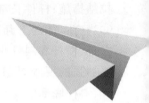

学习目标

1. 知识目标

(1) 熟悉钢筋施工的一般规定。

(2) 掌握普通钢筋、预应力钢筋的加工制作。

(3) 熟悉混凝土施工的一般规定。

(4) 掌握混凝土配合比的设计方法。

(5) 熟悉混凝土拌制和运输的一般规定。

(6) 掌握混凝土浇筑、养护的方法。

(7) 掌握混凝土质量的检验方法。

(8) 掌握预应力混凝土浇筑、施加预应力及质量检验方法。

2. 能力目标

(1) 能够进行钢筋、预应力钢筋的加工,并能进行检验。

(2) 能够进行混凝土配合比设计、施工及质量检验。

(3) 能够进行预应力混凝土施工及质量检验。

❖ 知识链接

1. 钢筋——混凝土用钢筋

钢筋是指钢筋混凝土用钢材和预应力钢筋混凝土用钢材,其横截面为圆形,有时为带有圆角的方形。其包括光圆钢筋(见图 4-1)、带肋钢筋(见图 4-2)和扭转钢筋(见图 4-3)。

钢筋混凝土用钢筋是指钢筋混凝土配筋用的直条或盘条状钢材,其外形分为光圆钢筋和变形钢筋两种,交货状态为直条和盘圆两种。光圆钢筋实际上就是普通低碳钢的小圆钢和盘圆。变形钢筋是表面带肋的钢筋,通常带有两道纵肋和沿长度方向均匀分布的横肋。横肋的外形为螺旋形、人字形和月牙形等三种,用公称直径的毫米数表示。变形钢筋的公称直径相当于横截面相等的光圆钢筋的公称直径。钢筋的公称直径为 8～50 mm,推荐采用的直径为 8、12、16、20、25、32、40 mm。钢种包括:20MnSi、20MnV、25MnSi、BS20MnSi。钢筋在混凝土中主要承受拉应力。变形钢筋由于肋的作用和混凝土有较大的黏结能力,因而能更好地承受外力的作用。钢筋广泛用于各种建筑结构、特别是大型、重型、轻型薄壁和高层建筑结构的钢筋骨架,如图 4-4 所示。

图 4-1　光圆钢筋

图 4-2　带肋钢筋

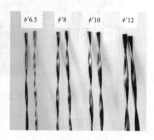
图 4-3　扭转钢筋

2. 混凝土——混凝土和预应力混凝土

混凝土,简称为"砼(tóng)":是指由胶凝材料将骨料胶结成整体的工程复合材料的统称。通常所说的混凝土一词是指用水泥作为胶凝材料,用砂、石作为骨料,与水(可含外加剂和掺和料)按一定比例配合,经搅拌而得的水泥混凝土,也称为普通混凝土,它广泛应用于土木工程。

预应力混凝土(见图 4-5)是为了弥补混凝土过早出现裂缝的现象,在构件使用(加载)以前,预先给混凝土一个预压力,即在混凝土的受拉区内,用人工加力的方法,将钢筋进行张拉,利用钢筋的回缩力,使混凝土受拉区预先受压力。这种储存下来的预加压力,当构件承受由外荷载产生拉力时,首先抵消受拉区混凝土中的预压力,然后随荷载增加,才使混凝土受拉,这就限制了混凝土的伸长,延缓或不使裂缝出现,称为预应力混凝土。

图 4-4　钢筋骨架

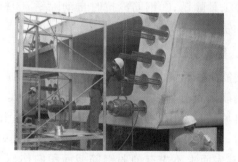
图 4-5　预应力混凝土

任务1　钢筋施工

一、钢筋的保管及验收

钢筋的质量是影响钢筋混凝土结构的质量和使用安全的重要因素,施工中必须加强对钢筋的管理、检查和验收,以确保使用合格的钢筋。

1. 钢筋的保管

钢筋在装卸搬运过程中,应采用机械或人工将钢筋抬起运送至指定地点,严禁抛掷和长距离拖拉。在工地存放时,应严格按厂名、级别、规格分批挂牌堆放,并注明数量,不得混淆。钢筋应尽量堆入仓库或料棚内,在条件不具备时,应选择地势较高、土质坚实、较为平坦的露天场地堆放。在仓库、料棚或场地四周,要有一定排水坡度以利排水。钢筋堆放时距地面要有一定高度(不宜小于 20 cm);并应防止与酸、盐及油料等物品存放一处,且不要和产生有害气体的车间接近,以免污染腐蚀钢筋。钢筋的保管如图 4-6 所示。

图 4-6 钢筋的保管

2. 钢筋的验收

钢筋进场时应具备出厂质量证明书或试验报告单,每捆(盘)钢筋上均应有标牌,并按批号及直径分批验收。验收时应查对标牌与实物是否相符,检查外观是否合格,按规定抽取试样进行机械性能试验,合格的方可使用。钢筋在加工过程中发现脆断、焊接性能不良或机械性能显著不正常等现象时,应进行化学成分检验或其他专项检查。

二、钢筋加工

钢筋加工是指对所用钢筋进行除锈、调查、切断、弯曲和接长等工序。

1. 钢筋除锈

钢筋因表面未作处理容易生锈,影响混凝土的黏结及削弱钢筋截面积和降低强度。钢筋在使用前应清除浮皮、铁锈和油污。钢筋的除锈一般有以下几种方法:①人工除锈,即用钢丝刷、砂盘等工具除锈;②钢筋冷拉时自动除锈;③机械方法除锈,如采用电动除锈机等;④用喷砂或酸洗除锈等。

2. 钢筋调直

钢筋应平直无局部弯折。对于成盘的钢筋或发生弯曲的钢筋均应调直后方可使用。

钢筋调直分为人工调直和机械调直。人工调直常用绞盘拉伸、横口扳手和大锤敲击等方法。机械调直常用的方法有钢筋调直机调直和卷扬机拉伸调直。当采用卷扬机冷拉方法调直钢筋时,HPB300 钢筋的冷拉率不宜大于 2%,HPB335、HPB400 级钢筋不得大于 1%。钢筋加工后,其表面上不应有削弱钢筋截面积的伤痕。

3. 钢筋切断

钢筋的切断应采用常温切断,不得采用加热切断。钢筋切断分为机械切断和人工切断两种。人工切 ϕ16 mm 以下钢筋,可使用手动切断器;切 ϕ32 mm 以上的钢筋可用大锤和剁子或用钢锯锯断。其断口与轴线垂直,不得有劈裂、缩头或严重的弯头现象,操作时应特别注意安全。切断钢筋时力求长度准确,偏差限制在 5 mm 以内。断料前应复核配料单,然后根据配料单下料。要长短搭配,统筹排料,先下长料后下短料,尽量减少接头,降低损耗。

4. 钢筋弯曲

钢筋的弯曲应在常温下进行,不允许加热弯曲,也不得采用锤击弯折。钢筋弯折点不得有裂缝,弯曲后的形状不应在平面上发生翘曲现象。

钢筋弯曲分为手工弯制和机械弯制两种方法。手工弯制适用于少量及小直径钢筋的弯制,其余情况均宜采用机械弯制。钢筋因弯曲或弯钩会使其长度变化,因此配料时,应考虑其长度的增减,使加工的钢筋符合受力要求和满足保护层的要求。对于常用钢筋下料长度的计算如下。

(1) 直钢筋下料长度为结构长度减保护层厚度加弯钩增加长度。

(2) 弯起钢筋下料长度为直段长度加斜段长度加弯钩增加的长度减弯曲调整值。

(3) 箍筋下料长度为箍筋周长加弯钩增加长度加或减弯曲调整值。

弯钩增加长度与弯钩的内径大小及钩形有关。弯钩有三种形式,即半圆钩、直弯钩和斜弯钩等。通常取弯钩内径为 $2.5d$(d 为钢筋直径),则半圆弯钩增加长度为 $6.25d$,直弯钩增加长度为 $3.5d$,斜弯钩增加长度为 $4.9d$。

弯起钢筋增加长度与弯起角度、曲率半径有关。弯制钢筋时宜从中部开始逐步向两端弯曲,弯钩必须一次弯成,不得反复弯折。加工完毕后的钢筋,应放置在棚内的架垫上,避免锈蚀及污染。

三、钢筋的接头

热轧钢筋除了 12 mm 以下的钢筋采用圆盘缠绕外,其余钢筋的单根长度为 9 m、8 m 和 6 m 等。而实际结构的制造长度不可能只限于这些长度,这就需采用接头的方法延长钢筋。钢筋接头的类型主要包括绑扎接头、焊接接头、冷压接头、锥形螺纹接头等。

1. 绑扎接头

绑扎接头是指接头钢筋相互搭接,在搭接部分的中心及两端位置用铁丝绑扎结实。绑扎接头操作方便,但不够结实且钢筋接头搭接较长。除了在没有焊接设备或操作极为不利的情况下,一般不应采用绑扎接头。绑扎钢筋接头搭接长度的末端距钢筋弯折处,不得小于 $10d$;受拉区域内,HPB300 钢筋的绑扎接头末端应做弯钩,其余情况可不做弯钩。钢筋绑扎接头的最小搭接长度见表 4-1。

表 4-1 钢筋绑扎最小搭接长度

序号	钢筋级别	受拉区	受压区
1	HPB300 钢筋	$30d$	$20d$
2	HPB335 钢筋	$35d$	$25d$

2. 电焊接头

电焊接头是最主要的接头方式,具有操作简单、可靠度高、费用低等优点。

(1) 闪光对焊(见图 4-7)。将需焊接的钢筋端头固定于两个电极上,通电后,使对焊钢筋的端面轻微接触,在大电流作用下,端头金属很快熔化,熔化的金属微粒从钢筋面间喷射出来,形成喷火花。等钢筋烧完规定留量后,钢筋端部已加热至熔点温度(形成一定宽度的温度区),施加顶锻压力,液压金属被排挤在焊口之外,工件焊合,挤出的金属在焊口周围形成较小的凸起,整个焊接过程完成。

(2) 电阻点焊。利用机械挤压将需焊合的钢筋夹紧,钢筋之间形成物理接触点,通电后固态

 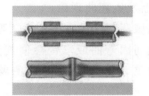 

(a) 闪光对接焊　　　　　　　(b) 焊接示意　　　　　　　(c) 焊缝开裂

图 4-7　闪光对焊接头

金属加热而膨胀,在焊接压力作用下,产生塑性变形,并挤向工件间隙中;继续加热而熔化,切断电流后开始冷却凝固,形成焊接接点。电阻点焊适用于焊接骨架和焊接网片。

(3) 电弧焊。电弧焊是利用电弧焊机使焊条与被焊钢筋间产生高温电弧,将钢筋局部熔化成溶池,焊条金属熔化进入熔池,冷却后熔化的焊条将钢筋焊接在一起,形成焊接接头。电弧焊接头形式可分为帮条焊和搭接焊等。

(4) 接触电渣压力焊。利用电流产生电弧热量,使电弧周围的焊剂熔化变成液态,通过液态熔渣所产生的电阻热作为热源来熔化钢筋端头,然后施加压力使钢筋连接在一起。

(5) 埋弧压力焊。埋弧压力焊是利用焊剂层下的电弧热将两焊件焊接部位熔化,然后加压顶锻使两焊件焊合。埋弧压力焊分为手工埋弧压力焊和自动埋弧压力焊。采用手工埋弧压力焊时,先将焊剂填满施焊接头处,接通焊接电源后,立即将钢筋上提 2.5~3.5 mm,引燃电弧,随后按照钢筋直径大小,适当延时,或者继续提升 3~4 mm,再渐渐下送,保持钢筋燃烧熔化,待钢板形成熔化池后,迅速加压、断电形成接头。采用自动埋弧压力焊时,在引弧后,须根据钢筋直径大小,延续一定时间进行熔化,随后及时顶压。埋弧压力焊适用于钢筋与钢板进行 T 形接头焊接,其操作简单,钢板不变形。

(6) 气压焊接。气压焊接就是利用氧乙炔火焰燃烧产生的高温,将钢筋端头局部加热至塑性状态,在一定的顶锻压力下,使钢筋端部产生塑性变形,紧密接触后两端面的金属原子互相扩散再结晶成为一个整体接头。其优点是使用的设备简单,操作方便,适于现场施工,不需要电力,质量较好,费用较低。

3. 冷压接头

冷压接头是一种机械连接方式,适用于 $\phi 18$ mm~$\phi 40$ mm 螺纹钢筋的连接。它是用预制的钢套管,套在连接钢筋的两端,然后采用液压钳,进行横向挤压,使钢套管与螺纹钢筋产生机械咬合。

冷压接头特点为:接头强度高,质量稳定可靠,现场连接速度快。每个接头所需挤压时间仅 1~3 min,而且所需设备简单,不受气候影响,接头耗钢量比搭接接头少。冷压套管接头适用于塔、柱、墩等钢筋。对于梁体等钢筋过于密集的地方不宜采用。

4. 锥形螺纹钢筋接头

锥形螺纹钢筋接头是一种机械连接方式。它是将钢筋接头用锥形螺纹削切机制成锥形螺纹,通过锥形螺纹连接器连接,形成钢接头,如图 4-8 所示。

该接头可以承受拉力、压力、弹塑性范围的交变荷载,用于连接 16~40 mm 的 HPB300、HPB335 和 HPB400 等相同直径或不相同直径的钢筋,不受钢筋表面花纹的限制。其优点是连接速度快,质量稳定可靠,操作过程简单,不受气候的影响。

图 4-8 锥形螺纹钢筋接头

5. 钢筋与钢板的搭接接头

在钢筋与钢板间进行搭接焊时,搭接长度应等于或大于被焊钢筋直径的 4 倍(HPB300 钢筋)或 5 倍(HPB335 钢筋)。

焊缝高度 h 应等于或大于被焊钢筋直径的 0.35 倍,并不得小于 4 mm,焊缝宽度 b 应等于或大于被焊钢筋直径的 0.5 倍,并不得小于 6 mm,如图 4-9 所示。

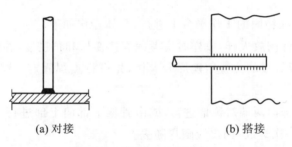

图 4-9 钢筋与钢板焊接

四、钢筋骨架及网片的组成和安装

钢筋骨架的绑扎与安装在施工现场有三种情况:①全部钢筋为散筋,在现场绑扎成钢筋网或钢筋骨架;②在预制厂绑焊成网片,运至现场后再绑扎成整片或骨架;③在预制厂绑焊成钢筋骨架,运到现场后直接起吊安装就位。

钢筋网片和骨架的绑扎或焊接,宜优先选用先绑扎预制,后安装就位的方法,避免在结构模内绑扎钢筋,影响结构主体施工。在预制网片和骨架时,应考虑网片骨架的重量及刚度,以及起吊能力。

钢筋网片、骨架焊接或绑扎前,应先熟悉施工图纸,核对需绑焊钢筋的钢号、直径、形状、规格及数量是否正确。在钢筋上划线,准备绑扎用的铁丝、绑扎工具及绑扎架,制定绑扎、焊接顺序。

1. 钢筋网绑扎方法

(1) 钢筋的交叉点应用直径 0.7~2 mm 的铁丝或镀锌铁丝按逐点改变绕丝方向的方式(8字形分布)交错绑扎结实,或按双对角线(十字形)方式绑扎结实,以免网片歪斜变形。

(2) 除设计特殊规定外,受力主筋应与箍筋垂直。

(3) 大面积网片可在地坪或平台上划线绑扎。为了保证运输、安装过程中网片不发生歪斜和变形,可补入适量的辅助钢筋,如斜杆、横撑等,或使用吊装扁担吊装就位。

2. 钢筋网焊点布置

钢筋网焊点布置应符合设计规定,当设计无规定时,应符合以下要求。

(1) 焊接骨架时所有钢筋相交点必须焊接。

(2) 当焊接网片只有一个方向受力时,受力主筋与两端边缘的两根锚固横向钢筋的全部相交点必须焊接;当焊接网两个方向受力时,则四周边缘的两根钢筋的全部相交点均应焊接,其余的相交点可间隔焊接。

3. 钢筋骨架和钢筋网的运输和吊装

为了保证安装质量和加快施工进度,可以将钢筋网或骨架分块或分段绑扎,运至现场拼装。分块或分段的大小应根据结构配筋特点和起吊能力而定,一般钢筋网的分块面积为 6~20 m^2,骨架分段长度以 6~12 m 为宜。大型钢筋或骨架除绑扎临时加固筋外,还可采用型钢加固。吊点位置也应根据网片或骨架的尺寸、重量和刚度而定,应保证网片或骨架在吊装过程中不发生变形。

4. 拼装焊接方法

骨架的拼装焊接应在稳固的工作平台上进行,具体操作如下。

(1) 拼装时应按设计图放大样,放样时应考虑焊接变形和预拱度,并检查焊接接头质量。

(2) 拼装时,在需要焊接的位置用楔形卡卡住,先进行点焊固定,然后进行焊缝施焊。焊接时使钢筋轴线保持在同一平面上。

(3) 施焊顺序由中部向两端对称地进行,或由骨架下部向上部进行。相邻的焊缝采用分区对称跳焊,不得顺方向一次焊成,药皮应随焊随去。

5. 钢筋骨架的支垫

为了保证钢筋骨架或钢筋网的位置符合保护层厚度的要求,应在外层钢筋与模板间设置水泥砂浆垫块,垫块采用与结构相同等级的混凝土,其中预留细轧丝,利用细轧丝把垫块与钢筋紧密地绑扎在一起。垫块的平面尺寸为 50 mm×50 mm,其高度应能符合保护层厚度的设计要求,垫块不得横贯保护层的全部截面,应互相错开,分散布置,间距大约为 1 m。

任务2 混凝土施工

混凝土是以水泥和水组成的水泥浆体为黏结介质,将分散其间的不同粒径的粗、细集料胶结起来,在一定的条件下,硬化成为具有一定力学性能的一种人工石材。它具有耐久、耐火、可模性强,材料来源广,价格低等优点。

混凝土是道路与桥梁工程建设中,应用最广泛、用量最大的建筑材料之一。在现代桥梁中,钢筋混凝土桥梁是最主要的一种桥型,广泛应用于高等级公路与立交工程,尤其是发展到预应力混凝土,其结构强度不断提高,并减轻了结构自重,节省了材料,降低了造价,符合现代工程结构的需要,成为大跨度桥梁的最主要材料。

一、混凝土材料

混凝土材料主要由水泥、集料、水、混合材料组成。考虑到《道路建筑材料》已对混凝土的各组成材料进行了详细介绍,故本节主要强调在混凝土施工过程应注意的要点,而其技术性质和试验方法等不再介绍。

二、混凝土施工的一般概念

混凝土施工就是将水泥、水、粗细骨料及外加剂按照一定的配合比,混合搅拌均匀后,浇筑到预先设置的模型中,经振捣密实,养护硬化形成混凝土的过程。混凝土施工中应保证施工的质量,应根据不同的施工条件提出对混凝土拌和物的工作性要求。

1. 混凝土的工作性

混凝土的工作性(或称和易性)这一术语的含意,虽然目前仍有争议,但通常认为它包含流动性、可塑性、稳定性和易密性这四个方面的含意。流动性是指混凝土具有容易流动的性能,其主要取决于用水量的多少。流动性大,混凝土就容易拌和,便于运输和灌注。可塑性是混凝土克服屈服应力后产生塑性变形的能力,它与集灰比和骨料级配有关,骨料级配良好和较低的集灰比,可增大可塑性。稳定性指混合料在外力作用下,骨料在水泥浆体中保持均匀分布的能力。稳定性好的新拌混凝土在运输和灌注过程中不会离析和泌水的现象,使混凝土保持整体均匀性。易密性是新拌混凝土在进行捣实和振动时,克服内部和表面阻力,以达到完全密实的能力。

优质的新拌混凝土应该具有:满足输送和浇筑振捣要求的流动性;不为外力作用产生脆断的可塑性;不产生分层、泌水的稳定性和易于浇筑振捣密实的易密性等。混合料工作性的这四种基本性能既相互关联又相互矛盾,调整其中一种性能,会造成其他性能的变化。因而对于不同的工程条件,要求混凝土工作性的四项各有侧重,互相照顾,以满足施工的需要。混凝土的工作性可用坍落度来描绘,坍落度大则流动性强,坍落度小则流动性差。

混凝土的工作性,依据结构物的断面尺寸、钢筋配置的疏密以及捣实的机械类型和施工方法等来选择。一般对于无筋大结构、钢筋配置稀疏易于施工的结构,尽可能选用较小的坍落度,以节约水泥。反之,对断面尺寸较小、形状复杂或配筋特别密的结构,则应选用具有较大坍落度的混凝土,易于浇捣密实,以保证施工质量。

2. 混凝土的凝结时间

在混凝土的形成过程中,混凝土的凝结时间对施工有着重要的影响,既要求在混凝土搅拌、运输、灌注和振捣等施工工序中混凝土不凝结,又要求在这些工序完成后混凝土尽可能早些凝固,以加快施工进度。混凝土的凝结时间取决于水泥浆的凝结时间。初凝为水泥加水拌和时起至水泥浆开始失去可塑性的时间;终凝是从水泥加水拌和起,到标准稠度净浆完全失去塑性的时间。混凝土施工过程中的搅拌、运输、灌注和振捣都必须在初凝时间内完成,否则将破坏初步形成的水泥石结构,使混凝土强度下降。终凝时间则不宜太长,以减少混凝土脱模时间,加快施工进度。施工中一般要求初凝不得早于 45 min,终凝时间不得迟于 12 h,混凝土的凝结硬化速度除了受水泥的凝结硬化速度影响外,还受到水泥用量、混凝土的加水量、施工温度、所掺加外加剂的性能等因素的影响。

凝结过程中,有时还会出现假凝或瞬凝现象。所谓假凝就是发生在水泥加水后几分钟内就发生的凝固,这是一种不正常的凝结现象。假凝水泥放热并不大,不需要再加水,经过重新搅拌即可恢复塑性,仍可以使用,对强度的影响不大。瞬凝也是不正常的凝结现象,即水泥与水拌和后,水泥浆很快地凝结成为一种粗糙但无塑性的混合物,使施工发生困难,并显著降低混凝土的强度,因此应尽量避免这种现象的发生。

3. 混凝土的强度

混凝土凝结硬化后具有一定的强度,且其强度随着龄期的增长而增大。通常是早期强度增长较快,后期强度增长缓慢,若养护不当,后期强度还可能下降。我国一般以 28 d 的抗压强度作为混凝土强度的标准,用于在施工中控制和评定混凝土的强度。混凝土强度的其他指标还有抗拉强度、抗折强度、抗剪强度、局部承压强度和混凝土与钢筋的黏结强度等。这些指标都与混凝土的抗压强度有关,在一定条件下,可用抗压强度估算。混凝土的抗压强度用得较多的是立方体试件抗压强度,有时也用棱柱体或圆柱体的抗压强度。混凝土立方体抗压强度是采用标准尺寸(15 cm×15 cm×15 cm)的立方体试块进行抗压强度试验测得的。

三、混凝土的拌制

混凝土的拌制就是将配制的原料分别投入拌和机械进行拌和,使各种材料充分混合,形成均匀的拌和料。混凝土的拌制过程主要有配料、投料、搅拌和出料四大步骤。

1. 配料

拌制混凝土配料时,必须用衡器计量,并保持衡器准确。对砂、石的含水率应经常进行检测,以此来调整砂、石和水的用量。雨天施工应增加测定次数,据此来调整骨料和水的用量。配料数量误差应控制在一定的范围之内,其允许偏差(以质量计)见表 4-2。

表 4-2 配料数量允许偏差

材料类别	允许偏差/(%)	
	现场拌制	预制场或集中搅拌站拌制
水泥、混合材料	±2	±1
粗、细骨料	±3	±2
水、外加剂	±2	±1

2. 投料

放入拌和机的第一盘混凝土材料应含有适量的水泥、砂和水,以覆盖拌和筒的内壁而不降低拌和物所需的含浆量。每一工作班正式称量前,应对计量设备进行重点校核。计量器应定期检定,经大修、中修或迁移至新的地点后,也应进行检定。

拌和混凝土时,为减少水泥黏附在搅拌机筒内或造成水泥飞扬的损失,投料时宜先投入砂料,再投入水泥,最后投入石料,并开始加水,这样水泥被夹在砂石层中,减少了水泥的损失量,且拌和的更均匀。

3. 搅拌

混凝土应使用机械拌制,零星工程的塑性混凝土也可用人工拌和。

机械拌制过程中使用的混凝土拌和机,分为自落式和强制式两类。自落式搅拌机由内壁装有叶片的旋转鼓筒组成,叶片不断将混合物提升并抛下,在下落时相互混合均匀,适宜拌制塑性混凝土。强制式搅拌机的原理是由叶片不断地旋转拌和混合料,其拌和较为强烈,拌和质量好,适宜拌和轻集料混凝土和干硬性混凝土。拌和机械的规格常以"装料容积"来表示,一般工地上使用的有100 L、250 L、375 L、400 L、800 L、1 500 L和3 000 L等多种规格,可根据单位时间内需要的产量选择合适的容量及台数。

混凝土的拌和时间是影响混凝土质量和生产效率的重要因素之一。拌和时间过短,混合料不能被充分拌和均匀,会降低混凝土的和易性和强度;拌和时间过长,影响生产效率,降低和易性,并能造成分层离析。因此为了保证混凝土质量,特规定了各种机械的最短拌和时间如下(见表4-3)。

表 4-3 混凝土最短拌和时间

搅拌机类别	搅拌机容量/L	混凝土坍落度/mm		
		<30	30~70	>70
		混凝土最短搅拌时间/min		
自落式	≤400	2.0	1.5	1.0
	≤800	2.5	2.0	1.5
	≤1 200	—	2.5	1.5
强制式	≤400	1.5	1.0	1.0
	≤1 500	2.5	1.5	1.5

对于在施工现场集中搅拌的混凝土,应检查混凝土拌和物的均匀性。混凝土拌和物应拌和均匀、颜色一致,不得有离析和泌水现象。混凝土拌和物均匀性的检测方法应按现行国家标准《混凝土搅拌机》(GB/T 9142—2000)的规定进行。检查混凝土拌和物均匀性时,应在搅拌机的卸料过程中,从卸料流的1/4至3/4之间部位,采取试样,进行试验,其检测结果应符合规定。混凝土搅拌完毕后,还应按规范要求检测混凝土的各项性能。

用人工拌和时,应在铁板或其他不渗水的平板上进行,先将水泥和砂干拌均匀,再加入石子并徐徐注入水,反复湿拌均匀。

四、混凝土的运输

混凝土的运输是混凝土施工过程中一个必须经过的工序,应以最短的时间和最少的运输次数,将混凝土拌和物从搅拌点运至灌注地点。在整个运输过程中,必须保证浇筑工作不间断并使混凝土运到浇筑地点时仍保持均匀性和规定的坍落度,要防止混凝土离析、水泥浆损失、坍落度变化,以及产生初凝现象。当运距较近时,可采用一般运输容器运输;当运距较远时,宜采用带有搅拌器的运输车运输。混凝土的运输时间不宜超过表4-4的规定时间。

表 4-4 混凝土拌和物运输时间限制

气温/℃	无搅拌设施运输/min	有搅拌设施运输/min
20~30	30	60
10~19	45	75
5~9	60	90

混凝土在运输过程中,如发生离析、严重泌水或坍落度不符合要求时,应进行第二次搅拌。但搅拌过程中不得任意加水,确有加水必要时,应同时加水泥,以保证原水灰比不变。若二次搅拌仍不符合要求时,则不得使用。

混凝土的运输方法较多,但选择哪种方法,应根据现场的条件和运输距离等决定。桥梁工程中常采用以下几种方法。

1. 手推车运输

在施工现场较为平坦,混凝土运输高差不大,灌注量较小且运输距离小于 200 m 时,可采用双轮翻斗手推车运输混凝土。翻斗车内壁应光滑(无积留混凝土结块)、不吸水、不漏水,用完后应将小车清洗干净,并去除残余水泥薄层。

2. 汽车运输

在设有集中搅拌站的大型工地,运输距离 5 km 以内,并且只有水平运输时,干、塑性混凝土可采用自卸汽车运输。为了防止运输过程中的振动引起混凝土离析,要求运输道路平顺,汽车车厢严密,并应携带遮盖设施,以防止运输过程中下雨。装载的混凝土厚度不应小于 40 cm。使用完后应注意清洗车辆,去除残存的水泥浆。

3. 皮带运输机运输

搅拌站到灌注点水平距离在一百米以内,灌注量和灌注速度应比较稳定,既有水平运距,又有垂直运距时,采用皮带机运输较为合适。

用皮带运输机运送混凝土拌和料时,为了防止混凝土离析,保证正常的运输,应满足以下特殊要求:

(1)传送带运转速度不应超过 1.2 m/s。

(2)混凝土必须通过接料斗均匀倾注于运输带上,使皮带上堆料均匀,输送平稳。在输送带的末端出口处也应装出料斗或挡板,出口下落高度应小于 60 cm,以确保混凝土不离析。

(3)混凝土卸传送带上或由传送带卸下时,应通过漏斗等设施,以保持垂直下料。

(4)传送带末端上口应安设胶皮刮浆板,减少砂浆损失。经常清除皮带上附着的砂浆,如果用水冲洗皮带,则应避免冲洗水混入拌和料中,影响混凝土拌和料的水灰比。

(5)雨天施工时,应在皮带上安装防雨罩棚。

4. 斜滑槽运输

斜滑槽运输适用于从高处向低处的运输。斜滑槽的坡度不宜大于 450。斜滑槽的坡度较小时,为了防止混凝土下滑速度太慢,可在槽底部加装小型振动器;坡度较大时,因下滑速度过快,应在出口处设置横挡板及漏斗管。斜槽出口距灌注面高度应小于 2 m,斜滑槽的运输距离不宜超过 20 m。

5. 用吊斗及轨道车运输

用吊斗及轨道车运输混凝土是现在桥梁工地常用的方法之一。一般吊斗容积在 0.5～3 m³ 之间,斗的下方有能够开闭的活门,要求其关闭时不得漏浆,料斗一般制成倒圆锥形或方锥形,以便混凝土能够顺利地下落,并不积留混凝土。吊斗出口至灌注面高度以 1.5 m 为宜,且不得超过 2 m,否则应设置漏斗和串筒过渡。斗的上方两侧设吊耳,并可配置振动器,在倾倒混凝土时适量振动,加速混凝土下落。料斗的容积应与搅拌机的容量匹配,与起吊能力相适应。吊斗一般需配 4 至 6 个,便于周转使用,并保证不间断施工。运送吊斗的轨道平板车或汽车、船舶应能有放置两个吊斗的平面位置,以便吊机倒运空吊斗和装满的吊斗。运输车辆行驶的道路应平顺,坡度适当。

6. 混凝土搅拌车运输

为了适应长距离混凝土及商品混凝土运输的需要,人们研制了一种混凝土专用运输车——混凝土搅拌运输车。混凝土搅拌运输车就是在专用汽车底盘上安装混凝土搅拌装置的组合机械,它兼有载运和搅拌混凝土的双重功能,可以在运输的同时进行混凝土搅拌,因此适用于混凝土长时间和长距离的运输。

混凝土搅拌车主要有两种工作方式:预拌混凝土的搅动运输、混凝土拌和料的搅拌运输。

(1) 预拌混凝土的搅动运输　是将混凝土在拌和机上搅拌好后,装入搅拌车内运送到现场。在运输过程中,使搅拌筒作大约 2~4 r/min 的低速转动,卸料前以常速进行搅拌。这种运输方式的距离由混凝土初凝时间和道路条件控制。

(2) 混凝土拌和料的搅拌运输　其又分湿料搅拌和干料搅拌两种。湿料搅拌就是将混合料按设计配合比,将水泥、砂、石和水以及外加剂等混合加入搅拌筒中,在途中车以 8~12 r/min 的转速转动搅拌筒,对筒内的混合料进行拌和作业,至灌注点即可使用。干料搅拌就是按配合比将水泥、石子、砂加入封搅拌筒中,车上装有储水箱,待车运行至灌注点附近时,由水箱向搅拌筒中喷水,开始加水搅拌,这种方法适用于运输时间超过混凝土初凝时间的情况,从加水至全部料卸出所经过的时间不宜超过 90 min。混凝土搅拌车使用后,应及时清洗,避免混凝土残余干结黏附在筒中,影响运输车后期的使用。

7. 混凝土泵输送

混凝土泵输送是近代混凝土输送方法中最理想的方法。可以同时解决混凝土的水平和垂直运输,并减少中间过程。这种管道形式的运输不受气候及场地影响,机械化程度高,效率高。目前所使用的大型号混凝土输送泵,可将混凝土水平输送 800 m,垂直达 300 m,有效地解决了超高建筑混凝土运输的问题。

五、混凝土灌注

混凝土灌注是施工中关键而复杂的工序,对混凝土质量优劣起着十分重要的作用。它必须保证混凝土具有良好的密实性和完整性,以满足混凝土设计所确定的强度和耐久性等各项要求。在灌注混凝土前,首先应分析所需灌注的混凝土结构特点,选定合适的灌注方法,考虑分段、分区以及各段、区的灌注次序,然后编制施工工艺和制定技术措施,确保施工灌注的顺利进行。

1. 混凝土灌注的准备工作

(1) 在混凝土灌注前,应对地基面或旧混凝土面按设计要求作好清理工作。例如:清除地基表面软弱土层,铺垫石碴;倾斜岩石凿成平面或台阶;水平岩面、旧混凝土面凿毛;桩基础凿除浮头;清洗岩面;排除积水;湿润干燥的非黏性土等。

(2) 对模板及支架进行全面的检查,包括模板及支架的设计是否合理,支撑是否稳固,钉栓是否紧固,模板相对位置、尺寸是否正确等。

(3) 检查钢筋的质量、规格、数量、形状及安装位置是否与设计相符。绑扎接头是否牢固,焊接接头是否有漏焊、脱焊等。钢筋表面的油渍及泥土等应予以清除干净。

(4) 检查预埋构件及预留孔的数量、结构质量及安装位置是否正确,安装是否牢固。

(5) 检查灌注混凝土的材料数量和质量是否满足一次灌注的要求,检查混凝土配合比等技术措施是否已按工艺落实。

(6) 灌注机械设备已安装就位,备品备件是否已准备,照明设备安全可靠,施工平台及脚手架是否已搭设。

(7) 了解天气预报,并做好各种防范措施。

在完成以上准备工作,并经有关部门检验签证后,方可开始进行混凝土施工灌注。在灌注过程中,应设专人检查模板、支架、钢筋、预埋件和预留孔洞等状态,以便在发现变形等情况时能及时修整。

2. 混凝土拌和物倾落高度的控制

混凝土拌和物自高处倾卸时,其自由下落高度不宜超过 2 m。当超过 2 m 时,应采用串筒、溜管或振动溜管等设施。倾落高度超过 6 m 时,除设串筒、溜管等设施外,还应设减速装置。串筒、溜筒等距出料口下面的拌和物自由下落高度不宜超过 1 m,串筒侧向横拉距离不宜超过 2 m,且最下两节筒应保持垂直。串筒采用薄钢板制作,上口直径约 30 cm,下口直径约 25 cm,长 70~75 cm,各筒之间用钩环连接。

3. 混凝土分层灌注厚度

灌注混凝土的厚度超过振捣器的作用深度时,应分层灌注和振捣,以保证混凝土密实度。混凝土的分层厚度,应根据混凝土结构的形状、钢筋布置、卸料方法及振动方法等情况决定,但不应超过表 4-5 中的规定。分层灌注时,为保证上下层之间连为一体,应在下一灌注层混凝土初凝或能重塑前灌注完成。上下层同时灌注时,上下层前后灌注距离应大于 1.5 m。

表 4-5 混凝土分层浇筑厚度

捣实方法		浇筑层厚度/mm
用插入式振捣器		300
用附着式振捣器		300
用表面振动器	无筋或配筋稀疏时	250
	配筋较密时	150
人工捣实	无筋或配筋稀疏时	200
	配筋较密时	150

4. 对钢筋密布及外形变化处的灌注

在钢筋密布及预埋件多的部位进行混凝土灌注时,应特别注意。当混凝土较干硬时,为避免出现钢筋阻碍混凝土下沉而产生空洞麻面等情况,可适当加大混凝土的坍落度,提高混凝土的流动性,以保证灌注密实。在预埋件较多、结构外形变化较大的地方,应细心灌注,避免碰撞预埋件,并充分振捣密实,保证灌注质量。

5. 接缝混凝土施工

混凝土结构施工时,灌注混凝土应连续进行,尽量减少间歇时间。如果需要间歇且时间在混凝土初凝时间之内,可认为连续施工。如果间歇时间超过其限制时间,在新旧混凝土连接处将产生薄弱层,从而影响混凝土结构的强度,因此需按混凝土接缝处理。施工缝易成为结构上的弱点(抗剪力的弱点),所以施工缝的布设位置,应事先研究确定,未经许可,不得随意设置施工缝。

施工接缝处在继续灌注混凝土前,应将旧混凝土表面进行凿毛处理,清除表面的水泥薄膜、松动石子或松散的混凝土层,并用压力清水冲洗干净,使表面保持湿润但无积水。重要部位的混凝土结构或钢筋稀疏的钢筋混凝土结构,应在接缝处插入接缝钢筋。对斜截面接缝,应灌注或凿成阶梯状。接缝处旧混凝土强度达到 1.2 MPa 时,才能灌注新的混凝土,并用振捣器振捣密实。

六、水下混凝土灌注

水下混凝土是桥梁工程中位于水下的混凝土结构(如钻孔灌注桩、沉井及围堰水下封底等)在不排水情况下灌注的混凝土。水中灌注混凝土时,如果将混凝土直接灌入水中,因混凝土在水中下落,水使骨料分离,水泥浆散失而不能直接填充骨料间,形成不均匀的混合料,甚至仅剩下骨料,无法达到预定的强度。因此,在水下灌注普通混凝土时,必须采取一定的措施,使水与混凝土隔绝,方能保证混凝土的强度。

水下混凝土灌注方法有导管法、泵压法、压力灌浆法及水下不离析混凝土等,但普遍使用的方法是导管法,其工艺简便,质量可靠。导管法是将混凝土通过钢导管灌注水下混凝土结构,从而实现水下混凝土在灌注过程中不与水接触的一种灌注方法,如图 4-10 所示。具体工艺流程如下:在灌注混凝土的地点,将钢导管插入水中,下端距底面 25~40 cm 左右,钢管上设置混凝土的漏斗,漏斗口处设隔水球,首批混凝土储放在漏斗中,顺导管而下,从导管下端向外涌出,埋住导管下端一定深度,随着混凝土的不断灌注,导管埋置深度不断增加,在确保管口埋入混凝土一定深度的前提下向上提管,以减少管口混凝土出口压力,使混凝土灌注顺畅直至达到设计高度。

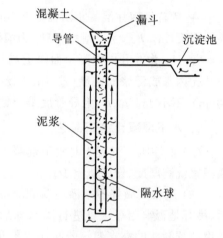

图 4-10　灌注水下混凝土

1. 设备

导管法灌注水下混凝土的主要设备有:导管、漏斗、导管提升设备、隔水球等。

导管是灌注水下混凝土的重要工具,一般选用刚性导管。刚性导管用钢管制成,内径一般为 25~35 cm,壁厚 3~6 mm,每节长 4~5 m,用端头法兰盘螺栓连接,接头间夹有橡胶垫防止漏水。导管制作要求各节管径应一致,管体坚固,内壁圆滑、顺直。使用前,应对导管进行水压试验,确保导管连接处不漏水。

导管上设置漏斗,漏斗一般用 3~4 mm 厚的钢板制成方锥形,容积一般为 0.8~1.6 m³,上口一般为边长 1.2 m 的正方形,亦可制成圆锥形。倒锥体锥角应能使混凝土顺利下流,锥角控制在 50°左右。漏斗外侧可用小角钢加固。为了使斗内混凝土能顺利流出,可在斗外加装振捣器,以帮助流动。

常用的提升设备有倒链滑车、电动葫芦或卷扬机等。导管提升设备的起重能力应能安全提起装满混凝土的导管和承料漏斗的重量,能达到需要提升的高度和升降尺寸准确到 5 mm 以下。

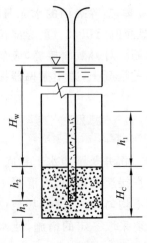

图 4-11 首批混凝土数量计算

隔水球通常为木质球塞。使用时,先将木球拴上麻绳,吊于漏斗口下,上面铺盖麻布、帆布或厚塑料布。当混凝土装满,达到首批混凝土需要量时,开始灌注作业。先将麻绳在漏斗口砍断,球塞随混凝土一起下落,起到隔水作用,从导管底口脱出,浮出水面,捞起可继续使用。

2. 首批灌注混凝土用量计算

首批灌注混凝土的数量必须满足导管初次埋置深度和填充导管底部间隙的需要。其中,导管下口至孔底的距离一般为 25~40 cm(一般为导管直径再增加 10 cm,确保隔水球从导管口浮出水面),导管初次埋置深度要求不小于 1 m。首批混凝土用量可按下式计算,如图 4-11 所示。

$$V \geqslant \pi d^2 h_1/4 + \pi D^2 H_C/4 \tag{4-1}$$

式中:V 为首批灌注混凝土所需数量(m^3);h_1 为井孔混凝土高度达到 H_C 时,导管内混凝土柱需要的高度(m),$h_1 \geqslant \gamma_w H_w/\gamma_C$;$H_C$ 为灌注首批混凝土所需井孔内混凝土面至孔底的高度,$H_C = h_2 + h_3$;H_w 为井孔内混凝土面以上或泥浆深度(m);D 为井孔直径(m);d 为导管直径(m);γ_w 为井孔内水或泥浆的密度(kN/m^3);γ_C 为混凝土拌和物的密度(kN/m^3);h_1 为导管初次埋置深度(m),不小于 1 m;h_2 为导管底端至钻孔底间隙(m),约 0.4 m。

3. 水下混凝土施工工艺

(1)灌注水下混凝土是水下混凝土结构施工的重要工序。在灌注混凝土之前,应先探测孔底泥浆沉淀厚度,做好清空工作。

(2)应认真做好各项灌注前的准备工作,尤其是导管。检查连接螺栓是否上满,螺栓是否拧紧,吊耳是否牢固等。要进行隔水球通过导管的试验,确保隔水球能顺畅通过导管布置卡塞。搭设放置漏斗的高支架。若漏斗或吊斗内的混凝土,不能保证导管初次埋置深度时,应在漏斗旁设置储料槽,以增加混凝土储量。

(3)导管下至设计深度,首批混凝土已拌和完毕运送至桩位处时,即可开始灌注混凝土。

(4)在灌注过程中,应经常探测孔内混凝土面位置,及时调整导管埋深,导管的埋深不宜小于 1 m,但也不宜过大,任何情况埋深不得超过导管底节长度(即严禁法兰盘埋入混凝土内)。

(5)当导管随混凝土面逐渐提高超过一节管长时,可在支架处拆除漏斗下的一个管节。拆除导管的动作要快,时间应控制在 15 min 以内,并防止螺栓、橡胶垫及工具等掉入孔内,然后接好导管继续进行灌注。拆下的导管尽快清洗干净,堆放整齐。

(6)当混凝土面升到钢筋下端时,为防止钢筋被混凝土顶托上升,应采取以下措施:①灌注混凝土速度尽量加快,以防止混凝土升入钢筋笼时,流动性过小;②当孔内混凝土面升入钢筋笼 1~2 m 后,应适当提升导管,减小导管埋置深度。

(7)灌注完毕的水下混凝土面,应比设计高程提高 0.5~1.0 m,以便顶面松弱层凿除后仍能达到设计高程。

(8)旱地施工用的钢护筒,可在灌注结束后混凝土初凝前拔出。处于地面以上能拆卸的护筒,须待混凝土抗压强度达到 5 MPa 后方可拆除。围堰封底抽水时,水下混凝土强度应符合设计要求。

(9) 灌注水下混凝土的注意事项:①混凝土原料拌和必须均匀,应尽量减少运输过程中的离析和坍落度损失;②灌注开始后,无论白天黑夜、刮风下雨,都必须连续作业,避免任何原因的中途停顿。每根导管灌注间歇时间应根据具体情况确定,但不宜超过 30 min;③灌注首批混凝土时,应确保导管底部至孔底的距离。为防止意外,应将导管落至孔底再行控制提起高度;④首批混凝土的初凝时间不得早于灌注全部混凝土灌注完成时间,必要时加入缓凝剂;⑤水下混凝土的灌注数量(灌注速度),应使混凝土面升高速度不宜小于 0.25 m/h;⑥在灌注过程中,当导管内混凝土不满,含有空气时,后续混凝土灌注应徐徐灌入,不可整斗的灌入漏斗而进入导管,以免在导管内形成高压气栓塞,将接缝橡皮垫挤出,从而导致导管漏水,造成灌注中的混凝土出现夹层或离析。

七、混凝土振捣

混凝土的振捣方法分为人工振捣和机械振捣两种,除少量塑性混凝土可用人工捣实外,一般应采用振捣器机械振捣。振捣的目的是为了使混凝土充填到模型内的每个角落,并减少混凝土骨料间的空隙,达到密实,且使混凝土与钢筋有良好的黏结,满足结构受力的要求。

1. 混凝土振捣机械

混凝土振捣机械按其工作方式不同,可分为插入式振捣器、附着式振捣器、表面振捣器和振动台等,如图 4-12 所示。这些振捣器主要是利用一个滚轴或偏心锤的高速旋转,使振捣器因离心力的作用而发生振动。

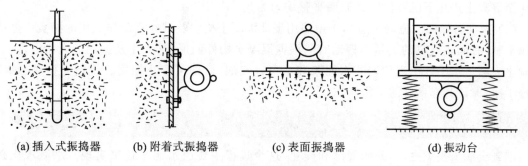

(a) 插入式振捣器　(b) 附着式振捣器　(c) 表面振捣器　(d) 振动台

图 4-12 振捣器

(1) 插入式振捣器　是一种插入混凝土中进行振捣的机械,通过棒体将振动能量直接传递给混凝土内部骨料颗粒,产生共振,因此振动的效率很高,常用的绝大多数振捣棒都是高频振动。其主要用于振实大体积的混凝土结构。

(2) 表面振捣器　又称平板振捣器,使用时,将平板振捣器置于混凝土表面,振捣作用直接传递给混凝土面层,它适用于平面较大,但厚度较薄的混凝土,如路面混凝土、预制板构件等。

(3) 外部振捣器　又称附着式振捣器,它固定于模板外侧支架上,振捣力通过模板传递给混凝土。它适用于振捣棒难以振捣或钢筋密集的薄壁结构,常用于各种梁及薄壁构件的预制。

(4) 振动台　就是将振捣器安装于弹性支承的平台之下,开动振捣器后,整个平台都处于振动状态,混凝土置于平台之上,一起随之振动。

2. 混凝土振捣器的振捣方法和要求

(1) 插入式振捣器的振捣　插入式振捣器的振动范围是有限的,以它为振源形成一定半径的圆形。为了使某一面积的混凝土都能有效地振捣密实,应有效地布置插点,插点间距不宜超过 1.5 倍的振捣器作用半径。振捣器的作用半径可根据产品说明确定,或根据混凝土的流动性、工程结构的形状、钢筋的疏密程度等情况,经试验确定。振动时应上下移动,以便振捣均匀。分层灌注时,振捣棒插入下层 5～10 cm 为宜,并在下层初凝前完成振捣。插入式振捣器的每点振捣时间,随振捣器的频率和混凝土的流动性而异,可通过试验确定。一般认为振捣至混凝土不再有显著的沉陷,无气泡冒出,混凝土表面平整,并已泛灰浆为宜,但也应防止振动过量。振动时间一般控制在 20～30 s 之间,任何情况下不得少于 10 s。振捣棒不得碰撞骨架钢筋、预埋件或模板,以免造成钢筋位移、模板游移变化等质量事故。

(2) 附着式振捣器的振捣　附着式振捣器直接安装于模板上。通常木模板采用长螺栓固定振捣器于肋木上,钢模板则固定与肋角上。模板振捣器的间隔距离及振捣时间,依结构形状、混凝土坍落度大小及振捣器功率大小而异,应通过试验确定,安装间隔为 1.0～1.5 m 为宜。每处振捣时间,应以振动至混凝土面成一水平且无气泡出现时为止。附着式振捣器的侧向影响深度约为 25 cm。大面积模板安装多排振捣器时,为避免振动力过大,振捣器可水平交错串联控制,分批开动振捣。振捣器必须待混凝土入模后方可开动。当钢筋较密和构件尺寸较深又狭窄时,亦可采取边浇边振动的方法。

(3) 平板振捣器振捣　采用平板振捣器振捣时,振捣深度一般不大于 25 cm。对于双层钢筋网的混凝土板,板厚不宜超过 15 cm。平板振捣器应有规律地进行移动,移动间距以底板覆盖面搭接 50 cm 宽度为宜,以使衔接处混凝土振捣密实。移动速度不应过快,以 1 m/min 为宜。振动至混凝土停止下沉并泛浆或表面平整均匀为止。

(4) 振动台振捣　振动台适用于振捣用硬性混凝土构件及试验室制作试块的捣实。振动台面应平整,有固定模具的夹具。振动时间根据混凝土构件的形状、大小及振动能力而定,一般当混凝土表面呈水平并出现均匀的水泥浆和不再冒气泡时,即可停止振捣。使用完振动台后,应清理干净,保证其有良好的工作状态。

八、混凝土养护

混凝土灌入模型之后,开始凝结和硬化,这个过程主要由水泥水化来实现。水泥水化必须保证一定的温度和湿度,而在自然气候里,许多时候不能达到这样的条件,同时混凝土的强度尚未形成,应防止在硬化过程中受到冲击、振动及过早施加荷载。在混凝土的硬化过程中所采取的保护和促进硬化的措施被称之为混凝土养护。

混凝土的养护对其质量影响很大。养护不良的混凝土,由于水分很快散失,水化作用停止,强度将无法增长,其外表干缩开裂,内部结构分散,抗渗性、耐久性也随之降低,甚至引起严重的质量问题。混凝土的养护方法有自然养护法、湿热养护法及干热养护法等。

1. 自然养护法

自然养护法就是在平均气温高于 +5 ℃ 的条件下,在一定时间内保持混凝土湿润状态。在一般气温情况下,对塑性混凝土,养护应在浇注后 10～12 h 内开始进行。可采用清洁草帘、麻袋、湿砂等材料覆盖其外露面,使混凝土经常保持潮湿状态,直到规定养护时间。对采用硅酸盐水泥、普通硅酸盐水泥或矿渣水泥拌制的混凝土,养护不得小于 7 d;对掺用缓凝型外加剂或抗渗性要求的混凝土,养护不得少于 14 d。

养护水要洒均匀,不应出现干湿不均的现象,洒水次数以能使混凝土保持潮湿状态为度。通常15 ℃气温时的最初三天,白天每2 h一次,夜间不少于2次,以后每昼夜至少四次。对于大体积混凝土,则应根据气温条件采取降温措施,并按需要测定浇筑后的混凝土表面和内部温度,使温差控制在设计要求的范围内。

2. 蒸汽养护法

蒸汽养护法就是用锅炉生产的饱和低压蒸汽为介质,输入养护混凝土的密闭棚室内,与空气混合形成湿热空气。由于湿热空气温度高于混凝土温度,而对混凝土进行热交换,传导于混凝土内部而升温,在较高的温度和湿度下,混凝土迅速凝固、硬化、增长强度。一般混凝土蒸汽养护可分为四个阶段,即静养、升温、恒温、降温。对具有抗冻、抗渗要求的混凝土还须增加"后养"阶段。"静养"是指自混凝土灌注成型至通气升温之前,混凝土在常温下停放的过程。静养的温度不低于10 ℃,对于塑性混凝土不少于2~6 h,对于干硬性混凝土不少于1 h。"升温"是指混凝土从蒸汽介质中获得热量,提高温度的主要阶段,这时混凝土温度升至蒸护温度,水泥水化速度加快,强度开始加快增长。但是为避免升温速度太快,引起温度应力和变形过大,以及温度变形影响握裹力,对升温速度应进行控制。一般要求每小时测温一次,薄构件每小时不得超过25 ℃,其他构件每小时不得超过20 ℃。"恒温"阶段是指混凝土升温至一定温度后,保持温度和相对湿度的养护阶段。这个阶段的温度与时间有着密切的关系,温度高,水化反应速度快,养护时间可缩短。温度低,则需养护期长。恒温阶段持续时间应按需要达到的混凝土强度的时间,通过试验确定,一般需保持30 h以上。恒温温度对于梁不应大于60 ℃;对于一般构件不得大于80 ℃,并保持养护介质90%以上的相对湿度。恒温阶段混凝土外层温度较高,逐渐传于内层,并有内部水化热,从而获得较高的温度,是混凝土强度增长的主要阶段。"降温"阶段是混凝土由恒温温度降至室温的过程,这个阶段混凝土表面散热较快,温降大,而内部温度因混凝土的导热系数小而温降慢,如不加以控制,会造成内外温差过大,引起混凝土表面龟裂或产生裂缝。一般降温速度控制在15 ℃/h以内。在混凝土表面温度与环境温度之差控制在15~20 ℃时,方可撤除养护措施。"后养"阶段是将蒸养后的混凝土继续采用自然养护法养护,以避免混凝土水化不充分,影响后期强度的增长。

当建筑物基础位于浸水的土地基上时,不得采用蒸汽养护。掺用引气剂或引气型减水剂的混凝土,不宜采用蒸汽养护。

3. 干热养护法

干热养护法是采用直接加热而不需要蒸汽为介质的养护方法。常用的有红外线养护、电热养护、太阳能养护以及热拌混凝土热模养护等。干热养护法的原理是采用外加热的方法,在混凝土尚未凝结之前,使混凝土表面温度升高,尽快将混凝土内的自由水蒸发掉。同时由于混凝土内水分子在蒸发过程中的快速运动,提高了$Ca(OH)_2$的溶解度和浓度,加速了水泥的水化速度,促使混凝土硬化,从而缩短养护期。由于是对混凝土外表面加热,并向混凝土内传导,内外温差较小,减少了温养所产生的温度应力,避免了混凝土表面的龟裂和裂缝。

除了上述方法之外,混凝土养护还可以采用覆膜法,即在混凝土表面开始硬化时,喷洒合成树脂类或沥青类成膜液体于表面,它将迅速结成一层薄膜,阻止混凝土内水分不致过快蒸发散失,使混凝土得到较好的养护。这种养护方法适用于地下结构或基础施工,其缺点是28 d强度偏低约8%,同时由于成膜很薄,起不到隔热防冻的作用。在混凝土施工中,还可以采用塑料布封盖,并保持塑料布内有凝结水,可以有效起到对混凝土的养护作用。

九、混凝土质量检查

1. 施工准备工作的检查

(1) 混凝土浇筑前应检查浇筑基面的处理质量和钢筋、模板的安装质量。

(2) 检查各种原材料的质量,测定砂、石含水量,并测定混凝土的初凝时间、终凝时间及坍落度等。

2. 拌和和灌注混凝土过程中的检查

(1) 混凝土组成材料的外观、配件和拌和情况,每一工作班至少检查2次,必要时随时抽样试验。

(2) 混凝土的和易性及坍落度,每工作班至少检查2次。

(3) 检验和评定混凝土强度的试件应在灌注地点随机取样,其取样频率、标准成型方法及标准养护条件,均应符合现行国家标准。

3. 混凝土灌注后的检查

混凝土灌注后的检查包括:①混凝土的养护检查;②混凝土外露面或装饰质量的检查;③结构的位置、变形和沉降的检查。

任务3 预应力混凝土

一、预应力筋制作

1. 预应力筋下料

预应力筋的下料长度应通过计算确定,计算时应考虑结构的孔道长度或台座长度、锚夹具厚度、千斤顶长度、焊接接头或镦头预留量、冷拉伸长值、弹性回缩值、张拉伸长值和外露长度等因素。

钢丝束两端采用镦头锚具时,同一束中各根钢丝下料长度的相对差值,当钢丝束长度小于或等于 20 m 时,不宜大于 1/3 000;当钢丝束长度大于 20 m 时,不宜大于 1/5 000,且不大于 5 mm。长度不大于 6 m 的先张构件,当钢丝成组张拉时,同组钢丝下料长度的相对差值不得大于 2 mm。预应力筋的切断,应采用切断机或砂轮锯,不得采用电弧切割。

2. 冷拉钢筋接头

冷拉钢筋的接头,如在钢筋冷拉前采用闪光对焊,对焊后还应进行热处理,以提高焊接质量。钢筋焊接后其轴线偏差不得大于钢筋直径的 1/10,且不得大于 2 mm,轴线曲折的角度不得超过 4°。采用后张法张拉的钢筋,焊接后还应敲除毛刺,但不得减损钢筋的截面面积。

对焊接头的质量检验方法,应符合规范的有关规定。

预应力筋有对焊接头时,除非设计另有规定,宜将接头设置在受力较小处,在结构受拉区及在相当于预应力筋直径 30 倍长度的区段(不小于 500 mm)范围内,对焊接头的预应力筋截面面积不得超过该区段预应力筋总截面面积的 25%。

冷拉钢筋采用螺丝端杆锚具时，应在冷拉前焊接螺丝端杆，并应在冷拉时将螺母置于端杆端部。

3．预应力筋镦粗头

预应力筋镦头锚固时，对于高强钢丝，宜采用液压冷镦；对于冷拔低碳钢丝，可采用冷冲镦粗；对于钢筋，宜采用电热镦粗，但 HRB500 钢筋镦粗后应进行电热处理。冷拉钢筋端头的镦粗及热处理工作，应在钢筋冷拉之前进行，否则应对镦头逐个进行张拉检查，检查时的控制应力应不小于钢筋冷拉的控制应力。

4．预应力筋的冷拉

预应力筋的冷拉，可采用控制应力或控制冷拉率的方法，但对不能分清炉批号的热轧钢筋，不应采取控制冷拉率的方法。

当采用控制应力方法冷拉钢筋时，其冷拉控制应力下的最大冷拉率，应符合表 4-6 的规定。冷拉时应检查钢筋的冷拉率，当超过表 4-6 中的规定时，应进行力学性能检验。

表 4-6 冷拉控制应力及最大冷拉率

钢筋级别	钢筋直径/mm	冷拉控制应力/Pa	最大冷拉率/(％)
HRB500	10～28	700	4.0

当采用控制冷拉率方法冷拉钢筋时，冷拉率必须由试验确定。测定同炉批钢筋冷拉率时，其试样不少于 4 个，并取其平均值作为该批钢筋实际采用的冷拉率。测定冷拉率时钢筋的冷拉应力应符合表 4-7 的规定。

表 4-7 测定冷拉率时钢筋的冷拉应力

钢筋级别	钢筋直径/mm	冷拉控制应力/Pa
HRB500	10～28	700

注：当钢筋平均冷拉率低于 1％时，仍应按 1％进行冷拉。

冷拉多根连接的钢筋，冷拉率可按总长计，但冷拉后每根钢筋的冷拉率应符合规定。

钢筋的冷拉速度不宜过快，宜控制在 5 MPa/s 左右。冷拉至规定的控制应力（或冷拉率）后，应停置 1～2 min 再放松。冷拉后，有条件时宜进行时效处理。应按冷拉率大小分组堆放，以备编束时选料。冷拉钢筋时应做记录。

当采用控制应力方法冷拉钢筋时，对使用的测力计应经常进行校验。

5．预应力筋的冷拔

预应力筋采用冷拔低碳钢丝时，应采用 6～8 mm 的 HPB300 热轧钢筋盘条拔制。拔丝模孔为盘条原直径的 0.85～0.9，拔制次数一般不超过 3 次，超过 3 次时应将拔丝退火处理。拉拔总压缩率应控制在 60％～80％，平均拔丝速度应为 50～70 m/min。冷拔达到要求直径后，应按要求进行检验，以决定其组别和力学性能（包括伸长率）。

6．预应力筋编束

预应力筋由多根钢丝或钢绞线组成时，同束内应采用强度相等的预应力钢材。编束时，应逐根理顺，每隔 1～1.5 m 牢固绑扎成束，防止互相缠绕。

7. 制作预应力筋端部锚具的质量要求

高强钢丝墩头宜采用液压冷镦,冷拔低碳钢丝墩头可采用冷冲镦粗,钢筋宜采用电热镦粗,HRB500级钢筋镦粗后应进行电热处理。冷拉钢筋端头的镦粗及热处理工作,应在钢筋冷拉之前进行,否则应对镦头按钢筋冷拉的控制应力逐个进行张拉检查。

挤压锚具制作时压力表油压应符合说明书的规定,挤压后预应力筋外端应露出挤压套筒1～5 mm。

钢绞线压花锚应表面清洁、无油污,梨形头和直线段长度符合设计要求。

钢丝镦头的强度不得低于钢丝强度标准值的98%。

8. 预应力筋束竖向位置偏差

预应力筋束竖向位置偏应符合表4-8的规定。

表4-8 预应力筋束竖向位置允许偏差

截面高(厚)度/mm	$h \leqslant 300$	$300 < h \leqslant 1\,500$	$h > 1\,500$
允许偏差/mm	±5	±10	±15

二、锚具、夹具和连接器

预应力筋锚具、夹具和连接器应符合现行国家标准《预应力筋用锚具、夹具和连接器》(GB/T 14370—2015)的规定。

预应力筋锚具应按设计要求采用。用于后张的锚具或其附件上应设置压浆孔或排气孔,压浆孔应有足够的截面面积,以保证浆液的畅通。

夹具应具有良好的自锚性能、松锚性能和重复使用性能。需敲击才能松开的夹具,必须保证其对预应力筋的锚固没有影响,且对操作人员的安全不造成危险。

用于后张法的连接器,必须符合锚具的性能要求。用于先张法的连接器,必须符合夹具的性能要求。

锚具、夹具和连接器进场时,除应按出厂合格证和质量证明书核查其锚固性能类别、型号、规格及数量外,还应规定进行验收。

三、孔道及管道

1. 规定

(1) 预应力混凝土结构中,预应力筋的孔道材料应按设计要求选用,一般由金属波纹管或塑料波纹管道构成,也可采取钢管抽芯、胶管抽芯及金属伸缩套管抽芯等方法进行预留。

(2) 浇筑时,在混凝土中的管道不得有漏浆现象。管道应具有足够的强度,以使其在混凝土的重量作用下能保持原有的形状,且能按要求传递黏结应力。

(3) 预应力管道在使用前应进行外观检查,其内外表面应清洁,无锈蚀、油污、孔洞和不规则的褶皱,咬口不应有开裂或脱扣。

2. 管道材料

(1) 除规范规定之外,刚性或半刚性管道应由不与混凝土、预应力筋、水泥浆发生不良反应的金属或塑料材料制成。半刚性管道一般应由波纹状的金属螺旋管或塑料波纹管道组成。

(2) 金属管道宜尽量采用镀锌材料制作,并具有良好到柔软性,一般情况材料厚度不宜小于 0.3 mm。

塑料波纹管道的制作材料(高密度聚乙烯或聚丙烯)和管道性能应符合《预应力混凝土桥梁用塑料波纹管》(JT/T 529—2016)的要求。塑料波纹管的壁厚(δ)应为:内径 $\phi \leqslant 75$ mm,$\delta \geqslant 2.5$ mm;内径 $\phi \geqslant 90$ mm,$\delta \geqslant 3.0$ mm。

管道应有一定的强度,塑料波纹管道的环向刚度应不小于 6 kN/m²,以使其在运输搬运和浇筑混凝土过程中保持一定的形状和完整。

(3) 制孔采用胶管抽芯法时,胶管内应插入芯棒或充以压力水,以增加刚度;采用钢管抽芯法时,钢管表面应光滑,焊接接头应平顺。抽芯时间应通过试验确定,抽拔时不应损伤结构混凝土。

3. 金属螺旋管的检验

(1) 金属螺旋管进场时,除应按出厂合格证和质量保证书核对其类别、型号、规格及数量外,还应对其外观、尺寸、集中荷载下的径向刚度、荷载作用后的抗渗漏及抗弯曲渗漏等进行检验。工地自行加工制作的管道亦应进行上述检验。上述检验方法可参照现行《预应力混凝土用金属波纹管》(JG 225—2007)的规定执行。

(2) 金属螺旋管应按批进行检验。每批应由同一钢带生产厂生产的同一批钢带所制造的金属螺旋管组成,累计半年或 50 000 m 生产量为一批,不足半年产量或 50 000 m 也作为一批的,则取产量最多的规格。

(3) 当按第(1)点中规定的项目检验的结果有不合格项目时,应以双倍数量的试件对该不合格项目进行复验,复验仍不合格时,则该批产品为不合格。

4. 塑料波纹管的检验

(1) 塑料波纹管进场时,除应按出厂合格证和质量保证书核对其类别、型号、规格及数量外,还应对其外观、尺寸及密封性等进行检测。其检验方法可参照现行《预应力混凝土桥梁用塑料波纹管》(JT/T 529—2016)的有关规定执行。

(2) 塑料波纹管应按批进行检验。每批应由同一配方、同一生产工艺同设备稳定连续生产的一定数量的产品组成。每批数量不应超过 10 000 m。

5. 管道安装

(1) 预应力筋管道的尺寸与位置应正确,定位后的管道应平顺且与锚垫板垂直,锚垫板应垂直于孔道中心线。管道和接头应有足够的密封性,以确保浇筑时不渗漏和抽真空时不漏气。

(2) 管道应采用定位钢筋固定安装,使其能牢固地置于模板内的设计位置,并在混凝土浇筑期间不产生位移。固定各种成孔管道用的定位钢筋的间距:钢管管道不宜大于 1 m,波纹管管道不宜大于 0.8 m,胶管管道不宜大于 0.5 m,曲线管道和扁平波纹管道应适当加密。

(3) 金属管道接头处的连接管宜采用大一个直径级别的同类管道,其长度宜为被连接管道内径的 5~7 倍。连接时应不使接头处产生角度变化及在混凝土浇筑期间发生管道的转动或移位,并应缠裹紧密防止水泥浆的渗入。塑料波纹管应采用专用焊接机进行焊接或采用具有密封性能的塑料连接器连接。

(4) 所有管道均应设压浆孔,还应在最高点设排气孔及需要时在最低点设排水孔。压浆管、排气管和排水管应是最小内径为 20 mm 的标准管或适宜的塑性管,与管道之间的连接应采用金属或塑料结构扣件,长度应足以从管道引出结构物以外。

(5) 管道在模板内安装完毕后,应采取可靠措施,防止水或其他杂物进入管道。

(6) 后张预应力管道安装允许偏差见表 4-9。

表 4-9　后张预应力管道安装允许偏差

项目		允许偏差/mm
管道坐标	梁长方向	30
	梁高方向	10
管道间距	同排	10
	上下层	10

四、浇筑混凝土

混凝土用料(如水泥、细骨料、粗骨料、水等)、配合比、拌制及浇筑养护等除应满足以下规定,其余的还应符合混凝土及钢筋混凝土工程的有关规定。

(1) 预应力混凝土中可掺入适量的外加剂,但不得掺入氯化钙、氯化钠等氯盐。从各种组成材料引进混凝土中的氯离子总含量(折合氯化物含量),不宜超过水泥用量的 0.06%,当超过 0.06% 时,宜采取掺加阻锈剂、增加保护层厚度、提高混凝土密实度等防锈措施;对于干燥环境中的小型构件,混凝土中的氯离子含量允许提高 1 倍。

(2) 混凝土中的胶凝材料用量,不宜超过 500 kg/m³,特殊情况下不应超过 550 kg/m³。

(3) 浇筑混凝土时,宜根据结构的不同形式选用插入式、附着式或平板式等振动器进行振捣。对箱梁腹板与底板及顶板连接处的承托、预应力筋锚固区以及其他钢筋密集部位,宜特别注意振捣。

浇筑混凝土时,对先张构件应避免振动器碰撞预应力筋;对后张结构应避免振动器碰撞预应力筋的管道、预埋件等。并应经常检查模板、管道、锚固端垫板及支座预埋件等,以保证其位置及尺寸符合设计要求。

(4) 纵向拼接的后张梁,梁段接缝应符合设计规定,施工注意事项可参照本规范各有关章节执行。

(5) 浇筑箱形梁段混凝土时,应尽可能一次浇筑完成;如设计允许,梁身较低的箱形梁可分为两次浇筑;梁身较高的箱形梁也可分两次或三次浇筑。分次浇筑时,宜先底板及腹板根部,其次腹板,最后浇顶板及翼板。

(6) 混凝土浇筑完成达到初凝后,应立即按标准要求开始养护。

五、施加预应力

1. 预应力机具设备选用及校验

(1) 预应力机具设备及仪表(压力表的精度应>1.5 级),应由专人使用和管理,应定期维护和检验。张拉设备(包括活塞的运行方向与实际一致)应配套标定,并配套使用。长期不使用或标定时间超过半年或张拉超过 200 次或在使用中预应力机具设备或仪表出现反常现象或千斤顶检修后应重新标定。弹簧测力计的校验期限不宜超过 2 个月。

(2) 校验应在经主管部门授权的法定计量技术机构定期进行。

(3) 当采用测力传感器计量张拉力时,测力传感器应按国家相关检定规程规定的检定周期检定,千斤顶和压力表可不再作标定。

2. 张拉应力控制

(1) 施加预应力时,预应力筋、锚具、千斤顶应位于同一轴线上。

(2) 预应力筋的张拉控制应力和张拉程序应符合设计要求。当施工中预应力筋需要超张拉或计入锚圈口预应力损失时,可比设计要求提高5%,但在任何情况下不得超过设计规定的最大张拉控制应力。

(3) 预应力筋采用应力控制方法张拉时,应以伸长值进行校核,实际伸长值与理论伸长值的差值应符合设计要求,设计无规定时,实际伸长值与理论伸长值的差值应控制在6%以内,否则应暂停张拉,待查明原因并采取措施予以调整后,方可继续张拉。

(4) 预应力筋的理论伸长值 ΔL(mm)可按式(4-2)计算:

$$\Delta L = P_P L / A_P E_P \tag{4-2}$$

式中:P_P 为预应力筋的平均张拉力(N),直线筋取张拉端的拉力;L 为预应力筋的长度(mm);A_P 为预应力筋的截面面积(mm²);E_P 为预应力筋的弹性模量(N/mm²)。

(5) 预应力筋张拉时,应先调整到初应力 σ_0,该初应力宜为张拉控制应力 σ_{con} 的10%~25%,伸长值应从初应力时开始测量。预应力筋的实际伸长值除测量的伸长值外,必须加上初应力以下的推算伸长值。对后张法构件,在张拉过程中产生的弹性压缩值一般可省略。

预应力筋张拉的实际伸长值 ΔL(mm),可按式(4-3)计算:

$$\Delta L = \Delta L_1 + \Delta L_2 \tag{4-3}$$

式中:ΔL_1 为从初应力至最大张拉应力间的实测伸长值(mm);ΔL_2 为初应力以下的推算伸长值(mm),可采用相邻级的伸长值。

(6) 必要时(如对于分段浇筑的大跨度梁体和长弯道梁等),应对锚圈口及孔道摩阻损失进行测定,经设计同意后,张拉时予以调整。

(7) 预应力筋的锚固,应在张拉控制应力处于稳定状态下进行。

(8) 预应力筋张拉及放松时,均应填写施工记录。

六、先张法

1. 先张法墩式台座结构

先张法墩式台座结构应符合下列要求:①承力台座应进行施工工艺设计,其应具有足够的强度、刚度和稳定性,其抗倾覆安全系数应不小于1.5,抗滑移系数应不小于1.3;②横梁须有足够的刚度,受力后挠度应不大于2 mm;③有可防止沾污铺放在台座上的预应力筋的措施。模板隔离剂应选用非油质类的。

2. 先张法预应力筋安装

(1) 预应力筋安装宜自下而上进行,先穿直线预应力筋,再通过转折器穿折线预应力筋。

(2) 预应力筋与锚固梁间的连接,宜采用张拉螺杆。

3. 先张法预应力筋张拉

(1) 张拉前,应对台座、横梁及各项张拉设备进行详细检查,符合要求后可进行操作。

(2) 同时张拉多根直线预应力筋时,应预先调整其初应力,使相互之间的应力一致,再整体张拉。张拉过程中,应使活动横梁与固定横梁始终保持平行,并应抽查力筋的预应力值,其偏差的绝对值不得超过按一个构件全部力筋预应力总值的 5%。

(3) 当有折线预应力筋时,宜先进行直线预应力筋初调,再初调和张拉折线预应力筋,最后张拉直线预应力筋。

(4) 预应力筋张拉完毕后,与设计位置的偏差不得大于 5 mm,也不得大于构件最短边长的 4%。

(5) 先张法预应力筋的张拉程序应符合设计要求。

(6) 张拉时,预应力筋的断丝数量不得超过表 4-10 的规定。

表 4-10 先张法预应力筋断丝限制

类别	检查项目	控制数
钢丝、钢绞线	同一构件内断丝数不得超过钢丝总数的	1%
钢筋	断筋	不容许

(7) 预应力筋张拉完毕后,宜在 4 h 内浇筑混凝土。

4. 放张

(1) 预应力筋放张时的混凝土性能(如强度、弹性模量等)应符合满足设计规定,设计未规定时,不得低于设计的混凝土强度等级值的 75%。

(2) 在预应力筋放张之前,应将限制位移的侧模、翼缘模板或内模拆除。

(3) 预应力筋的放张顺序应符合设计要求,设计未规定时,应分阶段、对称、相互交错的放张。

(4) 多根整批预应力筋的放张,可采用砂箱法或千斤顶法。用砂箱放张时,放张速度应均匀一致;用千斤顶放张时,放张宜分数次完成。单根钢筋采用拧松螺母的方法放张时,宜先两侧后中间,并不得一次将一根预应力筋松完。

(5) 钢筋放张后,可用乙炔-氧气切割,但应采取措施防止烧坏钢筋端部。钢丝放张后,可用切割、锯断或剪断的方法切断;钢绞线放张后,可用砂轮锯切断。

长线台座上预应力筋的切断顺序,应由放张端开始,逐次向另一端切断。

5. 允许偏差

先张法预应力筋制作安装的允许偏差见表 4-11。

表 4-11 先张预应力筋制作安装的允许偏差

项目		允许偏差/mm
单镦头钢丝同束长度相对差	束长>20 m	L/5 000 及 5
	束长 6~20 m	L/3 000
	束长<6 m	2
冷拉钢筋接头在同一平面的轴线偏位		2 及 1/10 直径
预应力筋张拉后的位置与设计位置之间的偏位		4%构件最短边长及 5

七、后张法

1. 后张法预应力筋安装

(1) 预应力筋可在浇筑混凝土之前或之后穿入管道,穿束前应检查锚垫板和孔道,锚垫板应位置准确,孔道内应畅通,无水和其他杂物。

(2) 预应力筋安装后的保护：对在混凝土浇筑及养生之前安装在管道中但在表 4-12 的规定时限内没有压浆的预应力筋，应采取防止锈蚀或其他防腐蚀的措施。

表 4-12 未采取防腐蚀措施的预应力筋在安装后至压浆时的容许间隔时间

暴露条件	安装后至压浆时的容许间隔时间
空气湿度大于 70% 或盐分过大时	7 d
空气湿度 40%～70% 时	15 d
空气湿度小于 40% 时	20 d

在预应力筋安装在管道中后，管道端部开口应密封以防止湿气进入。采用蒸汽养生时，在养生完成之前不应安装预应力筋。

在任何情况下，当在安装有预应力筋的构件附近进行电焊时，均应对全部预应力筋、管道和附属构件进行保护，防止溅上焊渣或造成其他损坏。

(3) 对在混凝土浇筑之前穿束的管道，预应力筋安装完成后，应进行全面检查，以查出可能被损坏的管道。在混凝土浇筑之前，必须将管道上一切非有意留的孔、开口或损坏之处修复，并在浇筑混凝土前后，应检查力筋能否在管道内自由滑动。

2. 后张法预应力筋张拉

(1) 对预应力筋施加预应力之前，应对构件进行检验，外观和尺寸应符合质量标准要求。张拉时，构件的混凝土性能应符合设计要求，设计未规定时，不应低于设计强度等级值的 75%。

(2) 预应力筋的张拉顺序应符合设计要求，当设计未规定时，可采取分批、分阶段对称张拉。

(3) 应使用能张拉多根钢绞线或钢丝的千斤顶同时对每一束中的全部预应力筋施加应力，但对扁平管道中不多于 4 根的钢绞线除外。

(4) 预应力筋张拉端的设置应符合设计要求，当设计无具体要求时，应符合下列规定：对于曲线预应力筋或长度大于等于 25 m 的直线预应力筋，设计无要求时，宜在两端张拉。长度小于等于 25 m 的直线预应力筋，设计无要求时，可在一端张拉。曲线配筋的精轧螺纹钢筋应在两端张拉。直线配筋的精轧螺纹钢筋可在一端张拉。当同一截面中有多束一端张拉的预应力筋时，张拉端宜分别设置在构件的两端。预应力筋采用两端张拉时，可先在一端张拉锚固后，再在另一端补足预应力值进行锚固。

(5) 后张预应力筋的张拉应符合设计要求。

(6) 后张预应力筋断丝及滑移不得超过表 4-13 的控制数

表 4-13 后张预应力筋断丝、滑移限制

类别	检查项目及	控制数
钢丝束和钢绞线束	每束钢丝断丝或滑丝	1 根
	每束钢绞线断丝或滑丝	1 丝
	每个断面断丝之和不超过该断面钢丝总数的	1%
单根钢筋	断筋或滑移	不容许

注：①钢绞线断丝是指单根钢绞线内钢丝的断丝；②超过表列控制数时，原则上应更换，当不能更换时，在许可的条件下，可采取补救措施，如提高其他束预应力值，但须满足设计上各阶段极限状态的要求。

(7) 预应力筋在张拉控制应力达到稳定后方可锚固。预应力筋锚固后的外露长度不宜小于 30 mm，锚具应用封端混凝土保护，当需长期外露时，应采取防止锈蚀的措施。一般情况下，锚

固完毕并经检验合格后即可切割端头多余的预应力筋,切割时严禁用电弧焊,宜用砂轮机切割,同时不得损伤锚具。

(8) 自锚体系的预应力筋在张拉和锚固后,在确保锚具、预应力筋正常工作的情况下,可以对结构物作适当的移动。

八、后张法压浆及封锚

(1) 预应力筋张拉后,孔道应尽早压浆。压浆应在 24 h 内完成,否则应采取措施,确保预应力筋不出现锈蚀。

(2) 压浆材料的性能应符合下列要求。

① 浆体强度应符号设计规定,设计无具体规定时,应不低于 30 MPa。对截面较大的孔道,浆体中可掺入适量的细砂。浆体中一般应掺入适量的减水剂、缓凝剂、引气剂和钢筋阻锈剂等外加剂,也可掺入粉煤灰、微膨胀剂,但不得加入铝粉或含有氯化物等有害成分的外加剂。

② 浆体的技术条件应符合以下规定:a. 浆体的水胶比应低于本体混凝土,同时宜不大于 0.4;b. 拌和后 3 h,浆体泌水率不宜大于 2%,最终不超过 3%,泌水应在 24 h 内重新全部被浆体吸收;c. 通过试验后,浆体掺入适量膨胀剂后,其自由膨胀率应小于 10%;d. 浆体稠度宜控制在 14～18 s 之间。

(3) 压浆前,应对孔道进行清洁处理。对抽芯成型的混凝土空心孔道应冲洗干净并使孔壁完全湿润;金属管道、塑料管道必要时亦应冲洗以清除有害材料;对孔道内可能发生的油污等,可采用已知对预应力筋和管道无腐蚀作用的中性洗涤剂或皂液,用水稀释后进行冲洗。冲洗后,应使用不含油的压缩空气将孔道内的所有积水吹出。

(4) 浆体从开始拌制至压入孔道的延续时间:视浆体的性质和气温情况而定,一般在 30～45 min 范围内。浆体在使用前和压注过程中应连续搅拌,浆体在孔道中的流束不宜过快。对于因延迟使用所致的流动度降低的水泥浆,不得通过加水来增加其流动度。

(5) 预应力管道,特别是长大管道压浆宜采用真空辅助压浆工艺。

(6) 压浆时,对曲线孔道和竖向孔道应从最低点的压浆孔压入,由最高点的排气孔排气和泌水。压浆顺序宜先压注下层孔道。同一管道压浆应连续进行,一次完成。较集中和邻近的孔道,宜尽量先连续压浆完成,不能连续压浆时,后压浆的孔道应在压浆前用压力水冲洗通畅。

(7) 压浆应使用活塞式压浆泵,不得使用压缩空气。压浆的最大压力宜为 0.5～0.7 MPa;当孔道较长或采用一次压浆时,最大压力宜为 1.0 MPa。压浆应达到孔道另一端饱满和出浆,并应达到排气孔排出与规定稠度相同的水泥浆为止。为了保证管道中充满灰浆,关闭出浆口后,应保持不小于 0.5 MPa 的一个稳压期,该稳压期不宜少于 5 min。

(8) 管道压浆可采用二次压浆法,两次压浆的间隔时间宜为 30～45 min。但对掺加外加剂泌水率较小的水泥浆,通过试验证明能达到孔道内饱满时,可采用一次压浆的方法。对于预应力钢绞线的垂直孔道在压浆的最后阶段,应进行补浆,以保证孔道顶端的浆体饱满密实。

(9) 压浆后应从检查孔抽查压浆的密实情况,如有不实,应及时处理和纠正。压浆时,每一工作班应留取不少于 3 组的 70.7 mm×70.7 mm×70.7 mm 立方体试件,标准养护 28 d,检查其抗压强度,作为评定水泥浆质量的依据。

(10) 压浆过程中及压浆后 48 h 内,结构混凝土的温度不得低于 5 ℃,否则应采取保温措施。当气温高于 35 ℃ 时,压浆宜在夜间进行。

(11) 对后张预制构件,在管道压浆前不得安装就位。压浆后,在压浆强度达到设计要求后方可移运和吊装。

(12) 压浆完成后,应及时对预应力筋、锚具进行处理。其中包括对锚具和预应力筋做防锈、防腐处理。需要封锚的,应对梁端混凝土凿毛并将其周围冲洗干净,设置钢筋网浇筑封锚混凝土。

(13) 封锚混凝土的强度应符合设计要求。设计无要求时,一般不宜低于构件混凝土强度等级值的80%。

九、质量检验和质量标准

1. 质量检验

(1) 对工程质量的检验,除一般混凝土、钢筋混凝土工程的应有检验项目外,还应进行钢筋冷拉、预应力钢材编束、孔道预留、施加预应力、孔道压浆等项目的施工检验以及预应力筋、张拉机具、锚夹具的质量检查、检验。

(2) 预应力束应梳理顺直,不得扭绞,表明不应有损伤。

(3) 单根预应力筋不允许有断筋、断丝或滑移的现象。

(4) 同一截面预应力筋接头面积不超过预应力总面积到25%,接头的质量应符合规范要求。

(5) 预应力筋张拉或放张时,混凝土强度和龄期必须符合设计要求,并应严格按设计规定的顺序进行操作。

(6) 采用镦头锚时,镦头应头形圆整,不得有斜歪、破裂。

(7) 制孔管道应安装牢固,接头密合,弯曲圆顺。锚垫板平面应与孔道轴线垂直。

(8) 压浆工作在5℃以下进行时,应采取防冻保温措施。

(9) 压浆的水泥浆性能和强度应符合施工技术规范要求,压浆时排气、排水孔应有原浆溢出后方可关闭。

(10) 应按设计和规范要求浇筑封锚混凝土。

2. 质量标准

(1) 预应力筋制作安装的允许偏差见表4-14、表4-15及表4-16。

表4-14 先张预应力筋制作安装允许偏差

检查项目		规定值或允许偏差
镦头钢丝同束长度相对差/mm	$L>20$ m	$L/5\,000$ 及 5
	$6\leqslant L\leqslant 20$ m	$L/3\,000$
	$L<6$ m	2
张拉应力值		符合设计要求
张拉伸长值		符合设计要求,设计未规定时普通预应力筋的伸长值不超过计算值的±6%
同一截面内断丝根数不超过钢丝总数的比例(普通预应力筋)		1%

表 4-15 粗钢筋先张法制作安装允许偏差

项目	规定值或允许偏差
冷拉钢筋接头在同一平面内的轴线偏位/mm	2 及 1/10 直径
中心偏位/mm	4‰短边及 5
张拉应力值	符合设计要求
张拉伸长值	符合设计要求,设计未规定时普通预应力筋的伸长值不超过计算值的±6%

表 4-16 后张预应力筋制作安装允许偏差

项目		允许偏差
管道坐标/mm	梁长方向	±30
	梁高方向	±10
管道间距/mm	同排	10
	上下层	10
张拉应力值		符合设计要求
张拉伸长值		符合设计要求,设计未规定时普通力筋的伸长值不超过计算值的±6%
断丝滑丝数	普通钢丝束	每束 1 根,且每断面不超过总数的 1%
	钢筋	不允许

(2)预应力筋表面应清洁,不应有明显的锈迹。

3. 梁体质量要求

(1)混凝土质量检验应符合混凝土及钢筋混凝土工程的有关规定。
(2)混凝土表面应平整、密实,预应力部位不得有蜂窝、露筋现象。

1. 钢筋的加工包括哪些工序?
2. 钢筋接头的类型有哪些?
3. 混凝土的拌制方法有哪些?
4. 混凝土运输有哪几种方法?
5. 水下混凝土灌注的施工要点是什么?
6. 混凝土冬期施工的施工要点是什么?
7. 预应力混凝土包含哪些施工方法?施工工序是什么?
8. 后张法预应力混凝土如何进行张拉?

学习情境 5 桥梁基础及下部构造施工

学习目标

1. 知识目标

(1) 掌握桥梁基础的分类。
(2) 掌握明挖扩大基础的施工工艺流程。
(3) 掌握桩基础的施工工艺流程。
(4) 掌握承台的施工工艺流程。
(5) 了解墩台的施工过程。

2. 能力目标

(1) 能够组织明挖扩大基础施工。
(2) 能够组织桩基础施工。
(3) 能够组织承台施工。
(4) 能够组织墩台施工。

◇ 知识链接

桥墩、桥台、墩台基础(统称为下部结构)如图 5-1 所示,是支承桥跨结构并将恒载和车辆等荷载传至地基的建筑物。桥台设在桥的两端,桥墩则在两个桥台之间。桥台除了支承桥跨结构的作用外,还要防止路堤滑坡,并与路堤衔接。为了保护桥头路堤填土,每个桥台两侧常做成石砌的锥体护坡。墩台基础,是埋入土层之中,并使桥上全部荷载传至地基的结构部分。

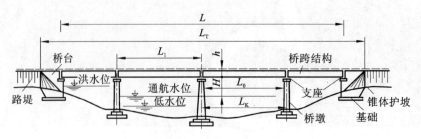

图 5-1 桥梁下部结构

任务1　明挖扩大基础施工

一、明挖扩大基础的定义

在明挖基坑中建筑的基础称为明挖基础。根据基坑大小与深浅、有无地下水及水量的大小等情况的不同,可采用直接放坡开挖、坑壁支护开挖、设置围堰堵水后开挖等施工方式。其施工简单,需要的施工机具较少,如无特殊情况应优先采用。其结构形式一般为刚性实体,自上而下逐层放大,因此,又称为扩大基础。桥梁墩台基础常用的是砌石基础和混凝土基础两种,具体可根据实际需要和材料供应情况确定,最适合在旱地浅基础使用。

二、明挖扩大基础施工

1. 旱地明挖扩大基础的施工

在旱地上修筑浅基础,一般应经过基础定位放样、基坑开挖及坑壁维护、基坑排水及防水、基底检验与处理、基础浇筑与养护和基坑的回填等工序,其中最主要的工作是开挖及坑壁维护。

1) 基坑开挖方式

基坑开挖方式的选择必须十分谨慎,一般都是根据设计文件中提供的地质、水文资料,结合工期要求,设备条件及现场具体情况,慎重选定。

(1) 垂直开挖。

不用支撑和放坡直接开挖,这种开挖方式省工省时、灌注基础时还可采用满坑灌注,节约了模板及其制作、拆卸工时,是一种非常好的施工方法。但只有在坑壁为岩石或黏土类土,而开挖深度又不大时才能采用。

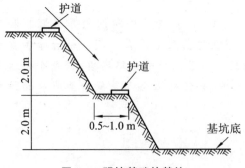

图 5-2　明挖基础的基坑

(2) 放坡开挖。

地基土为砂类土,不可能垂直开挖,应采用放坡开挖。开挖过深的基坑还应加设护道,如图 5-2 所示。

在天然土层上开挖基坑,开挖深度在 5 m 以内,施工期较短,基坑底在地下水位线以上,且土的湿度正常,构造均匀。当深度大于 5 m 时,可将边坡适当放缓,或加设平台。若基坑顶有动载时,则基坑边缘至动载之间,至少要留有 1 m 宽的护道。当动载过大时,宜增宽护道或采取加固措施。当土的湿度可能引起坑壁坍塌时,坑壁坡度应缓于该湿度下土的天然坡度。

(3) 坑壁维护开挖。

当基坑开挖较深,土质松软,含水量又较大时,若还要采用放坡开挖,不仅土石方量大,不经济,还会因坡度不易保持、场地受到限制或影响邻近建筑物的安全而不能施工。此时必须采用维护加固坑壁的方法进行施工。维护加固坑壁的方法有衬板支护、喷射混凝土及混凝土围圈支护、板桩支护等。

2) 基础施工

(1) 基坑开挖。

在条件允许的情况下,应首选机械开挖。机械开挖不仅能提高挖基速度,同时能解决提升和运输问题。人力仅用来修整边坡和清底,这样可以数倍的提高工效。只有在松散的沙层中用机械开挖不易保持边坡稳定和地下水比较旺盛的条件下,才考虑用人工开挖。

开挖时,一般应分层开挖。有地下水渗出时,应在基础范围以外先挖排水沟、集水井,然后再开挖基坑。排水沟和集水井应随基坑开挖而逐层下降,尽量做到基坑不积水,以方便施工。对傍山的谷架桥施工,首先应根据设计交付的地质、水文资料,结合实际勘察,估计开挖安全边坡,审查明挖方法是否可行。若不合适,应改变基础设计;若可行,最好安排在枯水季节施工。而且施工时应集中人力物力,安排日夜不停顿作业,限期完工。

当基坑穿过覆盖层进入岩层,按设计要求基础又要嵌入岩层时,基坑放线时即应考虑在岩层面上预留做排水沟的平台,如图 5-3 所示。

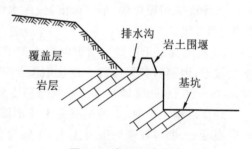

图 5-3 岩层上排水沟

开挖岩层时,先用黏土做一道围堰,截住覆盖层中流出的水由排水沟、集水井中抽出。然后按基础尺寸垂直下挖。将基础嵌入岩层,不仅能节约模板,同时由于岩层对基础的嵌固作用,能增加基础的稳定性和耐久性。

若所开挖土为胶结紧密的卵石、孤石岩层,则可使用风动工具(如风镐、风铲、风钻等)开挖。开挖前应培训员工,熟悉工具的性能和安全操作规程。经常进行安全教育,避免造成人身伤亡事故和机具破损。须爆破时,应严格控制炮眼深度、装药量,严禁用裸露药包爆破,以免飞石打坏机具设备,震塌基坑边坡和围堰。

基坑的弃土,除用来填平施工场地,改造施工环境外,多余的土体应运至适当的地方堆放。施工过程中,发现地质、水文情况与设计不符时,应改变基坑尺寸。

(2) 边坡维护。

当基坑边坡不易稳定,并有地下水影响,或开挖场地受到限制,或基坑边坡过于平缓,致使开挖土方量很大而不经济时,则宜采用加设维护边坡结构的垂直开挖方法。具体方法有:挡板支护、混凝土护壁(喷射混凝土护壁,现浇混凝土护壁)、钢板桩围堰、地下连续墙等防护措施。

① 挡板支护。这种维护结构适用于开挖面积较小和深度较浅的基坑,挡板厚 4~6 cm,可直立或横置,再用横枋或竖枋加横撑木支撑。为了便于挖基运土,上下支撑应设在同一垂直面内。直立衬板是一次挖至基底后再安装挡板支撑。对有些黏性差、易坍塌的土,可采用分级支撑,分段下挖,随挖随撑。

横排挡板加固坑壁比竖排挡板更简便。当土质密实且黏性较好时,可一次挖到基坑底后进行支撑加固。对黏性较差易坍塌的土,则可分层开挖、支撑,最后以长立木替换短立木即可。挡板支护的作用是挡土,其工作特点是先开挖,后设维护结构。

② 钢木结合支撑。当基坑深度大于 3 m,或坑口很大,难以安设支撑时,可沿基坑顶周围每 1~1.5 m,打入一根型钢(工字钢或钢轨),至坑底面以下 1~1.5 m,并以刚拉杆把型钢上端锚固于锚桩上,随着基坑下挖设置水平挡板,并在型钢与挡板之间用木楔塞紧。

③ 喷射混凝土护壁。将欲开挖的墩址场地整平,放设基坑的开挖线,并在基坑的开挖线外侧周围,就地灌注深 1 m、厚 0.4 m 的混凝土护筒。筒口应高出地面 0.1~0.2 m,以加固坑口,并防止地表水和杂物掉入坑内。

混凝土护壁适用于深度较大的各种圆形、稳定性较好、渗水量少的基坑。采用掺有速凝剂的混凝土浆用喷射器向坑壁喷射,喷射的混凝土能早期与坑壁形成具有一定强度的支护层。喷射混凝土的厚度,主要取决于地质条件、渗水量、基坑直径及开挖深度等因素。基坑较大和较深时喷射混凝土厚度取较大值,一般为 5~8 cm。开挖基坑与喷射混凝土均分节进行,每节高 0.5~1.5 米。若把护筒下的土全部挖除,会使护筒下沉,应采用跳槽法开挖。对极易坍塌的流砂、淤泥层,仅用喷护混凝土往往不足以稳定坑壁,遇此情况,可先在坑壁上打入木桩,或在已打好成排的木桩上编竹篱,在有大量流砂处塞以草袋,然后喷射 15~20 cm 厚的混凝土,即可防止坍塌。喷射混凝土应当早强、速凝、有较高的不透水性,且其干料应能顺利通过喷射机。

水泥应采用硬化快、早期强度高、保水性能较好的硅酸盐水泥或普通水泥,其强度等级不宜低于 32.5 级。

④ 现浇混凝土护壁。喷射混凝土护壁要求有熟练的技术工人和专门设备,对混凝土用料要求也较严,因而有其局限性。现浇混凝土护壁则适用性较广,可以按一般混凝土施工,基坑深度可达 15~20 m,除流砂及呈流塑状态黏土外,可适用于其他各种土类。

现浇混凝土护壁,也是用混凝土环形结构承受土压力,但其混凝土环壁是使用现场灌注的普通混凝土,壁厚较喷射混凝土大,一般为 15~30 cm,也可按土压力作用下的环形结构计算。

目前也有采用混凝土预制块分层砌筑来代替就地灌注的混凝土围圈,其优点是节省了现场混凝土灌注和养护的时间,使开挖与支护不间断进行,且围圈混凝土质量容易得到保证。

⑤ 地下连续墙。地下连续墙也是一种特殊的桥梁基础形式,它于 20 世纪 50 年代由意大利 ICOS 公司首先开发成功。它是在泥浆护壁条件下,使用专门的成槽机具,在地面开挖一条狭长的深槽,然后在槽内设置钢筋笼,浇筑混凝土,逐步形成一道连续的地下钢筋混凝土连续墙。它常用于作为基坑开挖时防渗、截水、挡土、抗滑、防爆和对邻近建筑物基础的支护以及直接成为承受上部结构荷载的基础的一部分,后者可称为地下连续墙井箱基础。

地下连续墙的优点是:无须放坡,土方量小;全部机械化施工,工效高,速度快,工期短;混凝土浇筑无须支模和养护,成本低;可在沉井作业、板桩支护等方法难以实施的环境中进行无噪音、无振动施工;并穿过各种土层进入基岩,无须采取降低地下水的措施,因此可在密集的建筑群中施工。目前,地下连续墙已发展出后张预应力、预制装配和现浇等多种形式,使用日益广泛,在泵房、桥梁基础、地下室、地下车库、地铁车站、码头、高架道路基础、水处理设施,甚至深埋的下水道等,都有成功应用的实例。

2. 水中明挖扩大基础的施工

水中基础施工的首要任务是防水和堵水。对于处于河道中的桥梁墩台基础,在开挖基坑前,必须首先使要开挖的基坑处于无水或少水状态,才能保证基坑的开挖和基础圬工的砌筑。同时必须开通水上通道,才能方便施工人员的进出,也才能使施工机具、材料源源不断供应进场,保证供给。然后才能实施基坑开挖和基础砌筑等后续工序。所以,水中基础施工应该做好以下三件事情。

1）水上通道

在水中尤其在较深的水中修筑基础,首先要修建水上通道,使施工用的机具、材料及施工人员到达基础位置,以保证正常施工,按期完工。水上通道的通常做法是修筑便桥。应根据水的流速、水深、河床覆盖层的情况、预计通过便桥的总重量及经济合理的原则规划桥型,确定孔垮、选择材料,踏勘桥位,提前设计,及时修建,为水中基础施工做好准备。根据河水深浅,可供选择的便桥形式有：木便桥、钢木组合便桥、拼装军便梁、缆索吊桥等。河宽水浅,流速较慢的可考虑修筑木便桥,较深者即可修建钢木组合便桥、拼装军便梁,水深流急且河床较狭窄者则修建缆索吊桥较为划算,洪水期也比较安全。

对于临时便桥工程,也应给予足够重视,做到精心设计,精心施工。尤其对施工期间便桥的安全,应考虑周全,做到万无一失。不能因重视不够,组织不力,设计考虑不周以致在施工的关键时刻,便桥被洪水冲毁或出现其他问题,从而影响施工,延误工期。

2）改河截流

要使基坑在施工期间处于无水或少水状态,应根据河流、流量、流速和地形条件,确定恰当的堵水方式。对于山间小溪、不通航的小河沟等,当沟宽水浅,流量不大,地形有利时,可将改河截流方案与在水中的各个墩台分别修筑围堰的方案进行比较,若能减少工作量,节约抽水费用和其他材料消耗时,可根据实际情况进行局部改道或全部改道。即在基坑上游填筑拦河坝,引导水流改由其他河沟或河道流往下游,使基坑所处地段处于无水状况,如图5-4所示。

当河宽水小,施工的基坑又靠近岸滩时,可做半边围堰,导流引水。河道在基坑处为回头弯,采取截弯取直的方法,既有利于基坑施工,且工料少又无其他影响。也可以改河截流,附近地形有利时,可少量拦河筑围堰,蓄水归槽,然后用木槽、土沟引入下游。附近若有农田灌溉沟渠可以利用时,在枯水季节,可少量筑坝截流,水量可由灌溉沟排走。总之,在用少量工料,即可创造出合适的施工条件时,应首选用改沟改河截流。

3）防水围堰

当改沟改河截流与防水围堰相比较已不经济时,采用围堰堵水则是很实用的方法。

在基坑外围设置一道封闭的临时性挡水结构物,阻断河水流向基坑,才能使基坑处于正常的、能够开挖的状态。这种临时性挡水结构物通常称为围堰。

（1）修筑防水围堰的一般要求。

围堰法与其他水中基础施工方法比较,具有很多优点,如施工简便、技术不复杂、工期较短、可以就地取材、造价低等。但它只适用于水不深,基础埋置较浅,并且地质条件不太复杂的情况。若水深超过6 m（钢板桩围堰除外）或挖基深度超过8 m,又或者地质条件复杂时,则应考虑采用其他施工方法。

（2）土围堰。

土围堰适用于水深不超过2 m,流速不大于0.3 m/s,施工中无冲刷或冲刷很小,河床稳定,且河底土壤透水性较小的情况。因此土围堰常用于河流两岸浅滩,河水较浅的地方。

土围堰的断面,根据使用的土质成分和渗水程度以及围堰本身在水压力作用下的稳定性而定。一般顶宽在1.5 m以上,外侧边坡(靠水一面)不小于1∶2,内侧(靠基坑一面)边坡不小于1∶1,内侧坡脚至基坑顶边缘距离不小于1.0 m。

土围堰宜用黏土填筑,填土出水面后应进行夯实。填土前应先将堰底河床上的树枝、杂草、石块等清除,然后从上游填筑堰体至下游合龙,注意不要直接向水中倾卸填土,而应顺已出水面的填土坡面往下倒。为减少因冲刷使填土流失,应及时拍实和修整坡面。

为了防止水流对围堰外侧的冲刷,可在外坡面用草皮、树枝、片石或内填砂土的草袋加以防护。

(3) 草(麻)袋围堰和竹(荆条、柳条)笼卵石围堰。

草(麻)袋围堰适用于水深2.5 m左右,流速在1.5 m/s左右,河床透水性不强的情况。与土围堰相比,其能抵抗较强的水流冲刷,有时与土围堰配合使用。

草(麻)袋围堰的断面,一般堰顶宽度1~2 m。当水深在1 m左右时,用单层草(麻)袋做围堰,顶宽1 m;当水深在1.5 m以上时,须用双层草(麻)袋围堰,顶宽为2~2.5 m。有时为了将堰顶作为运输道路,需适当加宽堰顶。在双层草(麻)袋之间,用黏土填心,外侧边坡1∶0.5~1∶1,内侧边坡1∶0.5~1∶0.2,围堰内侧边坡的坡脚至基坑顶边缘的距离也不小于1.0 m。双层草(麻)袋围堰如图5-5所示。施工时应先清除堰址河床上的杂物,以减少渗漏;填筑围堰时,应自上游开始,然后两侧,最后在下游合龙。

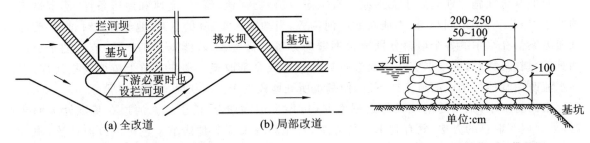

图5-4 改沟改河　　　　　　　图5-5 双层草(麻)袋围堰

竹(荆条、柳条)笼卵石围堰根据水深、流速、基坑大小及防渗要求,像草袋围堰一样,可做成单层或双层。一般先用竹料或荆、柳条编织成有底无盖的圆笼,然后按围堰的位置将笼子投入水中,边下沉边投入卵石或片石,直到其稳定在河床上。相邻笼子要紧靠密排,分内外两圈,中间填以黏土,以防渗水。内外笼子之间设对拉铁丝,在外围的水平方向,还应用铁丝捆扎原木或竹竿,使内外两圈形成一个整体。围堰宽度一般是水深的1~1.5倍,笼深应比水深大0.5 m以上。圆笼直径应视水深及流速而定,一般为80~100 cm。为了防止圆笼变形,可沿深度方向每隔一定距离设置十字对拉铁丝。为了防止堰底渗漏和河床覆盖层被水冲刷,可在堰底外围抛扔土草袋。

3. 基底检验及处理

1) 基底检验

基坑开挖至设计高程后,或采用特殊处理方法完毕后,应立即按照有关规定报请监理工程师及质检部门进行验收。质量合格后,方可进行基础结构施工。

基底检验的主要内容有:①检查基底的平面位置、尺寸、高程是否符合设计要求,基底高程容许误差为土质±50 mm,石质+50 mm,−200 mm;②基底的地质情况、承载力与设计资料是否相符;③基底的排水及基坑浸泡程度;④修建在山坡上的基础,应检验山坡是否稳定,持力层是否稳定,岩石地基是否有倒坡虚悬现象;⑤开挖基坑和基底处理施工过程中有关施工纪录和试验资料等。

检验基底可采用直观判断、静力触探、挖试坑或钻探等方法,以确定地基是否稳定,地基承载力是否满足设计要求。

2) 基底处理

为了使地基与基础接触良好,共同有效的工作,在基坑开挖至设计高程时,应针对不同的地质情况,对基底面进行处理。

(1) 未风化岩石基底 对未风化岩层开挖至岩石面后,应清除岩面松碎石块,凿出新鲜岩面,并用水冲洗干净,岩面不得存有淤泥、苔藓等表面附着物。岩面倾斜时,应将岩面凿成平面或凿成台阶。当基坑内岩面有部分破碎带时,应会同设计人员研究处理,采用混凝土封填或设混凝土拱等方法进行处理,以满足承载力的要求。

(2) 风化岩石基底 岩石的风化对其承载力的影响很大。当开挖至风化岩层时,应会同设计人员认真观察其风化程度,检查基底是否符合设计承载力要求。按设计要求适当凿去风化表层,或清理到新鲜岩面,将基坑填满封闭,防止岩层继续风化。

(3) 碎石或砂类土层 将基底修理平整并夯实,砌筑基础圬工时,先铺一层 2 cm 厚水泥砂浆。

(4) 黏土基底 基坑开挖时,先留 20~30 cm 深度不挖,以防地面、地下水渗流至基面,浸泡基面,降低强度。砌筑前,再用铁锹铲平。如基底原状土含水量较大或在施工中浸水泡软,可向基坑中夯入 10 cm 以上厚度的碎石,但碎石顶面不得高于基底的设计高程。对于基底土质不均,部分软土层厚度不大时,可挖出后换填砂土,并分层夯实。

(5) 湿陷性黄土 湿陷性黄土地基开挖时,必须保持基坑不受水浸泡,并尽量避免在雨季施工,否则应有专门的防洪排水降水设施,并应按设计要求采用重锤夯实、换填或挤密桩法进行加固。

(6) 软土层 软土地基应按设计要求进行加固,可采用换土、砂井、砂桩或其他软土地基处理方法。在软土地基上修建桥梁时,应按设计预留沉降量。采用砂井加固的软土地基,按设计要求进行预压。桥涵主体必须分期均匀施工。在砌筑墩台、填土和架梁工程中,应随时观测软土地基的沉降量,用于控制施工进度,使软土地基缓慢平均受载,防止发生剧烈变化或不均匀下沉。

(7) 泉眼 泉眼应用堵塞或导流的办法处理。泉眼水流较小时,可用木塞、速凝水泥砂浆、带螺帽钢管等堵塞泉眼。堵眼有困难时,可用竹管、塑料管或钢管引流,待基础圬工灌注完后,向管内压浆将其封闭。也可在基底以下设置暗沟或盲沟,将水引至基础施工以外的汇水井中抽出,施工完后用水泥砂浆封闭。

(8) 溶洞地基处理 在地基下出现溶洞时,应会同设计部门研究处理,一般采用以下加固措施:①勘测探明溶洞形态、深度和范围,以便采取相应的处理办法;②当溶洞埋深较浅时,可用高压射水清除溶洞中的淤泥,灌注混凝土进行填充;当溶洞埋深较深而且狭窄、洞内土不易清除时,可在洞内打入混凝土桩;③当岩溶处在基础底面,溶洞窄且深时,可用钢筋混凝土板盖在溶洞上面,跨越溶洞;④对埋藏较深,溶洞内有部分软黏土时,可用钻机钻孔,从孔中灌入砂石混合料,并压灌水泥砂浆封闭;⑤当溶洞很大很深,开挖和灌浆困难时,可根据情况采用钻孔桩基础或沉入桩穿越。

任务2　桩基础施工

一、桩基础施工前的调查和准备

1. 施工前的调查

（1）地基勘察，包括：①查明施工场地的地形、地貌、气候等自然条件；②了解施工场地的地层构造、岩土性质、不良地质现象以及地下水等情况；③了解施工场地内人为或者自然地质现象，附近地区的岩土工程资料及当地的建筑经验。

（2）施工场地情况，包括：①施工场地表面状态和工地堆积物；②地下和周围的建筑物、管道等；③地基土的稳定程度；④地下管线（如给排水管、天然气管等）的位置、深度、管径、使用年限等情况。

（3）桩基的设计情况，包括：①桩基的形式、尺寸、平面布置、数量等；②桩与承台的连接形式、桩的配筋、混凝土的标号、承台的内部结构等。

2. 编制施工组织设计

（1）施工方法的选择。根据工程地质条件、设计要求、机械设备情况、施工环境、工期和造价等综合考虑合适的施工方法。

（2）施工机械设备的选择。施工机械设备的选择应根据工程地质条件、工程规模、工期、桩型、劳动力以及施工现场情况等条件进行选择。

（3）设备和材料供应计划。制定出设备、配件、工具、桩基所需要的材料供应计划。

（4）沉桩方法。对于预制桩，应考虑桩的预制（现场预制时，应注意制桩场地表面整平加固、制桩现场的施工总平面布置）、吊运方案与设备、堆放方法、沉桩顺序、接桩方法等；对于钻（挖）孔管柱桩，应考虑成孔方法、钢筋笼的安放、混凝土的灌注、泥浆制备、使用和排放、清孔方式等。

（5）制定各种技术措施。制定保证沉桩质量、安全生产、减少对周围环境的影响措施等。

（6）编制桩基础施工平面图。在施工平面图上标明桩位、间距、编号、数量、施工程序，水电线路、道路、临时设施、桩顶标高、控制标准等；如果需要泥浆时，应标明泥浆制备设施及其循环系统的位置；材料的堆放位置等。

（7）制定施工作业计划和劳动力组织计划。

3. 桩基础施工准备

1）清除施工场地内部障碍物

桩基础施工前，应清除可能妨碍施工的地面、地下障碍物，对保证顺利进行桩基础施工十分重要。

2）施工场地平整

施工设备进场前应首先做好场地的平整工作，对松软场地进行夯实处理，保证施工过程中，机械设备能够正常作业。雨季施工必须要有排水措施。

3）定位放线

（1）基线。桩基轴线，不仅是在桩基础施工期间，而且在整个上部结构施工中都起着很重要的作用,应设置在不受施工影响处。

(2) 设置水准点。为了控制桩基础的施工标高,应在桩基施工附近设置水准点,水准点应设置在不受桩基施工影响处。

(3) 测设桩位。根据设计图纸中的桩位,按照一定的顺序对桩进行统一编号,按照尺寸测设桩位。

二、挖孔桩施工

1. 施工方法及程序

挖孔灌注桩基础,是采用人工挖井的方法成孔,放入钢筋笼,灌注混凝土成桩。其特点有:①施工简易,不受地形与机具的限制;②与浅基础相比,能节省大量的土石方,特别是与地面边坡大的浅基础相比,可以避免或减少边坡坍塌危及基坑的安全;③与桩基础相比,挖孔桩径可达到4 m,孔的形状可圆可方,桩底处理及质量容易保证;④与沉井基础相比,可以节省大量圬工;⑤在地下水丰富或水位极高的地层,流沙层很厚及淤泥质黏土层等,不宜采用挖孔桩。挖孔桩适用于无地下水或有少量地下水的土层和风化软质岩层。

其主要施工程序为:开挖桩孔→设置孔口护壁→视地质情况随挖孔进度设置护壁→孔内出渣、排水、通风→孔底清理→放入钢筋笼→灌注桩身混凝土→灌注承台混凝土。

2. 施工准备

(1) 施工测量测定桩位。根据桥梁墩台中心十字线,放出桩位,用15×15 cm方木按设计桩孔断面尺寸做成框架,固定在孔台上,四周应高出地面10~15 cm,以防土石掉入孔内。埋设框架时,定出桩孔四周中心(圆孔为纵横十字线),同时用水准仪确定框架高程,作为施工中校核的依据,所以埋设的框架应稳定牢固。如果地层松软,为防止孔口坍塌,可以使用混凝土护壁,高度约2 m。

(2) 平整场地。开挖前,桩基周围(尤其是上坡方向)的危石、浮土以及其他各种不安全因素,必须清除,平整场地时应因地制宜,不宜大量开挖土石,也不能影响临近的墩台基础施工,在陡坡地带的下坡方向可采用搭平台的方式来扩大场地,开挖前,所有的桩孔四周应作好临时防护栏杆。

(3) 挖排水沟、搭防雨棚。为了防止雨水侵入桩孔,应在孔口上方搭设防雨棚,防雨棚的高低大小应与提升设备相适应,并且在孔口四周挖好排水沟,如果有经常性地面水,排水沟应作防渗铺砌。

(4) 安装提升设备。根据需要和可能,采用人力绞车和电动卷扬机作为提升设备。安装提升设备时,首先应考虑到进料出渣灵活方便,拆卸方便。人员上下应有安全绳梯。

(5) 布置出渣道路。弃土地点应离孔口10 m以外,因此在孔口至卸渣处应布置出渣车道或平车轨道,并要求这些道路能用于下钢筋笼和混凝土灌注。

3. 桩孔开挖

1) 开挖顺序

同一墩台各桩开挖的顺序,可视地层性质、桩位布置及间距确定,桩间距较大、地层紧密,不需爆破时,可对角开挖,反之宜单孔开挖。如果桩孔为梅花式布置时,宜先挖中孔,再开挖其他各孔,成孔后应立即浇筑桩身混凝土。

2）开挖方法

（1）排水。

孔口四周应根据情况设置排水沟,以截住地表水流入孔内,同时,对孔内抽出的地下水随时远引,以防止孔口积水渗透造成坍孔。

（2）挖孔。

开挖桩孔可先挖承台后挖桩孔,或在原地面先开挖桩孔,灌注桩身混凝土后,再进行承台施工。开挖先后次序取决于工点的地形地质情况,目的是巩固孔口,减少坑壁暴露,从而避免坍方而影响挖孔。

挖孔过程中,应经常检查桩身净空尺寸和平面位置。孔的中轴线偏斜不得大于孔深的0.5%,截面尺寸必须满足设计要求,孔壁不必修成光面,以增加桩壁的摩擦力,孔口平面位置与设计桩位偏差不得大于5 cm。开挖时遇有大孤石或岩层,严禁裸露使用药包爆破,以免震坏支承造成孔壁坍塌。孔内爆破应采用浅眼爆破。炮眼深度,硬岩层不得超过0.4 m,软岩层不得超过0.8 m;孔内爆破应采用电引或导爆管起爆,孔深大于5 m时,必须采用电雷管引爆。爆破前应对炮眼附近的支撑采取防护措施。放炮后,施工人员下井前,应事先测定孔底有无毒气,如有应迅速排除。

孔内应经常检查有害气体的浓度,当二氧化碳浓度超过0.3%,其他有害气体超过允许浓度或孔深超过10 m时,均应设置通风设备。

（3）孔壁支护。

挖孔时必须采取孔壁支护。支护方式根据土质和渗水情况确定,可采用就地浇筑混凝土或采用便于拆装的钢、木支撑。支护应高出地面,支护结构应经过检算,无法拆除的木框架支撑不得用于摩擦桩。护壁混凝土砌筑等级不应低于C15,当作为桩身混凝土的一部分时,不应低于桩身混凝土的强度等级。

挖孔至设计高程后,孔底不应积水,并应进行孔底处理,做到平整,无松渣、污泥等软层。当地质情况与设计不符时,应与监理、设计单位研究处理。

4. 灌注桩身混凝土

桩孔检查→安放钢筋笼→灌注桩身混凝土。桩孔检查应符合设计要求,随后安放钢筋笼,钢筋笼一般是分节制作,每节长度为5~8 m,钢筋骨架应绑扎牢固,主筋平直,箍筋圆顺,尺寸准确。

浇筑桩身混凝土时,当自由倾落高度超过2 m时,混凝土必须通过溜槽或串筒,并宜采用插入式振捣起振实。当孔内渗水量过大影响混凝土浇筑质量时,应采取有效措施保证混凝土的浇筑质量。

三、钻孔桩施工

1. 施工方法及程序

1）施工特点

钻孔桩的施工作业简单,水中陆地均可施工,特别是对于处理复杂地层中的基础,有较显著的特点。

2）钻孔机具的选择

钻孔桩施工时常用的钻机主要有冲击式钻机、旋转式钻机、冲抓式钻机等。各种钻机的适用情况见表5-1。

表 5-1　钻孔机具的适用范围

钻机类型	适用范围
冲击式钻机	适用于各类土层,对岩层、坡积岩、漂砾、卵石等地层;但在砂黏土、黏砂土地层钻进效率较低
旋转式钻机	适用于砂黏土、黏砂土及风化页岩等地层
冲抓式钻机	适用于黏砂土、砂黏土及砂夹卵(砾)石地层

3) 主要施工程序

在钻孔桩较多的大桥或者特大桥,宜先进行试钻及静载试验,以确定承载力,选择机具和钻头,拟定施工工艺。旋转钻机钻孔时的主要施工程序见图 5-6 所示,冲击钻钻机钻进可省略泥浆拌制工序。

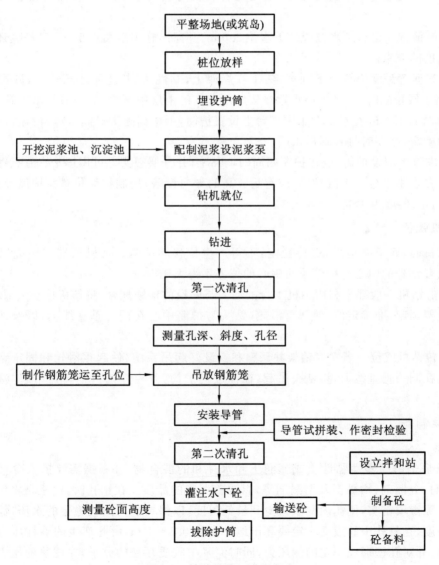

图 5-6　钻孔桩施工主要程序

2. 施工准备

(1) 钻孔场地：①在旱地上，应清除杂物，整平场地，如遇软土，适当处理；②在浅水中，宜用筑岛法施工，筑岛面积应按钻孔方法、钻机大小要求确定；③在深水中，可搭设工作平台，平台底宜在施工水位以上并应牢固稳定，能支承钻机和完成钻孔作业，如水流平稳，钻机可设在船上钻孔，但应锚固稳定。

(2) 制浆池、沉淀池和泥浆池，可设在桥的下游，也可设在船上或平台上。

(3) 钻孔前应设置坚实不漏水的护筒：①钢护筒在旱地或水中均可使用，筒壁厚度可根据钻孔桩孔径、埋深及护筒埋设方法选定，一般钻孔桩为 4~8 mm，必要时可按钻孔桩孔径、埋设方法和深度通过计算确定；②钢筋混凝土护筒宜在水深不大的钻孔使用，壁厚为 8~10 mm。

(4) 护筒内径应大于钻头直径，当使用旋转钻机时应大于 20 cm，使用冲击钻机时应大于 40 cm。

(5) 护筒顶宜高出施工水位或地下水位 2.0 m，并高出施工地面 0.5 m。其高度还应满足孔内泥浆面高度的要求。

(6) 护筒埋置深度应符合下列规定：①在岸滩上，黏性土、粉土不小于 1 m，砂类土不小于 2 m，当表面土层松软时，宜将护筒埋置在较坚硬密实的土层中至少 0.5 m；②水中筑岛，护筒宜埋入河床面以下 1.0 m 左右。在水中平台上设置护筒，可根据施工最高水位、流速、冲刷及地质条件等因素确定，必要时打入不透水层。

(7) 在岸滩上埋设护筒，应在护筒四周回填黏土，并分层夯实。可用锤击、加压、振动等方法下沉护筒。在水中平台上下沉护筒，应有足够高的导向设备，控制护筒位置。护筒允许偏差：顶面位置为 5 cm，斜度为 1%。

3. 钻机就位

安装钻机时，底架应垫平，保持稳定，不得产生位移和沉陷。钻机顶端应用缆风绳对称拉紧。钻头或者钻杆的中心与护筒顶面中心的偏差不得大于 5 cm。

(1) 冲击钻机一般都是利用钻机本身的动力与安设的地锚配合，将钻机移动大致就位，再用千斤顶将机架顶起，准确定位，使起重滑轮，钻头与护筒中心在同一垂直线上，以保证钻机的垂直度。

(2) 旋转钻机就位。当立好钻架并调整和安设好起吊系统，使起重滑轮和固定钻杆的卡孔与护筒中心在同一垂直线上，将钻头吊起，徐徐放进护筒，开启卷扬机把转盘吊起，将钻头调平并对准钻孔。

4. 泥浆制备

1) 泥浆

护壁泥浆是由高塑性黏性土或膨润土和水拌和的混合物，并根据需要掺入少量的其他物质，如增重剂、分散剂、增黏剂及堵漏剂等，以改善泥浆的品质。在钻孔时，泥浆是将钻孔内不同土层中的空隙渗填密实，使孔内漏水减少到最低程度，以保持护筒内较稳定的水压，泥浆的密度大于水的密度，在桩孔中的液面一定要高出地下水位 0.5~1 m，由此产生的液柱压力可以平衡地下水压力，并对孔壁形成一定的侧压力，同时泥浆中胶质颗粒的分子，在泥浆的压力下渗入孔壁表层的孔隙中，形成一层泥皮，促使孔壁胶结，从而起到防止坍孔、保护孔壁的作用。除此之外，在泥浆循环排土时，还有携渣、润滑钻头、降低钻头发热、减少钻进阻力等作用。

在工程施工中,如果泥浆太稠,会增大钻头的阻力,影响钻进的速度,而且增加在孔壁或钢筋上的泥浆附着量,还会增加清孔工作的难度;反之,泥浆太稀,排渣能力将会降低,护壁的效果也会降低。所以应根据工程的具体情况,选择适当的泥浆指标。在黏性土中钻孔,当塑性指数大于15,浮渣能力能满足施工要求时,可利用孔内原土造浆护壁。冲击钻钻孔,可将黏土加工后投入孔中,利用钻头冲击造浆。

2) 泥浆指标

(1) 比重:正循环旋转钻机、冲击钻机使用管形钻头钻孔时,入孔泥浆比重可为1.1～1.3;冲击钻机使用实心钻头钻孔时,孔底泥浆比重不宜大于:黏土、粉土为1.3,大漂石、卵石层为1.4,岩石为1.2;反循环旋转钻机入孔泥浆比重可为1.05～1.15。

(2) 黏度:入孔泥浆黏度,一般地层为16～22 s,松散易坍地层为19～28 s。

(3) 含砂率:新制泥浆不宜大于4%。

(4) 胶体率:不应小于95%。

(5) pH值:应大于6.5。

3) 注意事项

泥浆原料宜选用优质黏土,有条件时,可优先采用膨润土造浆。为了提高泥浆的黏度和胶体率,可在泥浆中投入适量的烧碱或碳酸钠,其掺量由试验决定。造浆后应试验全部性能指标,在钻进中,应随时检查泥浆比重和含砂率,并填写泥浆试验记录表。

5. 钻进

1) 钻进前注意事项

(1) 开钻前应检查钻机运转是否正常,钻机底架应保持水平,钻机顶端应用缆风绳对称拉紧。钻头或钻杆的中心与护筒顶面中心的偏差不得大于5 cm。

(2) 对于孔径较大的桩基,冲击钻钻孔可以采用分径成孔的办法,但分径一般为两次。旋转钻钻孔,可分为一次成孔、先导钻后扩钻或先钻后扫等方法施工。

(3) 钻孔时,各个工序应紧密衔接,互不干扰,若采用多机作业时,应事先拟定钻孔顺序,钻机移动线路图。通常为了提高效益保证质量,把钻孔、安放钢筋笼、灌注水下混凝土三道工序连续完成后,再移动钻机。

2) 钻进操作

钻机钻孔时,孔内水位宜高于护筒底脚0.5 m以上或者地下水位以上1.5～2.0 m;钻进时,起落钻头的速度宜均匀,不得过猛或骤然变速,孔内出土,不得堆积在钻孔周围。因故停钻时,孔口应加护盖。钻孔应一次成孔,不得中途停顿,钻孔达到设计深度后,应对孔位、孔径、孔深和孔形等进行检查,并填写钻孔记录表,孔位偏差不应大于10 cm。

(1) 冲击钻机钻孔。

冲击钻孔的程序,就是钻进→抽渣→投泥(泥浆)→钻进的反复循环以及辅助作业(如检查孔径、钻具、修理机械设备、补焊接头等)的交错过程,关键问题是掌握冲程大小和抽渣时机。冲击钻机主要由桩架(包括卷扬机)、冲击钻头、掏渣筒、转向装置和打捞装置等组成。冲击钻机常用的型号有简易式冲击钻(如图5-7所示)、CZ型冲击钻(如图5-8所示)及YKC型,其主要技术指标见表5-2和表5-3。

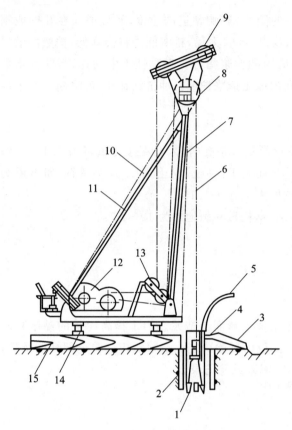

图 5-7 简易冲击式钻机

1—钻头;2—护筒回填土;3—泥浆槽;4—溢流口;5—供浆管;
6—前拉索;7—主杆;8—主滑轮;9—副滑轮;10—后拉索;
11—斜撑;12—双筒卷扬机;13—导向轮;14—钢管;15—垫木

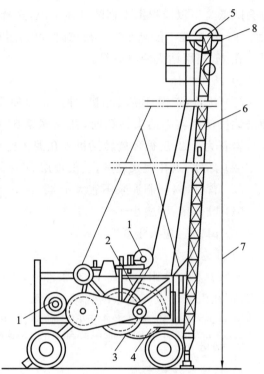

图 5-8 CZ-22 型冲击钻机

1—电动机;2—冲击机构;3—主轴;
4—压轮;5—钻具滑轮;6—桅杆;
7—钢丝绳;掏渣筒滑轮

开孔时,应在护筒中多加一些土块,如果地表土层疏松,还要混合加入一定数量的片、卵石,然后注入泥浆或清水,借钻头的冲击把泥膏、石块挤入孔壁,以加固护筒脚。应采用小冲程慢冲开孔,使初成孔坚实、竖直、圆顺,能够起到导向作用,并防止孔口坍塌。钻进深度超过钻头全高加冲程后,方可进行正常的冲击成孔,坚硬漂、卵石和岩层应采用中、大冲程,松散地层应采用中、小冲程。钻进过程中,必须勤松绳、少量松绳,因为松多了减少冲程,松少了可能打空锤,损坏机具。在冲孔过程中要勤掏渣,使钻头经常冲击新鲜地层,勤保养机具,勤检查钢丝绳和钻头磨损情况,经常检查转向装置是否灵活,预防发生安全质量事故。每次松绳量,应根据地质情况、钻头形式、钻头质量决定;应经常检查桩孔,钻进时应有备用钻头,轮换使用,钻头直径磨耗超过 1.5 cm 时,应及时更换、修补钻头,更换新钻头前必须检查到孔底,方可放入新钻头。

表 5-2 CZ 型冲击钻机技术性能

机 型	CZ-30	CZ-22	CZ-20	简易冲击钻
钻孔最大深度/m	500	300	300	
钻孔最大直径/mm	763	559	508	
动 力 机	40WJQ93-9	22kWJQ73-6	20kWJQ$_2$-72-6	

续表

机型		CZ-30	CZ-22	CZ-20	简易冲击钻
钻具最大质量/kN		25	13	13	20～35
钻具冲程/mm	最大	1 000	1 000	1 000	4 000
	最小	350	350	350	1 000
冲击次数/(次/min)		40、45、50	40、45、50		5～10
起重力/kN	掏渣卷筒	30	20	20	30～50
	滑车卷筒	20	15	13	
提升速度/(m/s)	钻具	1.24、1.47、1.56	1.18、1.32、1.47	0.52、0.58、0.65	
	掏渣筒	1.38、1.56、1.74	1.26、1.40、1.58	0.06、1.08、1.27	
	滑车钢绳	0.88、0.98、1.11	0.81、0.92、1.02		
钢丝绳直径/mm	钻具卷筒	26	21.5	19.5	
	掏渣卷筒	21.5	15.5	13	
	滑车卷筒	17.5	15.5		
钻架高度/m		16	12.5	12	
质量/kN		130	74	61.8	50
生产厂家		沈阳矿山机械厂		洛阳、太原矿山机械厂	

吊钻的钢丝绳必须选用软性、优质、无死弯和无断丝的,其安全系数不小于12。钢丝绳和钻头的连接必须牢固,主绳与钻头的钢丝绳搭接时,两根绳径应相同,捻扭方向必须一致;为防止冲击振动使邻孔孔壁坍塌或影响邻孔已经浇筑混凝土的凝固,应等待邻孔混凝土浇筑完毕并达到2.5 MPa抗压强度后方可开钻。

在碎石类土、岩层中宜用十字形钻头,在黏性土、砂类土层中宜用管形钻具;在砂类、卵石类、碎石类土层中,泥浆比重应大一些,可用1.5左右,冲程可以较大;在黏性土层中,冲程不宜过大。在钻进到砂层或淤泥层时,应多投黏土并掺片石、卵石投入孔内,用小冲程将黏土和片石、卵石挤进孔壁加固。

在岩层中钻进,可用大冲程,在不损坏钻头的情况下,可以高提猛击,增加冲击能量,加快进度,冲程一般在3 m以上,但不能过高,泥浆比重一般在1.3左右。如果岩层倾斜,可向孔内回填与岩层硬度相同的片石、卵石,必要时可回填混凝土高约0.3～0.5 m。凝固后,用小冲程快打的方式,待冲平岩面后,方可加大冲程钻进,以免发生钻孔偏斜。

表 5-3 YKC型冲击钻机技术性能

型号		YKC-31	YKC-30	YKC-22	YKC-20
钻孔深度/m			500、40-50	300	300
钻孔直径/mm			400、800-1 300	559	508
动力机功率/kW		60	40	20	20
卷扬机	卷筒个数	2	3	3	2
	起重力/kN	550、250	300、200	130、150、200	100、150
	提升速度/(m/s)		1.24、1.41、1.56	1.18、1.32、1.45	0.52、0.58、0.65
冲击次数/(次/min)		29、30、31	40、45、50	40、45、50	40、45、50
冲程/m		1.0、0.8、0.6	1、0.8、0.7、0.5	0.35-1.0	0.45-1.0
钻机最大质量/kN		30	十字形钻头25	13	10
生产厂家		沈阳矿山机械厂		洛阳、太原矿山机械厂	北京探矿机械厂

孔内遇到坚硬的大漂石时,可回填硬度与漂石相当的片石、卵石后,高提猛击,或用大小冲程交替冲击,能将大漂石破碎成钻渣或挤进孔壁,如不见效,则应考虑水下爆破的方式,破碎大漂石。

当采用分径成孔时,第一级成孔的钻头直径可为第二级(设计孔径)钻头直径的40~60%,第二级成孔,则用第二级钻头在已经成孔的第一级钻孔中扩钻。由于小孔造成了临空面,故扩孔较快,但也会产生较大粒径的土石填于孔底,造成难以钻进的情况,所以,可在第二级钻孔前,向第一级孔内填塞1/3~1/2孔深。在实际操作中,常根据地质情况和孔的具体情况,采用勤换钻头,钻一段小孔扩一段孔的办法,交替进行到设计孔深。

掏渣筒的主要作用是捞取被冲击钻头破碎孔内钻渣,它主要由提梁、管体、阀门和管靴等组成。其中,阀门有多种形式,常用的形式有碗形活门、单扇活门和双扇活门等,如图5-9所示。

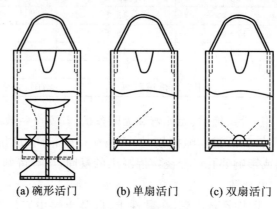

(a) 碗形活门　　(b) 单扇活门　　(c) 双扇活门

图5-9　掏渣筒

(2) 旋转钻机钻孔。

正反循环旋转钻机适用于黏性土、砂类土及碎石类土,可根据地质条件、钻孔直径、钻进深度选用钻机和钻头。钻机的起重滑轮和固定钻杆的卡机,应在同一垂直线上,保证钻孔垂直。开钻时宜低挡慢速钻进,钻至护筒下1 m后,再以正常速度钻进。在钻进过程中,应经常注意土层变化,对不同的土层采用不同的钻速、钻压、泥浆比重和泥浆量;在砂土、软土等容易坍孔的土层宜采用低挡慢速钻进,同时提高孔内水头,加大泥浆比重。

① 正循环旋转钻机钻孔,如图5-10所示。

正循环法是从地面向钻管内注入一定压力的泥浆,泥浆压送到孔底后,与钻孔产生的泥渣搅拌混合,然后经由钻管和孔壁之间的空腔上升并排出孔外,混有大量泥渣的泥浆可以重复使用。正循环钻机主要由动力机、泥浆泵、卷扬机、转盘、钻架、钻杆、水龙头和钻头等组成。正循环法的泥浆循环系统由泥浆池、沉淀池、循环槽、泥浆泵等设备组成,并有排水、清洗、排污等设施。

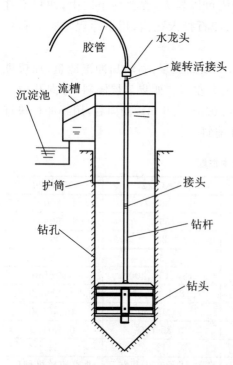

图5-10　正循环旋转钻机施工示意图

钻机安装就位后,经检查合格,就可在钻杆上端接装提引水龙头,然后在水龙头上端连接输浆胶管,并将提引水龙头的吊环挂到滑车吊钩上。取走转盘中心方形套,将吊起的钻杆放入转盘内,并将钻头连接在钻杆下端。

　　开始钻进前,应先启动泥浆泵,使泥浆进行循环,然后开动转盘,旋转正常后,即可进行钻进。初钻时,应稍提起钻杆,不可钻进太快,并应经常检查钻杆的垂直度,以保证钻孔竖直。在不同土层应根据具体情况控制调节钻进的速度。每钻进 2 m 或地层变换处,均应捞取钻渣样品,查明土层类别,并做好记录。

　　常用正循环钻机的型号、规格和技术性能,见表 5-4。钻头形式及适用范围见表 5-5。

表 5-4　常用正循环钻机的型号、规格和技术性能

钻机型号	钻孔直径 /mm	钻孔深度 /m	转盘扭矩 /(kN·m)	提升能力/kN		驱动动力 功率/kW	钻机质量 /kg	生产厂
				主卷扬机	副卷扬机			
GPS-10	400～1 200	50	8.0	29.4	19.6	37	8 400	上海探机
SPJ-300	500	300	7.0	29.4	19.6	60	6 500	上海探机
SPC-500	500	500	13.0	49.0	9.8	75	26 000	上海探机
SPC-600	500	600	11.5	—	—	75	23 900	天津探机
GQ-80	600～800	40	5.5	30.0	—	22	2 500	重庆探机
XY-5G	800～1 200	40	25.0	40.0	—	45	8 000	张家口探机

表 5-5　钻头形式及适用范围

钻头形式		适用范围
合金全面钻进钻头	双腰带翼状钻头	黏土层、砂土层、砾砂层、粒径小的卵石层和风化基岩
	鱼尾钻头	黏土层和砂土层
合金扩孔钻头		砂土层、卵石层和一般岩石地层
筒状肋骨合金取芯钻头		砂土层、卵石层和一般岩石地层
滚轮钻头		软岩、较硬的岩层和卵砾石层,也可用于一般地层
钢粒全面钻进钻头		适用于中硬以上的岩层,也可用于大漂砾或大孤石

　　② 反循环旋转钻机钻孔,如图 5-11 所示。

　　反循环法是将钻孔时孔底混有大量泥渣的泥浆通过钻管的内孔抽吸到地面,新鲜的泥浆则由地面直接注入桩孔。反循环吸泥法有三种方式:空气提浆法、泵举反循环和泵吸反循环。其中,前两种方法较常用。反循环钻机由钻头、加压装置、回转装置、扬水装置、接续装置和升降装置等组成。

　　空气提浆法是在钻管底端喷吹压缩空气,当吹口沉至地下 6～7 m 时即可压气作业,气压一般控制在 0.5 MPa,由此产生比重较小的空气与泥浆的混合体,形成管内水流上升,即"空气升液"。当钻至设计标高后,钻机停止运转,压气出浆继续工作至泥浆密度至规定值为止。

　　泵举循环法为反循环排渣中最为先进的方法之一,它由砂石泵随主机一起潜入孔内,可迅速将切碎泥渣排出孔外,钻头不必切碎土成为浆状,钻进效率很高。它是将潜水砂石泵同主机连接,开钻时采用正循环开孔,当钻深超过砂石泵叶轮位置以后,即可启动砂石泵电机,开始反循环作业。当钻至设计标高后,停止钻进,砂石泵继续排泥,直至达到要求为止。

　　泵吸反循环是将钻管上端用软管与离心泵连接,并可连接真空泵,吸泥时是用真空泵将软管及钻杆中的空气排出,再启动离心泵排渣。

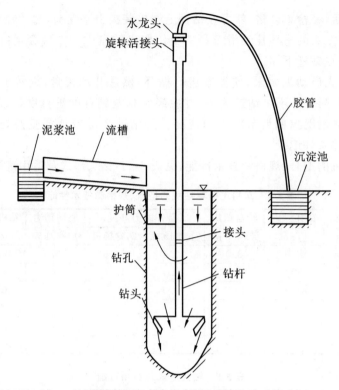

图 5-11 反循环旋转钻机施工

启动主卷扬机,用吊钻杆销具把提引水龙头和第一节钻杆吊起并放进钻盘方孔中,在钻杆下端连接好钻头,在上端连接好提引水龙头。将钻头降入护筒中,在转盘内装好方形套架紧钻杆。将钻头提高距孔底约 20 cm,关紧出水控制阀和沉淀室放水阀,使管路封闭。打开真空管路阀门,使气水畅通,然后启动真空泵,抽出管路内的气体,将水引进泥石泵,然后按照程序启动泥石泵,达到规定压力后,打开出水控制阀,把管路中的泥水混合物排到沉淀池,待反循环流动形成后,启动钻机并选择适当挡位驱动钻杆顺时针旋转开始钻进。钻杆下入井孔后,先停止转盘转动,并使反循环延续 1~2 分钟,然后停止泥石泵接长钻杆。对于不同的土层可以采用不同挡位的钻速钻进,在钻进过程中应做好钻进记录。

常用的反循环钻机型号、规格及技术性能见表 5-6。钻头形式及适用范围见表 5-7。

表 5-6 常用的反循环钻机型号、规格及技术性能

钻机型号	钻孔直径/mm	钻孔深度/m	转盘扭矩/(kN·m)	驱动动力功率/kW	质量/kg	生产厂
QJ250	2 500	100	68.6	95	13 000	郑州勘机厂
ZJ150-1	1 500	70~100	3.5,4.9,7.2,19.6	55	10 000	郑州勘机厂
红星-400	650	400	2.5,3.5,5.0,13.2	40	9 700	郑州勘机厂
SPC-300H	500 700	200~300 80		118	15 000	天津探机厂
GJC-40HF	1 000~1 500	40	14.0	118	15 000	天津探机厂
GJC-40H	500~1 500 700	300~400 80	98.0	118	15 000	天津探机厂

续表

钻机型号	钻孔直径/mm	钻孔深度/m	转盘扭矩/(kN·m)	驱动动力功率/kW	质量/kg	生产厂
GPS-15	800～1 500	50	17.7	30	15 000	上海探机厂
G-4	1 000	50	20.0	20		无锡探机厂
BRM-08	1 200	40～60	4.2～8.7	22	6 000	武汉桥机厂
BRM-1	1 250	40～60	3.3～12.1	22	9 200	武汉桥机厂
BRM-2	1 500	40～60	7.0～28.0	28	13 000	武汉桥机厂
BRM-4	3 000	40～100	15.0～80.0	75	32 000	武汉桥机厂
BRM-4A	1 500～3 000	40～80	15,20,30,40,55,80	75	61 877	武汉桥机厂
GJD-1500	1 500～2 000	50	39.2	63	20 500	张家口探机厂

表 5-7 钻头形式及适用范围

钻头形式	适用范围
多瓣式钻头（蒜头式钻头）	一般土质（黏土、粉土、砂和砂砾层），粒径比钻杆小 10 mm 左右的卵石层
三翼式钻头	N 值小于 50 的一般土质（黏土、粉土、砂和砂砾层）
四翼式钻头	硬土层，特别是坚硬的砂砾层（无侧限抗压强度小于 1 000 kPa 的硬土）
抓斗式钻头	用于粒径大于 150 mm 的砾石层
圆锥形钻头	无侧限抗压强度为 1 000～3 000 kPa 的软岩（页岩、泥岩、砂岩）
滚轮式钻头（牙轮式钻头）	特别硬的黏土和砂砾层及无侧限抗压强度大于 2 000 kPa 的硬岩
并用式钻头	土层和岩层混合存在的地层
扩孔钻头	专用于一般土层或专用于砂砾层

6. 抽渣

被钻头冲碎的钻渣，一部分和泥浆一起被挤进孔壁，大部分是悬浮在钻孔下部的泥浆中，需要依靠抽渣筒清除到孔外。在开孔阶段，为了使钻渣泥浆尽量挤入孔壁，应少抽渣，待钻进 4～5 m 后应勤抽渣。孔底沉渣太厚，就会影响钻头冲击新鲜土层，同时会使泥浆变稠，吸收钻机钻进能量，影响钻进尺度。一般情况下，每进尺 0.5～1 m 应抽渣一次，也可以根据土层和钻进尺度确定抽渣次数。抽渣时应注意下列事项。

（1）及时向孔内增加泥浆或清水，以保证水头高度。如果是向孔内投放黏土自行造浆，应逐渐投放黏土，不宜一次倒进很多黏土，以免发生吸钻。

（2）在黏土来源困难的地方，应采取措施，将泥浆流回孔中重复利用，节省黏土。

（3）抽渣前后，钻头和抽渣筒应轻轻放置于适当的地方，不可猛落以免发生事故。

7. 建设中的环境保护问题

为了保护环境，我国制定了一系列法律法规，主要有《中华人民共和国环境保护法》《建设项目环境保护管理条例》。在钻孔桩施工中，产生环境问题的主要为泥浆污染和噪声污染两大类。

1) 废泥浆和钻渣的处理

钻孔桩施工时所产生的废弃物有钻孔形成的弃土、变质后不能循环使用的护壁泥浆废液、施工时剩余的泥浆等，任何一种都会对周围环境造成污染，所以应该严格对废弃物按照环保要求进行处理，不能随意排放。

废泥浆和钻渣的处理,主要分为脱水处理和有害杂质的处理两个方面。一是对可以再生利用的废泥浆清除杂质后重新利用,降低工程成本;二是把无法再生利用的废泥浆中所有的污染物进行全面处理,减少废泥浆长途运输的麻烦。

废泥浆的脱水处理,首先是通过振动筛等脱水工具对废泥浆的浓度进行调整,然后添加相适应的促凝剂,使其与泥浆产生凝结反应,使泥浆中的细颗粒形成絮凝物沉淀下来,再用脱水机将废泥浆分成水及固态泥土。水按照有关环保规定进行排放,固体物通常可直接回填在施工现场或者用普通的方法将其运走。

目前,多数施工工地对废泥浆和钻渣的处理采用简单的土办法,在沉淀池沉淀一段时间,再挖出泥浆置于场地进行自然脱水,然后运走或直接用密封的罐车外运处理。

2) 噪声(振动)处理方法

钻孔桩施工中的噪声种类主要有机械噪声和空气动力性噪声两大类,施工中应根据当地的噪声(振动)管理规定,制定切实可行的控制噪声(振动)的方法。例如:改进设备结构,改变操作工艺等,将噪声声源与居民区采用隔音设进行隔离,将噪声和振动控制在法律法规限制的范围之内。

8. 灌注水下混凝土

1) 清孔

(1) 当钻孔达到设计高程,经检查孔径、孔形及钻孔深度,确已符合设计要求后,应立即进行清孔工作。

(2) 清孔可采用下列方法:①抽渣法,适用于冲击钻和冲抓钻机造孔;②吸泥法,适用于冲击钻机造孔,单土质松软孔壁容易坍塌时,不宜采用;③换浆法,正、反循环旋转钻机宜使用换浆法清孔;抽渣或吸泥时,应及时向孔内注入清水或新鲜泥浆,保持孔内水位,避免坍孔;换浆法的清孔时间,以排出泥浆的含砂率与换入泥浆的含砂率接近为度。

(3) 柱桩的清孔应射水(或射风)冲射孔底 3~5 min,翻动沉淀物,然后立即浇筑水下混凝土,射水(风)压力应比孔底压力大 0.05 MPa。

(4) 清孔分为一次清孔和二次清孔。第一次清孔的目的是使孔底沉渣厚度、循环泥浆中含钻渣量和孔壁泥皮厚度符合质量和设计要求,也为灌注水下混凝土创造良好的条件。由于第一次清孔完成后,要安放钢筋笼及导管,准备浇筑水下混凝土,这段时间间隙较长,孔底又会产生新的沉渣,所以等钢筋笼和导管安放完成后,再利用导管进行第二次清孔,清孔的方法是在导管顶部安设一个弯头和皮笼,用泥浆泵将泥浆压入导管内,再从孔底沿着导管外置换沉渣,清孔标准是孔深达到设计要求,复测沉渣在规定的范围之内,此时清孔工作就算完成,立即进行水下混凝土的浇筑工作。

(5) 不得用加深孔底深度的方法代替清孔。

2) 钢筋笼的制作与吊装

钢筋笼的制作,主筋与加强箍筋必须全部焊接且宜整体吊装入孔。当条件困难时,可分段入孔,上下两段必须保持顺直。接头应符合有关施工规范的要求。下放时,应对准孔位徐徐下放,不得硬放,以防碰坏孔壁引起坍孔。若遇到不易放下的情况时,可能是孔壁某处有伸出物卡住了,此时可以转动一个方向或略加摇晃。钢筋笼就位前后,应牢固定位,并应检查有无坍孔现象,以便及时处理。

3) 灌注混凝土

(1) 灌注水下混凝土采用竖向导管法,所谓导管法是指在井孔内垂直放入钢制导管,管底距离桩孔底部 30～40 m,在导管的顶部接一个有一定容量的漏斗,在漏斗径部安放球塞,并用绳索系牢。漏斗内盛满坍落度较大的混凝土,当割断绳索,同时迅速不断地向漏斗内灌注混凝土时,导管内的球塞、空气、水(泥浆)均受混凝土重力挤压由管底排出,瞬间,混凝土在管底周围堆筑成一个圆锥体混凝土堆,将导管下端埋入混凝土堆内至少 1 m 以上,使水(泥浆)不能流入管内,将以后再灌注的混凝土在无水的导管内源源不断地灌入混凝土堆内,随灌随向周围挤动、摊开并升高。

(2) 导管内壁应光滑圆顺,内径一致,直径可采用 20～30 cm,中间节长宜为 2 m,底节长为 4 m;导管所需长度,应根据孔深、操作平台高度等因素综合考虑决定,漏斗底至孔口距离应大于一个中间节导管的长度。

(3) 使用前应试拼、试压、不得漏水并编号,同时应自上而下标示尺度。导管轴线偏差根据孔深、钢筋笼内径与法兰盘外径差值而定,不宜超过孔深的 0.5%,亦不宜大于 10 cm,组装时,连接螺栓的螺帽宜在上;试压的压力宜等于孔底静水压力的 1.5 倍。

(4) 导管接头法兰盘宜加锥形活套,底节导管下端不得有法兰盘。

(5) 有条件时可采用螺旋丝扣型接头,但必须有防止松脱的装置。

(6) 水下混凝土的坍落度应采用 18～22 cm,并宜有一定的流动度,保持坍落度降低至 15 cm 的时间,一般不宜小于 1 小时。细骨料宜采用河砂,粗骨料宜采用卵石,其粒径可采用 2～3 cm。

(7) 水下混凝土封底,必须有隔水栓,隔水栓应有良好的隔水性能,并能顺利排出。

(8) 混凝土的初存量应满足首批混凝土入孔后,导管埋入混凝土中的深度不得小于 1 m,并不宜大于 3 m。当桩身较长时,导管埋入混凝土中的深度可适当加大;水下混凝土应连续浇筑,不得中途停止;混凝土初存量的最小容量可按下式进行计算:

$$V=[D^2(H+h+0.5t)+d^2(0.5L-H-h-0.5t)]\times \pi/4$$

式中:V 为混凝土的初存量(m^3);d 为导管内径(m);D 为成孔桩径(m);L 为桩孔深度(m);H 为导管埋入混凝土的深度(m);h 为浇筑前测得的导管下口距孔底的高度(m);t 为浇筑混凝土前孔底沉渣厚度(m)。

(9) 水下混凝土浇筑面宜高出桩顶设计高程 1.0 m。

(10) 在混凝土浇筑过程中,应设专人经常测量导管埋入深度,并按有关规定做好记录。

(11) 在浇筑过程中,当因导管漏水或拔出混凝土面、机械故障、操作失误或其他原因,造成断桩事故时,应予重钻或会同有关单位研究补救措施。

(12) 注意事项。

① 灌注水下混凝土的工作应迅速,防止坍孔和泥浆沉淀过厚。开始灌注前应再次核对钢筋笼标高、导管下端距离孔底尺寸、孔深、泥浆沉淀厚度、孔壁有无坍孔现象等,如果不符合要求,应经过处理后方可开始灌注。

② 每根桩的灌注时间不应太长,以防止顶层混凝土失去流动性,提升导管困难,增加事故的可能性。一旦开始灌注,应连续进行直至完成,中途任何原因中断灌注时间不能超过 30 分钟,否则应采取相关措施。

③ 灌注所需要的混凝土数量,一般比成孔桩径计算值要大,大约为设计桩径体积的 1.3 倍左右。

④ 测量水下混凝土面的位置所用测绳应吊着重砣进行,过重则陷入混凝土内,过轻则浮在泥浆中沉不下去。一般用锤底直径 13~15 cm,高度约为 18~20 cm 的钢板焊制的圆锥体。内灌砂配重,容重为 15~20 kN/m³。

⑤ 导管埋入混凝土的深度取决于灌注速度和混凝土的性质,一般控制在 2~4 m。

⑥ 为了防止钢筋笼被混凝土顶托上升,在灌注下段混凝土时应尽量加快,当孔内混凝土面接近钢筋笼时,应保持较深的埋管,放慢灌注速度,当混凝土面升入钢筋笼 1~2 m 后,应减少导管埋入深度。

4) 钻孔灌注桩的质量检测

在钻孔桩施工中需应就地灌注水下混凝土,且施工中其他影响因素较多,稍有不慎,极易产生断桩、夹层、颈缩、孔洞等工程事故,所以桩的质量检测是必不可少的环节。

(1) 每根桩做混凝土检查试件至少一组。

(2) 重要结构或地质条件较差、桩长超过 50 m 的桩或设计有要求者,可预埋 3~4 根超声波检测管对水下混凝土质量进行超声波检测。

(3) 大桥、特大桥、地质条件较差或有抗震要求者,应对部分钻孔桩进行低应变动测法检验桩身混凝土质量,并符合《铁路工程基桩检测技术规程》(TB 10218—2008)的规定。

(4) 对质量有疑问的桩,应钻取桩身混凝土进行检测。

(5) 大桥和特大桥或结构需要控制的柱桩的桩底沉渣厚度,应按设计要求进行钻孔取样检测。

9. 套管钻机施工简介

在国外,套管钻机已有 40 多年的历史。其特点是在成孔过程中同时以机械手段下沉一个可以重复使用的钢质套管,成孔后在灌注水下混凝土的同时,逐步将钢质套管拔出,其工作程序如图 5-12 所示。套管钻机适用于砂类土层或黏性土层。

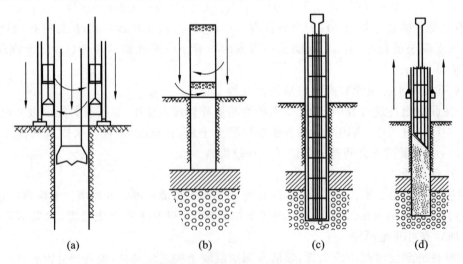

图 5-12 套管钻机工作程序

(a) 用套管工作装置一面沿远去方向往复晃动,一面压入地层中,用重锤式抓斗在套管中抓土;(b) 接长套管;(c) 当套管达到预定标高后,清孔并插入钢筋笼及导管;(d) 灌注水下混凝土,同时边晃边拔套管,直到灌注完毕

(1) 套管钻机施工的优点：①钻机有套管保护，对坍孔有很好的防护作用，可以在已有的建筑物附近施工；②清孔时有套管保护，不用担心坍孔问题；③不采用泥浆护壁，占地小，不会有污染问题发生；④扩孔率小，成孔准确，节约混凝土；⑤遇有较大的卵石层，只要抓斗可以抓起，即能通过。

(2) 套管钻机的缺点：①只能在覆盖层中钻孔，如果要在岩层中继续钻孔，必须在套管顶部安装其他的钻岩机械；②在地层中有 10 m 以上的饱和水分的粉砂、细砂时，套管将在下沉过程中使四周的砂层越晃越实，直至超过晃动能力而失效，此时以其他机械拔出套管也是很困难的，尤其怕拔断套管，另外也须防止翻砂；③全套设备包括套管是比较庞大的，价格也贵，还需一合专用吊机及运土机械协助。

(3) 套管钻机施工中的注意事项。

① 套管钻机一般都装有液压驱动的抱管、晃管、压入（或拔出）机械。成孔过程是将套管边晃边压，进入土壤之中，并使用重锤式抓斗机在套管中除土。成孔后，灌注水下混凝土的同时，逐节拔出并拆除套管，最后将套管全部取出。

② 套管钻机在中密或者密实的土层中钻孔，宜随钻进随下套管；在松散的土层中钻孔，应先下套管，然后钻进，刃脚宜伸入抓土面 1.0～1.5 m。当土质为细砂或粉砂时，应随时向套管中补水。

③ 套管及强力拔管器（强力千斤顶）就位。在强力拔管器就位时，必须使其中心位置基本与桩中心吻合，并要求拔管器底座成水平状态，为下一步套管竖直就位创造条件。在吊装内套管与拔管器夹箍的过程中，应不断测量套管的倾斜和偏移，校正后方可开始施压。

④ 防止超前掘进。内套管在掘进过程中，为了保证其起到导向和护壁的作用，应及时复核套管内的掘进速度，防止超前掘进，引起坍孔，在掘进过程中，不能因为有套管护壁而掉以轻心，套管底应低于开挖面 0.3～0.5 m 以上，否则，套管本身可能会失去作用。

⑤ 套管纠偏。在套管钻进施工过程中，技术人员应随时测算套管的偏移值，并及时告知操作人员，纠偏工作应及早进行，一般在内套管嵌入土中 5 m 前进行矫正纠偏。

⑥ 机具的检查与维修。机具设备的破损，特别是对于强力拔管器，当四周力量不一致时，容易造成套管倾斜，给施工带来不必要的麻烦，因此，在施工时，应经常对所用的机具进行检查和维修。

四、预制桩的构造与施工

1. 预制桩的构造

1) 钢筋混凝土桩

(1) 钢筋混凝土管桩。

钢筋混凝土管桩有普通钢筋混凝土管桩和预应力混凝土管桩两种，均为在工厂用离心旋转法制造。直径有 400 mm 和 500 mm 两种；普通钢筋混凝土管桩管节长度为 6、8、10 m，壁厚为 80 mm；预应力混凝土管桩管节长度为 8、10 m，壁厚为 80、90、100 m。

普通钢筋混凝土管桩，节间用法兰盘和螺栓连接，可接长到 40～50 m，桩端接以预制的桩靴，也即用法兰盘和螺栓与管节连接。

预应力混凝土管桩在桩节端头采取加设钢板套箍和加密螺旋钢筋等措施来提高桩的耐打性，也提高了其耐久性，所以正在逐步取代普通钢筋混凝土管桩。

(2) 普通钢筋混凝土方桩。

普通钢筋混凝土方桩一般多为实心桩。其长度在 10 m 以内时,断面尺寸不小于 350 mm× 350 mm;长度大于 10 m 时,断面尺寸不小于 400 mm×400 mm。对于较大尺寸的方桩,为减轻自重,可采用空心桩。

2) 钢桩

钢桩有钢管桩、H 形钢桩、钢轨桩、螺旋钢桩等。由于用钢量多,且防锈措施较麻烦,故在我国铁路桥梁中很少采用。

2. 预制桩的施工

打入桩一般采用的桩径较小,在铁路桥梁工程中应用较少,所以在铁路桥梁工程中,大多采用较大直径的桩径。

1) 沉桩设备

把桩沉入土中所需要的设备主要有打桩锤、打桩架、射水沉桩用的机具等。

(1) 目前常用的打桩锤主要有坠锤、单动汽锤、双动汽锤、柴油锤和震动锤等。具体适用范围和构造可以参考有关的工程施工手册。

(2) 打桩架是沉桩的主要设备之一,在沉桩施工中除起到导向作用外(控制桩锤沿着导杆的方向运动),还起到吊锤、吊桩、吊插射水管等作用。桩架可分为自动移动式桩架和非自动移动式桩架。通常多采用自动移动式桩架,自动移动式桩架可分为导轨式、履带式和轮胎式三种。

(3) 桩帽。打桩时,在桩锤与桩之间设置桩帽。桩帽既能起到缓冲冲击力、保护桩顶的作用,又能保证沉桩效率。在桩帽上方(即锤与桩帽接触的一方)填塞硬质缓冲材料,如橡木、树脂、硬桦木、合成橡胶等,厚度约为 150~250 mm,在桩帽下方应垫以软质缓冲材料,如麻饼、草垫、废轮胎等,称为桩垫。

(4) 送桩。遇到以下情况时需要送桩:当桩顶设计标高在导杆以下,此时送桩长度为桩锤可能达到最低标高与设计桩顶沉入标高之差,再加上适当的富余量。送桩通常用钢板焊成的钢送桩。

(5) 射水设备。射水多作为沉桩辅助措施与锤击或震动沉桩相配合,当桩重锤轻,或遇到砂土、砂夹卵石层等导致锤击下沉困难时,可采取锤击与射水相配合的措施来沉桩。下沉空心桩时一般采用内射水。射水设备包括水泵站、输水管路、射水管及射水嘴。射水的效果取决于水压和水量。

2) 施工工序

桩位放样→沉桩设备的架立和就位→将桩沉入土中→修筑承台座板等。

3) 沉桩方法

(1) 锤击沉桩。开始时应做好桩位及方向的控制。打桩前应检查桩锤、桩帽和桩轴线是否一致及检查桩位和倾斜度。刚开始打桩时必须严格控制桩锤动能,目的是为了防止桩在入土初期沉入过快而造成桩位及方向偏差。在正常打桩阶段,原则上应采用重锤低击以充分发挥锤的打击效率,并避免将桩打坏。

(2) 振动沉桩。振动下沉桩适用于钢筋混凝土管桩及钢板桩。振动沉桩一般在砂土中效果最好,在砂夹卵石或黏性土中,则应与射水配合。要注意合理控制振动持续的时间,不得过短,也不得过长。振动时间过短,则土的结构没有破坏;振动时间过长,则容易损坏电机及磨损振动锤部件。

(3) 射水沉桩。射水通常与锤击或振动相配合。在砂夹卵石层或硬土中沉桩,一般采用射水为主锤击为辅的方法。在砂黏土和黏土层中,不宜使用射水沉桩,如必须使用时,应以锤击或振动为主,射水为辅,并慎重控制射水时间和射水量,以免破坏土壤过甚而影响桩的承载力。无论哪种情况,在桩下沉到设计标高上 1~1.5 m 时,应停止射水而仅用锤击或振动下沉至设计标高。

(4) 静力压入法,如图 5-13 所示。

① 静压法沉桩是通过静力压桩机,以压桩机自重和桩机上的配重作反力而将预制钢筋混凝土桩分节压入地基土层中成桩。桩机全部采用液压装置驱动,自动化程度高,纵横移动方便,运转灵活;桩定位准确,不易产生偏心,可提高施工质量。

② 静力压入的特点是无噪音、无振动,适用于城市施工,沉桩时桩仅受静压力,从而减少了桩身、桩头的破损率。其不足之处是由于加压设备能力的限制,仅能压入承载力不大的桩。

③ 静压预制桩主要适用于软土、填土和一般黏性土层。在桩压入过程中,依靠桩机本身的重量(包括配重)作为反作用力,以克服压桩过程中的桩侧摩阻力和桩端阻力。当预制桩在竖向静压力作用下沉入土中时,桩周土体发生急速而激烈的挤压,土中空隙水压力急剧上升,土的抗剪强度大大降低,从而使桩身很快下沉。

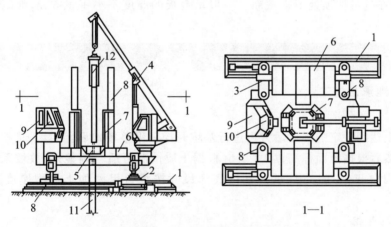

图 5-13 全液压式静力压桩机
1—长船行走机构;2—短船行走及回转机构;3—支腿式底盘结构;4—液压起重机;5—夹持与压板装置;
6—配重铁块;7—导向架;8—液压系统;9—电控系统;10—操纵室;11—已压入下节桩;12—吊入上节桩

④ 静压预制桩的施工,一般都采取分段压入,逐段接长的方法。其施工程序为:测量定位→压桩机就位→吊桩、插桩→桩身对中调直→静压沉桩→送桩→终止压桩→切割桩头。静压预制桩施工前的准备工作、桩的制作、起吊、运输、堆放、施工流水、测量放线、定位等与锤击法相同。

⑤ 近年来新开发了一项地基加固新技术——锚杆静力压桩。其主要用于老厂房或旧有建筑物改造、已有建筑物基础托换与加固以及新建工程中得到较为广泛的应用,取得了良好的技术经济效益。锚杆静力法沉桩是利用建(构)筑物的自重作为压载,先在基础上开凿出压桩孔和锚杆孔,然后埋设锚杆或在新建(构)筑物上预留压桩孔预埋钢锚杆,借锚杆反力,通过反力架,用液压压桩机将钢筋混凝土预制短桩逐段压入基础中开凿或预留的桩孔内。

4)沉桩过程中应注意的问题

沉桩过程中应随时注意防止偏移。遇到下列情况应停止沉桩,经分析研究,并采取措施后,方可继续施工:①贯入度发生急剧变化,或振动打桩机的振幅异常;②桩身突然倾斜移位或锤击时有严重回弹;③桩头破碎或桩身开裂;④附近地面有严重隆起现象;⑤打桩架发生偏移或晃动。

同一基础上,因土质与设计不符,导致桩的入土深度相差很大时,应提请设计部门考虑,采取适当措施。

沉桩时,应逐根填写沉桩记录及沉桩记录整理表。

任务3 承台施工

一、承台的构造

承台板为钢筋混凝土结构,其平面形式和尺寸,决定于墩台身底面的形式和尺寸,也与桩的布置和数量有密切的关系。承台板的底部应布置一层钢筋网,当基桩桩顶主筋伸入承台板连接时,此项钢筋网在越过桩顶处不得截断。一般承台板的厚度不小于1.5 m,混凝土强度不得低于C30。

二、承台施工

1. 一般陆地承台施工

1)场地平整、承台放样

桩身混凝土达到一定的强度后方可进行基坑开挖。平整场地后,测量人员根据设计准确测出承台位置。然后根据地面标高以1:0.5(根据土质情况可适当调整)的放坡系数确定承台基坑开挖边线并用白灰做好标记,承台基坑底部尺寸按承台尺寸加上模型厚度外每边再预留50 cm的工作面。

2)承台基坑开挖

采用人工配合挖掘机及自卸汽车进行基坑放坡开挖,按标明的开挖线开挖承台基坑,在开挖过程中随时监控开挖深度、边坡系数及坑底平整度,坑底预留30 cm人工清底,并根据地质情况,设置木桩或钢管桩等临时支护措施,防止边坡坍塌。

(1)当基坑有水时,水量较小时在基坑内承台尺寸以外设积水坑集中抽水,保证承台施工期间承台底部无水。

(2)当基坑有水且水量较大,坑壁不能自稳时,在基坑底部坑壁处采用5 mm厚钢板护壁,钢板高度1.2 m左右,钢板后面背20 cm工字钢,工字钢打入基底1 m,间距1.5 m左右。再在基坑内承台尺寸以外设积水坑集中抽水,保证承台施工期间承台底部无水。

(3)当地下水位高,采用积水坑抽水不能满足要求时,采用轻型井点降水法降水,先在承台基坑周围一圈布设降水井抽水,待基坑范围内水位降至承台底面以下时再挖基坑。

(4)承台开挖完后,基坑周围即时安设ϕ42钢管作为防护栏杆及安全网,栏杆距基坑边缘1米,栏杆上刷红白相间的油漆,栏杆高度在1.2 m左右。栏杆上挂设安全网,安全网挂设应稳固、顺直、伸展。基坑口周围 3 m 范围内禁止堆放重物以避免坑壁垮塌。

3）凿除桩头、桩基检测

破桩头前,应在桩体侧面用红油漆标注高程线,以防桩头被多凿。破除桩头时应用采用空压机结合人工凿除,上部采用空压机凿除,下部留有 10~20 cm 由人工进行凿除。凿除过程中保证不扰动设计桩顶以下的桩身混凝土。严禁用挖掘机或铲车将桩头强行拉断,以免破坏主筋。将伸入承台的桩身钢筋清理整修成设计形状,复测桩顶高程,进行桩基检测。桩头凿完后应报与监理验收,并经超声波等各种检测合格后方可浇筑混凝土垫层。

4）钢筋绑扎

承台基坑开挖至设计基底高程经检验合格后,应立即浇筑基础垫层混凝土。承台钢筋在加工场分片制作,预埋件提前加工制作,运至现场安装。钢筋网片用汽车运输、吊车安放。钢筋网片与架立筋焊接连接并与桩身钢筋焊接牢固;地面、侧面钢筋网片绑扎方形穿心式混凝土垫块。预埋件按要求的位置焊接在钢筋网片上。

5）模板

承台模板宜采用整体大块钢模,人工配合吊机配合安装。模板立设在钢筋骨架绑扎完毕后进行。采用绷线法调直,吊垂球法控制其垂直度。加固通过型钢、方木、拉杆与基坑四周坑壁挤密、撑实,确保模板稳定牢固、尺寸准确。墩身预埋钢筋的绑扎在模型立设完毕后进行,根据模型上口尺寸控制其准确性,采用与承台钢筋焊接,形成一个整体骨架以防移位。

6）混凝土浇筑

混凝土浇筑总的原则为:由低到高,由四周向中间,分期分批灌注。

混凝土采用集中拌和,自动计量,罐车运输,泵送混凝土施工,插入式振捣器振捣。在下层混凝土初凝或能重塑前浇筑完上层混凝土,混凝土下落高差大于 2.0 m 时,设串筒或溜槽。混凝土分层浇筑,振捣采用插入式振动器,振捣时严禁碰撞钢筋和模型。对每一个振动部位,振动到该部位混凝土密实为止,即混凝土不再冒出气泡,表面出现平坦泛浆。

混凝土浇筑期间,由专人检查预埋钢筋和其他预埋件的稳固情况,对松动、变形、移位等情况,及时将其复位并固定好。混凝土浇筑完毕后,在顶部混凝土初凝前,对其进行二次振捣,并压实抹平。承台混凝土浇筑完成后,立即给冷却水管通水降温,表面浇水养生。

7）养生

在混凝土浇筑完成并且初凝后,予以洒水养护保证混凝土表面经常处于湿润状态为宜,养生期应符合规范要求。在混凝土表面盖上保持湿润的塑料薄膜等能延续保持湿润的材料,养护用水及材料不能使混凝土产生不良外观质量影响。

8）混凝土拆模

承台混凝土拆模时侧模应在混凝土强度达到 2.5 MPa 以上,且其表面及棱角不因拆模而受损时,方可拆除。

混凝土的拆模时间除需考虑拆模时的混凝土强度外,还应考虑拆模时混凝土的温度(由水泥水化热引起)不能过高,以免混凝土接触空气时降温过快而开裂,更不能在此时浇注凉水养护。混凝土内部开始降温以前以及混凝土内部温度最高时不得拆模。

大风或气温急剧变化时不宜拆模。在寒冷季节,若环境温度低于 0 ℃时不宜拆模。在炎热和大风干燥季节,应采取逐段拆模、边拆边盖的拆模工艺。

拆模宜按立模顺序逆向进行,不得损伤混凝土,并减少模板破损。当模板与混凝土脱离后,方可拆卸、吊运模板。

9) 基坑回填

当拆模后将拉杆孔用同标号混凝土补上,并检查承台周围混凝土没有任何缺陷后,利用自卸汽车运土,装载机配合人工回填,小型夯实机械夯实。

2. 水中承台施工

深水低桩承台根据水深情况,可采用单壁或双壁钢围堰方案。特别是双壁钢围堰由于刚度大,整体稳定性好,可将桩基和承台施工综合考虑,即前期作为钻孔桩施工的工作平台,后期用于承台施工的钢围堰。深水高桩承台可采用单壁或双壁钢吊箱方案。

深水承台施工中的材料运输方案,可根据现场实际情况确定。如果水上工作平台离岸边较远,可采用水上运输和水上混凝土拌合站;如果水上工作平台离岸边较近,河床地质条件可满足打入桩的设计要求,宜采用栈桥作为材料、机具设备的运输通道。

1) 双壁钢围堰修建桩基承台的两种施工方法

(1) 先下围堰并在其上设工作平台施工基桩的施工方法。

(2) 先施工基桩后下围堰,在清基封底后再抽水浇筑承台混凝土。

双臂钢围堰应根据水深、流速、承台结构尺寸等进行详细的设计、检算、审核后方可投入加工。双壁钢围堰施工时,围堰浮运、定位、接高、水中下沉、落底、土中下沉和清基等,具体可参考《双壁钢围堰制造、浮运、下沉工法》(TLEJGF-93-21)。

2) 钢吊箱围堰施工

对深水高桩承台,可采用吊箱围堰施工。

(1) 吊箱围堰设计。吊箱围堰应进行专门设计,除结构尺寸、强度、刚度、吊装方法需满足施工要求外,还应做好抗浮力和防漏水设计。

(2) 结构形式。钢吊箱围堰是为了在无水环境下施工承台而设计的临时阻水结构,其结构主要由侧板、底板、内支撑、吊挂系统等四个部分组成。

① 底板。围堰底板结构除了满足浇筑水下封底混凝土和抽水浇筑承台混凝土时受力以外,还应考虑定位桩施工偏差因素,使加劲肋和横梁避开桩孔位置。底板开桩孔,按基桩平面投影桩径,再适当放大。设计检算最不利工况为封底混凝土的浇筑阶段,此时其所受荷载包括:封底混凝土自重、钢吊箱围堰自重和围堰内外水头差。

② 侧板。围堰侧板根据施工具体情况可采用单壁或双壁。当利用边板做承台外模时,应保证满足承台的结构尺寸要求。侧板由钢板和型钢组成。侧板主要承受水平荷载。侧板受力计算最不利工况为围堰内封底后抽干水、承台施工前的阶段,此时围堰侧板承受的水头差最大,取此工况受力荷载组合,以内支撑、封底混凝土为侧板的支点进行计算,进而计算包括侧板面板、横向主肋、竖向主肋、加劲肋、连接螺栓、焊缝等构件的内力、变形及应力。

③ 内支撑。围堰支撑体系满足吊装整体吊箱围堰和浇筑封底混凝土整体受力需要。内支撑框梁直接作用于围堰侧板上。其主要作用是减小围堰侧板的计算跨度,从而改善围堰侧板的受力状况。在围堰侧板计算时得到内支撑所受荷载,进而对其进行各项检算。

④ 吊挂系统。吊挂系统由支撑分配梁、吊杆、钢护筒及其顶部所设的牛腿或分配梁组成。其主要承受竖向荷载,最不利受力工况与底板相同。

⑤ 各部件的组拼。钢吊箱围堰的底板直接承托侧板,在侧板底部与底板顶面用加劲板焊

接。内支撑框架梁则先放在侧板牛腿上,再与支撑构架栓连,最后在内框梁与围堰侧板间用钢板焊实。吊挂系统中支承分配梁直接放在钢护筒顶部牛腿上,待围堰下沉到位后通过吊杆将围堰底板与支承分配梁连接,这样围堰所受竖向荷载就可传至钢护筒上。

(3) 钢吊箱施工方法及质量要求。

吊箱围堰视水深情况,采取在浮箱上或工作平台上先组拼成整体,再浮运、吊装到已沉好的定位桩上,或采取在基桩外侧搭设临时工作平台进行现场组拼、吊装到定位桩上。吊箱围堰的定位桩,一般可利用正式桩,也在基桩范围外另打定位桩,利用吊装后的吊箱围堰搭设工作平台,再进行桩基施工。

钢吊箱围堰的施工包括加工、拼装、下沉就位、堵漏、封底混凝土浇筑。

做好围堰吊装前的各项准备工作。测量墩、台的纵、横中心线和每根基桩中心线及高程用的工作平台,应保证稳定、安全、拆装方便,满足高精度测量工作要求。围堰定位桩顶,按围堰安装要求认真修整,满足安装需要。

① 钢吊箱加工及拼装。

钢吊箱在岸上分多块加工组拼而成,各分块之间由横肋、竖肋和面板焊连,也根据受力大小直接螺栓连接。采用焊接时,焊后须进行焊缝强度检测;采用螺栓连接时,则在各分块之间加填高弹海绵或橡胶垫,用螺栓夹紧用于止水。

吊箱围堰拼装质量:内侧平面尺寸偏差不大于长、宽的 1/700,做承台外模时,在承台范围不小于设计尺寸。

② 下沉就位。

利用大吨位浮吊,在定位船上拼装钢吊箱围堰,将围堰吊挂于钢护筒顶部所设钢牛腿或分配梁上。但起吊设备受波浪影响较大,故应在风平浪静的天气下进行。

吊箱围堰就位质量应符合下列规定:内侧平面对角线偏差不大于对角线长度的 1/500;底板预留孔位偏差不大于 ±20 mm,结构接缝满足水密要求;围堰整体最大倾斜度不大于箱体高的 1/50,且承台顶面处基础边缘距设计中心线尺寸偏差不大于 50 mm,箱体高程满足设计要求;围堰中线扭转角不大于 1°;围堰做承台外模时,中轴线偏位不大于 15 mm。

③ 围堰堵漏。

围堰精确定位后,用 φ150 mm 左右的内装黏土的编织袋,构成内径与钻孔桩护筒外径大致相同的圆形结构,套于护筒上顺势下放,以达到对围堰底板与钢护筒外壁间堵漏的效果,必要时由潜水员下去检查堵漏。

④ 封底混凝土受力分析。

封底混凝土是主要阻水结构之一,同时又作为承台的底模,不仅应与钻孔桩钢护筒壁之间有足够的黏结力还应满足作为底模的强度要求。

⑤ 封底混凝土施工。

吊箱围堰水下封底混凝土厚度,按抽水时围堰不上浮的原则计算确定,采用多导管对称、分块浇筑混凝土。

深水封底混凝土浇筑量较大,为了保证质量,采用在围堰顶部设混凝土总槽,储存一定量的首盘混凝土,并设多方向的溜槽,多点均匀布设水封导管,泵送混凝土,连续、多点、快速浇筑,由下游向上游进行。混凝土的坍落度控制在 18~22 cm,并掺加粉煤灰和高效缓凝减水剂,提高混凝土的流动性、延长混凝土的初凝时间。

另外,为了保证封底混凝土与钢护筒壁间的黏结力,在水下封底前,用自制的钢丝刷(或射水的方法)将封底混凝土厚度范围的钢护筒外壁表面附着物清除干净;在围堰侧板上部开口或用水泵抽水的方式,排出围堰内封底混凝土置换出的水量。

在封底混凝土达到设计强度后,抽干围堰内的水,将封底混凝土表面整平,检查修整确定无渗漏现象,然后切割钢护筒,进行钻孔桩桩头处理,绑扎承台钢筋,设置降低水化热影响的冷却管及各种预埋件,检查合格后按照前述承台施工工艺施工即可。

任务4　墩台施工

桥梁墩台又称桥梁的下部结构,是支承桥跨结构(又称上部结构)和传递桥梁荷载的结构物,它包括桥墩和桥台(见图5-14),主要由墩(台)帽、墩(台)身和基础三部分组成。桥梁墩台是桥梁结构的重要组成部分,决定着桥跨结构在平面上和高程上的位置,承担着桥梁上部结构产生的荷载,并将荷载有效传递给地基基础,起着"承上传下"的作用。

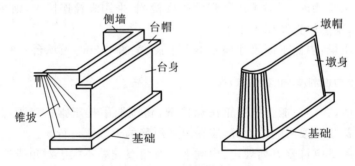

图 5-14　桥梁墩台

桥梁墩台设计应遵循安全耐久、满足交通要求、造价低、养护费用少、施工方便、工期短、与周围环境协调、造型美观等原则。桥梁墩台设计与桥跨结构形式及其受力有关,与地质构造和土质条件有关,与水文、水流流速、河床性质以及其埋置深度有关,与通航要求有关。因此,桥梁墩台设计应充分考虑各种因素的组合作用,确保墩台在洪水、地震、桥梁活载等动力作用下安全、耐久。桥梁墩台形式选择应按适用、经济、安全、美观的原则和因地制宜、就地取材、方便施工等基本要求进行,应结合实际地形、地质、水文等客观条件来具体确定合理形式。

城市立交桥在桥梁墩台的造型上,比一般的公路桥梁有更高的要求。因此,在选型上,除了遵循上述原则外,还应注意以下几点:①从整体造型着手,力求形式美观、构造轻盈、线条明快、结构简单;②各部分的形状尺寸应符合桥体结构的规律,结构匀称,比例适度,给人以稳重安全的感觉;③与周围环境、文化、习俗相协调,使其色彩和谐,开阔明朗,令人舒适爽快。

桥梁墩台施工是桥梁工程施工中的一个重要环节,其施工质量的优劣,不仅关系到桥梁上部结构的制作与安装质量,而且对桥梁的使用功能、使用安全也有重大影响。因此,墩台的位置、尺寸和材料强度等都必须符合设计规范要求。在施工过程中,首先应准确地测定墩台位置,正确地进行模板制作与安装,同时采用经过正规检验的合格建筑材料,严格执行施工规范的规定,以确保施工质量。

一、桥墩的构造及受力特点

1. 概述

桥墩是在两孔和两孔以上的桥梁中,除两端与路堤衔接的桥台外的中间支撑结构,主要由墩帽、墩身和基础组成。它不仅承受上部结构自重和作用于其上的车辆荷载,并将荷载传到地基上,而且还承受流水压力、水面以上风力以及可能出现的流冰、船只、排筏等漂流物的撞击力等。因此,桥墩不仅自身应具有足够的强度、刚度和稳定性,而且对地基的承载能力、沉降量、地基与基础之间的摩擦阻力等也提出了一定的要求,以避免在上述荷载作用下产生危害桥梁整体结构的水平位移、竖向位移和转角位移。这一点对超静定结构桥梁尤为重要。

桥墩的位置与桥梁上部结构的分跨布置密切相关,应通过技术经济比较决定。例如,跨河桥的桥墩应考虑到深水或不良地基会对桥墩基础施工带来的各种困难,冰凌、漂木或泥石流等会增加桥墩额外的负荷,布置桥墩时,应特别慎重;地形陡峻的V形深谷,宜以较大跨度跨越,避免在沟底设置高桥墩;当桥下净空高度无特殊要求,河床及地基情况允许采用浅基础桥墩,或为了美化环境,避免高路堤占地太多而修建的桥梁,则以低墩短跨的桥孔布置为好。

2. 桥墩的类型及其构造

桥墩按其构造的不同,可分为实体墩、空心墩、柱式墩及桩柱式墩、排架墩、框架墩;按其截面形状的不同,可分为矩形、圆形、圆端形、尖端形及各种组合截面组合而成的空心桥墩;按其受力特点的不同,可分为刚性墩和柔性墩;按其施工工艺的不同,可分为就地砌筑或浇筑桥墩和预制安装桥墩。

1) 实体墩

实体墩是指由一个实体结构组成的桥墩。按其截面尺寸或刚度及重力的不同,又可分为重力式桥墩(见图 5-15(a))、实体轻型桥墩(见图 5-15(b))和钢筋混凝土薄壁墩。

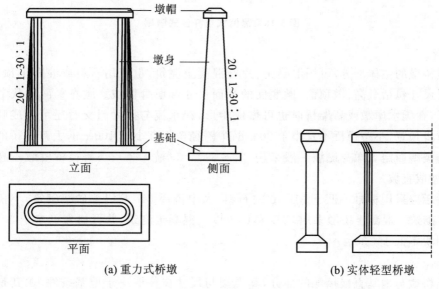

图 5-15 实体墩

(1) 重力式桥墩。

重力式桥墩一般为采用混凝土或石砌的实体结构。墩身上设墩帽,下接基础。其优点是充分利用圬工材料的抗压性能,借自身的较大截面尺寸和重量承受竖直方向和水平方向的外力,具有坚固耐久、施工简易、取材方便、节约钢材等优点。其缺点是圬工量大、对地基要求低、外形粗大笨重、减少了桥下有效孔径、增大了地基负荷;当桥墩较高、地基承载力较低时,尤为不利。它适用于荷载较大的大、中型桥梁或流冰、漂浮物较多的河流中,以及砂石料丰富的地区和基岩埋深较浅的地基。其截面形式主要有圆端形、圆形、矩形和尖端形等。

① 墩帽。

墩帽是桥墩的顶端,它通过支座承托上部结构,并将相邻两孔桥上的荷载传到墩身上。由于它受到支座传来的很大的集中应力,所以要求它有足够的厚度和强度。墩帽一般要用不低于 C20 的混凝土浇筑,加配构造钢筋。

在同一桥墩,当支承相邻两孔桥跨结构的支座高度不相同时,可通过在墩顶上设置钢筋混凝土垫石来调整。

对一些宽桥或高墩桥梁,为了节省墩身圬工体积,常常将墩帽做成悬臂式或托盘式,如图 5-16 所示。悬臂的长度和宽度是根据上部结构的形式、支座的位置及施工荷载的要求确定,悬臂的受力钢筋需经计算确定。一般要求悬臂式墩帽的混凝土强度等级要高些,悬臂端部的最小高度不小于 0.4 m。

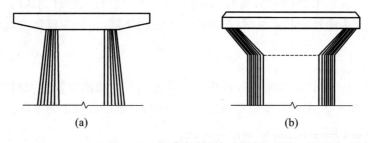

图 5-16 悬臂式或托盘式墩帽

② 墩身。

墩身是桥墩的主体部分,可用混凝土、片石混凝土浇筑,也可用石料或混凝土预制块砌筑。墩身的主要尺寸包括墩高、墩顶面、墩底面的平面尺寸和墩身侧坡。墩身平面形状常做成圆端形或尖端形,在无水岸墩或高架桥时也可做成矩形,在水流与桥梁斜交时还可做成圆形。用于梁式桥的墩身顶宽,小跨径桥不宜小于 80 cm,中跨径桥不宜小于 100 cm,大跨径桥的墩身顶宽视上部结构类型而定。墩身侧坡一般采用(20～30):1(横:竖),小跨径桥墩不高时也可以不设侧坡,做成直坡。

石砌桥墩应采用标号不低于 MU40 的石料,大中桥用 M7.5 以上砂浆砌筑,小桥涵用不低于 M5 砂浆砌筑。混凝土桥墩多用 C25 或 C25 以上混凝土浇筑,并可掺入不多于 20% 的片石。混凝土预制块不低于 C30。

③ 基础。

基础是桥墩与地基直接接触的部分,其类型与尺寸往往取决于地基条件,尤其是地基承载力。最常见的是刚性扩大基础,一般采用 C15 以上片石混凝土或浆砌块石筑成。基础的平面尺寸较墩身底面尺寸略大,四周各放大 20 cm 左右。基础可以做成单层,也可以做成 2～3 层台阶式,台阶的宽度由刚性角控制。

(2) 实体轻型桥墩。

实体轻型桥墩一般为混凝土、浆砌块石或钢筋混凝土材料做成。与重力式墩相比,其圬工体积显著减小,自重减小,因此抗冲击能力较低,不宜用于流速较大并夹有大量泥砂的河流或可能有船只、流冰等漂浮物撞击的河流中,一般用于中、小跨径的桥梁。

① 墩帽。

轻型桥墩墩帽采用不低于 C15 的混凝土浇筑,并配以 $\phi 8$ 的构造钢筋。墩帽在平面上的尺寸由墩身顶部尺寸确定。墩帽高度不小于 30 cm;墩帽四周挑檐 5 cm,周边做成 5 cm 倒角。当桥面的横向排水坡不用三角垫层调整时,可在墩帽顶面从中心向两端倾斜加筑三角垫层。上部构造与墩身之间用 M12.5 砂浆胶结,并用栓钉锚固,因此在墩帽上要预留栓钉孔,以备埋置栓钉。

② 墩身。

墩身用不低于 C15 的混凝土浇筑,也可用浆砌块石或砖。石料标号不得低于 25 号,砂浆标号不得低于 M5,砖的标号不得低于 7.5 号。墩身的宽度要求应满足上部构造的支承需要,一般不小于 60 cm,墩身的长度应满足上部构造宽度的要求。

③ 基础。

桥墩基础一般采用 C15 混凝土浇筑,其平面尺寸较墩身底面尺寸略大,四周各放大 20 cm 左右。基础多做成单层,其高度一般为 50 cm。

相邻墩台基础之间的支撑梁一般用 C20 混凝土浇筑,截面尺寸为 20 cm×30 cm,并配 4 根 $\phi 12$ 钢筋和 $\phi 6$ 箍筋;也可用 40 cm×40 cm 截面的素混凝土梁。

(3) 钢筋混凝土薄壁墩。

由于重力式桥墩重力大,当地基土质条件较差时,为了减轻地基的应力,可以考虑采用钢筋混凝土薄壁墩。薄壁墩高度一般不大于 7 m,墩身厚度为 30~50 cm,通常用托盘式墩帽,两端为半圆头。桥墩材料采用 C15 以上的混凝土浇筑。根据外力作用情况,通过计算沿墩身高度配置适量钢筋,通常其钢筋含量约为 60 kg/m³。

2) 空心墩

空心墩是指墩身截面存在镂空现象的桥墩。镂空的目的是为了减少圬工数量,使结构更经济,减轻桥墩自重,降低对地基承载力的要求,适用于软弱地基的桥墩。但镂空有一个基本前提,即保证桥墩截面强度和刚度足以承担和平衡外力,从而保证桥墩的稳定性。空心墩主要有两种形式:一种为部分镂空实体桥墩;另一种为薄壁空心桥墩。

部分镂空实体桥墩是在重力式桥墩基础上镂空一定数量的圬工体积,但仍保持实体桥墩的基本特点,如较大的轮廓体形、较大的圬工结构和少量的钢筋等。具体镂空的部位受到一定条件限制,如在墩帽下一定高度范围内,为保证上部结构荷载安全能有效传递给墩身壁,应设置一定的实体过渡段;在空心部分与实体部分处,应设置倒角或配置构造钢筋,从而避免墩身传力过程中产生的局部应力集中问题;对于受船只、漂流物撞击或易磨损、需防流冰撞击的墩身部分,一般不镂空。

薄壁空心墩是采用强度高、墩身壁较薄的钢筋混凝土构筑而成的空格形桥墩,其基本结构形式与部分镂空实体桥墩相似。混凝土一般采用 C20~C40。根据受力情况、桥墩高度以及自身构造要求,壁厚一般为 30~50 cm。这种构件大幅度减少了墩身自重,减少了地基的负荷,从而减少了自身的截面尺寸,使结构在外观上变得更加轻盈。

3) 柱式墩和桩柱式墩

柱式墩和桩柱式墩是公路桥梁广泛应用的桥墩形式,它能减轻墩身重力、节约圬工材料,且施工方便,外形较美观。

柱式墩一般由基础之上的承台、柱式墩身和盖梁组成,常用的有单柱式、双柱式、哑铃式和混合双柱式等四种形式。柱式墩是目前公路桥梁中广泛采用的桥墩形式,特别是对于桥宽较大的城市桥或立交桥中,这种桥墩不但能减轻自重、节约圬工材料,而且轻巧、美观。

桩柱式墩一般分为两部分,在地面以上(或桩柱连接处以上)称为柱,在地面以下称为桩。柱式墩施工方便,特别是采用钻孔灌注桩,钻孔直径较大,墩身的刚度也比较大。

盖梁是柱式墩的墩帽,一般用 C20~C30 的钢筋混凝土就地浇筑,也有采用预制安装或预应力混凝土。盖梁的横截面形状一般为矩形或 T 形。盖梁宽度根据上部构造形式、支座间距和尺寸等确定。盖梁高度一般为梁宽的 0.8~1.2 倍。盖梁的长度应大于上部构造两边梁(或边肋)间的距离,并应满足上部构造安装时的要求。

为了使桩柱与盖梁(或承台)有较好的整体性,桩柱顶一般应嵌入盖梁(或承台)15~20 cm,露出桩柱顶的主筋可弯成与铅垂线约成 15°倾斜角的喇叭形,并伸入盖梁(或承台)中。单排桩基的主筋应与盖梁主筋连接。喇叭形主筋外围应设置直径不小于 8 mm 的箍筋,间距一般为 10~20 cm。当用横系梁加强桩柱的整体性时,横系梁的高度可取为桩(柱)径的 0.8~1.0 倍,宽度可取为桩(柱)径的 0.6~1.0 倍。横系梁一般不直接承受外力,可不作内力计算,按横截面面积的 0.10% 配置构造钢筋即可。构造钢筋伸入桩内与主筋连接。

4) 排架墩

柔性排架墩是排架墩中见最常见的一种,简称为柔性墩。

柔性排架墩是桥墩轻型化的途径之一,一般布设在两端具有刚性较大桥台的多跨桥中,由单排或双排的钢筋混凝土柱与钢筋混凝土盖梁连接而成,全桥除一个中墩设置活动支座外,其余墩台均采用固定支座。

考虑到柔性墩在布置上只设一个活动支座,当桥孔数较多且桥较长时,柔性墩固定支座的墩顶位移量过大而处于不利状态,活动支座的活动量也大,刚性桥台的支座所受的水平力也大。因此,多跨长桥采用柔性墩时宜分成若干联,每联设置一个刚性墩(台)。两个活动支座之间或刚性台与第一个活动支座间称为一联。

柔性排架墩的主要特点是:上部结构传来的水平力(如制动力、温度影响力等)按各墩台的刚度分配到各墩台,作用在每个柔性墩上的水平力较小,而作用在刚性墩台上的水平力很大,因此柔性桩墩截面尺寸得以减小。柔性排架墩多用于墩高为 5~7 m、跨径 13 m 以下、桥长 50~80 m 的中小型桥中,不宜用在山区河流或漂流物严重的河流。

柔性排架墩分单排架墩和双排架墩。单排架墩一般用于桩墩高度大于 5.0 m 时,为避免行车时可能发生的纵向晃动,宜设置双排架墩;当承受桩上荷载或支座布置等条件限制不能采用单排架墩时,也可采用双排架墩;当采用钻孔灌注桩时,可采用单排架墩。

5) 框架墩

框架墩采用钢筋混凝土或预应力混凝土等压挠或挠曲构件组成平面框架代替墩身,以支承上部结构,必要时可做成双层或多层框架。这是较空心墩更进一步的轻型结构,如 V 形墩、Y 形墩、X 形墩都属于框架墩的一种。这类桥墩结构不仅轻巧、美观,给桥梁建筑增添了新的艺术造型,而且使桥梁的跨越能力提高,缩短了主梁的跨径,降低了梁高,但其结构复杂,施工比较麻烦。

框架墩形式较多,均为压弯构件,所有钢筋均应通过计算确定。对于有分叉的桥墩来说,可用墩帽,也可不用墩帽。无墩帽时,分叉张开角一般应小于90°;有墩帽时,张角可略大些,视受力情况而定。

3. 受力特点

桥墩承受荷载类型非常多,其中永久荷载主要有结构自重、上部结构混凝土收缩徐变的影响力、桥墩内预应力、土体自重作用下的土侧压力、基础变位影响力和水的浮力;可变荷载有汽车荷载、汽车冲击力、离心力、风力、汽车制动力、流水压力、温度影响力、支座摩阻力等;偶然荷载有地震力、船只或漂流物的撞击力。不同的桥梁出现的荷载种类和大小不一样,不同荷载之间的组合效果也不一样。对于重力式桥墩和刚性桩柱式桥墩而言,一般为偏心受压构件,也就是就某个截面而言,所有外力都可以合成为竖向和水平方向的合力,以及绕该截面 x 轴和 y 轴的弯矩。

二、桥台的构造及受力特点

1. 概述

桥台是设置在桥的两端,用于支承桥跨结构并与两岸接线路堤衔接的构造物。桥台既要承受桥梁边跨结构和桥台本身结构自重以及作用于其上的车辆荷载,并将荷载传到地基上,又要挡土护岸,承受台背填土及填土上车辆荷载所产生的附加土侧压力。因此,桥台不仅自身应具有足够的强度、刚度和稳定性,而且对地基的承载能力、沉降量、地基与基础之间的摩擦阻力等提出一定的要求,以避免在上述荷载作用下产生危害桥梁整体结构的水平位移、竖向位移和转角位移。

2. 桥台的类型及其构造

桥台通常按其形式划分为重力式桥台、轻型桥台、框架式桥台、组合式桥台和承拉桥台等。

1) 重力式桥台

重力式桥台也称为实体式桥台,一般采用砌石、片石混凝土或混凝土等圬工材料就地砌筑或浇筑而成,主要依靠自重来平衡台后土压力和其他荷载,从而保证自身的稳定。重力式桥台依据桥梁跨径、桥台高度及地形条件的不同有多种形式,常用的类型有重力式U形桥台。

重力式U形桥台由台帽、台身(前墙和侧墙)和基础组成,在平面上呈U字形,如图5-17所示。台身支承桥跨结构,并承受台后土压力;翼墙与台身连成整体承受土压力,并起到与路堤衔接的作用。

前墙除支承上部结构外,还承受路堤填土的水平压力。前墙顶部设置台帽,以放置支座和安设上部构造。大、中跨径桥的台帽内要配置构造钢筋,支座下方台帽内放置钢筋网。台帽最小厚度应满足规范要求。台顶部分用防护墙(雉墙)将台帽与填土隔开。

侧墙用于连接路堤并抵挡路堤填土向两侧的压力。当其尺寸满足规范要求时,可按U形整体截面验算截面强度,否则按独立挡土墙验算。侧墙长度可根据锥形护坡长度确定,侧墙后端应伸入路堤锥体坡内75 cm,以防路基填土松坍。尾端上部做成垂直,下部按一定坡度缩短,前端与前墙相连,改善了前墙的受力条件。桥台前墙的下缘一般与锥体坡下缘相齐。两个侧墙间应填以渗透性较好的土,台内填土不得有积水,否则会因为结冰而冻胀,使得桥台开裂。为了排除桥台后积水,应于侧墙间略高于高水位的平面上铺一层向路堤方向设有斜坡的夯实黏土作为防水层,并在黏土层上再铺一层碎石,将积水引向设于桥台后横穿路堤的盲沟内。

桥台两侧设有锥体护坡,锥体的坡度一般由纵向(顺路堤方向)为1∶1逐渐变至横向为1∶1.5,以便和路堤边坡一致。锥体坡的平面形状为1/4椭圆。锥体坡用土夯筑而成,其表面用片石砌筑。

重力式U形桥台构造简单,基底承压面大,主要依靠自身重力和台内填土重力来保持稳定,但圬工体积大,并由于自身重力而增加对地基的压力。因此,一般只宜在填土高度和跨径不大的桥梁中采用。

U形桥台台心应填透水性良好的土,如砂性土或砂砾。台内一定高度处设黏土隔水层,设置向台后方向的斜坡,并通过盲沟将水排向路基外。

2) 轻型桥台

轻型桥台通常采用圬工材料或钢筋混凝土。钢筋混凝土轻型桥台的构造特点是利用钢筋混凝土结构的抗弯能力来减少圬工体积而使桥台轻型化,因此应用范围较广泛,而圬工轻型桥台只限于桥台高度较小的情况。从结构形式上分,轻型桥台可分为埋置式桥台、八字式及一字式桥台、薄壁轻型桥台和支撑梁轻型桥台等。

(1) 埋置式桥台。

埋置式桥台是将台身埋在台前锥形护坡中,只露出台帽,以安放支座和上部结构,不另设翼墙,仅由台帽两端的耳墙与路堤衔接,如图5-18所示。由于台身埋入土中,利用台前锥坡产生的土压力来抵消台后的主动土压力,可以增加桥台的稳定性,桥台的尺寸也相应减小。但埋置式桥台的锥坡挡水面积大,对桥孔下的过水面积有所压缩。

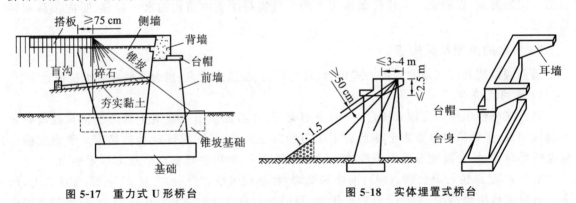

图 5-17 重力式 U 形桥台　　　　图 5-18 实体埋置式桥台

埋置式桥台的台身为圬工实体,台帽及耳墙采用钢筋混凝土。台身埋置于锥形护坡内,利用锥形护坡填土抵消部分台后填土压力。因此,埋置式桥台圬工数量较省,但由于锥形护坡深入桥孔,压缩河道,有时需要增加桥长。它适用于桥头为浅滩、锥形护坡受冲刷较小、填土高度在10 m以下的中等跨径的多跨桥中。

(2) 八字式及一字式桥台。

台身两侧为独立的翼墙,一般将台身与翼墙分开,其间设变形缝。当台身与翼墙斜交时为八字式桥台,当台身与翼墙在同一平面时为一字式桥台。

八字式及一字式桥台的翼墙除挡住路堤填土外,还起着引导水流的作用。它适用于河岸稳定、桥台不高、河床压缩小的中小跨径桥梁,对于跨越人工河道的桥梁及立交桥也可采用。

(3) 薄壁轻型桥台。

薄壁轻型桥台常用的形式有悬壁式、扶壁式、撑墙式和箱式(见图 5-19),其主要特点是利用钢筋混凝土结构的抗弯能力来减少圬工体积,从而使桥台轻型化。相对而言,悬臂式桥台的柔性较大,钢筋用量较大;而撑墙式和箱式桥台刚度大,但模板用量多。

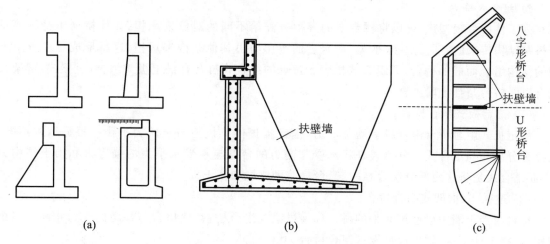

图 5-19 钢筋混凝土薄壁轻型桥台

(4) 支撑梁轻型桥台。

对于单跨或少跨的小跨径桥,在条件许可的情况下,可在轻型桥墩台基础间设置 3~5 根支撑梁,成为支撑梁轻型桥台。其主要特点是:①利用上部结构及下部的支撑梁作为桥台的支撑,以防止桥台向跨中移动或倾覆;②整个构造物成为四铰刚构系统;③除台身按上下铰接支承的简支竖梁承受水平土压力外,桥台还应作为弹性地基梁加以验算。

轻型桥台翼墙有八字式、一字式和耳墙式等类型。八字式的八字墙与台身之间设断缝分开,一字式翼墙与台身连成一体,带耳墙的桥台由台身、耳墙和立柱三部分组成。

轻型桥台基础按支承于弹性地基上的梁进行验算,一般用混凝土浇筑。当其长度大于 12 m 时,应按构造要求配筋。基础埋置深度一般在原地面(无冲刷时)或局部冲刷线以下不小于 1 m。

为了保持桥台的稳定,一般均需设支撑梁。支撑梁可用 20 cm×30 cm 的钢筋混凝土筑成,或用尺寸不小于 40 cm×40 cm 的混凝土或块石砌筑。支撑梁按基础长度的中线对称布置,其间距为 2~4 m。当基础能嵌入风化岩层 15~25 cm 时,可不设支撑梁。

在实际工程中使用较多的是钢筋混凝土薄壁轻型桥台,它是由扶壁式挡土墙和两侧的薄壁侧墙构成。挡土墙由厚度不小于 15 cm 的前墙和间距为 2.5~3.5 m 的扶壁组成。其顶帽及背墙成 L 形,并与其下的倒 T 形竖墙台身及底板连成钢筋混凝土整体结构。拱桥轻型桥台中的齿槛式桥台,其齿板宽度和深度一般不小于 0.5 m。

3) 框架式桥台

框架式桥台由台帽、桩柱、基础(或承台)组成,是一种在横桥方向呈框架式结构的桩基轻型桥台。桩基埋入土中,所受土压力较小,适用于地基承载力较低、台身高度大于 4 m、跨径大于 10 m 的梁桥。其构造形式有双柱式、多柱式、墙式、半重力式、双排架式和板凳式等。

双柱式桥台是指台帽置于立柱上,台帽两端设耳墙以便与路堤衔接,是一种结构简单、圬工数量小的桥台形式,适用于填土高度小于 5 m 的情况。当桥台较宽时,可采用多柱式,或直接在桩上建造台帽。为了使桥台填土密实,减少填土沉降,以减少桥台填土对桥台产生的水平推力,常采用先填土,然后再沉桩、浇筑台帽。

当填土高度大于 5 m 时,用少筋薄墙代替立柱支承台帽,即成为墙式桥台。若墙中设骨架肋,则又称为肋板式桥台,如图 5-20 所示。

4) 组合式桥台

为了使桥台轻型化,可以将桥台上的外力分配给不同的对象来承担,如让桥台本身主要承受桥跨结构传来的竖向力和水平力,而台后的土压力由其他结构来承担,这就形成了由分工不同的结构组合而成的桥台,即组合式桥台。常见的组合式桥台有锚定板式组合、过梁式、框架式组合以及桥台与挡土墙组合等。

(1) 锚定板式组合桥台。

锚定板式组合桥台由台身承受竖向力,锚定板提供抗拔力与土压力平衡。根据结构不同,又分为分离式与结合式。分离式是将承受竖向力的台身与承受水平力的锚定板和挡土结构分开;而结合式是将这两部分结合在一起,台身兼做立柱和挡土板。

(2) 过梁式、框架式组合桥台。

桥台与挡土墙用梁连接起来的桥台称为过梁式组合桥台,使桥台与桥墩的受力相同。当梁与桥台、挡土墙刚接,则形成框架式组合桥台。

(3) 桥台与挡土墙组合桥台。

桥台与挡土墙组合桥台由轻型桥台支承上部结构,台后设挡土墙承受土压力,台身与挡土墙分离,受力明确。当地基条件比较好时,也可将桥台与挡土墙放在同一基础之上,如图 5-21 所示。这种桥台的主要优点是可以不压缩河床,但构造比较复杂。

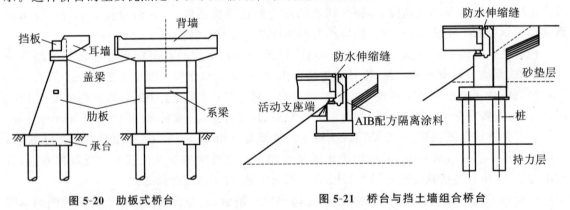

图 5-20 肋板式桥台　　　图 5-21 桥台与挡土墙组合桥台

组合式桥台包括台身和台座两部分。台身基础承受竖向力,一般采用桩基或沉井基础;拱的水平推力主要由后座基底的摩阻力及台后的土侧压力来平衡。因此,台座基底高程应低于拱脚下缘高程。台身与后座间受力密切配合,并设沉降缝以适应二者的不均匀沉降。结构尺寸及配筋需经计算确定,分别依据其受力状况和结构特点予以分析处理,如按柱或挡土墙考虑等。

3. 受力特点

桥台与桥墩的计算荷载基本相同,不同的主要是桥台要考虑车辆荷载引起的土侧压力,而桥墩无须考虑,以及桥台无须考虑纵横向风力、流水压力、冰压力、船只或漂浮物的撞击力等。

三、桥梁墩台施工

桥梁墩台的施工方法通常分为两大类：一类是现场就地浇筑与砌筑；另一类是拼装预制的混凝土砌块、钢筋混凝土或预应力混凝土构件。多数工程采用前者，其优点是工序简便，机具较少，技术操作难度较小；但是施工期限较长，需耗费较多的劳力与物力。近年来，交通建设迅速发展，施工机械（如起重机械、混凝土泵送机械及运输机械等）也随之有了很大进步，采用预制装配式构件建造桥梁墩台的施工方法有了新的进展。其特点是既可以确保施工质量、减轻工人劳动的强度，又可加快工程进度、提高工程效益，对施工场地狭窄，尤其对缺少砂石地区或干旱缺水地区等情况下建造墩台有着更重要的意义。

1. 就地浇筑混凝土墩台施工

就地浇筑的混凝土墩台施工有两个主要工序：一是制作与安装墩台模板；二是混凝土浇筑。

1）墩台模板

常用的模板类型有：拼装式模板、整体吊装模板、组合钢模板和滑动钢模板等。

各种模板在工程上的应用，可根据墩台高度、墩台形式、机具设备、施工期限等条件，因地制宜，合理选用。

2）混凝土浇筑

墩台身混凝土施工前，应将基础顶面冲洗干净，凿除表面浮浆，整修连接钢筋。浇筑混凝土时，应经常检查模板、钢筋及预埋件的位置和保护层的尺寸，确保位置正确，不发生变形。混凝土施工中，应切实保证混凝土的配合比、水灰比和坍落度等技术性能指标满足规范要求。

2. 装配式墩台施工

装配式墩台适用于山谷架桥或跨越平缓无漂流物的河沟、河滩等情况，特别是在工地干扰多、施工场地狭窄、缺水与砂石供应困难地区，其效果更为显著。装配式墩台的优点是：结构形式轻便、建桥速度快、圬工材料省、预制构件质量有保证等。目前经常采用的有砌块式墩台、柱式墩台、管节式墩台和环圈式墩台等。

1）砌块式墩台施工

砌块式墩台的施工大体上与石砌墩台相同，只是预制砌块的形式因墩台形式不同有很多变化。例如，1975 年建成的兰溪大桥，主桥身是采用预制的素混凝土壳块分层砌筑而成。壳块按平面形状分为Ⅱ型和Ⅰ型两大类，再按其砌筑位置和具体尺寸又分为五种型号，每种块件等高，均为 35 cm，块件单元重力为 0.9~1.2 kN，每砌三层为一段落。该桥采用预制砌块建造桥墩，不仅节约混凝土约 26%、节省木材 50 m³ 和大量铁件，而且砌缝整齐，外形美观。更主要的是加快了施工速度，避免了洪水对施工的威胁。图 5-22 所示为兰溪大桥预制块件和空腹墩施工示意图。

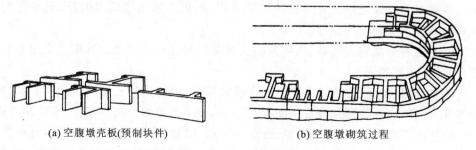

(a) 空腹墩壳板(预制块件)　　(b) 空腹墩砌筑过程

图 5-22　兰溪大桥预制砌块墩身施工示意图

2)柱式墩台施工

柱式墩台施工是将桥墩分解成若干轻型部件,在工厂或工地集中预制,再运送到现场装配成桥墩。其形式有双柱式、排架式和刚架式等。施工工序为预制构件、安装连接和混凝土养护等。其中,拼装接头是关键工序,既要牢固、安全,又要结构简单便于施工。

(1)常用的拼装接头。

① 承插式接头:将预制构件插入相应的预留孔内,插入长度一般为1.2~1.5倍的构件宽度,底部铺设2 cm砂浆,四周以半干硬性混凝土填充,常用于立柱与基础的接头连接。

② 钢筋锚固接头:构件上预留钢筋或型钢,插入另一构件的预留槽内,或将钢筋互相焊接,再灌注半干硬性混凝土,多用于立柱与顶帽处的连接。

③ 焊接接头:将预埋在构件中的铁件与另一构件的预埋铁件用电焊连接,外部再用混凝土封闭。这种接头易于调整误差,多用于水平连接杆与立柱的连接。

④ 扣环式接头:相互连接的构件按预定位置预埋环式钢筋,安装时柱脚先坐落在承台的柱心上,上下环式钢筋互相错接,扣环间插入U形短钢筋焊牢,四周再绑扎钢筋一圈,立模浇筑外围接头混凝土。要求上下扣环预埋位置正确,施工较为复杂。

⑤ 法兰盘接头:在相互连接的构件两端安装法兰盘,连接时将法兰盘连接螺栓拧紧即可。要求法兰盘预埋位置必须与构件垂直,接头处可不用混凝土封闭。

(2)柱式墩台施工时的注意事项。

① 墩台柱构件与基础顶面预留环形基座应编号,并检查各个墩台高度是否符合设计要求;基杯口四周与柱边的空隙不得小于2 cm。

② 墩台柱吊入基杯内就位时,应在纵、横方向测量,使柱身垂直度或倾斜度以及平面位置均符合设计要求;对重大、细长的墩柱,需用风缆或撑木固定,方可摘除吊钩。

③ 在墩台柱顶安装盖梁前,应先检查盖梁预留槽眼位置是否符合设计要求,否则应先修凿。

④ 柱身与盖梁(顶帽)安装完毕并经检查符合要求后,可在基杯空隙与盖梁槽眼处灌注稀砂浆,待其硬化后,撤除楔子、支撑或风缆,再在楔子孔中灌填砂浆。

在基础或承台上安装预制混凝土管节、环圈作墩台的外模时,为使混凝土基础与墩台连接牢固,应由基础或承台中伸出钢筋插入管节或环圈中间的现浇混凝土内,插入钢筋的数量和锚固长度应按设计规定或通过计算决定。管节或环圈的安装、管节或环圈内的钢筋绑扎和混凝土浇筑,应按《公路桥涵施工技术规范》(JTG/T F50—2011)的有关规定执行。

3)后张法预应力混凝土装配墩施工

装配式预应力混凝土墩分为基础、装配墩身和实体墩身三大部分。装配墩身由基本构件、隔板、顶板和顶帽等四种不同形状的构件组成,用高强钢丝穿入预留的上下贯通的孔道内,张拉锚固而成。实体墩身是装配墩身与基础的连接段,其作用是锚固预应力钢筋、调节装配墩身高度以及抵御洪水时漂流物的冲击等。

其施工工艺流程分成施工准备、构件预制及墩身装配等三个方面。其施工全过程贯穿着质量检查工作,施工内容如下。

(1)实体墩身浇筑时应按装配构件孔道的相对位置,预留张拉孔道及工作孔。构件装配的水平拼装缝采用M35水泥砂浆,砂浆厚度为15 mm,便于调整构件水平高程,不使误差积累。

(2)安装构件要求确保平、稳、准、实、通五个关键,即起吊平、构件顶面平、内外壁砂浆接缝要抹平,起吊、降落、松钩要稳,构件尺寸准、孔道位置准、中线准及预埋配件位置准,接缝砂浆要密实,构件孔道要畅通。

(3) 张拉预应力的钢丝束分两种:一种是直径为 5 mm 的高强度钢丝,用 18φ5 mm 锥形锚;另一种用 7φ4 mm 钢绞线,采用 JM12-6 型锚具,采用一次张拉工艺。张拉位置可以在顶帽上张拉,也可在实体墩下张拉。一般多在顶帽上张拉。

(4) 孔道压浆前先用高压水冲洗,压浆采用纯水泥浆。为了减小水泥浆的收缩及泌水性能,可掺入为水泥重量$(0.8 \sim 1.0)/10\,000$的铝粉。压浆最好由下而上压注。压浆分初压与复压,初压后,约停一小时,待浆初凝即进行复压。复压压力可为 $0.8 \sim 1.0$ MPa,初压压力可小一点。压浆时,若构件上的砂浆接缝全部湿润,说明接缝砂浆空隙中压入了水泥浆,起到了密实接缝的作用。

(5) 实体墩身的封锚采用与墩身同强度等级的混凝土,同时应采用防水措施。顶帽上的封锚采用钢筋网罩焊在垫板上,单个或多个连在一起,然后用混凝土封锚。

4) 无承台大直径钻孔埋入空心桩墩施工

无承台大直径钻孔埋入空心桩墩是由预钻孔、预制大直径钢筋混凝土桩墩节、吊拼桩墩节采用预应力后张连接成整体、桩周填石压浆、桩底高压压浆、吊拼墩节、浇筑或组装盖梁等工序组成。它综合使用了预制桩质量的可靠性,钻孔成桩的工艺简单、成本低、适应性强等优越性,摒弃了管柱桩技术设备复杂、成本高、不易穿透砂砾层、桩易偏位及钻孔灌注桩桩身质量难以保证等缺陷,是集当今桩基先进施工技术之大成。该方法已在广大区域内的桥梁工程中推广应用,并获得了显著效益。

钻埋预应力空心桩墩的技术特点如下。

(1) 直径大,承载力高。桩径一般大于 2.5 m,钻埋空心桩已达 $\phi 5.0$ m,沉挖空心桩已达 $\phi 6.0 \sim 8.0$ m。由于采用了桩周填石压浆、桩底高压压浆,桩节间通过预应力形成整体,故使桩基承受垂直荷载和水平荷载的能力成倍增大。

(2) 无承台、空心截面,节省了围堰工程,减少了桩身混凝土体积,不仅简化了施工工序,而且可将大桥下部结构费用从全桥费用 50% 以上降至 30%~40%。

(3) 施工快速,工期缩短,并由于采用大直径桩,桩数少,多数情况下可以单桩独柱,加之钻机设备的改进与完善,一个枯水季节可完成基础工程。同时,预制桩节、墩节与钻孔平行作业,大大加速了工程进度。

(4) 钻埋空心桩墩适用于土质地基,沉挖空心桩适用于松散的砂、砾、漂石和风化岩层,其环保效果好,施工少振动、低噪声,城镇区施工对居民干扰少。

(5) 桩节、墩节预制,桩周、桩底压浆,节间用高强预应力筋连成整体,各项作业技术含量高,桩墩质量完全能得到保障。

切实解决钻孔机具设备、泥浆配制、桩节(墩节)段预制、桩节竖拼安装以及压浆(桩周压浆与桩底压浆)成桩等技术环节,是钻埋大直径空心桩墩成败的关键所在。

鉴于沉埋空心桩墩施工技术难度较大,各工序应有严格的质量控制标准,在现行《公路桥涵施工技术规范》(JTG/T F50—2011)尚未列入相关条文的情况下,下述湖南省公路部门提供的质量控制标准可供借鉴。

(1) 成孔质量控制标准:孔深垂直度≤±2‰,成孔深度大于设计深度,成孔直径大于设计直径(钻头直径)。

(2) 终孔泥浆指标(应检验排渣口泥浆):相对密度为 1.08~1.10,黏度为 22~24 Pa·s,pH

值为 7～8，含砂量小于 1%，胶体率为 100%。

(3) 预制桩节质量控制标准：桩节长度误差不大于±5 mm；偏离水面不大于 2‰；端面应平整，接头吻合，混凝土上下接头中心位置偏离不大于 3 mm；壁厚误差不大于 5 mm，内外径误差为±2 mm；具体依据施工起重能力决定。

(4) 桩壁压浆结石混凝土质量控制标准：桩底与桩节间交界处应抛填直径 5～20 mm 小石子作为过渡段，厚度为 0.5 m，以避免桩底注浆混凝土收缩缝集中在预制混凝土底节钢板下；抛掷落水高度不大于 0.5 m；填石粒料直径应选 20 mm、40 mm、40 mm～60 mm 或 40 mm～80 mm 间断级配；压浆水泥应选 42.5 级以上普通硅酸盐水泥掺配膨胀剂，在条件许可时应尽量选用微膨胀水泥；水泥浆液流动度应根据填石空隙率和吸浆量确定，以确保注浆结石混凝土抗压强度。

(5) 桩底压浆结石混凝土质量控制标准：桩周压浆结石混凝土强度达到 60% 后，才能进行桩底高压压浆；压力值以扬压管为控制标准，不超过设计值的±1%；桩的上抬量不超过设计值的±1%；注浆量应大于计算量的 1.2～1.3 倍；闭浆时间应在 15～30 min，由闭浆时的吸浆量决定。

5) 装配式墩台的允许偏差

《公路桥涵施工技术规范》(JTG/T F50—2011)规定，构件安装前必须检查其外形和构件的预埋件尺寸和位置，其允许偏差不得超过设计规定；构件安装就位完毕后，经过检查校正符合要求，才允许焊接或浇筑混凝土以固定构件；分段安装的构件继续安装时，必须在先安装的构件固定和受力较大的接头混凝土达到设计要求的强度后方可进行（一般应达到设计强度等级的 70%）。装配式墩台完成时的允许偏差为：①墩台柱埋入基座内的深度和砌块墩、台埋置深度，必须符合设计规定；②墩台倾斜为 $0.3\%H$（H 为墩台高），最大不得超过 20 mm；③墩台顶面高程±10 mm；墩、台中线平面位置±10 mm；相邻墩、台柱间距±15 mm。

3. 高桥墩施工

公路通过深沟宽谷或大型水库时，采用高桥墩能使桥梁更为经济合理，不仅可以缩短线路，节省造价，而且可以提高营运效益，减少日常维护工作。高桥墩可分为实体墩、空心墩与钢架墩等。自 20 世纪 70 年代以来，较高的桥墩一般均采用空心墩。

高桥墩的施工设备与一般桥墩所用设备大体相同。但其模板却另具特色，一般有滑动模板、爬升模板和翻升模板等几种，这些模板都是依附于灌筑的混凝土墩壁上，随着墩身的逐步加高而向上升高。目前滑动模板的高度已达百米。滑动模板施工的主要优点是：①施工进度快，在一般气温下，每昼夜平均进度可达 5～6 m；②混凝土质量好，采用干硬性混凝土，机械振捣，连续作业，可提高墩台质量；③节约木材和劳力，有资料统计表明，可节省劳动力 30%，节约木材 70%；④滑动模板可用于直坡墩身，也可用于斜坡墩身，模板本身附带有内外吊篮、平台与拉杆等，以墩身为支架，墩身混凝土的浇筑随模板缓慢滑升连续不断地进行，故而安全可靠。

4. 支座安装

目前国内桥梁上使用较多的是橡胶支座，有板式橡胶支座、聚四氟乙烯板式橡胶支座和盆式橡胶支座三种。前两种支座用于反力较小的中、小跨径桥梁，后一种用于反力较大的大跨径桥梁。

1) 板式橡胶支座的安装

板式橡胶支座在安装前的全面检查和力学性能检验，包括支座长、宽、厚、硬度（邵氏）、容许荷载、容许最大温差以及外观检查等,如不符合设计要求,不得使用。若设计未规定,其力学性能可参考下列数值:硬度 $HRC=55°\sim60°$;压缩弹性模量 $E=6\times10^2$ MPa;允许压应力 $[\sigma]=10$ MPa;剪切弹性模量 $G=1.5$ MPa;允许剪切角 $\tan\gamma=0.2\sim0.3$。支座安装时,支座中心尽可能对准梁的计算支点,必须使整个橡胶支座的承压面上受力均匀。为此,应注意以下几点。

(1) 安装前应将墩台支座支垫处和梁底面清洗干净,除去油垢,用水灰比不大于 0.5 的 1:3 水泥砂浆仔细抹平,使其顶面高程符合设计要求。

(2) 支座安装尽可能安排在接近年平均气温的季节里进行,以减小由于温差变化过大而引起的剪切变形。

(3) 梁、板安放时,必须细致稳妥,使梁、板就位准确且与支座密贴,勿使支座产生剪切变形;就位不准时,必须吊起重放,不得用撬杠移动梁、板。

(4) 当墩台两端高程不同,顺桥向或横桥向有坡度时,支座安装必须严格按设计规定处理。

(5) 支座周围应设排水坡,防止积水,并注意及时清除支座附近的尘土、油脂与污垢等。

2) 盆式橡胶支座的安设

盆式橡胶支座顶、底面积大,支座下埋设在桥墩顶的钢垫板面积也较大,浇筑墩顶混凝土时,必须有特殊设施,使垫板下混凝土能浇筑密实。盆式橡胶支座的主要部分是聚四氟乙烯板与不锈钢板的滑动面和密封在钢盆内的橡胶垫块,二者都不能有污物和损伤,否则容易降低使用寿命,增大摩擦系数。盆式橡胶支座各部件的组装应满足的要求有:①在支座底面和顶面的钢垫板必须埋置牢固,垫板与支座间平整密贴,支座四周探测不得有 0.3 mm 以上的缝隙;支座中线、水平、位置偏差不大于 2 mm;②活动支座的聚四氟乙烯板不得有刮伤、撞伤;③氯丁橡胶板块密封在钢盆内,安装时应排除空气、保持密封;④支座组拼要保持清洁。

施工时注意下列事项。

(1) 安装前应将支座的各相对滑移面和其他部分用丙酮或酒精擦拭干净。

(2) 支座的顶板和底板可用焊接或锚固螺栓栓接在梁体底面和墩台顶面的预埋钢板上。采用焊接时,应防止烧坏混凝土。安装锚固螺栓时,其外露螺杆不得大于螺母的厚度。上下支座安装顺序,宜先将上座板固定在大梁上,然后根据其位置确定底盆在墩台的位置,最后予以固定。

(3) 安装支座的高程应符合设计要求,平面纵、横两个方向水平,支座承压≤5 000 kN 时,其四角高差不得大于 1 mm;支座承压>5 000 kN 时,其四角高差不得大于 2 mm。

(4) 安装固定支座时,其上下各个部件纵轴线必须对正;安装纵向活动支座时,上下各部件纵轴线必须对正,横轴线应根据安装时的温度与年平均的最高、最低温差,由计算确定其错位的距离。支座上下导向挡块必须平行,最大偏差的交叉角不得大于 5°。

另外,桥梁施工期间,由于预应力和温差引起弹性压缩、徐变和伸缩,混凝土会产生位移量。因此,在安装活动支座时,应对上下板预留偏移量,使桥梁建成后的支座位置能符合设计要求。

3) 其他支座安设

对于跨径较小(10 m 左右)的钢筋混凝土梁(板)桥,可采用油毡、石棉垫或铅板支座。安设这类支座时,应先检查墩台支承面的平整度和横向坡度是否符合设计要求,否则应修凿平整并以水泥砂浆抹平,再铺垫油毡、石棉垫或铅板。梁(板)就位后梁(板)与支承间不得有空隙和翘动现象,否则将发生局部应力集中,使梁(板)受损,也不利于梁(板)的伸缩与滑动。

5. 墩台附属工程

墩台附属工程包括桥台锥体护坡、台后泄水盲沟、导流建筑物等。

1) 桥台锥体护坡施工要点

在准确施工放样以后,锥体护坡施工主要分两步:一是锥坡填土,二是坡面砌筑。

(1) 锥坡填土。

① 锥坡填土必须分层夯实,达到最佳密度的90%以上。砂砾石土类,可以洒水夯填。采用不易风化的块石填料,应注意层次均匀,铺填密实,不可自由堆砌。有坡面的锥坡,在锥坡填土时,应留出坡面防护的砌筑位置。

② 石砌锥坡、护坡和河床铺砌层等工程,必须在坡面或基面夯实、整平后,方可开始铺砌,以保证护坡稳定。

③ 锥坡填土应与台背填土同时进行,填土应按高程及坡度填足。

④ 桥涵台背、锥坡、护坡及拱上等各项填土,宜采用透水性土,不得采用含有泥草、腐殖物或冻土块的土。

⑤ 填土应在接近最佳含水量的情况下分层填筑和夯实,每层厚度不得超过 0.30 m,密实度应达到路基规范要求。

⑥ 护坡基础与坡角的连接面应与护坡坡度垂直,以防坡角滑走。

⑦ 铺砌层的砂砾垫层材料,粒径一般不宜大于 50 mm,含泥量不宜超过 5%,含砂量不宜超过 40%。垫层应与铺砌层配合铺筑,随铺随砌。

(2) 坡面砌筑。

① 一般采用干砌或浆砌片石,并以碎石或砂作为垫层,随砌随垫,保证垫层厚度。砌筑时应注意石料轴线必须垂直于坡面,砌筑的石块应相互咬接,其空隙以小片石楔紧塞实。

② 浆砌片石护坡和河床铺砌,石块应相互咬接,砌缝砂浆饱满,砌缝宽度 40~70 mm。浆砌卵石护坡和河床铺砌层,应采用栽砌法,砌块应互相咬接。

③ 干砌片石护坡及河床铺砌时,铺砌应紧密、稳定、表面平顺,但不得用小石块塞垫或找平。干砌卵石河床铺砌时,应采用栽砌法。用于防护急流冲刷的护坡、河床铺砌层,其石块尺寸不得小于有关规定。

④ 片石护坡的外露面和坡顶、边口,应选用较大、较平整并略加修凿的块石铺砌。

⑤ 砌石时拉线要张紧,砌面要平顺,护坡片石背后应按规定做碎石倒滤层,防止锥体土方被水冲蚀变形。护坡与路肩或地面的连接必须平顺,以利排水,并避免背后冲刷或渗透坍塌。

⑥ 砌体勾缝除设计有规定外,一般可采用凸缝或平缝,且宜待坡体土方稳定后进行。浆砌砌体,应在砂浆初凝后,覆盖养生 7~14 d。养护期间应避免碰撞、振动或承重。

2) 台后泄水盲沟施工要点

(1) 泄水盲沟以片石、碎石或卵石等透水材料砌筑,并按要求坡度设置,沟底用黏土夯实。盲沟应建在下游方向,出口处应高出一般水位 0.2 m,平时无水的干河应高出地面 0.2 m。

(2) 如桥台在挖方内横向无法排水时,泄水盲沟在平面上可在下游方向的锥体填土内折向桥台前端排出,在平面上呈 L 形。

3) 导流建筑物施工要点

(1) 导流建筑物施工应与路基、桥涵工程施工一起综合考虑,以避免在导流建筑物范围内取土、弃土破坏排水系统。

(2) 砌筑用石料的抗压强度不得低于 20 MPa；砌筑用砂浆标号，在温和及寒冷地区不低于 M5，在严寒地区不低于 M7.5。

(3) 导流建筑物的填土应达到最佳密度 90% 以上，坡面砌石按照锥体护坡要求办理。若使用漂石时，应采用栽砌法铺砌；若采用混凝土板护面，板间砌缝为 10～20 mm，并用沥青麻筋填塞。

(4) 抛石防护宜在枯水季节施工。石块应按大小不同规格掺杂抛投，但底部及迎水面宜用较大石块。水下边坡不宜陡于 1∶1.5。顶面可预留 10%～20% 的沉落量。

(5) 石笼防护基底应铺设垫层，使其大致平整。石笼外层应用较大石块填充，内层则可用较小石块码砌密实，装满石块后，用铁丝封口。石笼间应用铁丝连成整体。在水中安置石笼，可用脚手架或船只顺序投放，铺放整齐，笼与笼间的空隙应用石块填满。石笼的构造、形状及尺寸应根据水流及河床的实际情况确定。

1. 桩基础的类型有哪些？说明桩基础的适用范围。
2. 简述柱桩和摩擦桩的异同。
3. 挖孔桩基础开挖施工中应注意什么问题？
4. 钻孔桩施工准备中应注意哪些主要问题？
5. 钻孔桩钻进过程中应注意什么问题？
6. 如何注意钻孔桩施工中环境保护？
7. 试述正循环、反循环钻机施工的区别？
8. 如何检查已成桩孔的垂直度、成孔尺寸？
9. 灌筑水下混凝土时，如何防止钢筋笼上浮？
10. 试述灌筑水下混凝土过程中的注意事项。
11. 清孔的方式有哪些？
12. 桩基础施工中的安全注意事项是什么？
13. 打入桩在打桩前的准备工作有哪些？
14. 沉桩方式有哪几种？沉桩过程中应注意哪些问题？
15. 桥墩和桥台在桥梁中起什么作用，分别由哪几部分组成？

学习情境 6
桥梁上部构造装配式施工

学习目标

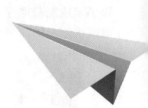

1. 知识目标

(1) 了解装配式桥梁施工的特点。
(2) 熟悉先张法及后张法预应力混凝土构件的施工工艺。
(3) 熟悉模板及支架的构造,模板及支架制作、安装的注意事项。
(4) 熟悉混凝土制作的工艺过程及其要求。
(5) 掌握各种装配式桥梁安装工艺流程。

2. 能力目标

(1) 了解钢筋制作与安装的质量标准,并能对钢筋制作与安装的质量进行检查。
(2) 能够对混凝土各种施工工艺的质量进行检查及控制。
(3) 能够对顶应力筋的加工和张拉质量进行检验评定。
(4) 掌握各种装配式桥梁的施工方法、各工艺流程的要求,并能进行质量检验评定。

◆ 知识链接

对于跨径较大的混凝土连续梁桥、悬臂梁桥、T形刚构、斜拉桥等其他体系桥梁一般可采用悬臂施工法、顶推法、逐孔施工法、转体施工法等。对于中小跨径的混凝土梁桥的上部结构,大都采用简支板梁桥、简支T形梁或扁平箱梁等构造,采用先预制后装配,连接成整体上部结构——预制装配式施工方法。施工需要一定的运输和吊装设备以进行预制梁的运输和安装工作,并需要通过接头或接缝把预制构件拼联成整体的装配式梁桥。

预制梁一般采取整体预制,混凝土梁的预制工作可在专业桥梁预制厂内进行,也可在桥位处的预制场内进行。桥梁预制厂一般可生产钢筋混凝土梁、先张法或后张法工艺的预应力混凝土梁、混凝土桥梁的节段构件及其他预制构件。由于运输长度和质量的限制,通常在桥梁预制厂内以生产中、小跨径预制构件为主,跨径大于25 m的后张法预应力混凝土梁以及大跨径混凝土桥的节段构件主要在桥位预制场内生产。

我国1955年开始研制后张预应力混凝土简支梁,于1956年在陇海铁路新沂河段首次成功修建了一座28孔跨度为23.8 m的铁路后张预应力混凝土简支梁桥,1957年在京周公路修建了第一座跨度为20 m的简支T形截面公路预应力混凝土梁桥。此后,预应力混凝土桥梁在我国公路和铁路中等跨度乃至长大跨度桥梁上逐步得到应用和推广。

目前,国内铁路预应力混凝土简支梁应用跨度一般为16~32 m,公路桥梁应用一般跨度为20~50 m,铁路和公路预应力混凝土梁都有一系列的标准设计或通用设计。32 m及以下跨度梁采用T形或板式截面,40 m及以上跨度梁多采用箱形截面,箱梁具有整体性好,抗扭刚度大,跨越能力大等优点,但也存在施工复杂等问题。

任务1　先张法预制梁板

先张法的制梁工艺是在浇筑混凝土前张拉预应力筋,将其临时锚固在张拉台座上,然后立模浇筑混凝土,待混凝土达到规定强度(不得低于设计强度的85%)时,逐渐将预应力筋放松,这样就因预应力筋的弹性回缩通过其与混凝土之间的黏结作用,使混凝土获得预压应力,如图6-2所示。先张法生产可采用台座法或机组流水法。采用台座法时,构件施工的各道工序全部在固定台座上进行。采用机组流水法时,构件在移动式的钢模中生产,钢模按流水方式通过张拉、浇筑、养护等各个固定机组完成每道工序,如图6-1所示。

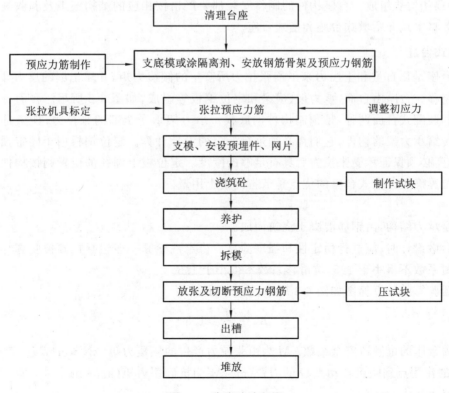

图6-1　先张法流程图

先张法生产可采用台座法或机组流水法。采用台座法时,构件施工的各道工序全部在固定台座上进行。采用机组流水法时,构件在移动式的钢模中生产,钢模按流水方式通过张拉、浇筑、养护等各个固定机组完成每道工序。机组流水法可加快生产速度,但需要大量钢模和较高的机械化程度,且需配合蒸汽养护,因此适用于工厂内预制定型构件。台座法不需要复杂机械设备,且施工适用性强,应用较广。下面主要介绍张拉台座、预应力筋的制备、张拉工艺及预应力筋放松等问题。

一、台座

台座是先张法施加预应力的主要设备之一,它要承受预应力筋在构件制作时的全部张拉力。张拉台座必须在受力后不移动、不倾覆、不变形,具有足够的强度和稳定性。制梁台座是现场制梁不可缺少的部分,对于后张法和钢筋混凝土梁来说,这个问题要简单得多,对于先张法施工来说要复杂些。

台座按承力结构,可以分为压柱式台座和底板承压式台座。压柱式台座按使用材料不同又可分为钢筋混凝土台座、钢台座、钢管混凝土台座和复合材料台座。

台座按是否可以拼装拆可分为固定式台座和拼装式台座。台座按构造形式可分为墩式和槽式两类。

台座的类型虽然多种多样,但总体来说都是由承力系统、台面系统和放张系统等三大部分组成的。台座承力系统主要由主体承力构件和传力构件组成。台面系统主要由底板和支墩组成。台座的放张装置是当梁体混凝土达到放张强度时为放松预应力钢筋而设置的装置,主要由沙箱、千斤顶和楔块组成。台座构件的制作安装都要严格按相应的结构施工及验收规范要求进行。本任务将重点介绍墩式台座和槽式台座。

1. 墩式台座

墩式台座是靠自重和土压力来平衡张拉力所产生的倾覆力矩,并靠土壤的反力和摩擦力来抵抗水平位移。台座由台面、承力架、横梁和定位钢板等组成,如图 6-2 所示。台面有整体式混凝土台面和装配式台面两种,是预制构件的底模。承力架承受全部的张拉力,横梁是将预应力筋张拉力传给承力架的构件,它们都必须进行专门的设计计算。定位钢板用于固定预应力筋的位置,其厚度必须保证承受张拉力后具有足够的刚度。定位板上圆孔的位置则按构件中预应力筋的设计位置确定。墩式台座的优点是节省混凝土用量。

1) 台墩

台墩是承力结构,由钢筋混凝土浇筑而成。

承力台墩设计时,应进行稳定性和强度验算。稳定性验算一般包括抗倾覆验算与抗滑移验算。抗倾覆系数不得小于 1.5,抗滑移系数不得小于 1.3。

抗倾覆验算的计算简图如图 6-3 所示,按下式计算。

$$K_0 = \frac{M'}{M} \geqslant 1.5$$

式中:K_0 为台座的抗倾覆安全系数;M 为由张拉力产生的倾覆力矩(kN·m),$M = T \cdot e$;e 为张拉合力 T 的作用点到倾覆转动点 O 的力臂(m);M' 为抗倾覆力矩(kN·m)。

若忽略土压力,则有:

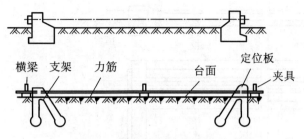

图 6-2 墩式台座形式与构造

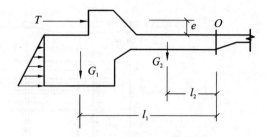

图 6-3 墩式台座抗倾覆验算简图

$$M' = G_1 \cdot l_1 + G_2 \cdot l_2$$

抗滑移能力按下式验算：

$$K_e = \frac{T_1}{T} \geqslant 1.3$$

式中：K_e 为抗滑移安全系数；T 为张拉力合力(kN)；T_1 为抗滑移的力(kN)。

对于独立的台墩，滑移由侧壁上压力和底部摩阻力等产生；对与台面共同工作的台墩，其水平推力几乎全部传给台面，不存在滑移问题，可不作抗滑移计算，此时应验算台面的强度。

2) 台面

台面是预应力构件成型的胎模，要求地基坚实平整，它是在厚 150 mm 夯实碎石垫层上，浇筑 60～100 mm 厚 C20 混凝土面层，原浆压实抹光而成。台面要求坚硬、平整、光滑，沿其纵向有 3‰ 的排水坡度。

3) 横梁

横梁以墩座牛腿为支承点安装其上，是锚固夹具临时固定预应力筋的支承点，也是张拉机械张拉预应力筋的支座。横梁常采用型钢或钢筋混凝土制作。

2. 槽式台座

当现场地质条件较差，台座又不是很长时，采用的是由台面、传力柱、横梁、横系梁等构件组成的台座，如图 6-4 所示。承力框架一般用钢筋混凝土做成，或由横梁和压杆组成的钢结构做成。

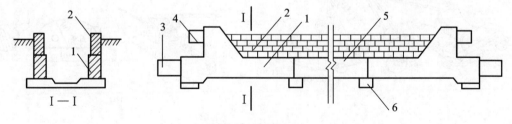

图 6-4 槽式台座

1—钢筋混凝土端柱；2—砖墙；3—下横梁；4—上横梁；5—传力柱；6—桩垫

槽式台座既可承受拉力，又可作蒸汽养护槽，适用于张拉吨位较高的大型构件，如屋架、吊车梁等，如图 6-5 所示。

槽式台座需进行强度和稳定性计算。端柱和传力柱的强度按钢筋混凝土结构偏心受压构件计算。槽式台座端柱抗倾覆力矩由端柱、横梁自重力矩及部分张拉力矩组成。

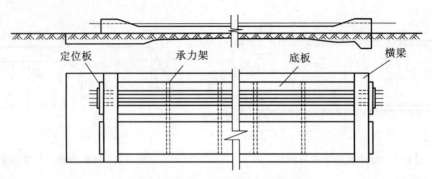

图 6-5 槽式台座的形式与构造

二、夹具

先张法夹具分为两类:一类是锚固夹具,将预应力筋固定在台座上;另一类是张拉夹具,张拉时夹持预应力筋。先张法常采用的预应力筋有钢筋和钢丝,夹具也分为钢筋夹具和钢丝夹具。

1. 钢丝锚固夹具

圆锥齿板式夹具(锥销夹具):可分为圆锥齿板式夹具和圆锥槽式夹具。镦头夹具:采用镦头夹具时,将预应力筋端部热镦或冷镦,通过承力分孔板锚固。

2. 钢筋锚固夹具

钢筋锚固常用圆套筒三片式夹具、螺丝端杆夹具等。圆套筒三片式夹具由套筒和夹片组成。其型号有 YJ12、YJ14,适用于先张法。用 YC-18 型千斤顶张拉时,其适用于锚固直径为 12 mm、14 mm 的单根冷拉 HRB335、HRB400、RRB400 级钢筋。

3. 张拉夹具

张拉夹具是夹持住预应力筋后,与张拉机械连接起来进行预应力筋张拉的机具。常用的张拉夹具有月牙形夹具、偏心式夹具、楔形夹具等,如图 6-6 所示,适用于张拉钢丝和直径 16 mm 以下的钢筋。

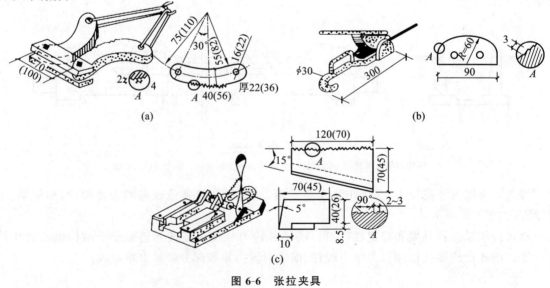

图 6-6 张拉夹具

三、张拉设备

张拉机具的张拉力应不小于预应力筋张拉力的 1.5 倍,张拉机具的张拉行程不小于预应力筋伸长值的 1.1~1.3 倍。

1. 钢丝张拉设备

钢丝张拉分单根张拉和多根张拉。用钢模以机组流水法时,常采用多根钢丝张拉;一般采用拉杆式千斤顶。在台座上生产构件一般采用单根钢丝张拉,可采用小型电动卷扬机、电动螺杆张拉机进行张拉。

(1) 电动卷扬机张拉、杠杆测力装置如图 6-7 所示。

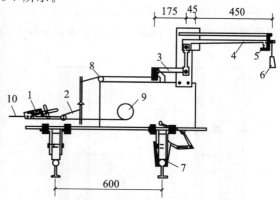

(a) 电动卷扬机张拉、杠杆测力装置　　(b) 卷扬机张拉、杠杆测力装置示意图

图 6-7　电动卷扬机张拉、杠杆测力装置及示意图

1—钳式张拉夹具;2—钢丝绳;3、4—杠杆;5—断电器;6—砝码;7—火轨器;8—导向轮;9—卷扬机;10—钢丝

(2) 电动螺杆张拉机如图 6-8 所示。电动螺杆张拉机由螺杆、顶杆、张拉夹具、弹簧测力器及电动机组成。

2. 钢筋张拉设备

穿心式千斤顶用于直径 12~20 mm 的单根钢筋、钢绞线或钢丝束的张拉。用 YC-20 型穿心式千斤顶(见图 6-9)张拉时,高压油泵启动,从后油嘴进油,前油嘴回油,被偏心夹具夹紧的钢

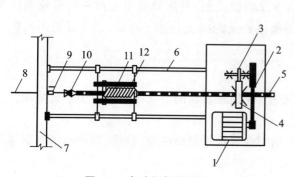
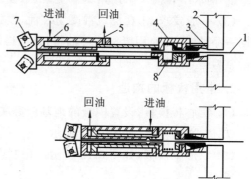

图 6-8　电动螺杆张拉机

1—电动机;2—皮带;3—齿轮;4—齿轮螺母;5—螺杆;
6—顶杆;7—台座横梁;8—钢丝;9—锚固夹具;
10—张拉夹具;11—弹簧测力计;12—滑动架

图 6-9　YC-20 型穿心式千斤顶

1—钢筋;2—台座;3—穿心式夹具;
4—弹性顶压头;5、6—油嘴;
7—偏心式夹具;8—弹簧

筋随液压缸的伸出而被拉伸。YC-20 型穿心式千斤顶的最大张拉力为 20 kN,最大行程为 200 mm。其适用于用圆套筒三片式夹具张拉锚固 12~20 mm 单根冷拉 HRB335、HRB400 和 RRB400 钢筋。

四、模板

现场预制混凝土梁的模板主要按材料进行分类,一般可分为:金属模板、非金属模板、钢木结合模板三种。T 梁制造常采用金属模板,而金属模板一般是由型钢和钢板组成的钢模板。钢木结合模板,如瑞达模板,在近期才刚刚开始使用。大型预制构件的模板,均设计为分扇拆装式模板。模板的形状和尺寸应符合设计要求。模板结构应有足够的刚度和强度,能承受混凝土的重量和施工过程中产生的各项荷载,在混凝土振捣器的强烈振动下其变形不超过容许误差。模板的拼缝务必严密,不漏浆。模板拼装接头构造应牢固,拆装方便。

1. 模板的类型及一般要求

(1)模板设计原则。根据《公路桥涵施工技术规范》(JTG/T F50—2011)的规定,模板的设计原则如下:①宜优先使用胶合板和钢模板;②在计算荷载作用下,对模板结构按受力程序分别验算其强度、刚度及稳定性;③模板板面之间应平整,接缝严密,不漏浆,保证结构物外露面美观、线条流畅,可设倒角;④结构简单,制作、拆装方便。

(2)模板的类型。

① 木模。在桥梁建筑中最常用的模板是木模,它由模板、肋木、立柱或模板、直枋、横枋组成,如图 6-10 所示。木模的优点是制作容易。

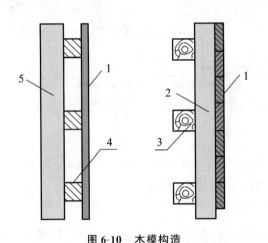

图 6-10　木模构造

1—模板;2—直枋;3—横枋;4—肋木;5—立柱

② 钢模。钢模是用钢板代替木模板,用角钢代替肋木和立柱。钢模的优点是周转次数多,浇筑的构件表面光滑。

③ 钢木结合模。采用角钢作支架,木模板用平头开槽螺栓连接于角钢上,表面钉以黑铁皮。

(3)一般要求:①在浇筑混凝土之前,模板应涂刷脱模剂,外露面混凝土模板的脱模剂应采用同一品种,不得使用废机油等油料,且不得污染钢筋及混凝土的施工缝处;②重复使用的模板应经常检查、维修。

2. 常用模板的构造

(1)实心板模板,设置模板的地基应夯实整平,在地基较软的情况下应采用小木桩基础。

(2)空心板模板,如图 6-11 所示。

(3)T 形梁模板,如图 6-12 所示。预制 T 形梁全套模板是由底模、侧模、端模和挡渣槽等部分组成。

底模为纵横梁体系,横梁直接锚固在混凝土底座上,纵梁在横梁上面,底模直接铺在纵梁上。钢模底板通常采用 10 mm 厚的钢板,木模底板一般采用厚度为 50~60 mm 的木板,底模板上根据需要设置预拱度。为了起顶梁,在底模两端设置活动段,在梁体混凝土达到一定强度后,

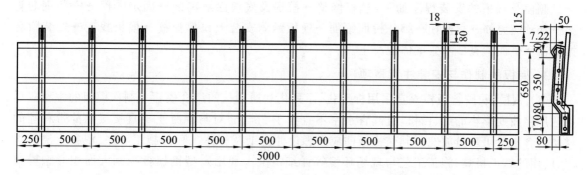

图 6-11 20 m 空心板中板 5 m 节模板布置图

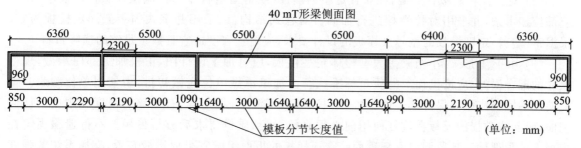

图 6-12 40 mT 形梁侧模模板布置图

拆掉活动底模即可起吊或顶升梁。

侧模位于梁体的两侧,沿梁长度方向由若干个具有独立结构的模扇组成。侧模的单元模扇由钢板、水平肋、竖向肋、直杆和斜杆组成。除此之外,还有固定模扇的拉杆、斜撑杆、模扇底部支承垫以及安装于侧模板上的振捣器支架等构件。

模扇的长度一般为梁体横隔板的节间长度。当横隔板节间长度大于 5 m 时,可以在一个横隔板节间内划分 2~3 段。钢模侧模板,一般采用 6~8 mm 的钢板。木板一般采用 40~50 mm 的木板。模板的竖向肋是由槽钢、角钢组成的有悬臂的三角形框架结构。竖肋框架之间用水平及斜撑连接。模扇的水平肋紧贴侧模,起到直接支承侧模板的作用。模扇在侧模上端用顶拉杆对称固定。顶拉杆是由两端带丝扣的圆钢焊接在中间为角钢的杆件上,这样的拉杆可以起到拉紧和支撑的作用,并能准确控制侧模上口尺寸。模扇底部采用生根于横梁上的顶座,顶杆螺丝穿过顶座,把侧模底部与底模顶紧固定。拆模时将顶杆丝扣松开,再施外力即可将模板拆除。

端模位于梁体两端,安装时与侧模相连。端模板主要是封堵端头,控制预应力孔道位置和锚垫板位置,先张梁的端头模板主要起固定预应力筋位置和支承梁端混凝土的作用。因此,先张梁必须先立端模,将端模固定在底模上,然后穿钢绞线或钢丝束。

制作模板时,模板各项尺寸(包括分扇长度和组拼后的总长度)以及模扇间连接螺栓的配合要准确,模板要平直,焊缝要平顺。模扇上的转角要求光滑平直,焊缝应打磨。端模要平整,预应力管道的预留位置定位要准确。

模扇的制作必须在工厂进行。钢模的放样和下料必须准确,钢模的模面放样,纵横肋的拼装及钢模的整体拼焊,均应在工作平台上进行。工作平台的底部应用大型钢轨或型钢焊制而成,使之具有较大刚度。

侧模及端模的安装程序如下:模扇修整→模扇及底模涂隔离剂→固定端模→安装钢筋骨架→穿预应力筋→立侧模→绑扎桥面钢筋→模板紧固安装上口撑拉杆→模板找正→安装附着振捣器→全面检查→灌筑梁体混凝土。

3. 模板的制作与安装注意事项

(1) 钢模板、胶合板模板宜采用标准化、系列化和通用化的组合模板。制作模板的木材应尽量选用挠曲变形小的红、白松,且其含水率不宜大于25%。对与混凝土不直接接触的带料等的材质与含水量可酌量放宽。制作模板前应熟悉设计图纸及整体工程的施工顺序、混凝土浇筑次序、所用的施工机具、施工工艺与现场环境等详细情况。利用定型钢模板配制大面积异型模板时,其不足部分可用木模板加衬铁皮填补。

(2) 对大体积的墩台立墙,在布置定型钢模板(或定型塑料板)时,应按模板设计要求,在相应部位加木条,并采用对拉螺栓进行加固。对柱式结构,以采用井字式固定架固定模板为宜。根据钢(塑料)定型模板的型号及模板的设计要求,应配置强度适宜且数量足够的横竖带料。

(3) 用于T形梁,小箱梁等大型整体定型模板,应有加工设计图,由机加工部门承做,规格尺寸的配合误差,应按机加工的质量标准执行。加工承做单位应做初拼,由使用单位验收。重复使用的模板应始终保持其表面平整,形状准确,不漏浆,不走样,有足够的强度和刚度。任何翘曲,隆起或破损的模板在重复使用前必须修整,达到质量要求后方可使用。不得遗漏固定在模板上的预埋件和预留洞。刚框覆面胶合板模板的板面组配宜采取错缝布置,支撑系统的强度和刚度应满足要求。吊环应采用HPB300级钢制作,吊环计算拉应力不应大于50 MPa。

(4) 内模模板的制作要点与要求:对于现浇箱梁内模板可采用组合钢模板或者木模板,拼缝必须严密不漏浆,下部采用钢管或短支撑与腹板进行支顶。

(5) 模板安装与钢筋绑扎工作应配合进行,如有妨碍绑扎钢筋的模板,应待钢筋作业完毕后再安装。安装模板时,要将其上的预埋件和预留洞用样板固定牢固,位置要准确。模板在安装过程中,必须设置防倾覆设施。模板安装完毕后,应对其平面位置、顶部高程、节点联系及纵横向稳定性进行检查,签认后方可浇筑混凝土。浇筑时,发现模板有超过允许偏差变形值的可能时,应及时纠正。

先张法预应力板梁施工时,模板的制作除满足一般要求外,还应满足如下要求。

(1) 将先张台座的混凝土底板作为预制构件的底模,要求地基不产生非均匀沉陷,底板制作平整光滑、排水畅通,预应力筋放松,梁体中段拱起,两端压力增大,梁位端部的底模应具有足够的强度和重复使用的要求。

(2) 端模预应力筋孔的位置要准确,安装后与定位板上对应的力筋孔要求均在一条中心线上。由于施工中实际上存在偏差,力筋张拉时筋位有移动,制作时端模力筋孔径可按力筋直径扩大2~4 mm,力筋孔水平向还可做成椭圆形。

(3) 先张法制作预应力板梁,预应力钢筋放松后板梁压缩量为1‰左右。为了保证梁体外形尺寸,侧模的制作要增长1‰。

4. 模板的质量验收

模板施工完毕后,必须进行质量验收,符合相关要求后方可进入下一道工序,其验收标准见表6-1。

(1) 模板支撑必须牢固,不得有松动、跑模、变形或下沉等现象。

(2) 模板拼缝必须严密不得漏浆,模内必须清洁无杂物。
(3) 凡需起拱的构件模板,其预留拱度或反拱度应符合设计规定。
(4) 衬里模板外形尺寸应符合相关规定,平面上不得有明显的模板接茬。

表 6-1　桥梁模板制作及安装工序施工质量验收评定表

检验项目		检验方法	检验数量
稳定性、刚度和强度		对照模板设计文件及图纸检查	全部
承重模板底面高程		仪器测量	
排架、梁、板、柱、墙	结构断面尺寸	钢尺测量	
	轴线位置	仪器测量	
	垂直度	2 m 靠尺量测或仪器测量	
结构物边线与设计边线	外露表面	钢尺测量	模板面积在 100 m² 以内,不少于 10 个点;每增加 100 m²,检查点数增加不少于 10 个点
	隐蔽内面		
预留孔、洞尺寸及位置	孔、洞尺寸	测量、查看图纸	
	孔洞位置		
模板平整度、相邻两板面错台	外露表面	2 m 靠尺量测或拉线检查	模板面积在 100 m² 以内,不少于 10 个点;每增加 100 m²,检查点数增加不少于 10 个点
	隐蔽内面		
局部平整度	外露表面	按水平线(或垂直线)布置检测点,2 m 靠尺量测	模板面积在 100 m² 以上,不少于 20 个点。每增加 100 m²,检查点数增加不少于 10 个点
	隐蔽内面		
板面缝隙	外露表面	量测	模板面积在 100 m² 以上,检查 3~5 个点。模板面积在 100 m² 以内,检查 1~3 个点
	隐蔽内面		
结构物水平断面内部尺寸		测量	模板面积在 100 m² 以上,不少于 10 个点;模板面积在 100 m² 以内,不少于 5 个点
脱模剂涂刷		查阅产品质检证明,观察	全面
模板外观		观察	全面

5. 模板的拆除

1) 拆除期限的规定

模板的拆除期限应根据结构物特点、模板部位和混凝土所达到的强度来决定。

(1) 非承重的侧模应在强度能保证其表面及棱角不致因拆模而受损坏时方可拆除。一般侧模板在混凝土强度达到 2.5 MPa 以上时方可拆除。

(2) 钢筋混凝土结构的承重模、支架,应在混凝土强度能承受其自重力及其他可能的叠加荷载时,方可拆除。

2) 拆除时的技术要求

(1) 模板拆除应按设计的顺序进行,设计无规定时,应遵循先支后拆,后支先拆的顺序。

(2) 模板拆除后,应维修整理、分类妥善存放。

(3) 模板和支(拱)架拆除后,应将面板的灰浆、污垢及时清除干净,并应维修整理分类堆放,注意保养,防止翘曲变形。

(4) 当芯模采用钢管、硬胶管或硬塑料管时,管的表面应光滑、涂刷隔离剂。结构混凝土浇筑时,宜将芯模轻轻转动,混凝土终凝后边转动边拔出。

五、预应力钢筋

预应力钢筋通常由单根或成束的钢丝、钢绞线或钢筋组成。对预应力钢筋的基本要求是高强度、较好的塑性以及较好的黏结性能。预应力钢筋的发展方向为:高抗拉强度、低松弛损失、粗直径、良好的伸直性、捻线不松散及耐腐蚀等。

1. 预应力钢筋种类

1) 高强钢筋

高强钢筋是指钢筋混凝土和预应力钢筋混凝土用的钢材,其横截面为圆形,有时为带有圆角的方形。其包括光圆钢筋、带肋钢筋、扭转钢筋。HRB400级钢筋和HRB500级钢筋即为高强钢筋。

(1) 热处理钢筋 是将普通中碳低合金钢,经过连续式马弗炉加热,机油淬火和等温盐浴回火而得到的一种高强钢筋。以轧钢时进行淬水处理并利用芯部的余热对钢筋的表层实现回火,提高钢筋强度并避免脆性,余热处理钢筋的牌号为 RRB。例如,标注为 RRB400 的高强钢筋,就代表为余热处理的屈服强度标准值为 400 MPa 级的热轧带肋钢筋。

(2) 精轧螺纹钢筋 是用热轧方法在整根钢筋表面上轧出不带纵肋的螺旋外形的直条钢筋。钢筋接长用连接器,端头锚固可直接利用螺帽,避免了普通钢绞线截面焊接。其连接可靠,锚固简单,施工方便,力筋黏结效果好。

2) 高强钢丝

高强钢丝包括冷拉和矫直回火两种,按外形分为光面、刻痕和螺旋肋三种。常用的高强钢丝的直径(mm)有 4.0、5.0、6.0、7.0、8.0、9.0 等几种。高强钢丝是用含碳量 0.7%~0.9% 的优质碳素钢盘条加热至 850~950 ℃,并经 500~600 ℃ 的盐浴中淬火,然后经过酸洗冷拔而达到所需的直径和强度。冷拔后,为消除钢丝冷拔中产生的残余应力,提高钢丝的比例极限、屈服强度和弹性模量并改善塑性和解决钢丝的伸直问题,需对钢丝进行矫直回火(350~400 ℃)处理。先张法预应力筋为了改善碳素钢丝与混凝土的黏结,保证其强度的发挥,对钢丝的表面进行刻痕处理,这种钢丝被称为刻痕钢丝。

3) 钢绞线

钢绞线是用冷拔钢丝绞扭而成,其方法是在绞线机上以一种稍粗的直钢丝为中心,其余钢丝则围绕其进行螺旋状绞合(见图 6-13),再经低温回火处理即可。其包括 1×2,1×3,1×7 标准型和 1×7 模拔型等四种形式。

4) 无黏结预应力筋

无黏结预应力筋是一种在施加预应力后沿全长与周围混凝土不黏结的预应力筋,它由预应力钢材、涂料层和包裹层组成,如图 6-14 所示。

5) 非金属预应力筋

非金属预应力筋主要是指用纤维增强塑料(简称 FRP)制成的预应力筋,主要包括玻璃纤维增强塑料(GFRP)、芳纶纤维增强塑料(AFRP)及碳纤维增强塑料(CFRP)预应力筋等几种形式。

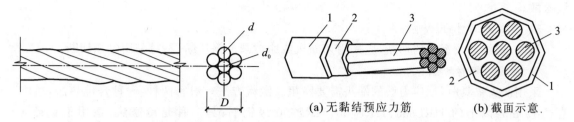

图 6-13 预应力钢绞线的截面　　　　　图 6-14 无黏结预应力筋
D—钢绞线直径；d_0—中心钢丝直径；d—外层钢丝直径　　1—聚乙烯塑料套管；2—保护油脂；3—钢绞线或钢丝束

先张法预应力混凝土梁的力筋可以采用高强度钢丝、粗钢筋和钢绞线三种，但由于先张梁的预应力钢筋两端不设锚具，完全靠黏结自锚固定。高强度钢丝与混凝土的黏结性能较差，当应力超过 1 000 MPa 时，须经刻痕处理方能使用。采用强度不低于 850 MPa HRB500 级以上的精轧螺纹钢筋，其强度和耐劳性符合铁路动载的要求，可用于先张梁配筋。近年来国内生产的高强低松弛钢绞线的强度已达 1 860 MPa，松弛率≤3.5%，质量稳定，自锚可靠，作为先张法梁的力筋较为理想。

2. 预应力钢筋加工

1）下料长度

预应力筋下料前，应根据实际情况，确定其下料长度。

(1) 先张法和后张法对预应力钢材在构件外预留的长度不同。

(2) 下料长度应考虑构件长度、孔道弯曲、一端张拉或两端张拉等因素。

(3) 各种锚、夹具的长度不同，需要留出的预应力筋长度也不同。

(4) 张拉机具不同，需留出的预应力筋长度不同。

(5) 应考虑钢筋冷拉后的弹性回缩。对长条钢筋，还应考虑对焊接头的数量，并应遵守预应力钢筋设置对焊接头的规定。对钢丝需考虑应力下料及应力下料后的弹性回缩问题。

(6) 张拉时，构件端头采用的垫板数量及其厚度等。

2）预应力钢材下料及编束

(1) 钢筋束　钢筋束下料前应经开盘、冷拉、调直、镦粗等工序，下料时每束内钢筋的长度应力求一致，误差不超过 5 mm。钢筋编束应按规定根数逐根排列理顺，一端对齐，每隔 1 m 用 18~22 号铁丝编织成片，然后等间距放置一个与钢筋束内径相同的弹簧圈，将钢筋片围捆在补圈上扎紧即成。对采用镦粗头钢筋，将镦粗头相互错开 5~10 cm，待穿入孔道后用锤敲平。

(2) 钢丝束　直径为 5 mm 的大盘径钢丝用调直机调直后下料，小盘径钢丝应采用应力下料的方法，以 300 kPa 的下料应力冷拉，并量出需要的长度，然后放松切断。当用镦粗头锚具时，同束钢丝中下料长度的相对差值不应大于 $L/5\,000$，且不得大于 5 mm。当用锥形锚具时，不需应力下料。夏季下料应考虑温度影响，钢丝束宜采用有衬管（衬管可用钢管或铁丝缠制）的编束工艺，并应在平台或支架上进行，钢丝按规定根数逐根排列理顺，并用带孔眼的梳板编扎，以保证各根钢丝顺直，沿钢丝束每 1.0~1.5 m 放置一根衬管，然后在衬管位置用铁丝密缠 20 mm。

(3) 钢绞线　在下料时可进行预拉，以减少钢绞线的构造变形和应力松弛损失，同时也便于等长控制。预拉应力值取钢绞线抗拉强度的 80%~85%，预拉保持 5~10 min 再放松。下料时，切割口的两侧各 5 cm 处先用铅丝绑扎，然后再切割，切割后应立即将切口焊牢，以防止钢绞线松散。

3) 预应力钢材的切断

钢丝、钢绞线及钢筋的切断,应采用切断机或摩擦圆片锯切断,不得采用电弧切断。

4) 预应力钢材的镦粗

采用镦头锚具时,预应力筋的端头需要镦粗。镦粗方法一般有两种:一种是电热法,适用于直径 12 mm 以上的 HRB335、HRB400、HRB500 级钢筋;另一种是冷镦法,适用于直径 4~12 mm 的钢丝或钢筋。

电热镦粗法是采用对焊机及镦头模具,通过多次脉冲通电加热软化钢筋,加压镦粗至要求的形状,然后进行通电热处理,即完成镦粗头。冷镦粗头法采用机械压力镦粗,冷镦机有液压镦头机和机械镦头机两种。其优点是工作简单,效率高,成型较好。

3. 预应力钢筋配置

先张梁中预应力钢筋配置形式有两种:直线配筋和折线配筋。从结构合理性来说,折线配筋符合力学要求。但折线配筋使张拉设备复杂、施工麻烦,因此很少采用。标准设计都是采用直线配筋,利用钢绞线与混凝土的黏结力自锚于混凝土中。为了适应荷载弯矩沿跨度的变化,避免靠梁端部区段上缘混凝土因预压力偏心过大使混凝土开裂,在跨度 1/4 左右至梁端有不同数量的钢绞线分批进行"绝缘",即用硬质塑料套管套在钢绞线上,使钢绞线与混凝土隔开,以消除绝缘段钢绞线的预应力。由于先张梁中预应力钢筋不能弯起承担剪力,因此腹板厚度根据主拉应力和剪力沿梁长变化,在支点附近区段适当加厚。跨中 9.98 m 范围内腹板厚为 20 cm,两端为 46 cm,其余部分按直线变化过渡。下翼缘宽度为 68 cm,高度为 20 cm。每片梁下翼缘布置 28 根 75 钢绞线。除 14 根全长有效外,其余 14 根分四批在两端不同长度内用塑料套管绝缘,按设计决定其有效长度。

六、混凝土

在预应力混凝土结构中所采用的混凝土应具有高强、轻质和高耐久性的性质。一般要求混凝土的强度等级不低于 C30。目前,我国在一些重要的预应力混凝土结构中,已开始采用 C50~C60 的高强混凝土,最高混凝土强度等级已达到 C80,并逐步向更高强度等级的混凝土发展。国外混凝土的平均抗压强度每 10 年提高 5~10 MPa,现已出现抗压强度高达 200 MPa 的混凝土。

1. 混凝土配合比设计

混凝土配合比设计应满足设计要求。在进行混凝土拌和物性能试验前,首先应进行混凝土配合比设计参数的初选和混凝土总碱含量和氯离子含量的计算,在混凝土有害物含量达到控制要求的基础上开展混凝土的试拌工作。试验应选择多个配合比,进行拌和物性能试验、混凝土抗裂性对比试验、混凝土力学性能试验以及混凝土耐久性能试验(包括电通量、抗冻性、抗渗性、抗碱-骨料反应)。经过混凝土配合比试验确定多种配合比供试验选用,在正式施工前通过与箱梁混凝土浇筑相同条件的工艺性能试验,对所选定的配合比工作性能进行验证,确定试验梁采用的配合比进行梁体浇筑试验。

1) 预应力混凝土配料的要求

(1) 配制高强度等级的混凝土应选择级配优良的配合比,在构件截面尺寸和配筋允许的情况下,尽量采用大粒径、强度高的集料,含砂率不超过 0.4,水灰比不超过 0.45,一般可采用低塑性混凝土,坍落度不大于30 mm,以减少因徐变和收缩所引起的预应力损失。

(2) 在拌和料中可掺入适量的减水剂(塑化剂),以达到易于浇筑、早强、节约水泥的目的,其掺入量可由试验确定,也可参考经验值。从混凝土的各种组成材料引进混凝土中的氯离子总含量(折合氯盐含量)不宜超过水泥用量的0.1%。当大于0.1%且小于0.2%时,应采取防锈措施。目前用于建造预应力混凝土桥梁的高强度混凝土都掺加减水剂,但对它的使用不能掉以轻心,使用不当将会严重影响混凝土的质量。

(3) 水、水泥、减水剂用量应准确到±1%;集料用量准确到±2%;预应力混凝土所用的全部材料,必须全面检查,各项指标均应合格。

预应力混凝土选配材料总的发展趋势是提高强度、减轻自重,主要途径是采用多孔的轻质集料。国外用于主体承重结构的C30～C60预应力轻质混凝土的重度为16～20 kN/m³,用轻质混凝土(可较普通混凝土轻20%～30%)修桥可大大减小永久作用产生的内力,减少圬工数量,降低工程造价。

2) 发展改性混凝土

改善预应力混凝土物理力学性能的另一个重要途径是发展、研制改性混凝土。目前研制的主要有下列产品。

(1) 纤维混凝土。在混凝土中掺入钢纤维、抗碱玻璃纤维或合成纤维。这些材料可以大幅提高混凝土的抗拉强度、断裂韧性,对混凝土的抗压强度、弹性模量的提高亦有作用。

(2) 聚合物混凝土。它研制的配料是有机聚合物与无机材料复合的新型材料,如浸渍混凝土,它不仅可将强度提高200%～400%,还可以增进混凝土的耐久性和耐腐蚀性。

目前,在桥梁工程上也有配制试用新材料混凝土的,采用改性混凝土可达到超高强度,优越性大,经济效益显著。

2. 预应力混凝土浇筑

混凝土浇筑前除按操作规程检查外,对先张法构件还应检查台座受力、夹具、预应力筋数量、位置及张拉吨位是否符合要求。

混凝土浇筑除按正常操作规程处理外,还应注意以下事项:①尽量采用侧模振捣工艺;②先张构件使用振捣棒振捣时,应避免触及力筋,防止发生受振滑移和断筋伤人事故,并不得触及充气胶管;③浇筑混凝土时,检查定位锚筋和压块固定情况;④先张构件用蒸汽养护,温度应按设计规定执行,不得任意提高,待混凝土强度达到10 MPa时,可适当提高温度,但不得超过60 ℃。

混凝土灌筑总的原则为:先底板,再腹板,最后顶板。从一端向另一端每隔10 m水平分层(灌筑厚度不大于300 mm)、斜向分段(工艺斜度为1∶4～1∶5),并且利用2台布料机左右对称布料连续灌筑。

灌注时,由一端开始向另外一端左右对称灌注两侧腹板混凝土,通过侧模板附着式振动器和插入式振动棒引导作用,混凝土流向底板中部,底板部分混凝土捣固采用插入式振动棒进行。为了保证内模支架底部混凝土密实,在此处采用插入式振动棒进行振捣间距不宜大于30 cm,不能漏振。底板中部混凝土不足部分由顶板预留灌注孔进行灌注,及时对底板混凝土进行抹平、压实和表面赶光。

底板混凝土灌注完成后,进行底、腹板交接处混凝土的灌注。以插入式振动棒为主,附着式振动器为辅进行振捣。为了减少灌注该部位时混凝土上翻,在此处采用组合钢模板作为混凝土压板,在斜角处预留灌注和振捣观察孔,用插入式振动棒振捣确保该部位混凝土密实。待灌注完成后,对斜角处进行一次补振,减少斜面气泡的出现。

底板与腹板交接处混凝土灌注完毕,此时腹板部位已有约 2/3 高的混凝土,以附着式振动器为主,插入式振动棒为辅进行振捣。由一端向另一端对称灌注两侧腹板混凝土时,此时混凝土捣固应采用插入式振动棒,以防止开动附着式振动器后,扰动腹板下半部分已接近初凝混凝土,而造成麻面或露筋。振动棒插入下层混凝土深度为 10 cm 左右,禁止振动棒接触预应力管道及预埋件。

顶板混凝土灌注由一端向另一端进行,顶板混凝土灌注采用插入式振动棒进行振捣,整体振动抹平机进行抹平处理。吊装孔处混凝土应加强振捣。振动抹平机处理后,即采用人工进行二次收面工作。

混凝土振捣应该从双线箱梁浇筑时采用侧振、底振、插入振相结合的工艺。在侧模、端模和底模两端安装高频振动器。梁端体积大、钢筋密集,为保证该部位混凝土的浇筑质量,采用底振、侧振、内模高频振动器和插入式振动器一同加强对梁端部混凝土的振动。梁体混凝土浇筑时一般情况下高频振动器每次振动时间开启为 40 秒左右,以混凝土密实为准。对桥面和内腔表面应进行第一次整平抹面和第二次收浆抹平,使之平整,排水通畅,同时也防止早期混凝土初凝时产生毛裂。

3. 梁体混凝土养护

梁体混凝土养护分为蒸汽养护和自然养护两个阶段。

(1) 蒸汽养护 采用养护罩封闭梁体,然后通蒸汽养护,为防止梁体裂纹及损失强度,应静停 4 小时以上,混凝土浇筑完 4~6 小时后,再缓缓送入蒸汽,静停期间,应保持棚温不低于 5 ℃,灌筑完 4 h 后方可升温。混凝土初凝后桥面和箱内均蓄水保湿。升温速度不超过 10 ℃/h;恒温不超过 45 ℃,混凝土芯部温度不得超过 60 ℃,最高不得超过 65 ℃。降温时降温速度不超过 10 ℃/h;当降温至梁体温度与环境温度之差不超过 15 ℃时,撤除养护罩。箱梁的内室降温较慢,可适当采取通风措施。罩内各部位的温度保持一致,温差不大于 10 ℃。在蒸养过程中,通蒸汽以后应定时测量温度,并做好记录。压力式温度计的分布宜在内箱跨中和靠梁端 4 m 处,侧模上布置 4 个温度计,一共布置 10 个温度计。恒温时每 2 h 测一次温度,升、降温时每 1 h 测一次。根据实测温度调整蒸汽放入量。

(2) 自然养护 梁体拆模后进行自然养护时,箱梁表面应予以覆盖,洒水次数以混凝土表面湿润为度,洒水养护 7 天以上。当气温低于 5 ℃时,按冬季施工措施处理。梁体混凝土灌注完毕后,应随时收集混凝土表面与芯部、箱内与箱外等温度参数,确保梁体芯部温度不超过 60 ℃,最高不得大于 65 ℃,当梁体芯部温度大于 60 ℃时,应立即对腹板及内腔洒水进行降温。

七、先张法施工工艺

1. 张拉控制应力和张拉程序

张拉控制应力是指在张拉预应力筋时所达到的规定应力,应按设计规定采用。控制应力的数值直接影响预应力的效果。施工中采用超张拉工艺,使超张拉应力比控制应力提高 3%~5%。预应力筋的张拉控制应力,应符合设计要求。施工中预应力筋需要超张拉时,可比设计要求提高 3%~5%,但其最大张拉控制应力不得超过表 6-2 的规定。

表 6-2 最大张拉控制应力允许值

钢筋种类	张拉方法	
	先张法	后张法
碳素钢丝、钢绞线、刻痕钢丝	$0.80 f_{ptk}$	$0.75 f_{ptk}$
热处理钢筋、冷拔低碳钢丝	$0.75 f_{ptk}$	$0.70 f_{ptk}$
冷拉钢筋	$0.95 f_{ptk}$	$0.90 f_{ptk}$

表中:f_{ptk}为预应力钢筋极限抗拉强度的标准值。

张拉程序可按下列程序进行。

$$0 \xrightarrow{\text{持续 2 min}} 105\%\sigma_{con} \xrightarrow{} \sigma_{con} \text{锚固 或 } 0 \to 103\%\sigma_{con} \sim 1.05\sigma_{con} \text{锚固}$$

其中,σ_{con}为预应力筋的张拉控制应力。

为了减少应力松弛损失,预应力钢筋宜采用的张力程序如下。

$$0 \to 105\%\sigma_{con} \xrightarrow{\text{持续 2 min}} \sigma_{con} \text{锚固}$$

预应力钢丝张拉工作量大时,宜采用一次张拉程序,具体如下。

$$0 \to 103\%\sigma_{con} \sim 1.05\sigma_{con} \text{锚固}$$

先张法预应力钢筋张拉程序见表 6-3。

表 6-3 先张法预应力钢筋张拉程序

力筋类型	张拉程序
钢筋	$0 \to $ 初应力 $\to 105\%\sigma_{con} \xrightarrow{\text{持续 2 min}} 90\%\sigma_{con}$ 锚固
钢丝	$0 \to 105\%\sigma_{con} \xrightarrow{\text{持续 2 min}} \sigma_{con}$ 锚固
钢绞线	$0 \to 103\%\sigma_{con} \sim 1.05\sigma_{con}$ 锚固

2. 预应力值的校核

预应力钢筋的张拉力,一般用伸长值校核。预应力筋理论伸长值 ΔL 应按下式计算。

$$\Delta L = \frac{F_p L}{A_p E_s}$$

式中:F_p 为预应力筋平均张拉力(kN),轴线张拉取张拉端的拉力,两端张拉的曲线筋取张拉端的拉力与跨中扣除孔道摩阻损失后拉力的平均值;L 为预应力筋的长度(mm);A_p 为预应力筋的截面面积(mm^2);E_s 为预应力筋的弹性模量(kN/mm^2)。

3. 预应力筋制备

1) 预应力钢筋制备程序

预应力筋制备种类:冷拉 HRB400 和 HRB500 粗螺纹钢筋、高强钢丝、钢绞线、冷拔低碳钢丝等。

预应力钢筋制备程序为:下料→对焊→冷拉→时效→镦粗→轧丝。

其中,时效是指经冷拉后的钢筋内应力得以消除,从而使钢筋的屈服强度、抗拉强度比冷拉完成时有所提高,并逐渐趋于稳定,同时钢筋冷拉时所降低的弹性模量得到恢复。

时效方式包括自然时效、人工时效和电热时效三种。

(1) 自然时效:在自然温度(25 ℃～30 ℃)下放置 20～30 天后使用。

(2) 人工时效:在 100 ℃恒温下保持 2 小时左右。

(3) 电热时效:对钢筋通电,维持温度 200 ℃～300 ℃经过 20～30 分钟达到时效目的。

2) 钢筋的接长与冷拉

钢丝的接长一般采用钢丝连接器将 20～22 号铁丝密排绑扎。绑扎长度的规定:冷拔低碳钢丝不得小于 40 倍钢丝直径;高强度钢丝不得小于 80 倍钢丝直径。

预应力钢筋冷拉:对钢筋施加一个大于屈服强度而小于抗拉强度的拉力,使钢筋屈服并产生塑性变形,从而提高对钢材的屈服强度。

预应力钢筋一般采用冷拉 HRB335、HRB400 和 RRB400 热轧钢筋。预应力钢筋的接长及预应力钢筋与螺丝端杆的连接,宜采用对焊连接,且应先焊接后冷拉,以免焊接而降低冷拉后的强度。预应力钢筋的制作,一般有对焊和冷拉两道工序。

预应力钢筋铺设时,钢筋与钢筋、钢筋与螺丝端杆的连接可采用套筒双拼式连接。

3) 钢筋(丝)的镦头

预应力筋(丝)固定端采用镦头夹具锚固时,钢筋(丝)端头要镦粗形成镦粗头。镦头一般有热镦和冷镦两种工艺。热镦在手动电焊机上进行,钢筋(丝)端部在喇叭口紫铜模具内,进行多次脉冲式通电加热、加压形成镦粗头。

4) 预应力筋的张拉力和伸长值的计算

控制张拉力: $F_p = \sigma_{con} \cdot A_p \cdot n$

超张拉力: $F = (103\% \sim 105\%) \cdot \sigma_{con} \cdot A_p \cdot n$

伸长值: $\Delta L = \dfrac{\sigma_{con} L}{E_s}$

式中:σ_{con} 为预应力张拉控制应力(kN/mm²);A_p 为预应力筋截面面积(mm²);n 为同时张拉预应力筋的根数;E_s 为预应力筋的弹性模量(kN/mm²);L 为预应力筋的长度(mm)。

5) 张拉机具设备及仪表定期维护和校验

张拉设备应配套校验,以确定张拉力与仪表读数的关系曲线,保证张拉力的准确,每半年校验一次。设备出现反常现象或检修后应重新校验。张拉设备宜定岗负责,专人专用。

6) 预应力筋(丝)的铺设

长线台座面(或胎模)在铺放钢丝前,应清扫并涂刷隔离剂。一般涂刷皂角水溶性隔离剂,易干燥,污染钢筋易清除。涂刷均匀,不得漏涂,待其干燥后,铺设预应力筋,一端用夹具锚固在台座横梁的定位承力板上,另一端卡在台座张拉端的承力板上待张拉。在生产过程中,应防止雨水或养护水冲刷掉台面隔离剂。

7) 预应力筋张拉注意事项

(1) 对于多根张拉,为避免台座承受过大的偏心力,应先张拉靠近台座截面重心处的预应力筋。

(2) 钢质锥形夹具锚固时,敲击锥塞或楔块应先轻后重,同时倒开张拉设备并放松预应力筋,二者应密切配合,既要减少钢丝滑移,又要防止锤击力过大导致钢丝在锚固夹具处断裂。

(3) 对重要结构构件(如吊车梁、屋架等)的预应力筋,用应力控制方法张拉时,应校核预应力筋的伸长值。

(4) 同时张拉多根预应力钢丝时,应预先调整初始应力($10\%\sigma_{con}$),使其相互之间的应力一致。

4. 预应力筋的张拉

张拉预应力筋时,应以稳定的速率逐渐加大拉力,保证使拉力传到台座横梁上。为了避免台座承受过大的偏心力,应从截面重心处的力筋开始张拉。当同时张拉多根预应力筋时,应预先调整初始应力,使其相互之间的应力一致。

张拉前的检查事项包括:①检查预应力筋的品种、级别、规格、数量(如排数、根数等)是否符合设计要求;②预应力筋的外观质量应全数检查,预应力筋应符合展开后平顺,没有弯折,表面无裂纹、小刺、机械损伤、氧化铁皮和油污等;③张拉设备是否完好,测力装置是否校核准确,横梁、定位承力板是否贴合及严密稳固;④预应力筋张拉后,对设计位置的偏差不得大于5 mm,也不得大于构件截面最短边长的4%;⑤在浇筑混凝土前发生断裂或滑脱的预应力筋必须予以更换,张拉、锚固预应力筋应由专人操作,实行岗位责任制,并做好预应力筋张拉记录;⑥在已张拉钢筋(丝)上进行绑扎钢筋、安装预埋铁件、支承安装模板等操作时,要防止踩踏、敲击或碰撞钢丝。

5. 混凝土的浇筑与养护

预应力混凝土构件的混凝土浇筑,应一次连续浇筑完成,不允许留设施工缝,并且尽可能采用低水灰比,控制水泥用量,选用级配优良的骨料。浇筑时应充分捣实,尤其要注意靠近端部混凝土的密实度。混凝土的收缩是水泥浆在硬化过程中脱水密结和形成的毛细孔压缩的结果。混凝土的徐变是荷载长期作用下混凝土的塑性变形,因水泥石内凝胶体的存在而产生。为了减少混凝土的收缩和徐变引起的预应力损失,在确定混凝土配合比时,应优先选用干缩性小的水泥,采用低水灰比,控制水泥用量,对骨料采取良好的级配等技术措施。

预应力钢丝张拉、绑扎钢筋、预埋铁件安装及立模工作完成后,应立即浇筑混凝土,每条生产线应一次连续浇筑完成。采用机械振捣密实时,应避免碰撞钢丝。混凝土未达到一定强度前,不允许碰撞或踩踏钢丝。预应力混凝土可采用自然养护或湿热养护,自然养护不得少于14 d。干硬性混凝土浇筑完毕后,应立即覆盖进行养护。当预应力混凝土采用湿热养护时,应尽量减少由于温度升高而引起的预应力损失。

当台座上制作预应力构件需要蒸汽养护时,应选择合理的养护制度。通常应采用二次升温的方法,以减少因台座与钢筋间的温差过大引起预应力损失。一般第一次加热时,使二者间的温差控制在20 ℃以内,待混凝土硬化具有约10 MPa的强度后,再按正常升温制度加热养护。这样因钢筋与混凝土间已具有足够的黏结力,限制了钢筋的热变形,避免了过多的应力损失。

6. 预应力筋放张

在构件混凝土达到一定强度后,方可放松预应力筋,然后再切割每个构件端部的钢筋。放张前,应拆除模板,使构件能够自由伸缩。预应力放张的方法有:放松千斤顶、砂箱放松、滑楔放松、螺杆张拉架放松等。预应力筋应分阶段、对称、相互交错地进行放张。放张后的力筋可采用氧割、锯断、剪断等方法切断。最后采用砂浆封闭或涂刷防腐材料,防止力筋生锈。

混凝土浇筑以后,则应视混凝土强度是否已经达到设计规定值。当设计无具体要求时,应按施工及验收规范的规定进行,即放张时混凝土的强度不得低于设计强度标准值的80%。具体放张时间要通过同条件养护的混凝土试块试压结果决定。如果放张过早将会引起较大的应力损失或产生钢丝滑动,造成质量事故。

1) 预应力筋放张原则

放松预应力筋时会产生很大的冲击和振动,严重时会使构件端部裂缝或发生翘曲,所以应按照以下原则进行放张。

(1) 对于轴心受压构件,所有预应力筋应同时放张,避免产生偏心受压现象。

(2) 对于偏心受压构件,应先同时放张预压力较小区域内的预应力筋,然后再同时放张压力较大区域内的预应力筋,否则容易产生弯曲或裂缝。

(3) 如果按上述两个原则放张有困难时,则应分阶段、对称、相互交错地进行放张,这样可以防止在放张过程中构件发生翘曲或裂缝。

此外,放张时要防止切断钢筋时产生突然的过大冲击力,应采用缓冲办法予以缓解,如砂箱缓冲装置等。

2) 放张顺序

预应力筋放张时,应缓慢放松锚固装置,使各根预应力筋缓慢放松。预应力筋放张顺序应符合设计要求,当设计未规定时,可按下列要求进行:①承受轴心预应力构件的所有预应力筋应同时放张;②承受偏心预压力构件,应先同时放张预压力较小区域的预应力筋,再同时放张预压力较大区域的预应力筋;③长线台座生产的钢弦构件,剪断钢丝宜从台座中部开始;④叠层生产的预应力构件,宜按自上而下的顺序进行放松;⑤板类构件放松时,应从两边逐渐向中心进行。

3) 放张方法

(1) 放张单根预应力筋,一般采用千斤顶放张,如图 6-24 所示。

(2) 构件预应力筋较多时,整批同时放张可采用砂箱装置、楔块放张装置。

(3) 对于配置预应力筋数量不多的混凝土构件放张时,可以采用钢丝钳剪断、锯割等。

7. 梁的堆放与运输

预制梁一般采取整体预制的方法。混凝土梁的预制工作可在专业桥梁预制厂内进行,也可在桥位处的预制场内进行。桥梁预制厂一般可生产钢筋混凝土梁、先张法或后张法工艺的预应力混凝土梁、混凝土桥梁的节段构件及其他预制构件。由于运输长度和质量的限制,通常在桥梁预制厂内以生产中、小跨径预制构件为主,跨径大于 25 m 的后张法预应力混凝土梁以及大跨径混凝土桥的节段构件主要在桥位预制场内生产。

为了将预制的钢筋混凝土或预应力混凝土板、梁从预制场(或专业桥梁预制厂)运往桥孔现场,首先要将其从预制底座上移出来,称为"出坑"。钢筋混凝土构件在混凝土强度达到设计强度的75%、预应力混凝土构件在进行预应力张拉后,即可进行这项工作。

1) 预制构件出坑、堆放时的注意事项

(1) 装配式预制构件在出坑、移运、堆放时,混凝土强度不应低于设计对吊装所要求的强度,且不宜低于设计标号的85%;对于预应力混凝土构件的孔道压浆的强度,如无设计要求时,不应低于 15 MPa。

(2) 预制构件在出坑前,拆模后应检查其实际尺寸,伸出的预埋钢筋(或钢板)、吊环的位置,以及混凝土的质量,并根据有关规定进行适当修补、处理,务必使预制构件形状正确,表面光滑,安装时不致发生困难。尖角、凸出或细长构件在装卸移运过程中应使用木板保护。如有必要,试拼的构件应注上号码。

(3) 构件移运时的起吊位置应按设计规定,一般即为吊环或吊孔的位置。如设计无规定,又无预埋的吊环或吊孔时,对上、下面有相同配筋的等截面直杆构件的吊点位置,一点吊可设在离端头 $0.293L$ 处,二点吊可设在离端头 $0.22L\sim0.25L$ 处(L 为构件长)。其他配筋形式的构件应根据计算决定吊点位置。

(4) 构件的吊环应顺直,如发现弯扭必须校正,使吊环能顺利套入。吊绳(千斤绳)交角大于 60°时,必须设置吊架或扁担,使吊环垂直受力,以防吊环折断或破坏临时吊环处的混凝土。如用钢丝绳捆绑起吊时,需用木板、麻袋等垫衬,以保护混凝土的棱角。

(5) 预制板、梁构件移运和堆放时的支点位置应与吊点位置一致,并应支承牢固。起吊及堆放板式构件时,注意不要吊错上下面位置,以免折断。顶起构件时必须垫好保险垛。构件移运时应有特制的固定架,构件应竖立或稍倾斜放置,注意防止倾覆。如平放,两端吊点处必须设支搁方木,以免产生负弯矩而断裂。

(6) 堆放预制构件的场地,应平整压实不致积水。雨季和春季冻融期间,必须注意防止地面软化下沉而造成构件折断和损坏。

(7) 预制构件应按吊运及安装次序顺号堆放,并注意在相邻两构件之间留出适当通道。构件堆垛时应设置在垫木上,吊环应向上,标志应向外;构件混凝土养护期未满时,应继续养护。

(8) 构件堆放时,应按构件的刚度和受力情况决定是平放还是竖放,并保持稳定。水平分层堆放构件时,其堆垛高度应按构件强度、地面耐压力、垫木强度以及堆垛的稳定性而定。一般大型构件以 2 层为宜,不宜超过 3 层。预制梁堆垛不宜多于 4 层。小型构件堆放如有折断可能时,应以其刚度较大的方向作为竖直方向。堆放构件必须在吊点处设垫木,层与层之间应以垫木隔开,多层垫木位置应在一条垂直线上。

2) 预制梁的运输

装配式混凝土预制板、梁及其他预制构件通常在桥头附近的预制场或桥梁预制厂内预制,为此,需配合吊装架梁的方法,通过一定的运输工具将预制梁运到桥头或桥孔下。从工地预制场到桥头或桥孔下的运输称为场内运输,将预制梁从桥梁预制厂(或场)运往桥孔或桥头的运输称为场外运输。

(1) 场内运输。

短距离的场内运输可采用龙门架配合轨道平板车来实现,这时需铺设钢轨便道,由龙门架(或木扒杆)起吊移运构件出坑,横移至预制构件运输便道,卸落到轨道平车上,然后用绞车牵引至桥头或桥孔下。运输过程中梁应竖立放置,为了防止构件发生倾覆、滑动或跳动等现象,需在构件两侧采用斜撑和木楔等临时固定,如图 6-15 所示。轨道平板车应设有转盘装置,以便于装上预制构件后能在曲线轨道上运行,同时应装设制动设备,便于在运输过程中随时制动。

对于小跨径预制梁或规模不大的工程,也可用纵向滚移法进行场内运输。即设置木板便道,利用钢管或硬圆木作为滚子,使梁靠两端支承在几个滚子上用绞车拖拽,边前进边换滚子将预制梁运至桥头。

在场内运梁时,为了使其平稳前进以确保施工安全,通常在用牵引绞车徐徐向前拖拉的同时,后面的制动索应跟着慢慢放松,以控制前进的速度。当采用水上浮吊架梁时,需要将预制梁装上船,则运梁便道应延伸至河边能使驳船靠拢的地方,为此需要修筑一段装船用的临时栈桥(码头)。

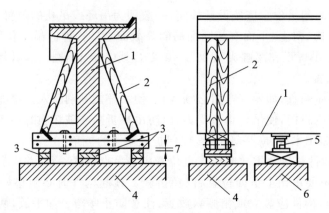

图 6-15 T 形梁的支顶
1—梁肋；2—木楔；4—保险枕木垛；5—千斤顶；6—顶梁枕木垛；7—空隙不大于 5 cm

（2）场外运输。

距离较远的场外运输，通常采用汽车、大型平板拖车、火车或驳船等。受车厢长度、载重量的限制，一般中小跨径的预制板、梁或小构件（如栏板、扶手等）可用汽车运输。50 kN 以内的小构件可用汽车吊装卸；大于 50 kN 的构件可用轮胎吊、履带吊、龙门架或扒杆装卸。要运较长构件时，可在汽车上先垫以长的型钢或方木，再搁放预制构件，构件的支点应放在近两端处，以避免道路不平、车辆颠簸引起的构件开裂。

使用大型平板拖车运梁时，车长应能满足支承间距要求，构件装车时需平衡放正，以使车辆承重对称均匀。构件支点下及相邻两构件间，需垫麻袋或草帘，以防止构件相互碰撞。构件下的支点需设活动转盘以免搓伤混凝土。预制简支梁运输时应竖立放置，并用斜撑支承（应支在梁腹上，不得支在梁板上，以防梁板根部发生负弯矩而开裂），以防梁倾倒。

任务2 预制梁（板）的吊装

梁桥上部的轻型化、装配化，大大加快了梁桥的施工速度。在峡谷或水深流急的河段上，或在通航的河流上需要满足船只的顺利通行，常采用缆索吊装的方法，由于其具有跨越能力大，水平和垂直运输机动灵活等优点，故适用性较广泛。

预应力混凝土梁（板）的一般架设方法包括：架桥机架设、轨道吊机架设、便线架设、龙门吊机架设、浮运架设、移动䴕架架设、钓鱼法架设栈桥、横移架设、悬臂架设等。对于跨度小于 40 m、重量达 1 600～3 000 t 的预应力钢筋混凝土梁的吊装，现在普遍采用架桥机架设。其中，架桥机的主要类型有：板梁架桥机，悬臂架桥机，桁式悬臂架桥机，单梁式简支架桥机，双梁式简支架桥机等。在桥梁装吊工的作业内容中，长大物件的起重、运输、安装占有相当比重；同时，桥梁结构本身施工也要依靠大量的吊装作业才能进行。

起重吊装作业的特点包括：面广、分散、迅速、流动等。吊装的物件大小形状、场地、道路条件不受限制，因此，吊装作业是一项操作技术和劳动强度要求都比较高的作业。在吊装作业过程中稍有不慎就容易引发各种人身、设备事故。

预制梁（板）的安装是预制装配式混凝土梁桥施工中的关键性工序，应结合施工现场条件、工程规模、桥梁跨径、工期条件、架设安装的机械设备条件等具体情况,根据安全可靠、经济简单和加快施工速度等原则,合理选择架梁的方法。

简支梁(板)的安装设计,一般包括起吊、纵移、横移、落梁(板)就位等工序。从架设的工艺来分有陆地架梁法、浮吊架梁法和高空架梁法等方法。

必须注意的是,预制梁(板)的安装既是高空作业,又需要使用复杂的机具设备,施工中必须确保施工人员的安全,杜绝工程事故。因此,无论采用何种施工方法,施工前均应详细、具体地研究安装方案,对各承力部分的设备和杆件进行受力分析和计算,采取周密的安全措施,严格执行操作规程,加强施工管理和安全教育,确保安全、迅速地进行架梁工作。

一、吊点的选择原则与吊装方案

1. 吊点的选择原则

吊、拖拉重物时,必须保证重物的稳定。为了保证作用于重物上的力不导致重物的倾斜翻转或转动,起吊时,施加于重物上的合力应通过重物的重心,因此要正确地选择起吊点。吊点选择的原则如下。

(1)有起吊耳环的物体。对于有起吊耳环的物体,其吊环是经过强度校核并符合强度要求的,因此在吊运有起吊耳环的物体,吊点应使用原设计的耳环。

(2)圆形物件、长形物件吊点的选择。吊圆木、圆钢及长形物件时两吊点的位置应选在重心两端的对称点上。对于圆长形物件,由其重心将物件分为两个部分,最理想的吊点应选择在每一部分的重心位置。

(3)吊方形物件。吊装方形物件一般采用四个吊点,这四个吊点的位置宜选择在四边对称的位置上。

(4)拖拉长形物件。拖拉长形物件的方法有两种:一种是顺长拖拉,一种是横向拖拉。顺长拖拉时,捆线地点的位置应在重心的稍前端;横向拖拉时,两线捆绑点的位置应在距重心等距离两端,并且加拖板和滑动的滚杠。

(5)翻身。对于大型而笨重的物体着地翻身时,应根据物件的重心位置来认真研究和确定吊环位置,每个吊环的承受强度,应达到被翻身物体总重,即每个吊点都能承受物体的全部荷重。物件起吊以后着地时的状态应为不稳定状态,这样在外力稍加推动下就可使物件倒向相反方向,如果选择的位置为倾覆状态时,物体就可能发生突然倾倒情况,崩断钢丝绳而造成人身设备事故。对大直径薄型件的吊装时吊点的选择,特别要注意被吊物的结构强度。有些构件直径较大,厚度较薄,以及一些用型钢组成的机件,吊装时因应力集中或刚度不够等原因容易引起变形。因此在吊装前,对机件应采取必要的临时加固措施,以保证在吊装过程中,使机件有足够的刚度不致使机件产生变形。薄壁管在吊装过程中容易产生变形,因此在吊装前,吊点位置外的管子内径应进行临时加固,以防管径在吊装时产生变形。

(6)起吊细长杆件的吊点位置。在装吊作业中,一般起吊重量大而细长的物体,如管桩、钢板桩、钢梁杆件等都应经过计算,依照规定的吊点拴绑千斤绳,否则杆件会因受力矩不平衡的影响,而造成杆件折裂、弯曲变形,甚至在起吊过程中折断,造成事故。细长杆件的吊点位置可参阅有关手册。

2. 桥梁装吊作业的方案

一般桥梁起吊作业方案,都是在起吊作业以前应该编制的施工方案和技术措施。其目的是为了使起吊作业建立在安全可靠的基础上,起吊作业具体实施的施工方案应包括:①施工方案设计说明书(包括设备的重量、重心、几何尺寸、精密度等);②在施工过程中机具最大受力时的强度和稳定性的核算;③平面布置图,包括设备的运输及拼装、吊装位置、桅杆竖立与移动或拆除的位置或其他起重机的吊装位置,卷扬机的布置等;④施工机具一览表;⑤劳动组织和岗位责任制;⑥作业程序和指挥信号等。

3. 吊装作业的四要素

(1) 了解工作环境。了解吊装作业工作周围地方的进路、出路是否畅通,查看土质是否坚固可靠,检查卷扬机导向滑轮生根点是否牢固可靠,吊装环境是否有充分的条件等。采用独脚扒杆吊装作业时,独脚扒杆的高度、风浪装置是否有阻碍起吊作业的地方,四周是否有障碍物(如高压电线等);在实际吊装作业中如有一点疏忽就有可能造成重大经济损失,甚至重大的人身伤亡事故。

(2) 了解工作物的形状、体积、结构。了解工作物的形状、体积、结构的目的是掌握工作物的重心,正确选择起重构件的吊挂点,保证吊装构件不受损坏。例如,大型电器箱,其重量轻、体积大,是薄板角铁结构,吊挂时经不起挤压。所以,在了解工作物的长、宽、高尺寸和奇异特性的同时,也要了解其内部结构状况,避免只看外表不看实质,错误判断起重吊挂点而造成的事故。

(3) 了解工作物的重量。重量问题对于桥梁装吊工作来说是很重要的,不考虑重量,不明确工作物重量的重要性,是不符合起吊作业要求的。

(4) 工具设备的配备。在了解以上三个要素以后,工具设备的配备是一个重要的环节。配备工具设备时必须根据起重物的大小、高低、重轻、形状结构、材料性质及各种复杂系数等情况来配备。在某些起吊作业中还要根据当时的地形地物、设备、建筑物等各种条件配备。

二、预制梁(板)的安装

预制梁(板)的安装是预制装配式混凝土梁桥施工中的关键性工序,应结合施工现场条件、工程规模、桥梁跨径、工期条件、架设安装的机械设备条件等具体情况,从安全可靠、经济简单和加快施工速度等为原则,合理选择架梁的方法。

从架梁的工艺类别来分,有陆地架设、浮吊架设和利用安装导梁或塔架、缆索的高空架设等。每一种架设工艺中,按起重、吊装等机具的不同,又可分成各种独具特色的架设方法。目前高速公路施工现场的梁板架设方案主要有两种架梁方式,即吊车架设或架桥机架设(包括单导梁、双导梁等)。

1. 陆地架设法

1) 移动式支架架梁法

移动式支架架梁法是在架设孔的地面上,顺桥轴线方向铺设轨道,其上设置可移动支架,预制梁的前端搭在支架上,通过移动支架将梁移运到要求的位置后,再用龙门架或人字扒杆吊装;或者在桥墩上设枕木垛,用千斤顶卸下,再将梁横移就位,利用移动支架架设,设备较简单,但可安装重型的预制梁;无动力设备时,可使用手摇卷扬机或绞盘移动支架进行架设。但不宜在桥孔下有水、地基过于松软的情况下使用,一般也不适用于桥墩过高的场合,因为这时为保证架设安全,支架必须高大,因而此种架设方法不够经济。其适用条件为:地面有水,孔数较多的中小跨径预制梁板安装。

2)摆动式支架架梁法

摆动式支架架梁法是将预制梁(板)沿路基牵引到桥台上并稍悬出一段,悬出距离根据梁的截面尺寸和配筋确定。从桥孔中心河床上悬出的梁(板)端底下设置人字扒杆或木支架,前方用牵引绞车牵引梁(板)端,此时支架随之摆动而到对岸。

3)自行式吊机架梁法

由于大型的自行式吊机的逐渐普及,且自行式吊机本身有动力,架设迅速、可缩短工期,不需要架设桥梁用的临时动力设备及不必进行任何架设设备的准备工作和不需要如其他方法架梁时所必须具备的技术工种。因此,一般中小跨径的预制梁(板)的架设安装越来越多地采用自行式吊机。

其适用于平坦无水桥孔的中小跨径预制梁板安装。吊装时,一般将吊机置于待吊装的桥孔中间,如果起吊能力足够也可以将吊机置于台后或者已经吊装完成的桥孔上。吊装应注意起吊绳与梁面的夹角不能太小,一般以 45°～60°为宜,否则,应使用扁担梁。当预制梁重量不大,而吊机又有相当的起重能力,河床坚实无水或少水,允许吊机行驶、停搁时采用一台吊机。

4)跨墩或墩侧龙门架架梁法

跨墩或墩侧龙门架架梁法是以胶轮平板拖车、轨道平车或跨墩龙门架将预制梁运送到桥孔,然后用跨墩龙门架或墩侧高低脚龙门架将梁吊起,再横移到梁设计位置,然后落梁就位完成架梁工作。

预制梁可由轨道平车运送至桥孔,如两台龙门架吊机自行且能达到同步运行时,也可利用跨墩龙门架将梁吊着运送到桥孔,再吊起横移落梁就位。

龙门吊机的拼装,一般是先铺设走道和安装走行设备,然后由下而上拼装立柱,同时在两立柱中间拼装横梁,然后起吊横梁与立柱连接。

(1)铺设走道。

先平整夯实场地,地基的承载力应满足龙门吊最大轮压的设计要求。当设计未对施工精度作明确规定时,一般可按下述要求施工:①线路纵向坡度误差不大于2‰;②双轨线路的轨距误差应满足铁路一级线路的标准;③两立柱下线路间的跨度和轨顶水平误差小于 5 mm;④当龙门吊负重时,纵向前后走行轮处线路的不均匀下沉量不能大于该两轮间距离的1/500。

(2)走行设备安装。

走行设备一般在拼接立柱之前安装就位,也可先搭好枕木梁,然后在枕木梁上拼装立柱,待立柱、横梁拼装成整体之后,再将枕木梁抽换成走行设备。当走行设备进行定位、安装时,必须进行精确测量,定位后应临时予以固定,防止滑移、偏扭。在进行安装后,还应严格检查各部件的安装质量,以保证其负重后灵活运输。

(3)立柱的拼接。

立柱可一根一根地从下往上拼装,有条件时,亦可分段预拼后吊装。若立柱内设置卷扬机设备时,也应同时安装,以免以后安装困难。立柱横向宽度仅 2 m,不是很稳定,应视其高度加设 1～2 层缆风绳。在吊装横梁时,为调整立柱间净空和偏扭的上层缆风绳,应设置背索滑车组,并锚定于地垄上。立柱纵向底面宽度较大,相对较稳定,但亦应设置保险缆风绳。

(4)横梁拼装。

横梁在地面上的拼装长度,应视起吊设备而定。在立柱上端设置起吊设备时,柱端部分随立柱一起拼装于柱顶,两立柱中间部分在地面上预拼,然后连同起重小车一起提高就位后与立柱拼接。横梁一般组成桁架吊装，四桁式横梁也可先吊装中间两片主桁架加若干临时连接杆件，再分别单片吊装外侧主桁。对于起吊横梁的设备，必然经过检算、试吊，以确保安全。

横梁安装就位后，还需对各杆件及连接螺栓进行检查，然后安装其他设备。龙门吊机在使用前应按规定进行吊重试验，一般分以下三种情况进行：①静载试验，即按1.25倍额定吊重在跨中、偏右和偏左立柱边试吊；②小车走行动载试验，即按1.1倍额定吊重进行；③龙门吊机走行动载试验，一般按空载时进行。如设计需要重载走行时，则按最大允许吊重的1.1倍，在偏左和偏右立柱的两种情况下进行，此时除检查龙门吊机本身的情况外，还应检查线路情况。

2. 浮吊架设法

在水域或海域中，根据施工条件，可以使用浮吊架设的方法。在浮吊架设方案中应充分考虑梁体的下水施工方案（考虑支架等的影响），应考虑梁体运输过程中的倾覆稳定性，应考虑运输线路的选择，由于梁体运输属大件运输，应征得海事等部门的同意和协助。浮吊架设方案应考虑涨潮或落潮引起的水位标高变化的影响，应考虑加载或卸载对浮体吃水深度变化的影响，由于水位变化和吃水深度变化，在锚碇系统受力变化的影响下，浮体还可能产生平面位置的变化。潮水变化、过往船舶、风力等因素产生的波浪或涌浪对浮体会产生影响。风力影响也是不可忽略的因素。锚碇设备的设置方案对架梁就位质量和架梁工作效率会产生影响。

1) 浮船支架拖拉架梁法

浮船支架拖拉架梁法是将预制梁的一端纵向拖拉滚移到岸边的浮船支架上，再用与移动式支架架梁法相同方法沿桥轴线拖拉浮船至对岸，预制梁也相应拖拉至对岸，当梁前端抵达安装位置后用龙门架或人字扒杆安装就位，如图6-16所示。

此法的特点是桥跨较少时，架设速度快，架设时不需要特别复杂的技术工艺，作业人员用得也较少。其缺点是桥下地形条件要求较高，当桥墩较高时稳定性较差。

其适用于无水或浅水河滩、地形相对平坦、孔数较多的中型梁板安装。对于桥不太高，架桥孔数又多，沿桥墩两侧铺设轨道不困难的情况，可用此方法。

2) 浮吊安装法

浮吊安装法是浮吊船逆流而上，按先远后近进行安装。浮吊船吊装前应下锚定位，航道要临时封锁。其特点是工期较短，但浮吊和泵船移动会使梁体摇动，因此应充分考虑其倾覆问题，如图6-17所示。

图6-16 多跨大铁桥浮拖施工

图6-17 浮吊安装法施工

其优点是桥跨中不需要设置临时支架，可以用一套浮运设备架设多跨同孔径的梁，设备利用率高，较经济，施工架设时浮运设备停留在桥跨时间短，对河流通航影响小。

浮运架设的方法有以下两种。

(1) 起吊就位安装法：将预制大梁装载在一艘或两艘浮船中的支架枕木梁上，使梁底高度高于墩台支座顶面 0.2～0.3 m，然后用浮船拖运至架设孔，充水入浮船，使浮船入水加深，降低梁底高度使大梁安装就位。

(2) 浮船支架托拉架设法：将梁的一端纵向拖拉滚移到岸边的浮船支架上，再按移动式支架架设法的方法拖拉浮船至安装位置，用龙门架或人字扒杆安装就位。

3. 高空架梁法

预应力混凝土简支梁高空架设方法主要靠架桥机架设桥梁，架桥机架设方案的前期投入较大，一般使用于需架设的梁体数量多，运距长的情况下。架桥机架设效率高，一般每天可以完成 2 片梁的架设。架桥机架设施工中，应注意架桥机安装完成后应进行试吊并保存试吊记录。架设中各工序的步骤应严格按要求进行，防止架桥机倾覆。架桥机应进行必要的保养和维修，确保设备处于良好的工作状态。架桥机施工方案研究中应特别重视起点和终点的架设条件，选择合适的架桥机结构形式。待架设的梁体一般通过已架设的梁体进行运输，对梁体的承载能力应进行设计检算，确保梁体的安全。

架桥机的主要类型有：板梁或悬臂架桥机，桁式悬臂架桥机，单梁式简支架桥机，双梁式简支架桥机等。架桥机架梁的范围：跨度小于 40 m，重量达 1 600～3 000 t 的预应力钢筋混凝土梁。

1) 架桥机架梁的准备工作

(1) 架桥机的选用原则：①在一般条件下，可根据梁体自重和轮廓尺寸就近选择可能提供的任一类型架桥机；②在桥头路基稳固可靠时可采用悬臂式架桥机，否则应使用单梁式或双梁式架桥机；③在隧道口架梁宜使用单梁式或双梁式架桥机，通过计算也可选用适当的悬臂式架桥机；④在小半径、大坡度、窄桥墩条件下架梁或架设超长、超宽、超高的桥梁，宜选用悬臂式架桥机；⑤架设重量在 160 t 以上的预应力箱形混凝土梁时，宜采用拼装双梁架桥机；⑥其他情况，如柔性墩上、多风雨地区、高墩移梁处等尽量采用双梁式架桥机。

(2) 架梁准备工作与基本要求。

架桥机架梁的准备工作有：施工调查和工作安排、架桥机选型及进场、预制梁验收和装运、存梁场设置与卸梁、材料机具准备与设置、桥头压道及加固、架桥机组装与调试等。

架梁的基本要求有：①预制梁出厂时应附技术证明书，随梁配件要齐全，质量良好；②每孔梁左右两片的生产日期应相近，配对发运，并按计划分批组织装车押送；③装车发送前应对车型、梁端悬出长度、支垫位置、中心线偏差、捆绑与支撑、车钩缓冲器等进行检查并处理；④押车人员在停车时应认真检查梁体及支撑转向架等，如有窜动、移位应立即纠正；⑤在装卸梁体的全过程中应注意所有工作人员应有明确分工并服从统一指挥，随时防范梁体失稳，放稳后必须加设支护，滑移梁时保持两端同步，专人监视托梁，防止偏轨。

(3) 桥头作业。

桥头作业包括架梁岔线，桥头压道及桥头加固等。架梁岔线是为了方便喂梁、存梁或存放架桥机而设置的临时岔线。若附近有站线或岔线可不设桥头架梁岔线。

① 压道作业。压道先用机车试运两个往返，对线路下沉，变形较大地段进行处理后再用超重车压道。超重车一般用 60 t 四轴平车均匀装载组成，考虑到架桥机轴数比超重车多很多，荷

载传布于路基的影响比超重车大,超重车轴宜比架桥机使用时的最大轴重加大10%～15%。超重车压道时运动速度一般为1～3 km/h,最大不应超过5 km/h。压道至轨顶下沉量超过25 mm,或左右轨高差超过10 mm时应即进行整道。整道后再压5个往返,其总下沉量不大于10 mm,左右轨高差变化不大于4 mm则认为达到稳定程序。对于桥台与路堤衔接处,架桥机吊梁停留时间较长的地段、道岔以及线路有显著下沉的处所,应视为重点压道地段,增加压道次数或将超重车停放4～6 h,以加强线路的稳定性。

② 桥头线路加固。桥头架桥机大轴重作用地段的正线公路,为满足架梁需要,须采取一定的加固措施,使之起到以下作用:保证架桥机轴重能均匀分布到路基面上,使左右下沉均匀,减小局部下沉和偏沉;扩大路基顶面的承载面积,减小下沉量;改善轨道部分内部应力的分布状况,避免有关部件受到损伤;将薄弱地段、危险地段承受的荷载传到坚实地面或其他结构上。

(4) 严禁架梁的几种情况:①架桥机、卷扬机、各走行系统的制动设备,机身稳定设备失灵,或架桥机杆件、吊悬及设备有损伤未彻底修复时;②架桥机超负荷使用,未经详细检算并经过试运试吊时;③架梁人员之间未作明确分工,指挥不统一,信号不明确时;④气候恶劣(如大风、大雾、大雨、大雪等)妨碍操作,或夜间照明不足,影响安全作业时;⑤桥头路基或线路未按规定加固处理时,以及未按设计要求架梁又未另行检算时;⑥吊梁通过临时性桥梁,而又未经检算和采取措施,不能确认安全时;架设新型桥梁,或在特殊的墩台、桥梁上架梁,既无明确要求,又未经检算时。

2) 架桥机架梁基本作业

架梁基本作业主要包括以下几项。

- 喂梁:将梁运到架桥机起重吊钩下面的过程。
- 捆梁:用千斤绳或专用吊具将梁吊挂到起重设备上的作业过程。
- 吊梁:用起重设备将梁从支承物上吊起,移行直至下落到支座上的过程。
- 移梁:将梁一端或两端在墩台顶面移到要求位置的过程。
- 落梁:将调到设计位置的梁落到支座上的过程,包括支座安装。
- 焊梁:电焊连接板,将两片梁联成整体。
- 收尾:紧随架梁进行的几项工作,如支浇灌浆、隔墙灌混凝土、缺陷修补、支浇圈护等。

(1) 捆梁。

使用千斤绳或其他专用吊具将桥梁吊挂到架桥机、龙门吊或吊车上的作业过程统称捆梁。

进行捆梁作业时须注意以下事项:①千斤绳不得误用,各股千斤绳应受力均匀,没有绞花、两股互压现象;②护梁铁瓦及其他支垫物应在受力时进行调整,使其支垫牢实,不致中途脱落;③千斤绳必须可靠地悬挂在吊钩或铁扁担上,有保险销的应插好保险销,防止受力时脱出或出现互压现象,较粗一端应挂在预制梁的人行道侧,以便千斤绳容易自梁片间的缝隙中脱出;④若千斤绳较粗,不易自梁片间的缝隙中取出时,应事先在捆梁位置预凿千斤绳槽,架梁后修补完好;⑤当发现千斤绳有扭结、变形、断丝、锈蚀等异常现象时,应及时更换报废,对已经报废的钢丝绳应做出明显标记,防止误用。

(2) 墩顶移梁。

墩顶移梁一般采取滚移的方法。移梁设备(包括托盘、辊轴、滑道、环链手拉葫芦等)必须轻便坚实,便于高处作业时使用。悬臂式、单梁式架桥机应配有成套设备供滚移大小桥梁使用。

进行移梁作业时应注意以下事项。

① 梁下落接近砂箱或托盘顶面时,应检查托盘与滑道是否上下相对,辊轴方向、位置等是否正确,发现问题应立即纠正。桥梁落实后应立即安好支护设备,然后移梁。

② 桥梁两端的走行速度应基本一致,并在滚移时注意调整桥梁的纵、横向位置。一般以调整辊轴倾斜度的方法使桥梁达到正位,吞吐辊轴时应防止压伤手指和避免辊轴自滑道上坠落。

③ 托盘前后均应备有止动木楔,桥梁停止移动时应立即塞紧。支托在移梁设备上等待回移的梁片,必须可靠地加以制动,以免受到碰撞时发生移动。与墩台成斜交的梁片,可通过调整辊轴的斜度将梁片转正,再一同向前移动。当墩台顶帽较窄时,应有特别加强的防溜、防倾保险设施,同时梁梗外缘距墩帽边缘应留有 100 mm 的保险距离。

(3) 桥梁落位应符合以下规定。

① 支座底面中心线应与墩台支承垫石顶面放出的十字线相重合。

② 梁端伸缩缝应符合规定尺寸。在保持梁梗竖直的前提下,梁片间的间隙应符合规定,如梁梗竖直检测有困难,可检测梁底是否水平,梁底面与水平面间的允许误差为 1‰。

③ 支座固定端、活动端应位置符合规定。支座底面与墩台支承垫石顶面密贴,上座板(顶板)与梁底之间无缝隙,整孔桥梁无三条腿现象。

(4) 安放支座时应注意以下事项。

① 支承垫石表面和锚栓孔内的杂物、冰雪等必须清除干净。

② 支座弧形承压面在安装前应清洗涂油。

③ 支座各组成部分之间、支座顶面与梁底之间以及支座底面与墩台支承垫石顶面间应保持密贴,不得有缝隙存在。如有缝隙,可调整底板使其完全密贴。支座底面与台支承垫石顶面之间的缝隙也可采用薄钢板、高压石棉板、干硬性砂浆等垫平。缝隙较大的先打入钢楔,然后捣入干硬性砂浆,待捣实筑紧后再取出钢楔。

④ 当弧形支座底面下的锚栓孔过大,孔间承托的混凝土厚度过窄时,应加垫 10 mm 以上的钢板。

⑤ 在安装支座的同时,应将锚栓安放齐全。上下锚螺栓的埋置深度应符合设计规定。严禁将弯钩截去后插入锚栓孔,螺帽拧紧后螺栓头应露出三丝。

(5) 板式橡胶支座的安装标准包括:①支座与梁底或与支承垫石顶面之间不应发生滑移或脱空现象;②安装时不应产生初始剪切变形;③垂直压缩量不应大于设计值,侧看无不均匀鼓凸,表面无裂纹。

3)联合架桥机架梁(蝴蝶架梁法)

此法适用于架设安装 30 m 以下的多孔桥梁。其优点是完全不设桥下支架,不受水深流急影响,架设过程中不影响桥下通航、通车,预制梁的纵移、起吊、横移、就位都较方便。其缺点是架设设备用钢量较多,但可周转使用。联合架桥机由两套门式吊机、一个托架(即蝴蝶架)、一根两跨长的钢导梁三部分组成。钢导梁由贝雷装配,梁顶面铺设运梁平车和托架行走的轨道。门式吊机由工字梁组成,并在上下翼缘处及接头处用钢板加固。门式吊机顶横梁上设有吊梁用的行走小车。为了不影响架梁的净空位置,其立柱做成拐脚式(俗称拐脚龙门架)。门式吊机的横梁标高,由两根预制梁叠起的高度加平车及起吊设备高确定。蝴蝶架是专门用来托运门式吊机转移的,它由角钢组成。整个蝴蝶架放在平车上,可沿导梁顶面轨道行走。

(1) 主要设备。

① 导梁 用公路装配式钢梁(贝雷)桁节组成。导梁总长一般比桥跨径的两倍稍长。施工

中导梁后一孔承受预制梁的重量,中孔供蝴蝶架、龙门架通过用。前段半孔为引梁。两片导梁横向间设上下水平横撑、交叉斜撑,用螺栓固定以保证横向稳定。导梁顶面铺设轨枕和钢轨,钢轨铺设长度大于一孔长,以便停放蝴蝶架。钢轨与路堤或已架设好的梁上的轨道相接。需要安装的预制梁用平车通过导梁上的轨道运到待安装的桥孔上,导梁在岸上拼装好,前方设置绞车牵引导梁进入桥孔。

② 龙门架 可用型钢、万能杆件设备或公路装配式钢桥桁节(贝雷)组拼制成。其用于起落预制梁和导梁,并对预制梁进行墩上横移和就位。为了保证能在龙门架范围内安装全跨预制梁,龙门架立柱脚可做成拐脚形式。龙门架的净高由两根预制梁的叠置高度加上运梁平车高度、链滑车高度、吊钩钢丝绳长度之和来确定。预制梁的横移、就位一般利用在龙门架横梁上安设的小行车下挂链滑车来进行。行车可利用立柱上装设的绞车进行或采用电动自行式行车。

③ 蝴蝶架 也称托架,由型钢组成,用于托起和移动龙门架。蝴蝶架顶部两端附有用角钢做成的方框,内放千斤顶,用此车转移龙门架时顶起龙门架。蝴蝶架一般安置在平车上,可沿钢轨行走。

(2) 联合架桥机架梁顺序如下:①在桥头拼装钢导梁,梁顶铺设钢轨,并用绞车纵向拖拉导梁就位;②装蝴蝶架和门式吊机,用蝴蝶架将两个门式吊机移运至架梁孔的桥墩(台)上;③由平车轨道运送预制梁至架梁孔位,将导梁两侧可以安装的预制梁用两个门式吊机吊起,横移并落梁就位;④导梁所占位置的预制梁临时安放在已架设好的梁上;⑤用绞车纵向拖拉导梁至下一孔后,将临时安放的梁由门式吊机架设就位,完成一孔梁的架设工作,并用电焊将各梁联结起来;⑥已架设的梁上铺接钢轨,再用蝴蝶架顺序将两个门式吊机托起并运至前一孔的桥墩上。

4) 双导梁穿行式架梁法

本法是在架设孔间设置两组导梁,导梁上安设配有悬吊预制梁设备的轨道平车和起重行车或移动式龙门吊机,将预制梁在双导梁内吊着运到规定位置后,再落梁、横移就位。横移时可将两组导梁吊着预制梁整体横移;或者将导梁设在桥面宽度以外,预制梁在龙门吊机上横移,导梁不横移,这比第一种横移方法安全。

(1) 架桥机架前准备工作。

① 架桥机部件运至施工现场前期,认真检查核实所有部件。运输车辆装车时应绑扎牢固,装卸过程应按顺序进行,以免造成部件损坏变形,影响组拼安装。

② 架桥机运行轨道铺设。

架桥机的纵向运行轨道及预制混凝土梁运输轨道均分别采用两根 43 kg/m 钢轨,纵向轨间距为 5 m,运输轨道间距为 1.5 m,两侧轨道要求对应水平,严格控制轨道间距。钢轨接头用鱼尾板紧固,并以轨道固定在枕木上。轨道铺设可根据空心板梁安装陆续向前延伸,即拆除后再安装重复使用。

前、中、后支腿均要在横向轨道上运行,前支腿轨道为两根 43 kg/m 钢轨组合,间距 0.5 m;中支腿轨道为两根 43 kg/m 钢轨,间距 1.25 m;后支腿轨道为一根 43 kg/m 钢轨。钢轨接头要求接头平顺,轨距准确,支垫平稳牢固。四条横向轨道间(前、中、后支腿)距离尺寸严格控制平行。

③ 架桥机组拼安装

其组拼程序为:测量定位→铺设纵向轨道→安装中支腿→平衡对称拼装前后导梁(同时加临时支承)→前、后支腿,中、后顶高腿→前后横向连接框架→起吊平车,液压转换挂钩,操作台,接通电源→初步运行检查调试。安装主梁时,前后主梁临时支撑不少于三处,以保证规定的预拱度。

架桥机拟在桥头路基上拼装,拼装前测定运行轨道中心线及前、中、后支腿位置。两侧中支腿就位在纵向钢轨上,用临时支撑杆控制中支腿间距和平面位置等。然后连接水平拉杆斜撑(临时支撑仍不能松动)。用临时支架对称平衡拼装前后主梁,控制前、后主梁设计预拱度和两侧纵梁间距。前支腿位置控制在前面一孔支座中心线上,中支腿位置控制在后台一孔盖梁中心的端部。

架桥机拼装结束后,应进行一次全面检查。然后进行空车试运行和吊重试验。最后收起支腿,测量前端挠度等,然后纵向运行到位。

(2) 架桥机架梁作业。

① 主要操作程序。

- 喂梁:采用自行式运梁平车喂梁,将梁从预制场地运送到架桥机后部主梁内。
- 边梁安装:运梁轨道延伸铺轨→前、后吊梁天车起吊梁→前、后吊梁天车将梁纵向运行到位→下落梁并脱开→整机横向移位(移至边梁挂架下部,边梁挂架吊起边梁)→整机携梁横向移位至边梁位置下落就位→完成边梁就位安装。
- 中梁安装:运梁轨道延伸→前、后吊梁天车起吊梁→前后吊梁天车将梁纵向运行到位→下落梁并脱开→完成中梁的就位安装。
- 梁的安装程序:先架设两侧边梁,后中梁,最后中间合拢。边梁安装时,因架桥机横向运行受盖梁长度影响,架设施工要分两次横向移位,即先将梁横移后临时放在盖梁上,再用两侧主梁下液压转换吊钩吊起;然后架桥机再横移到位直接安装。

② 架桥机纵向移动。

纵向移位程序为:测量定位,铺设延伸轨道→中顶高支腿顶起,中支腿离开轨道,拆除中支腿横向钢轨→中顶高支腿下落,中支腿落在纵向钢轨上→顶升后顶高支腿,拆除横向钢轨,后支腿转向落在纵向钢轨上→起吊平车移至后端作配重→收起前支腿→移位前安全检查→整机纵向运行到位,落下前支腿(铺横向轨道)→顶升中顶高支腿(铺横向轨道),中支腿落在横向钢轨上→起升后顶高支腿(铺横向轨道)→后支腿提升转向落在横向钢轨上→全面试运行安全检查。

架桥机纵向移位时,两台起吊天车运行到后支腿后面作配重,并要求临时固定,以防架桥机纵向运行时失稳。

液压操作提升前支腿,并横向运行钢轨(其中一段)用手拉葫芦吊挂在前支腿上(其余横向钢轨用天车转运)。

每片梁就位时,要在两端设临时支撑,使空心板梁保持垂直和稳定;第2片梁就位后,除架设临时支撑外,迅速将横隔板钢筋焊接,以增强稳固性。架桥机纵向行走前,每孔梁的横隔板钢筋全部要焊接完毕,且每片梁的两端和中间横隔板的现浇混凝土浇筑完毕,并达到设计强度的70%以上。

架桥机纵向运行结束后,进行一次全面安全试运行检查:螺栓、销子连接是否牢固;电气线是否正确;电线有否破损和挤压;液压系统是否正常;轨道接头是否平顺;支垫是否平稳和轨距尺寸是否正确等。架桥机要进行空载试运行检验,特别是横向运行前检查铺轨情况。架桥机运转正常后,才能进行空心板梁的安装。

(3) 架桥机施工注意事项。

① 架桥机组拼时要按设计要求控制预拱度。架桥机纵向运行轨道两侧轨顶高度应对应水

平,保持平衡。前、中、后支腿各横向运行轨道要求水平,并严格控制间距,四条轨道必须平行。前支腿横移轨道与平车轨道交叉处设一根 2 m 长轨道,平车喂梁时,将该段横移轨道拆除,喂梁后再安装上。

② 架桥机纵向位移要做好一切准备工作,要求一次到位,不允许中途停顿。架桥机起吊天车携带空心板梁纵向运行时,前支腿部位要求用手拉葫芦(5 t)与横移轨道接紧固定,加强稳定性。

③ 由于该桥有纵向坡度,架桥机纵向移位时要采用三角垫木在轮子前后作防,特别是中支腿离梁端较近,移位时必须注意控制。架桥机组拼后一定要进行吊重运行,也可用混凝土梁试吊后,架桥机再运行到位开始安装作业。

④ 架桥机安装作业时,要经常注意安全检查,每安装一孔必须进行一次全面安全检查,发现问题要停止工作并及时处理后才能继续作业。不允许机械及电气设备带病工作。安装作业不准超负荷运行,不得提吊提升作业。

⑤ 五级风以上时严禁作业,并用索具稳固小车和架桥机,架桥机停止工作时要切断电源,以防发生意外。雨天禁止使用,雨后使用前必须全面检查。

⑥ 中支腿纵横向运行转换,先转换后部 1 号行走箱,再转换 2 号行走箱。架桥机纵向就位必须严格控制位置尺寸,确保空心板梁安装顺利就位。

⑦ 架桥机作业时必须分工明确,统一指挥。设专职操作员、专职电工和专职安全员,确保施工安全。悬臂移梁时,上部两起吊天车必须后退,前起吊天车退至后支腿处,后起吊天车退至后支腿和后顶高腿中间。用边梁挂架架设边梁时,两起吊天车必须退至中腿后部。

⑧ 中顶高支腿顶高时,前起吊天车必须退至前支腿处;后起吊天车必须退至后支腿处。前支腿或后顶高支腿顶高时,两起吊天车必须退至中腿附近。

⑨ 前支腿顶高就位后,必须采用专用夹具将顶高行程段锁紧,以免千斤顶长时间受力。架桥机必须设避雷装置。

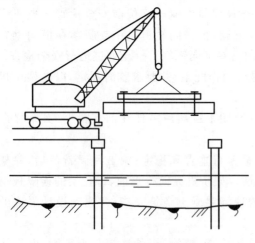

图 6-18 自行式吊车桥上架梁法

架设安装时,先架半幅,由设预制场端向对岸逐孔架设。架完一幅梁后,架桥机回退至桥头后路基上,并拆除架完一幅上的架桥机走行钢轨备用。同时,铺设架桥机渡线轨道,架桥机转至另一幅桥的台后,继续架设剩余一幅桥梁。

5) 自行式吊车桥上架梁法

在预制梁跨经不大,重量较轻且梁能运抵桥头引道上时,可直接用自行式伸臂吊车(汽车吊或履带吊)来架梁。但是,对于架桥孔的主梁,当横向尚未连成整体时,必须核算吊车通行和架梁工作时的承载能力。此种架梁方法简单方便,几乎不需要任何辅助设备,如图 6-18 所示。

在预制梁跨径不大,重量较轻且梁能运抵桥头引道上时,可直接用自行式伸臂吊车(汽车吊或履带吊)架梁。

6) 扒杆纵向"钓鱼"法架梁法

此法用立在安装孔墩台上的两副人字扒杆,配合运梁设备,以绞车互相牵吊。在梁下无支架、导梁支托的情况下,把梁悬空吊过桥孔,再横移落梁、就位安装。

三、装配式混凝土桥梁的横向连接

1. 装配式混凝土板的横向连接

1）企口混凝土铰接

铰的形式包括圆形、菱形、漏斗形等。铰缝填料为C25~C40细骨料混凝土。

若要桥面铺装参与受力,需将预制板中钢筋伸出与相邻板中同样钢筋绑扎,浇筑在铺装层内。为了保证桥梁的整体刚度,现浇混凝土铺装厚度不宜小于8 cm。铰的上宽度需满足施工要求,铰槽深度宜为预制板高的2/3。

2）焊接钢板连接

企口混凝土铰接需待混凝土达到设计强度后才能通车,为了加快工程进度可采用钢板连接。用一块钢板焊在相邻两构件的预埋钢板上。连接构造的纵向中距通常为80~150 cm,中间较密,两端渐疏。

2. 装配式混凝土简支梁桥的横向连接

1）横隔梁连接

横隔梁是箱梁内部(或T形梁)垂直与箱体(或梁体)的结构,起连接、加固作用,箱梁的横隔梁与箱梁一起浇筑,T形梁的横隔梁一部分与T形梁一起浇筑,连接部分待T形梁吊装就位后将相邻的T形梁预埋钢筋焊接后安装模板现浇。梁式桥中,箱形截面是常见的一种,为了保证箱梁的横向刚度,箱梁的腹板之间要设横向连接,横向连接通常在梁端或连续梁中支点截面处,当在墩台截面时称为横隔梁,在墩台截面以外其他截面时称为横隔板。

横隔梁在装配式T形梁桥中起着保证各根主梁相互连接成整体的作用,它的刚度越大,桥梁的整体性越好,在荷载作用下各主梁就能更好的共同工作。横隔梁就是加强梁片之间的横向刚度及横向稳定,提高梁片之间的整体性能及荷载的有效横向传递。

2）横隔梁构造

● 位置:必须设置端横隔梁;跨内的横隔梁宜每隔5.0~10.0 m设置一道。

● 高度:通常将端横隔梁做成与梁同高。内横隔梁的高度一般为主梁梁肋高度的0.7~0.9倍。预应力梁的横隔梁常与马蹄的斜坡下端齐平。

● 厚度:一般为15~18 cm,并做成上宽下窄和内宽外窄的楔形。

横隔梁的连接方式有:扣环式连接、焊接钢板连接、螺栓接头连接,如图6-19和图6-20所示。

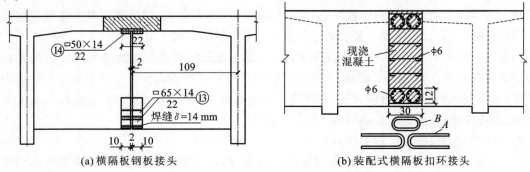

图6-19 装配式横隔板接头(尺寸单位:cm;钢筋直径:mm)

3. 翼缘板的横向连接

桥面板的横向连接构造应有足够的强度保证结构的整体性,并使在营运过程中安全承受荷载的反复作用和冲击作用而不发生松动。

常用的桥面板(翼缘板)横向连接有焊接接头和湿接接头两种。

(1)焊接接头:用钢板连接,如图6-21所示。

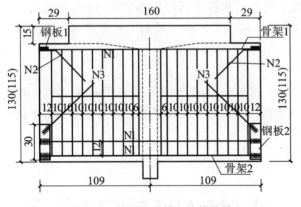

图6-20 横隔梁及横向连接构造　　　　图6-21 焊接接头

(2)湿接接头:将翼缘伸出钢筋连成整体,如图6-22所示。

4. 装配式混凝土梁(板)桥横向连接施工注意事项

(1)相邻主梁间连接处的缺口填充前应清理干净,接头处应湿润。

(2)填充的混凝土和水泥浆应特别注意质量,在寒冷季节,应采取保温养护等措施。在炎热天气,可用灰浆灌入纯水泥浆。

(3)不损坏预应力筋套管;横向连接处有预应力筋穿过时,套管的内冲洗应在接头混凝土浇筑后进行。

(4)钢材及其他金属连接件,应采取防腐措施,钢筋的焊接应注意施工质量的要求。

任务3　后张法预制梁板

后张法施工工艺是先浇筑留有预应力筋孔道的梁体,待混凝土达到规定强度后,再在预留孔道内穿入预应力筋进行张拉锚固。有时预留孔道内已事先埋束,待梁体混凝土达到规定强度后,再进行预应力筋张拉锚固。最后进行孔道压浆并浇筑梁端封头混凝土。

后张法梁施加预应力时,构件的混凝土强度一般不低于设计强度等级的85%。力筋张拉前必须完成梁内预留孔道、制束、制锚、穿束和张拉机具设备的准备工作。但后张法生产预应力混凝土梁,不需要大型的张拉台座,便于在桥梁工地现场施工,而且又适宜于配置曲线形预应力筋的重、大型构件制作,因此在公路桥梁上应用广泛。

后张法预应力混凝土结构的优点如下。

(1)预应力的作用,可以预先储存足够的压应力,消除或减小裂缝宽度,提高结构的刚度和耐久性。

(2) 可以使用高强材料,减小截面尺寸,降低自重占总作用比重,增加跨越能力,节省钢材;主梁刚度大,建筑高度低,扩大混凝土结构适用范围。

(3) 更适合于装配式桥梁,根据要求可以纵向和横向施加预应力,提高装配式构件的整体性和使用范围。预应力技术可作为大跨度结构分段预制后的拼装手段。

(4) 预应力技术可以成为各类结构修复和加固的主要技术措施。

后张法施工工艺由于直接在钢筋混凝土构件上进行预应力筋的张拉,所以不需要固定台座设备,不受地点限制,它既适用于预制构件生产,也适用于现场施工大型预应力构件,而且后张法又是预制构件拼装的手段,如图 6-23 所示。

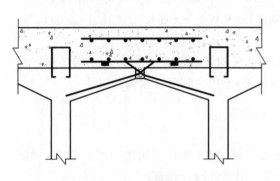

图 6-22 湿接接头

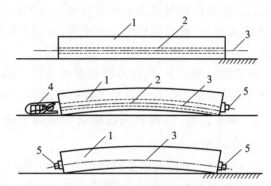

图 6-23 预应力混凝土后张法生产示意图
1—混凝土构件;2—预留孔道;3—预应力筋;4—千斤顶;5—锚具

一、施工准备

根据设计要求和施工规范做好钢筋、水泥、钢绞线的备料工作,以及合理的搅拌设备、张拉设备、龙门吊、振动器、灌浆泵及配套机具;做好混凝土施工配合比;准备各种原始记录表格。

1. 预应力筋准备

后张法的预应力筋按材料类型可分为钢丝、钢绞线和钢筋等,其中钢绞线与钢丝在工程中应用较多。预应力筋的发展趋势为高强度、低松弛、粗直径、耐腐蚀。

1) 预应力钢丝

预应力钢丝是用优质高碳钢盘条经酸洗、镀铜或磷化后冷拔而成的钢丝总称。预应力钢丝根据深加工要求的不同,可分为冷拔低碳钢丝和碳素钢丝两类;按表面形状的不同可分为光圆钢丝、刻痕钢丝和螺旋肋钢丝等。

2) 预应力钢绞线

预应力钢绞线是用冷拔钢丝绞扭而成,其方法是在绞线机上以一种稍粗的直钢丝为中心,其余钢丝则围绕其进行螺旋状绞合,再经低温回火处理即可。钢绞线根据深加工要求的不同又可分为标准型钢绞线、刻痕钢绞线和模拔钢绞线等。

3) 预应力钢筋

(1) 冷拉钢筋:冷拉钢筋是将热轧钢筋在常温下通过张拉到超过屈服点的某一应力,使其产生一定的塑性变形后卸载,再经时效处理而成。

(2) 热处理钢筋:热处理钢筋是由普通热轧中碳合金钢筋经淬火和回火调质热处理制成。具有高强度、高韧性和高黏结力等优点,直径一般为 6~10 mm。成品钢筋为直径 2 m 的弹性盘卷,开盘后自行伸直,每盘长度为 100~120 m。

(3) 精轧螺纹钢筋:精轧螺纹钢筋是用热轧方式在钢筋表面上轧出不带肋的螺纹外形。钢筋的接长用连接螺纹套筒,端头锚固用螺母。这种高强度钢筋具有锚固简单、施工方便、无需焊接等优点。

4) 锚具

锚具是后张法结构或构件中为保持预应力筋拉力并将其传递到混凝土上用的永久性锚固装置。预应力筋用锚固体系按锚固方式的不同,可分为夹片式(如单孔与多孔夹片锚具)、支承式(如镦头锚具、螺母锚具等)、锥塞式(如钢质锥形锚具等)和握裹式(如挤压锚具、压花锚具等)四类。

在后张法施工中,预应力筋锚固体系包括锚具、锚垫板和螺旋筋等。夹具是先张法构件施工时为保持预应力筋拉力并将其固定在张拉台座(或钢模)上用的临时性锚固装置。

2. 预应力筋、锚具和张拉机具的使用范围

1) 单根预应力钢筋

(1) 锚具。单根粗钢筋的预应力筋,如果采用一端张拉,则在张拉端用螺丝端杆锚具,固定端用帮条锚具或镦头锚具;如果采用两端张拉,则两端均用螺丝端杆锚具。

螺丝端杆锚具适用于 14~36 mm 的冷拉一、二级钢筋。镦头锚具由镦头和垫板组成。

(2) 张拉设备。与螺丝端杆锚具配套的张拉设备为拉杆式千斤顶。常用的有 YDL600-150 型油压千斤顶,其公称张拉力为 600 kN,张拉行程为 150 mm。YL60 型千斤顶是一种通用型的拉杆式液压千斤顶,其适用于张拉采用螺丝端杆锚具的粗钢筋或带镦头锚具的钢筋束。

(3) 单根粗钢筋预应力筋的制作,包括配料、对焊、冷拉等工序。

预应力筋的下料长度应由计算确定,计算时要考虑结构构件的孔道长度、锚具厚度、千斤顶长度、焊接接头或镦头的预留量、冷拉伸长值、弹性回缩值等。

2) 钢筋束、钢绞线

钢筋束、钢绞线采用的锚具有 JM 型、XM 型、QM 型和固定端用的镦头锚具。

(1) JM 型锚具。JM 型锚具由锚环与夹片组成。JM 型锚具与 YL-60 千斤顶配套使用,适用于锚固 3~6 根直径为 12 mm 光面或螺纹钢筋束,也可用于锚固 5~6 根直径为 12 mm 或 15 mm 的钢绞线束。

(2) XM 型和 QM 型锚具。XM 型和 QM 型锚具是一种新型锚具,利用楔形夹片,将每根钢绞线独立地锚固在带有锥形的锚环上,形成一个独立的锚固单元。XM 型锚具由锚环和三块夹片组成。

当采用 JM 型或 XM 型锚具,用穿心式千斤顶张拉时,钢筋束和钢丝束的下料长度 L 应等于构件孔道长度加上两端为张拉、锚固所需的外露长度。

3) 钢丝束

(1) 锚具。钢丝束用做预应力筋时,由几根到几十根直径 3~5 mm 的平行碳素钢丝组成。其固定端采用钢丝束镦头锚具,张拉端锚具可采用钢质锥形锚具、锥形螺杆锚具和 XM 型锚具等。

① 锥形螺杆锚具,用于锚固14、16、20、24或28根直径为5 mm的碳素钢丝。

② 钢丝束镦头锚具适用于12~54根直径为5 mm的碳素钢丝。常用镦头锚具分为A型与B型。A型由锚杯与螺母组成,用于张拉端。B型为锚板,用于固定端。

③ 钢质锥形锚具,用于锚固以锥锚式双作用千斤顶张拉的钢丝束,适用于锚固6、12、18或24根直径5 mm的钢丝束。

(2)张拉设备。锥形螺杆锚具、钢丝束镦头锚具宜采用拉杆式千斤顶(YL60型)或穿心式千斤顶(YC60型)张拉锚固。钢质锥形锚具应用锥锚式双作用千斤顶(常用YZ60型)张拉锚固。

① 穿心式千斤顶 沿千斤顶纵轴线有一直穿心通道,供穿过预应力筋用。沿千斤顶的径向分内外两层油缸。外层油缸为张拉油缸,工作时张拉预应力筋;内层为顶压油缸,工作时进行锚具的顶压锚固,故称YC60型为穿心式双作用千斤顶,如图6-24所示。

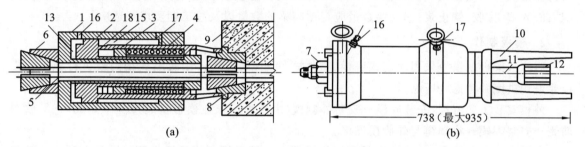

图 6-24 YC60型(穿心式)千斤顶

1—张拉油缸;2—顶压油缸(张拉活塞);3—顶压活塞;4—弹簧;5—预应力筋;6—工具锚;7—螺帽;8—锚环;9—构件;10—撑脚;11—张拉杆;12—连接器;13—张拉工作油室;14—压顶工作油室;15—张拉回程油室;16—张拉缸油嘴;17—顶压缸油嘴;18—油孔

② 锥锚式双作用千斤顶 其主缸和主缸活塞用于张拉预应力筋。

(3)钢丝束制作。

钢丝束制作一般需经调直、下料、编束和安装锚具等工序。当用钢质锥形锚具、XM型锚具时,钢丝束的制作和下料长度计算基本上与预应力钢筋束相同。钢丝束镦头锚固体系,如采用镦头锚具一端张拉时,应考虑钢丝束张拉锚固后螺母位于锚环中部。用钢丝束镦头锚具锚固钢丝束时,其下料长度力求精确。编束是为了防止钢筋扭结。采用镦头锚具时,将内圈和外圈钢丝分别用铁丝按次序编排成片,然后将内圈放在外圈内绑扎成钢丝束。

二、台座制作与模板安装

1. 台座制作

一般要求预制梁板台座应有足够的强度,基础不沉陷,以保证底模不变形,并应稳固、平整、边缘顺直;底模接缝应严密,表面光滑洁净;钢筋绑扎前底模涂刷模板油;底模上准确定出梁端支模线、盖梁中心线、横隔梁和支座预埋钢板的位置。台座制作与底模安装的材料主要有钢筋、混凝土、钢板、角钢、橡胶板、模板油等;其主要施工机具为混凝土罐车、振捣器、打磨机、电焊机等。

制作台座时,应该对整个场区进行总体规划,通过放线标识出台座、台座间距、扩大基础位置等。预制梁场整体进行地基处理。台座下地基相对不好的地段应进行适当加强处理,地基较差(浅层软弱地基及不均匀地基)则先采用换填并分层碾压密实,然后对表层做两步20 cm厚8%的灰土处理,并且密实度达到96%以上。后张法制梁的台座,在施工前先对路基面进行精平,并进行再次夯实。梁底座位置用30 cm厚,其他位置用10 cm厚C15的混凝土进行硬化(底座中预埋槽钢用于加固模板),以保证地基具有足够的强度、刚度及稳定性,要求底座混凝土的表面平整。存梁场地采用砂石硬化。

台座的布置要求:①台座应保证有足够的强度和刚度,应满足张拉后的承压要求,不得发生沉降、变形和开裂现象,一旦存在以上现象,应立即废弃使用;②台座与施工主便道及路基边坡要有足够的安全距离,张拉台座两端必须安装隔离设施,以防断丝伤人;③混凝土台座底模应采用厚度不小于6 mm的钢板,钢板应平整、光滑,并锚固在混凝土台座上,拼接焊缝必须打磨平整、光滑;台座表面不得直接使用混凝土或水磨石作为底模;④台座应按图纸要求设置反拱;⑤为保证侧模与底模接缝处不漏浆,应在底模两侧设置止浆设施,如在底模两侧安装小槽钢,槽钢内嵌入塑(橡胶)管止浆;⑥台座数量应与预制梁的数量以及总工期要求相适应。

2. 模板制作

后张法梁板的模板采用固定式底模、整体式钢外模、液压自动收缩式钢内模进行施工。模板要设预拱度并考虑砼压缩量。

外模安装工艺流程:安装底模→安装外侧模(由模板厂家在模板拼装过程中完成)→吊放钢筋笼→安装端模→将端模与外侧模连接。

内模安装工艺流程:安装轨道梁到底模支撑上→用卷扬机拖行模板到轨道梁上到位→升起顶升油缸→安装顶升护套→用液压油缸按序打开模板到位→安装螺旋撑杆→使模板达到要求尺寸。

拆模时梁体砼强度必须达到设计强度的60%以上,且砼芯部与表面、箱内与箱外、表层与环境温差均不大于15 ℃,并能保证梁体棱角完整时方可进行,但气温急剧变化时不能拆模。

后张法梁板的模板设计分为底模、外侧模、端模和内模四个部分。

(1)底模板:底模清理,涂防腐剂,支座板安装后,底模板分段加工,与条形混凝土基础上的预埋件进行焊接。在模板端部为活动底模板,用于箱梁横移作业时横移台车就位。预设反拱度按抛物线设置,跨中最大值为19 mm。

(2)外侧模板:侧模安装可采用龙门架配合人工进行。首先,在每个底模上做出标记,侧模安装时按照标记落模安装,人工配合调整就位。模板接缝之间夹5 mm厚胶条,以防止漏浆。调整模板底脚螺栓,垂球挂线保证模板轴线位置准确,使侧模高程及轴线满足设计要求。侧模采用10 m一节的钢模组成,采用8 mm钢板,水平方向设三道加强肋,加强肋为60 mm的槽钢,纵向每2 m设加强肋一道。模板顶部设拉杆一道,侧向设可调节连接杆,并与预埋在地基中的槽钢连接。连接杆为φ40 mm带螺扣的圆钢。底模也采用8 mm钢板制成。

调整模板时注意检查翼板的顺直度。模板位置调正后,紧固下拉杆螺栓,并用木楔子将其他模板立柱支牢。外侧模采用大刚度模板与台座配套设计,采用整体纵向滑移式装置,由活动侧模板、走行轮、滑模轨道和牵引设备组成。在工厂分节加工侧模板,在现场用螺栓连接组装后焊接成整体。混凝土浇筑前,在梁腹板模板上安装附着式振捣器,同一模板上的附着式振捣器选用同一振幅、同型号,以免降低使用寿命。侧模内部还要抛光打磨,涂抹模板油。

(3)端模板(顶模板):侧模安装后,进行顶板钢筋安装。边梁应注意预埋护栏钢筋(或人行道梁锚固钢筋),伸缩缝端预埋伸缩缝预埋筋,预埋后的钢筋保证线形顺畅,位置准确。钢筋绑扎完毕后,如有预应力筋在梁顶锚固,则焊接顶板预留孔道定位钢筋,安装顶板预留孔道。预留孔道安装后,检查接头连接情况及是否存在孔洞现象。在浇筑混凝土之前,顶板预留孔道内预先穿入直径比波纹管内径小 5 mm 的衬管,以防漏浆堵塞孔道。端模面板为钢板,端模为整体模板,用螺栓与外侧模板连接,与侧模板、内模板间的间隙用橡胶条填充,并用槽钢作为骨架进行加固。

(4)内模系统:内模系统由走行机构、液压系统、内模板三部分组成。内模采用液压自动缩放内模,内模拆除时整体滑出。

三、钢筋绑扎及预埋件的安置

普通钢筋骨架的绑扎,后张法预应力混凝土梁中的构造钢筋或普通受力钢筋的加工与普通钢筋相同。对于高、窄、长的钢筋骨架,可分段、分片预制成骨架或钢筋网,在施工现场再装配成整体。

首先按设计要求进行钢筋的制作和加工,误差应保证在规范和有关技术文件的要求之内。钢筋的绑扎在钢筋制作平台进行,完成后由龙门吊利用桁梁整体安装。焊接过程中,骨架无漏焊、开焊。钢筋网片漏焊、开焊不超过焊点数量的 2%,且不集中。绑扎中缺扣、松扣的数量不超过应绑扎数量的 10%,且也不应集中。

电焊点焊要求焊点处熔化金属均匀,无裂纹、多孔性缺陷及烧伤。焊点压入深度符合钢筋内焊接及验收的专门规定。

通长钢筋采用对焊,要求接头处弯折不大于 40;钢筋轴线位移不大于 $0.1d$,且不大于 2 mm。无横向裂纹和烧伤,焊包均匀。采用电弧焊时绑条沿接头中心线的纵向位移不大于 $0.5d$;接头处弯折不大于 40;钢筋轴线位移比大于 $0.1d$,且不大于 3 mm;焊缝厚度不小于 $0.05d$,宽度不小于 $0.1d$,长度不小于 $0.5d$。焊缝表面平整,无凹陷、焊瘤。接头处无裂纹、气孔、夹渣及咬边。

1. 钢筋绑扎

(1)钢筋在加工棚内进行加工,为保证钢筋绑扎精度,采用分体式绑扎工艺,梁体底腹板、顶板钢筋在钢筋绑扎模架上进行分体绑扎成型。钢筋骨架绑扎完毕后,用门吊通过专用吊具进行吊装,保证钢筋骨架不变形。

(2)钢筋骨架制作必须严格遵照图纸规定尺寸和钢筋编号,在绑扎台上标明位置,再布筋绑扎。

(3)采取与设计保护层厚度相同的垫块和梁体砼等强度同寿命的垫块,绑扎垫块时,其位置必须相互错开,分散布置,间距符合要求,保护层垫块为锥形,绑扎垫块和钢筋的铅丝头不许伸入保护层内。底板混凝土厚度的控制,采用内模支轮架,支轮架管模的高度与底板混凝土厚度相等。

(4)钢筋骨架绑扎完后,采用龙门吊通过专用吊架进行钢筋骨架吊装,侧模、底模就位后,先吊装底腹板钢筋,就位后吊装内模,再吊装顶板钢筋。

(5)起吊时,应注意检查以下项目:①起重钢丝绳是否安装正确,连接是否牢固;②龙门吊吊具是否完好、齐备;③起吊重物和下降时应缓慢平稳,严禁对重物斜吊。

一般的做法是先对钢筋进行放样。根据设计图纸尺寸按1:1比例画出大样图,在钢筋加工台座上钉钢钉对钢筋进行卡位。然后通过在钢筋弯制台上画线对弯折角度(即钢筋弯制位置)进行标记,通过中心定位销控制钢筋弯曲角度,定位销的直径应符合规范要求。最后对加工出的半成品分类码放整齐并标识,便于后续工作提取使用。

2. 预埋件安装

预埋件安装时,首先绑扎钢筋前在梁底模板上准确定位透气孔的中心位置,并在该处焊接一个M16的螺母,通过与螺母同一型号的螺栓进行连接。螺栓的长度要大于梁底板的厚度,方便后续的拆除。然后在螺栓外套一个直径18 cm的PVC管,PVC管的外径和通气孔的直径是一致的,管的中心置于螺栓处。在PVC管内灌满砂子。最后在PVC管上加设一圆形盖板。通过螺栓和盖板将其固定,确保透气孔位置准确,并且在混凝土浇筑和振捣施工中不发生移位。垫块安装时,顶板两层钢筋设置架立筋,防止因踩踏钢筋变形,保证几何尺寸。垫块厚度和设计要求的保护层厚度是一致的,并应具有一定的抗压强度,防止施工中变形,通过放置垫块来保证钢筋保护层厚度。

3. 钢筋安装及预埋件注意事项

(1) 按设计图纸将钢筋精确加工、牢固定位于预制底模上,除特殊设计外,纵、横向钢筋应垂直。

(2) 为确保预制构件耐久性,应采用高强度、不影响外观质量的垫块,垫块安装要牢固,确保钢筋保护层的厚度。

(3) T形梁横隔板连接钢筋,宜采用单面焊,连接钢筋伸出长度应大于搭接长度并易于施工。单面搭接长度应≥10d,d为连接钢筋直径。

(4) 滑板支座上的梁底预埋钢板除设计要求外,应铣燕尾槽(深2 mm),顺桥方向每边留40 mm不铣,横桥向全宽铣通,用环氧树脂粘贴3 mm厚不锈钢板嵌入燕尾槽内。浇筑梁体混凝土之前预埋在梁底,并采取措施保证钢板不锈蚀、干净、不变形。

(5) 防撞护栏预埋钢筋、伸缩缝预埋钢筋应按设计数量安装,位置应准确,并采取有效的固定措施,防止混凝土振捣时移位。

(6) T形梁边上预埋的泄水管,位置应符合设计要求。平曲线半径较小的桥梁,内弧泄水管应考虑移位,否则会在防撞护栏内而作废。当泄水管受墩顶负弯矩预应力索限制不能预埋时,可改用横向排水管。

四、后张法预应力的预留孔道

梁内预留孔道是通过在浇筑梁体混凝土前,按梁内预应力筋的设计位置先安放制孔器。待梁体混凝土达到一定强度时,抽拔出制孔器(当使用的是抽拔式制孔器时),并通过检查而形成。预应力孔道和锚下垫板应按设计图纸要求布设,成孔采用波纹管,波纹管采用井字架来固定。

制孔器有埋置式和抽拔式两类。埋置式制孔器主要有铁皮管和铝合金波纹管两种;抽拔式制孔器(俗称抽拔管)常用的有橡胶抽拔管、金属伸缩抽拔管和钢管等,不过后者目前较少用。

构件中留设孔道主要为穿预应力钢筋(束)及张拉锚固后灌浆使用。孔道留设的基本要求:①孔道直径应保证预应力筋(束)能顺利穿过;②孔道应按设计要求的位置、尺寸埋设准确、牢固,浇筑混凝土时不应出现移位和变形;③在设计规定位置上留设灌浆孔;④在曲线孔道的曲线波峰部位应设置排气兼泌水管,必要时可在最低点设置排水管;⑤灌浆孔及泌水管的孔径应能保证浆液畅通。

1. 孔道留设方法

预留孔道形状有直线、曲线和折线形等,孔道留设方法具体如下。

1)钢管抽芯法

预先将平直、表面圆滑的钢管埋设在模板内预应力筋孔道位置上。在开始浇筑至浇筑后拔管前,每间隔一定时间要缓慢匀速地转动钢管;待混凝土初凝后至终凝之前,用卷扬机匀速拔出钢管即在构件中形成孔道。

钢管抽芯法只用于留设直线孔道,钢管长度不宜超过15 m,钢管两端各伸出构件500 mm左右,以便转动和抽管。构件较长时,可采用两根钢管,中间用套管连接,如图6-25所示。抽管时间与水泥品种、浇筑气温和养护条件有关。采用钢筋束镦头锚具和锥形螺杆锚具留设孔道时,张拉端的扩大孔也可用钢管成型,留孔时应注意端部扩孔应与中间孔道同心。

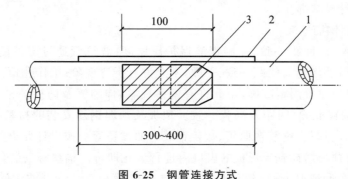

图 6-25　钢管连接方式
1—钢管;2—白铁皮套管;3—硬木塞

2)胶管抽芯法

胶管采用5～7层帆布夹层,壁厚6～7 mm的普通橡胶管,用于直线、曲线或折线孔道成型。胶管一端密封,另一端接上阀门,安放在孔道设计位置上。待混凝土初凝后、终凝前,将胶管阀门打开放水(或放气)降压,胶管回缩与混凝土自行脱落。一般按先上后下、先曲后直的顺序将胶管抽出。

3)预埋管法

预埋管法是用钢筋井字架将黑铁皮管、薄钢管或金属螺旋管固定在设计位置上,在混凝土构件中埋管成型的一种施工方法。适用于预应力筋密集或曲线预应力筋的孔道埋设,但电热后张法施工中,不得采用波纹管或其他金属管埋设的管道。

(1)波纹管定位。

预应力波纹管定位时,采用专门制作的波纹管坐标定位尺定位。先在台座两侧标记坐标定位点;然后将设计图纸给出的各控制断面的竖向(Y)坐标值顺次标在波纹管坐标定位尺上,并注明该坐标属于哪根波纹管哪个位置的坐标。定位尺上红色线就是台座上的各个坐标定位点,对应的红色为各管道相对应的竖向坐标值。利用该定位尺,可以方便快捷的定出各管道的坐标。根据设计图纸的预应力筋的坐标,自制坐标定位尺;波纹管定位要求每隔40～80 cm焊横钢筋和U形筋;接头采用胶带缠裹严密,防止波纹管脱节。波纹管定位的材料主要有波纹管、钢筋、波纹管套箍、绑丝、胶带等。其主要施工机具为坐标定位尺、电焊机等。

当波纹管需要连接时,采用特制型号的波纹管套箍连接。为防止波纹管脱节,在切割波纹管时不做斜切口,而做成直切口。连接时注意保证接头紧密,并在外侧用胶带包扎,防止漏浆。波纹管穿好后,检查波纹管有无破损,破损处用胶带重新包裹。利用坐标定位尺沿台座侧面的坐标定位点顺次进行定位,波纹管定位完毕后,为保证波纹管在混凝土浇筑过程中不移位,再焊接 U 形筋卡位。

其施工流程为:坐标定位尺制作→波纹管连接→波纹管定位→U 形钢筋焊接。

(2) 锚垫板安装。

锚垫板面应与预应力管道模板面垂直,且接触面固定牢固,防止漏浆;用海绵条将灌浆孔封堵,以防浇筑混凝土时水泥浆堵孔;锚垫板安装的材料主要有锚垫板、海绵条等。用海绵条在锚垫板上粘牢,然后用螺栓将锚垫板与端头模板紧密固定,防止漏浆。锚垫板与波纹管之间的缝隙用海绵条填塞严密,防止漏浆。将螺旋筋与锚垫板严密接触,位置固定准确。锚垫板处附近的钢筋严格按照设计要求绑扎。

(3) 顶板及预埋钢筋安装。

保证顶板钢筋顺直,间距一致,控制钢筋保护层厚度;波纹管通过定位筋与顶板筋绑扎牢固,防止波纹管偏移;外露钢筋间距一致、平顺,不允许有折弯现象;工作孔预留钢筋长度应满足施工规范要求;锚垫板位置固定准确,不允许有偏移现象;伸缩缝及防撞护栏等预埋钢筋、预埋钢板等方向正确、位置准确、间距及高程一致。顶板及预埋钢筋安装的材料主要有钢筋、绑丝等,主要施工机具为电焊机、钢筋弯曲机、数控钢筋弯曲设备等。按设计要求的钢筋间距加工出梳形板,然后直接将顶板筋插到梳形板的齿口内进行绑扎即可。锚垫板安装位置应准确。安装后不允许有倾斜和变形情况,确保锚垫板的平面与钢绞线垂直。梁端波纹管穿设后定位要准确,中间部位采用定位筋两侧固定,梁端利用模板卡位固定。同时为了防止拆除端模时损坏该处波纹管,端头部位统一采用套箍加固,外露尺寸一致,并缠裹严密。波纹管固定完毕后,布设工作孔位置钢筋。工作孔位置外露钢筋间距应一致,符合设计要求,钢筋交错布置,保证该部位钢筋连接时焊口错开布置。

其施工流程为:钢筋绑扎→锚垫板安装→波纹管定位→工作孔位置钢筋布设。

2. 预应力孔道的检验

1) 预应力孔道的一般要求

(1) 在后张预应力混凝土结构中,预应力筋的管道材料应按设计要求选用,一般由金属波纹管和塑料波纹管构成。对于跨径≥25 m 的 T 形梁、小箱梁、现浇结构等,宜采用塑料波纹管;跨径<25 m 的空心板等可采用金属波纹管。

(2) 浇筑混凝土时,在混凝土中的管道不得有漏浆现象。管道应该具有足够的强度,以使其在混凝土的重量作用下能保持原有的形状,且能按要求传递黏结应力。

(3) 预应力管道在使用前应按要求进行质量及外观检查。

2) 预应力管道材料

刚性或半刚性管道应由不与混凝土、预应力筋、水泥浆发生不良反应的金属或塑料材料制成。半刚性管道一般应由波纹状的金属螺纹管或塑料螺纹管道组成。

金属管道宜尽可能采用镀锌材料制作,并有良好的柔软性,一般情况材料厚度不得小于

0.3 mm。塑料波纹管管道的制作材料(高密度聚乙烯或聚丙烯)和管道性能应符合《预应力混凝土桥梁用塑料波纹管》(JG/T 529—2016)的要求。塑料波纹管的壁厚(δ)应为:内径 $\phi \leqslant$ 75 mm,$\delta \geqslant$ 2.5 mm;内径内径 $\phi \geqslant$ 90 mm,$\delta \geqslant$ 3.0 mm。管道应有一定的强度,塑料波纹管的环向刚度应不小于 6 kN/m^2,以使其在搬运和浇筑混凝土过程中保持一定的形状和完整。

3)金属波纹管的检验

(1)除应按出厂合格证和质量保证书核对其类别、型号、规格、数量和逐根进行外观质量检查外,还应委托有相应资质的公路工程试验检验机构按表6-4进行检验。

(2)检验结果有不合格项目时,应以双倍数量的试件对该项目进行复验,复验仍不合格时,该批产品为不合格,不得使用于工程中。

表6-4 金属波纹管的检验表

检验项目	取样数量	检验频率	质量要求
外观	5根/每批	每批≤5 000 m,同厂家、同批次的金属波纹管	符合《预应力混凝土用金属波纹管》(JG 225—2007)
尺寸			
集中荷载作用下的刚度			
均布荷载作用下的刚度			
集中荷载作用下的抗渗漏性能			
弯曲后的抗渗漏性能			

4)塑料波纹管的检验

(1)塑料波纹管进场时,除应按出厂合格证和质量保证书核对其类别、型号、规格、数量和逐根进行外观质量检查外,还应委托有相应资质的公路工程试验检验机构按表6-5进行检验。

(2)检验结果有不合格项目时,应以双倍数量的试件对该项目进行复验,复验仍不合格时,该批产品为不合格,不得使用于工程中。

表6-5 塑料波纹管的检验表

检验项目	取样数量	检验频率	质量要求
外观	5根/每批	每批≤10 000 m,同厂家、同配方、同工艺、同设备连续生产的塑料波纹管	符合《预应力混凝土桥梁用塑料波纹管》(JG/T 529—2007)
尺寸			
环向刚度			
抗冲击性			
柔韧性			
局部横向荷载			

5)管道安装要点

(1)波纹管安装前,应准确确定波纹管(后定位钢筋)的位置,尤其是曲线段。可先按设计图纸中预应力筋的曲线坐标,以梁底板为基准,直接量出相应点的高度,标在钢筋上,定出波纹管的曲线位置。定位筋间距要符合要求,一般情况下,波纹管道不宜大于1.0 m,曲线管道与扁平波纹管道应适当加密。管道纵、横坐标定位宜采用 ϕ12 钢筋焊接成井字形定位架,并按坐标位置点焊在箍筋上,箍筋下面用垫块垫实。

(2)波纹管安装时,应去掉端头毛刺、卷边和折角,尽量避免反复弯曲,以防管壁开裂,同时塑料波纹管还应防止点焊火花、焊渣烧伤管壁。波纹管道接长可采用大一号的同型波纹管作为接头管。接头管的长度要求为管径为 $\phi40\sim\phi65$ 时不小于 200 mm;管径为 $\phi70\sim\phi85$ 时不小 250 mm;管径为 $\phi90\sim\phi100$ 时不小于 300 mm,被接管旋进管内的长度不得少于 100 mm。接头管两端用密封胶带或塑料热塑管封裹,避免混凝土浇筑时水泥浆渗入管内造成管道堵塞。预应力筋预留孔道的尺寸与位置应布置正确,孔道平顺,端部的预埋钢垫板应垂直于孔道中心线,即孔道中心线与锚垫板中心线重合。

(3) 管道安装好后,应检查波纹管的位置、曲线形状是否符合设计要求(见表 6-6),保证管道直线段平顺、曲线段圆滑。检查波纹管的固定是否牢靠,接头是否完好,管壁有无破损等,如有破损,应及时用胶带修补。除检查梁高方向的坐标外,水平方向坐标同等重要,尤其梁高较高且宽度不大时,若水平方向管道坐标发生偏移,构件在张拉时偏心受力,使构件开裂或折断,造成严重后果。

表 6-6 管道安装检验表

项目		允许偏差/mm	检查方法和频率
管道坐标	梁长方向	30	抽查 30%, 每根查 10 个点
	梁高方向	10	
管道间距	同排	10	抽查 30%, 每根查 5 个点
	上下层	10	

波纹管安装时应考虑张拉后反拱度的影响,各个控制点高程均应扣除相应位置的反拱度值,做到精确定位。为防止浇筑混凝土时波纹管漏浆堵塞管道,浇筑混凝土前应在波纹管内预穿塑料管,待混凝土浇筑完成 4 小时后方可拔出。

五、后张法预应力混凝土浇筑与养生

1. 混凝土浇筑

浇筑混凝土前首先按设计要求进行混凝土的配合比设计,在经过监理工程师的书面同意后,掺入适量的减水早强剂或泵送剂,来保证混凝土具有良好的工作性能。施工现场应按砂石料的实际含水率进行配合比调整,并做好上料计量和试件的取样工作。混凝土采用汽车泵浇筑。

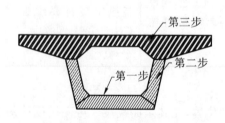

图 6-26 混凝土灌筑顺序示意图

混凝土采用拌和站集中拌制,混凝土配料采用自动计量装置,严格按照施工配合比进行配料和称量。梁体灌筑由两台混凝土汽车泵置于梁体同侧,由箱梁两端对称进行布料,保证布料准确均匀。混凝土连续灌筑一次成型。灌筑时斜向分段,水平分层,水平分层厚度不大于 30 cm,先后两层混凝土间隔不超过初凝时间。灌筑原则为"先底板、再腹板、最后顶板,由两端向中间进行"。两侧腹板混凝土高度保持一致,如图 6-26 所示。

为保证梁体的整体性,混凝土应泵送到位,一次性连续浇筑完成。鉴于梁体截面的限制及长度太长,可采用纵向分段、水平分层浇筑。为保证梁体的质量,下次浇筑混凝土必须在上次所浇筑混凝土初凝前完成。其浇筑方法如下。

(1) 浇筑方向是从梁的一端循环进展到另一端。在当即将靠近另一端时,为避免梁端混凝土产生蜂窝等不密实现象,应该从另一端向相反方向投料,而在距该端 4~5 m 处合龙。

(2) 分层下料、振捣,每层厚度不宜超过 30 cm,上下层浇筑时间相隔不宜超过 1 h(当气温在 30 ℃ 以上时)或 1.5 h(当气温在 30 ℃ 以下时)。上层混凝土必须在下层混凝土捣密实后方能浇筑,以保证混凝土有良好的密实度。

(3) 为避免腹、顶翼板交界处因腹板混凝土沉落而造成纵向裂纹,可在腹板混凝土浇完后略停一段时间,使腹板混凝土能充分沉落,然后再浇筑翼缘板,但必须保证在腹板混凝土初凝前将翼板混凝土浇筑完毕,并及时整平。为保证与现浇桥面板的结合紧密,对顶部进行拉毛处理。

梁体浇筑主要采用附着式振捣器并配以插入式振捣棒进行振捣,在整个浇筑过程中应仔细振捣,尤其是锚垫板后的混凝土。浇筑中禁止振动器接触波纹管,以免损伤波纹管,造成漏浆,影响穿束和张拉。浇筑过程中还应随时检查波纹管、锚垫板等的位置是否正确。浇筑完毕后,及时检查孔道是否畅通,发现问题及时进行疏通。

预应力梁板体浇筑时为保障桥面平整度及泄水坡度要求,砼浇注筑时配备混凝土自动整平机,将桥面整平。进行二次抹面,抹面时严禁洒水,抹面完毕及时覆盖,防止梁体顶面砼由于失水过快而产生收缩裂缝。

2. 养护工程

混凝土浇筑完毕后,应在收浆后尽快予以覆盖和洒水养护,覆盖时不得损伤或污染混凝土表面。当气温低于 5 ℃ 时,应覆盖保温,不得向混凝土洒水。养护用水应与拌和水相同。混凝土洒水养护时间一般为 7 天,可根据湿度、温度和水泥品种及掺用的外加剂等情况,酌情延长或缩短。每天洒水数次,以能保持混凝土表面经常处于湿润状态为度。混凝土达到 2.5 MPa 前,不得使其承受行人、运输工具、模板、支架等荷载。

混凝土养护的一般要求:混凝土养护期间,应重点加强混凝土的湿度和温度控制,尽量减少表面混凝土的暴露时间,及时对混凝土暴露面进行紧密覆盖(可采用篷布、塑料布等进行覆盖),防止表面水分蒸发。

预制梁混凝土冬期养护前期采用自动化蒸汽养护,后期采用自然洒水覆盖养护。混凝土的蒸汽养护可分静停、升温、恒温、降温四个阶段。混凝土的蒸汽养护控制要点:静停期间应保持棚内温度不低于 5 ℃,灌筑结束 4 h 后且混凝土终凝后方可升温。蒸汽养护定时测温度,并做好记录。

1) 混凝土的蒸汽养护规定

(1) 静停期间应保持环境温度不低于 5 ℃,灌筑结束 4 h 且混凝土终凝后方可升温。升温速度不宜大于 10 ℃/h,通过管道阀门控制蒸汽量来实现。

(2) 恒温期间混凝土内部温度不宜超过 60 ℃,最大不得超过 65 ℃,恒温养护时间根据构件脱模强度要求、混凝土配合比情况以及环境条件等通过试验确定。

(3) 降温速度不宜大于 10 ℃/h。采用大功率风扇排走热量,同时持续喷水,保证砼表面湿度。

蒸汽养护包括静养期、升温期、恒温期和降温期四个阶段。大概为静停 4 小时;升温 5 小时,前 2 小时温升速率为 5 ℃/h,后 3 小时温升速率为 10 ℃/h;恒温 11 小时,最高温度 50 ℃;降温速率为 10 ℃/h,用时 4 小时。合计用时 24 小时。

2) 蒸养其他注意事项

(1) 温度测点布设符合设计要求,养护时,避免蒸汽直接喷射混凝土表面。

(2) 静停阶段注意混凝土保湿。

(3) 恒温加热阶段应保持 90%～100% 的相对湿度。

(4) 降温阶段应缓慢停气、均匀降温，保持湿度，做好施工记录。

蒸汽养护结束后即对梁体洒水进行自然养护，自然养护时间不少于 14 天。洒水时间间隔随天气变化而定，白天每 2 小时夜间 4 小时一次，向阳向风面多洒些水。环境温度低于 5℃ 时，预制梁表面喷涂养护剂，采取保温措施，不能洒水。

六、预应力工程

1. 穿束

当梁体混凝土强度达到设计强度的 85% 以上时，才可进行穿束张拉，穿束前，可用空压机吹风等方法清除孔道内的污物和积水，以确保孔道畅通。一般可采用人工直接穿束，也可借助一根 $\phi 5$ 长的钢丝作为引线，用卷扬机牵引较长的束筋进行穿束工作，成束的预应力筋应一头对齐，按顺序编号套在穿束器上，如图 6-27 所示。穿束时钢丝束从一端穿入预留孔道。钢丝束在孔道两端头伸出的长度应大致相等。目前，穿钢绞线束的新方法是用专门的穿束机，将钢绞线从盘架上拉出后从孔道的一端快速地（速度为 3～5 m/s）推送入孔道，当戴有护头的束前端穿出孔道另一端时，用电动切线机按规定伸出长度予以截断，再将新的端头戴上护头穿第二束，直至穿到规定的束数，有时可在浇筑混凝土前预先埋束。

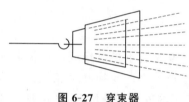

图 6-27　穿束器

2. 预应力筋的张拉顺序

预应力筋张拉顺序应按设计规定进行；如设计无规定时，应分批分阶段对称地进行。对配有多根不对称预应力筋的构件，应分批分阶段对称张拉。平卧重叠浇筑的预应力混凝土构件，张拉预应力筋的顺序是先上后下，逐层进行。

3. 预应力筋张拉程序

后张法预应力梁板预施应力按预张拉、初张拉和终张拉三个阶段进行。

1) 预张拉

预张拉在制梁台座上进行，当混凝土强度达到设计强度的 60%，拆除端模，松开内模，清除孔道内的杂物和积水，将预应力钢绞线穿入，进行预张拉。可以有效控制预制箱梁的早期裂纹。

2) 初张拉

当混凝土强度达到设计强度的 80%，按照设计要求进行初张拉，初张拉后，梁体才能移出台位。多根钢绞线的张拉，先利用单顶逐根调整钢绞线到设计张拉吨位的 5%，避免在张拉过程中钢绞线受力不均。之后安装千斤顶，两端同时张拉钢绞线到初应力（设计张拉吨位的 10%）。

3) 终张拉

当梁体混凝土强度及弹性模量达到设计值，且龄期不少于 10 天方可进行终张拉。终张拉的注意事项如下。

(1) 钢绞线分级张拉时的初始应力一般为设计应力的 10%，第二级应力为设计应力的 20%，这样在实测第二级和第一级之间的伸长量后，以便计算出初始应力的伸长量。

(2) 第三级到拉至 105% 设计吨位间的分级次数，可根据设计张拉吨位的大小、千斤顶的理论伸长量来确定,一般为 50%、80%、100%、105%。每级张拉时应把实际张拉吨位和实际伸长量做好记录,并与理论延伸量做比较。拉至 100% 设计吨位后,锚定钢绞线前,应由应力应变进行双控,即实测钢绞线的伸长量和理论伸长量做对比,若在 +6% 误差范围内,锚定钢绞线、张拉结束。否则应检查复核张拉和测量伸长量的过程,找出问题,查找原因。

(3) 每级张拉时,油泵操作应使应力均匀缓慢上升,油压表不得有大范围的波动。一般使用不低于 1.5 级精度的压力表。千斤顶经标定,理论应力和实际应力误差不得超过 5%,且油压表读数和千斤顶受力应力基本为一条比例直线。钢绞线张拉到位后,千斤顶回油锁定时也应缓慢均匀下降,不得直接回零。

张拉时两侧对称,同束钢绞线两端同步进行张拉,张拉顺序严格按设计图纸要求,张拉过程中保持两端伸长量基本一致。张拉值的大小以油表读数为主,以预应力钢绞线的伸长值加以校核。生产初期,需对 2 孔箱梁进行管道摩阻、喇叭口摩阻等瞬时损失进行测试,以保证有效预施应力值。

4) 预应力张拉质量控制原则

(1) 预应力施工的质量将直接影响梁体的抗裂性能。

(2) 为有效避免可能出现的梁体早期裂缝,除应对拆模时梁体芯部及环境温度、混凝土的强度、弹性模量进行控制外,应采用多次张拉工艺。

(3) 应对张拉用设备及相关资料进行检查。

(4) 终张拉应在存梁台座进行,并严格控制张拉混凝土弹性模量及龄期不小于 10 天。

(5) 根据现场实测的各种摩阻结果,复核设计或施工单位确定的各种张拉参数。

5) 张拉质量控制如下

(1) 预应力张拉是关系到预制梁质量最为关键的一环,所以在张拉前必须做好充分的准备工作。预应力张拉施工的基本要求:张拉前混凝土几何尺寸、龄期和强度必须符合设计要求,设计无要求时强度应不低于设计强度等级值的 85%,张拉时间不应早于 7 天、迟于 21 天。锚垫板下及周边混凝土必须密实,若有蜂窝及其他缺陷,应在拆模后立即进行处理,待处理完毕后方可张拉。

(2) 曲线预应力筋和长度超过 25 m 的直线预应力筋,设计无规定时应采用两端张拉。当同一截面中有多束一端张拉的预应力筋时,张拉端宜分别设置在构件的两端。

(3) 预应力筋的张拉顺序应符合设计要求,当设计未规定时,可采取分批、分阶段对称张拉。应使用能张拉多个钢绞线或钢丝的千斤顶同时对每一束中的全部力筋施加应力,但对扁平管道中不多于 4 根的钢绞线除外。

(4) 安装张拉设备时,应使张拉合力作用线与预应力筋的轴线重合。锚具、限位板安装前应检查孔位分布的重合,一致性安装时必须保证各个孔位对中,不能发生偏位。

(5) 预应力筋张拉锚固后,锚具夹片顶面应平齐,其错位不得大于 2 mm,且全部夹片高差不得大于 3 mm。

(6) 预应力筋张拉锚固后将多余部分进行切除,切割后预应力筋的外露长度不应小于 30 mm,切割时严禁使用电弧焊切割。

(7) 对于夹片式、锥塞式等锚具,在张拉锚固过程中或锚固完成后,不得大力敲击或震动。

(8) 预应力筋的张拉程序应符合设计要求,设计无要求时应按表 6-7 执行。

4. 预应力筋的张拉施工控制

对于曲线预应力筋和长度大于 24 m 的直线预应力筋,应采用两端同时张拉的方法;长度等于或小于 24 m 的直线预应力筋,可一端张拉,但张拉端宜分别设置在构件两端。对预埋波纹管孔道曲线预应力筋和长度大于 30 m 的直线预应力筋宜在两端张拉,长度等于或小于 30 m 的直线预应力筋可在一端张拉。安装张拉设备时,对于直线预应力筋,应使张拉力的作用线与孔道中心线重合;对于曲线预应力筋,应使张拉力的作用线与孔道中心线末端的切线方向重合。

1) 张拉速率控制

在张拉施工中,张拉速率应控制在张拉控制力的 10%～15%/min。对于长度大于 50 m 的弯束或长束,张拉速率应降低,宜取张拉控制力的 10%/min,并应匀速加压,为确保多点张拉的同步性,可增加几个停顿点。持荷时间为油泵开启、油压表读数稳定后的稳压时间,最短不得少于 5 min。两端张拉时 50 m(不含)以上的预应力筋取 8 min。

2) 钢绞线伸长量控制

后张法钢筋的线型一般均是既有直线,又有曲线,由于不同线形区间的平均应力会有很大差异,因此需要分段进行伸长值计算,然后再累加。需要注意的是,在计算工作长度时,一定要考虑位于张拉千斤顶中的那部分预应力筋尺寸,这部分的伸长值对工作长度小于 20 m 时的情况影响尤为明显。钢绞线实际伸长值与理论伸长值的差值应符合设计要求,设计无规定时,实际伸长值的差值应控制在 ±6% 以内,否则应暂停张拉,待查明原因并采取措施予以调整后,方可继续张拉。

表 6-7 预应力筋张拉程序

预应力筋种类		张拉程序
钢绞线束	具有自锚性能的锚具	低松弛预应力筋:$0 \rightarrow$ 初应力 $\rightarrow \sigma_{con}$(持荷 5 min 锚固) 普通松弛力筋:$0 \rightarrow$ 初应力 $\rightarrow 1.03\sigma_{con}$(锚固)
	其他锚具	$0 \rightarrow$ 初应力 $\rightarrow \sigma_{con}$(持荷 5 min 锚固)
精扎螺纹钢筋	直线配筋	$0 \rightarrow$ 初应力 $\rightarrow \sigma_{con}$(持荷 5 min 锚固)
	曲线配筋	$0 \rightarrow \sigma_{con}$(持荷 5 min 锚固)$\rightarrow 0$(上述程序可反复几次)$\rightarrow$ 初应力 $\rightarrow \sigma_{con}$(持荷 5 min 锚固)
钢筋、钢筋束		$0 \rightarrow$ 初应力 $\rightarrow 1.05\sigma_{con}$(持荷 5 min)$\rightarrow 6\sigma_{con}$(锚固)
钢丝束	具有自锚性能的锚具	低松弛预应力筋:$0 \rightarrow$ 初应力 $\rightarrow \sigma_{con}$(持荷 2 min 锚固) 普通松弛力筋:$0 \rightarrow$ 初应力 $\rightarrow 1.03\sigma_{con}$(锚固)
	其他锚具	$0 \rightarrow$ 初应力 $\rightarrow \sigma_{con}$(持荷 5 min 锚固)

5. 断丝分析与处理

1) 断丝的原因分析

断丝的原因包括:①整束不均匀度过大,部分钢绞线应力大于其极限强度;②钢绞线或锚具本身质量问题;③千斤顶重复多次使用,导致张拉力不准确;④限位板、工具锚与锚具孔位分布不重合一致,发生偏位。

2) 断丝的处理

断丝的处理见表 6-8。

(1) 由同束各钢绞线不均匀引起的断丝,说明梳、编、穿束存在质量问题,须严格按照要求进行梳编穿束施工。

(2) 因锚具、钢绞线不合格而出现断丝,须更换锚具与钢绞线,并严格控制锚具与钢绞线的进场检验。

(3) 由张拉力偏大引起的断丝,应对千斤顶重新进行整体静态标定,标定时应严格控制千斤顶的内泄漏。

(4) 因锚具、限位板、工具锚孔位分布不一致而断丝,安装时应加强检查,发现孔位不重合应及时重新按锚具孔位分布加工限位板、工具锚。

6. 预应力筋张拉过程中安全操作注意事项

在张拉构件的两端应设置保护装置,例如:用麻袋、草包装土筑成土墙,以防止螺帽滑脱、钢筋断裂飞出伤人;在张拉操作中,预应力筋的两端严禁站人,操作人员应在侧面工作。具体注意事项包括:①张拉现场应设安全标志,无关人员严禁入内;②张拉或退楔时,千斤顶后面不得站人,以防预应力筋拉断或锚具、楔块弹出伤人;③油泵运转出现不正常情况时,应立即停机检查,在有压力的情况下,不得随意拧动油泵或千斤顶各部位的螺丝;④张拉操作中若出现异常现象(如油表震动剧烈发生漏油、电机声音异常、支座断开、滑动等),应立即停机进行检查。⑤应由专人负责指挥张拉作业;⑥千斤顶支架必须与梁端垫板接触良好,位置正直对称,严禁多加垫块,以防支架不稳或受力不均倾倒伤人;⑦高压油管的接头应加防护套,防止喷油伤人。

表6-8 断丝、滑移限制表

类别	检测项目	控制数
钢绞线	每束钢绞线断丝或滑移	1丝
	每断面断丝之和不超过该断面钢丝总数的百分比	1%
单个螺纹钢筋	断丝或滑移	不容许

七、压浆工程

压浆是用压浆机(拌和机加水泥泵)将水泥浆压入孔道,并使孔道从一端到另一端充满水泥浆,且不使水泥浆在凝结前漏掉。为此需在两端锚具上或锚具附近的预制梁上设置连接带阀压浆嘴的接口和排气孔。一般在水泥浆中掺加塑化剂(或掺铝粉),以增加水泥浆的流动性。使用铝粉能使水泥浆凝固时的膨胀稍大于体积收缩,因而使孔道能充分填满。压浆前应将孔道冲洗洁净、湿润,并用吹风机排除积水,然后从压浆嘴慢慢地、均匀地压入水泥浆,这时另一端的排气孔有空气排出,直至有水泥浆流出为止,再关闭压浆和出浆口的阀门。

压浆的目的是使梁内预应力筋(束)免于锈蚀,并使力筋(束)与混凝土梁体相黏结而形成整体。因此水泥浆不能含有腐蚀性混合体,并应在施加预应力后,宜尽可能早些进行灌浆作业。水泥浆应具有如下适当的性质:①为使灌浆作业容易进行,灰浆应具有适当的稠度;②没有收缩,而应具有适当的膨胀性;③应具有规定的抗压强度和黏着强度。

1. 压浆前的准备工作要求

(1) 锚具外面的预应力筋间隙应用环氧树脂胶浆或水泥浆填塞,以免冒浆而损失灌浆压力,封锚时应留排气孔;封锚胶或水泥浆达到一定强度后方可进行压浆作业。

(2) 压浆前应用压力水冲洗孔道,以排除孔内杂物,保证孔道畅通;冲洗后用空压机吹去孔内积水,但应保持孔道润湿,使水泥浆与孔壁的结合良好;在冲洗过程中,应同时检查有无串孔现象,如有串孔现象,应立即采取措施处理。

2. 压浆施工要求

(1) 孔道压浆宜在张拉完成后24小时之内进行,否则应采取措施,确保预应力筋不出现锈蚀;压浆前必须储备足够浆液,储浆罐的储浆体积大于所要灌注的一条预应力管道体积的两倍,以保证压浆过程的连续进行。

(2) 应采用设计要求的压浆方法进行预应力筋孔道压浆。

(3) 浆体自拌制至压入管道的延续时间,一般控制在 30～45 min 范围内,在配置和压注过程中应连续搅拌,浆体进入压浆泵之前应通过 1.2 mm 的筛网进行过滤。

(4) 压浆时,对曲线管道和竖向管道应从最低点的压浆孔压入,由最高点的排气孔泌水,压浆顺序为首先压注下层管道、较集中和邻近的管道,宜尽量连续压浆完成。

(5) 压浆时,每一个工作班应留取不少于 3 组的 70.7 mm×70.7 mm×70.7 mm 的立方体试件,标准养护 28 天,检验其抗压强度,作为评定浆体质量的依据。

(6) 压浆过程中及压浆后 48 h 内,结构混凝土的温度不得低于 50 ℃,否则应采取保温措施,当气温高于 350 ℃时,压浆宜在夜间进行。

(7) 对后张预制构件,在管道压浆前不得安装就位。压浆后,在压浆强度达到设计要求后方可移运和吊装。

(8) 压浆管道长度超过 25 m 时,应提高压力 100 kPa～200 kPa,压浆过程中应采取措施防止堵管。

(9) 冬季施工环境最低温度低于 5 ℃时,应加盖暖棚,对管道及梁体混凝土预加温,然后方可压浆;当气温高于 35 ℃时,压浆宜在夜间进行。

(10) 严禁移运和吊装未进行管道压浆和压浆强度未达到设计要求的预制梁。

八、封端工程

封端混凝土采用强度等级为 C50 的无收缩混凝土。封端前锚穴周围凿毛,对锚圈与锚垫板之间的交接缝用聚氨酯防水涂料作防水处理。封端混凝土养护结束后,采用聚氨酯防水涂料对封端新老混凝土之间的交接缝进行防水处理,同时检查确认无漏压的管道后,设置钢筋网,浇筑加膨胀剂的 C50 混凝土。封端混凝土表面与梁体端面平齐,严格控制浇筑封端后的梁体长度。

封端的注意事项具体如下。

(1) 需要封端的梁体,在预应力张拉和压浆封锚后应在梁场进行封端,不得待架梁后进行,确保封端质量。应对梁端混凝土进行彻底凿毛并将其周围冲洗干净,设置钢筋网浇筑封端混凝土。

(2) 固定封端模板时应校准梁长,使梁长既符合允许偏差的规定又便于安装。

(3) 封端混凝土强度应符合设计规定,若设计无规定时,不得低于梁体混凝土强度标准值的 80%。

(4) 浇筑封端混凝土时,要仔细操作并认真插捣,必须使锚具处的混凝土密实。

(5) 封端混凝土浇筑后,应静置 1～2 小时,带模浇水养护。脱模后在常温下一般养护时间不得少于 7 昼夜。冬季施工应采取有效措施防止冻害。

九、质量检验

质量检验的内容包括:①对工程质量的检验,除一般混凝土、钢筋混凝土工程的应有检验项目外,还应进行预应力钢材编束、孔道预留、施加预应力、孔道压浆等项目的施工工艺检验以及预应力筋、张拉机具、锚夹具的质量检查、检验;②预应力束的力筋应梳理顺直,不得扭绞,表面不应有损伤,弯折;③单根力筋不允许有断筋、断丝或滑移;④同一截面预应力筋接头面积不超过预应力筋总面积的25%,接头的质量应符合规范要求;⑤预应力筋张拉时,混凝土强度和龄期必须符合设计或规范要求;⑥预应力管道应安装牢固,接头密合,弯曲圆顺,锚垫板平面应与孔道轴线垂直;⑦压浆的水泥浆性能和强度应符合施工技术规范要求,压浆时排气孔、排水孔应有原浆溢出方可关闭;⑧应按设计和规范浇筑封端混凝土。

十、梁体的存放

梁体施工完成后由龙门吊移到存梁场地。存梁场地为经过硬化处理路基,处理方法为将原路基进行再次夯实、整平,表面用砂石材料进行硬化。存梁时在梁的两端用方木垫起。利用定型三脚架将梁固定。三脚架为 $\phi 50$ 钢管焊接而成。

1. 梁体堆放注意事项

(1) 存放场地应平整压实,不得有积水。
(2) 梁体应按吊运及安装的次序堆放,并有适当通道,禁止越堆吊运。
(3) 梁体要求必须单层存放。
(4) 雨季应防止地面软化下沉而造成构件倾覆、折裂、破坏。

2. 移梁步骤

1) 梁移出制梁台位

在预制梁初张拉完成后,先拆除活动底模,将移梁平车从滑道推入梁底就位,液压千斤顶同步顶升梁,离开台座5 cm,检查所有部件无误,连接可靠后,在统一指挥下,两端移梁平车同时缓缓启动,将梁横移出制梁台位。

2) 在滑道横向移动梁

移梁平车通过移梁滑道横向移动梁到存梁台位。此过程要求平车前后必须跟人检查,确保轨道和机械设备的正常运作。

3) 落梁到存梁台位

当移梁平车运梁至存梁台位时,关闭动力系统,确保将平车制动后,启动液压千斤顶,缓缓将梁落至存梁台位的临时支座上,检查确认梁安放平稳后,解除临时约束,将移梁平车移出,完成梁横移任务。

1. 支架和模板制作、安装的注意事项有哪些?
2. 预应力筋放松的方法有哪些?
3. 预应力筋张拉过程中,出现滑丝和断丝时应怎样处理?
4. 先张法的张拉台座由哪几部分构成?目前较常见的张拉台座有哪几种?
5. 后张法预应力筋张拉的原则是什么?
6. 预应力混凝土梁桥与普通钢筋混凝土梁桥相比有哪些优点?
7. 在后张法预应力混凝土梁时,应进行管道压浆和封端作业,其目的是什么?

学习情境 7

桥梁上部构造支架及逐孔施工

学习目标

1. 知识目标

(1)熟悉支架类型与材料。
(2)掌握现浇支架施工要求。
(3)掌握支架施工工序。
(4)熟悉逐孔施工方法。

2. 能力目标

(1)能够进行支架法施工设计。
(2)能够进行逐孔施工设计。

知识链接

桥梁上部结构施工方法主要有就地浇筑法、预制安装法,具体又可划分为固定支架就地浇筑法、悬臂施工法、转体施工法、顶推施工法、逐孔施工法、横移施工法、提升与浮运施工法等。

● 固定支架就地浇筑法:就地浇筑法是在桥位处搭设支架,在支架上浇筑桥体混凝土,达到强度后拆除模板、支架。

● 悬臂施工法:从桥墩开始,两侧对称进行现浇梁段或将预制节段对称进行拼装。前者称为悬臂浇筑施工,后者称为悬臂拼装施工,有时也将两种方法结合使用。

● 转体施工法:将桥梁构件先在桥位处岸边(或路边及适当位置)进行预制,待混凝土达到设计强度后旋转构件就位的施工方法。转体施工其静力组合不变,它的支座位置就是施工时的旋转支承和旋转轴。桥梁完工后，按设计要求改变支撑情况。

● 顶推施工法：在沿桥纵轴方向的台后设置预制场地，分节段预制，并用纵向预应力筋将预制节段与施工完成的梁体连成整体，然后通过水平千斤顶施力，将梁体向前顶推出预制场地。之后继续在预制场地进行下一节段梁的预制，循环操作直至施工完成。

● 逐孔施工法：中等跨径预应力混凝土连续梁中的一种施工方法，它使用一套设备从桥梁的一端逐孔施工，直到对岸。其包括用临时支承组拼预制节段的逐孔施工法、移动支架逐孔现浇施工法，以及整孔吊装或分段节段施工法等。

● 横移施工：横移施工是在待安置结构的位置旁预制该结构，并横向移运该结构物，将它安置在规定的位置上。

● 提升与浮运施工法：提升施工是在未来安置结构物以下的地面上预制该结构并将其提升就位。浮运施工将桥梁在岸上预制，通过大型浮运至桥位，利用船的上下起落安装就位的方法。

任务1 支架施工

在支架上就地浇筑施工是一种历史悠久的施工方法，以往多用于桥墩较低的中、小跨连续梁桥。其主要特点是桥梁整体性好，施工简便可靠，对机具和起重能力要求不高。对于支架施工预应力混凝土连续桥来说，在施工中不会出现体系转换问题。但这种施工方法需要大量的施工脚手架，并且施工周期相对较长。

如果在支架施工中采用分段施工法将比整体施工法节省10％以上费用。分段施工还可以有效缩短施工周期，并有利于现场交通组织和桥位处环境保护，而且质量也比较容易保证，具有很高的安全性和可靠性。

尽管分段施工法在许多方面都具有明显的优势，但与整体施工法相比也存在一些问题。例如：分段施工法一般具有更加复杂和严格的施工程序、需要更多更先进的机具设备、要求数量少但素质高的劳动力等，而更重要的问题还体现在分段施工过程中结构受力分析和结构状态控制的复杂性上。

近年来，随着钢脚手架的应用和支架构件趋于常备化以及桥梁结构的多样化发展，如变宽桥、弯桥的强大预应力系统的应用，在长大跨径桥梁中，采用有支架就地浇筑施工可能是经济的，因此扩大了应用范围。尽管如此，相对于其他施工方法，采用有支架就地浇筑施工的桥梁总数并不多，因此在选择施工方法时，应通过比较综合考虑。

随着高速铁路和公路建设的快速发展，整孔连续梁在铁路和公路桥梁中的应用不断增加，促进了混凝土连续梁施工工法的不断完善和成熟。其中，最常用的有悬臂施工和脚手架施工。

脚手架施工适用于低墩，施工主要内容包括地基工程、支架工程、模板工程、钢筋混凝土工程、预应力钢筋工程等。

现浇梁支架可使用满布支架或梁式支架，按构造可分为支柱式、梁式和梁柱式，满布支架宜采用碗扣式、轮扣式、门式或扣件式等钢管材料，梁式支架宜采用型钢、钢管和贝雷桁片等材料。梁式支架不宜采用拱式结构，必须采用时，应按拱架的要求施工。其按材料可分为木支架、钢支架、钢木混合支架和万能杆件拼装的支架等。

其中，支架整体、杆配件、节点、地基、基础和其他支撑物应进行强度和稳定验算。

一、支架类型与材料

1. 木支架

其所用的材料规格及质量应符合要求。桁架在制作时,各杆件应当采用材质较强、无损伤及湿度不大的木材。夹木制作时,木板长短应搭配好,纵向接头要求错开,其间距及每个断面接头应满足使用要求。面板夹木按间隔用螺栓固定,其余用铁钉与拱肋固定。

木支架的强度和刚度应满足变形要求。杆件在竖直与水平面内,应采用交叉杆件连接牢固,以保证稳定。木支架制作安装时,基础应牢固,立柱应正直,节点连接应采取可靠措施以保证支架的稳定,高支架横向稳定应有保证措施。

2. 钢支架

钢支架可采用型钢、钢管、常备式钢构件等作为支架的材料设备。以常备式钢构件组成的钢排架,其纵、横向距离应根据实际情况进行合理组合,以保证结构的整体性;并应设置足够的斜撑、扣件和缆风绳,以保证排架的稳定。

3. 满布支架

满布支架可采用门型、碗扣、轮扣和钢管扣件等定型钢管支架产品。满布支架的地基必须进行妥善处理,避免产生过大沉降;对支架应进行强度和稳定性验算,应加强斜向连接与支撑,以保证支架的整体稳定。

4. 立柱式支架

立柱式支架构造简单,常用于陆地或不通航河道以及桥墩不高的小跨径桥梁施工。支架通常由排架和纵梁等构件组成。排架由枕木或桩、立柱和盖梁所组成。一般排架间距 4 m,桩的入土深度按施工要求设置,但不小于 3 m。当水深大于 3 m 时,柱要用拉杆加强。一般需在纵梁下布置卸落设备。

立柱式支架也可采用 $\phi 48$ mm,壁厚 3.5 mm 的钢管搭设,水中支架需先设基础、排架桩,钢管支架在排架上设置。陆地现浇桥梁,可在整平的地基上铺设碎石层或砾石层,在其上浇筑混凝土作为支架的基础,钢管排架纵横向密排,下设槽钢支撑钢管,钢管间距依桥高及现浇梁自重、施工荷载的大小而定,通常为 0.4~0.8 m。钢管由扣件接长或搭接,上端用可调节的槽形顶托固定纵、横木龙骨,形成立柱式支架。搭设钢管支架要设置纵横向水平杆加劲,桥较高时还需加剪刀撑,水平加劲与剪刀撑均需扣件与立柱钢管连接成整体。排架顶标高应考虑设置预拱度。

5. 梁式支架

梁式支架是在两端设立柱,上方设承重梁,模板直接支撑在承重梁上。依其跨径可采用工字钢、钢板梁或钢桁架作为承重梁,当跨径小于 10 m 时可采用工字钢梁;跨径大于 20 m 一般采用钢桁架。梁可支撑在墩旁支柱上,也可支撑在桥墩上预留的托架或桥墩处临时设置的横梁上。

6. 梁柱式支架

当梁式支架跨度比较大时,在跨的中间再设置几个立柱,它可在大跨径的桥上使用。梁支撑在多个立柱或临时墩上而形成多跨梁柱式支架。

二、支架施工方案和优缺点

当前现浇箱梁的支架施工方案有满堂脚手架施工方案、钢管桩型钢架空施工方案、钢管桩贝雷架架空方案和移动模架施工方案。每种方案有其适应范围及优缺点,具体见表7-1和表7-2。

表7-1 支架施工方案及适用范围

支架施工方案	适用范围
满堂脚手架施工方案	陆地
钢管桩型钢架空施工方案	陆地或水中
钢管桩贝雷架架空方案	陆地或水中
移动模架施工方案	等截面箱梁,施工时间比较充裕

表7-2 四种支架施工的优缺点

施工方案	优点	缺点
满堂脚手架施工方案	施工简便,施工费用低,便于抢期	不能在汛期施工,资源消耗较多
钢管桩型钢架空施工方案	汛期能施工、施工速度快、施工简便	耗用资金、需要打桩设备
钢管桩贝雷架架空方案	陆地或水中	资源紧张、需要打桩设备
移动模架施工方案	施工便捷、施工工序少、适应水陆地形	必须单孔施工,施工时间长,需具备一定规模、投入较多

三、支架工程的设计

支架设计原则为:①支架布置经济合理;②各部位允许荷载能力满足实际使用荷载要求;③减少基底非弹性变形;④容易控制模板拼装及其标高;⑤落架方便。

支架工程设计分为基础工程、支架、纵梁三个部分,要进行基底承载力、强度、刚度、挠度和稳定性检算,从而确定基础的形式、杆件的间距、数量和预留起拱度。

首先根据现场地质情况、桥跨结构,本着施工方便、安全、经济的原则选用支架类型。

1. 支架设计主要考虑因素

支架设计主要考虑以下因素:①地基处理方式及地基承载力;②荷载包括模板和支架自重,梁体重量,施工人员和施工材料机具等行走运输或堆放的荷载,风力、水流冲击荷载等;③支架搭设方式;④支架的变形、沉陷等;⑤预应力施工后支点反力的变化。

2. 支架设计主要检算因素

(1) 强度检算:支架各构件按其计算图式进行强度计算,容许应力可按临时结构予以提高。

(2) 挠度验算。

(3) 预拱度计算:包括梁体自重所产生的挠度、支架受荷载后产生的弹性变形和非弹性变形、支架基础的沉降量等。

(4) 强度、刚度、稳定性必须满足设计规范的要求。

3. 现浇支架施工要求

(1) 支架应进行设计和计算,并经审批后方可施工。

(2) 支架的强度、刚度和稳定性等要求应符合《公路桥涵施工技术规范》(JTG/T F50—2011)

有关条款的规定。

（3）支架的弹性、非弹性变形及基础的允许下沉量应满足施工后梁体设计标高的要求。

（4）整体浇筑时应采取措施，防止梁体不均匀下沉产生裂缝，若地基下沉可能造成梁体混凝土产生裂缝时，应分段浇筑。

（5）当在软弱地基上设置满布现浇支架时，应对地基进行处理，使地基的承载力满足现浇混凝土的施工荷载要求。无法确定地基承载力时，应对地基进行预压，并进行部分荷载试验。

（6）对高度超过 8 m 的支架，应对其稳定性进行安全论证，确认无误后方可施工。

（7）施工时应对支架的变形、位移、节点和卸架设备的压缩及支架基础的沉降等进行观测，如发现超过允许值的变形、变位，应及时采取措施予以调整。

四、支架施工预拱度设置和卸落装置

支架应结合模板的安装一并考虑设置预拱度和卸落装置，并应符合下列规定。

（1）设置的预拱度值，应包括结构本身需要的预拱度和施工需要的预拱度两部分。

（2）施工预拱度应考虑下列因素：模板、支架承受施工荷载引起的弹性变形；受载后由于杆件接头的挤压和卸落装置压缩而产生的非弹性变形；支架地基在受载后的沉降变形。

（3）专用支架应按其产品的要求进行模板的卸落；自行设计的普通支架应在适当部位设置相应的木楔、木马、砂筒或千斤顶等卸落模板的装置，并应根据结构形式、承受的荷载大小确定卸落量。

五、施工工序（以现浇箱梁为例）

1. 支架基础施工

地基处理应根据箱梁的断面尺寸及支架的形式对地基的要求决定，支架的跨径越大，对地基的要求就越高，地基的处理形式就得加强，反之就相对减弱。地基处理时应做好地基的排水，防止雨水或混凝土浇筑和养护过程中滴水对地基的影响。在软弱地基上设置满布现浇支架时，应对地基进行处理，使地基的承载力满足现浇混凝土的施工荷载要求，无法确定地基承载力时，应对地基进行预压，并进行部分荷载试验。

为了保证现浇的梁体不产生较大变形，除了要求支架本身具有足够的强度和刚度，具有足够的纵、横、斜三个方向的连接杆件来保证支架的整体性能外，支架的基础必须坚实可靠，以保证其沉陷值不超过施工规范的规定。对于较小跨径，采用满布式的木支架排架，可以将基脚设置在枕木上，枕木下的垫基层必须夯实；对于梁-柱式支架，因其荷载比较集中，其基脚宜支承在临时桩基础上，也可直接支承在永久结构的墩身或基础的上面。

2. 支架搭设

支架的布置应根据梁截面大小并通过计算确定以确保强度、刚度、稳定性满足要求，计算时除考虑梁体混凝土重量外，还需要考虑模板及支架重量，施工荷载（如人、料、机等），作用在模板、支架上的风力及其他可能产生的荷载（如雪荷载、保证设施荷载）等。

对高度超过 8 m 的支架，应对其稳定性进行安全论证，确认无误后方可施工。

支架应根据技术规范的要求进行预压，以收集支架、地基的变形数据，作为设置预拱度的依据，预拱度设置时应考虑张拉上拱的影响。预拱度一般按二次抛物线设置。梁式桥现浇支架的预压应根据支架的类型和结构形式、地基的沉降量和承载能力以及荷载大小等因素确定。

支架的卸落设备可根据支架形式选择使用木楔、砂筒、千斤顶、U形顶托等,卸落设备尤其应注意有足够的强度。

梁式桥现浇支架结构的搭建要稳固,杆件连接牢靠。碗扣支架均采用外径标准杆件进行组装,墩柱部位处因处于横梁位置和应力集中区,故应加密支架。支架搭设成形后,再根据测量工程师计算及测量结果,调整顶面高程以控制纵横坡和预拱度。支架搭设基本成型,利用上托调节梁底高程,测量工程师应先计算对应点位设计高程并进行测量,控制顶部高程。施工预拱度值依据加载预压实际观测的地基沉降,支架的弹性变性量,加上箱梁的理论计算挠度确定。

施工中重点控制立杆的垂直度和间距,保证几何尺寸准确,严格按施工方案设置横向、纵向剪刀撑。

钢管的整体稳定性是由基础的不均匀沉降、支架结构的稳定性控制。横桥向按照支架的拼装要求,严格控制竖杆的垂直度以及扫地杆和剪力撑的数量和间距。顺桥向支架和墩身连接,以抵消顺桥向的水平力。同时碗扣式支架通过钢管与军用墩支架连成一体,确保混合支架的强度和整体稳定性。

3. 支架的预压和调整

支架的预压和调整应充分考虑各项因素,支架预压的目的是检查支架的承载能力和稳定性,减少和消除支架的非弹性变形和地基的不均匀沉降,从而确保箱梁混凝土成形后的线形及质量,延长使用寿命。

预压重量应准确计量,并在预压过程中备足防雨材料,避免雨水过大使预压荷载变化较大,不能准确收集到预压所需要的各种参数。加载预压测量观测极其重要,必须认真、真实地进行记录,认真观测加载前后沉降量和其他特殊变形及位移,为箱梁模板的制作提供真实、可靠的高程及位移数据。预压顺序为根据连续梁的施工方向,预压依照施工顺序,先于钢筋施工进行,这样就可以与钢筋绑扎、混凝土浇筑进行流水作业。

根据图纸要求,堆载预压按照每跨箱梁混凝土自重的120%超载预压。预压材料采用砂袋、土袋或混凝土块等,并模拟实际荷载的分布情况进行堆放。加载需分级进行,分别为30%、50%、80%、100%、120%,每级加载之间的时间间隔最小为2小时,并对监测点进行标高变化测量。加载至120%后,需等待监测点沉降稳定后方允许卸载。特别注意卸载时也需对各级阶段进行标高测量。卸载完毕后,绘制各监测点的标高变化曲线,计算支架的弹性变形和非弹性变形值。并根据弹性变形值设置底模及翼板侧模预拱度。预拱度的调整采用钢管顶托与底托共同调整。

根据加载预压观测结果确定地基承受力是否满足要求,设置适宜的预拱度,及时调节支架顶面高程,满足箱梁施工要求,按设计高程加理论计算挠度和实测弹性变形值的总和来调节底模标高。

4. 支架预压工艺流程各步骤具体操作

(1) 铺设箱梁底模板:箱梁底模板铺设好之后,尽量调整底模板顶面标高到箱梁底的设计标高,同时检查调整顶托,确保支架受力均匀。检查竖杆与横杆之间是否连接牢固。

(2) 布置测量标高点:为了解支架沉降情况,在加载预压之前测出各测量控制点标高,测量控制点按顺桥向底模底部每排钢管柱布置一排,支架混凝土基础布置一排,每排4个点。在加载30%、50%、80%、100%、120%后每天上下午均要复测各控制点标高一次,如果加载120%后所测数据与加载前所测数据支架日沉降量小于 2.0 mm(不含测量误差)时,表明地基及支架已基本沉降到位,可进行卸载,否则还须持荷进行预压,直到地基及支架沉降符合以上要求为止。

(3) 加载荷重计算及加载方法:加载宜分五级进行,即加载 30%、50%、80%、100%、120%。

(4) 对加载后各测量点标高值 H_2 进行测量:布载结束后应立即进行观测各测量点的标高值 H_2,并做好相应的记录。

(5) 测量卸载前各测量点标高值 H_3:持续布载 24 h 后在卸载前测量各测量点标高值 H_3。

(6) 卸载:卸载过程的操作基本与加载过程相反。

(7) 观测卸载后各测量点标高 H_4:卸载后测量出各测量点标高值 H_4,就可以计算出各观测点的变形。其中,非弹性变形为 $f_1=H_1-H_4$,通过试压后,可认为模板、支架、方木等的非弹性变形已经消除;弹性变形为 $f_2=H_4-H_3$,根据该弹性变形值,在底模上设置预拱度 δ_2,以使支架变形后梁体线型满足设计要求。另外,根据 H_2 和 H_3 的差值,可以大致看出持续荷载对支架及贝雷梁变形的影响程度。

(8) 调整底模标高:根据设计技术交底,调整底模标高。

(9) 调整底模标高及预拱度设置:预压后架体在预压荷载作用下基本消除了地基塑性变形和支架竖向各杆件的间隙即非弹性变形,并通过预压得出了支架弹性变形值(见表 7-3)。根据这些实测的数据,结合设计标高和梁底预拱度值,确定和调整梁底立模标高。其公式为:梁底立模标高=设计梁底标高+支架弹性变形值-设计预留拱度。

表 7-3 支架弹性变形值表

序号	项目	计算及取值	备注
1	支架卸载后由上部构造自重及一半活载产生的竖向挠度	f_1	也可由设计院提供
2	在荷载作用下支架的弹性压缩	f_2	通过纵梁挠度和立柱压缩值计算得出
3	在荷载作用下支架的非弹性压缩	f_3	主要据底模测量情况得出
4	在荷载作用下支架基底的非弹性沉陷	f_4	据桥位地质及地基受力情况计算
5	预拱度	$f=f_1+f_2+f_3+f_4$	
6	预拱度值设置	$f_x=4f \cdot x \cdot (L-x)/L^2$	按二次抛物线法分配

注意:
① 底模板铺设完毕在测量 H_1 前应加强对支架的全面检查,确保支架在荷载作用下无异常变形。
② 由于支架较高,加载重量较大,因此在加载及卸载过程中必须随时对支架情况进行观测,以免发生意外。
③ 加载过程中应安排专人加强对支架及地基变形情况的观测,如有异常变形,应及时通知现场施工管理人员立即停止加载,在采取足够的加固措施后方可继续加载,以免出现重大安全事故。
④ 加载及卸载过程应加强施工现场安全保卫工作,确保各方面的安全。
⑤ 预压完成后,根据支架变形情况及地基沉降程度,采取必要的措施对薄弱环节进行加强,确保施工安全。桥梁支架加载预压施工如图 7-1 所示。

图 7-1　桥梁支架加载预压施工

5．模板

模板由底模、侧模及内模三个部分组成，一般预先分别制作成组件，在使用时再进行拼装，模板以钢模板为主，在齿板、堵头或棱角处采用木模板。模板的楞木采用方钢、槽钢或方木组成，具体的布置需根据箱梁截面尺寸确立，并通过计算对模板的强度、刚度进行验算。

6．普通钢筋、预应力筋的布设

（1）在安装并调好底模及侧模后，开始底、腹板普通钢筋绑扎及预应力管道的预设。混凝土采用一次浇筑时，在底、腹板钢筋及预应力管道完成后，安装内模，再绑扎顶板钢筋及预应力管道。混凝土采用两次浇筑时，底、腹板钢筋及预应力管道完成后，浇筑第一次混凝土，混凝土终凝后，再支内模顶板，绑扎顶板钢筋及预应力管道，进行混凝土的第二次浇筑。

（2）普通钢筋及预应力筋按规范的要求做好各种试验，并报请工程师批准，严格按设计图纸的要求布设，对于腹板钢筋一般根据其起吊能力，预先焊成钢筋骨架，吊装后再绑扎或焊接成型，钢筋绑扎、焊接要符合技术规范的要求。

（3）预应力管道采用镀锌钢带制作，预应力管道的位置按设计要求准确布设，并采用每隔 50 cm 一道的定位筋进行固定，接头要平顺，外用胶布缠牢，在管道的高点设置排气孔。

（4）锚垫板安装前，要检查锚垫板的几何尺寸是否符合设计要求，锚垫板应牢固安装在模板上。应使垫板与孔道严格对中，并与孔道端部垂直，不得错位。

（5）预应力筋的下料长度应通过计算确定，计算时应考虑孔道曲线长、锚夹具长度、千斤顶长度及外露工作长度等因素。

（6）预应力筋穿束前应对孔道进行清理。

7．混凝土的浇筑

浇筑施工前，应进行混凝土的配合比设计及各种材料试验，并报请监理人批准，同时根据实际情况进行综合比较确定箱梁混凝土采用一次、两次或三次浇筑。以下几点在施工中应给予重视。

（1）模板、钢筋、管道、锚具和预应力钢材经监理人检查并批准后，方可浇筑混凝土。

（2）梁式桥现浇施工时，梁体混凝土在顺桥向宜从低处向高处进行浇筑，在横桥向宜对称进行浇筑。混凝土浇筑过程中,应对支架的变形、位移、节点和卸架设备的压缩及支架地基的沉降等进行监测,如发现超过允许值的变形、位移,应及时采取措施予以处理。

(3) 混凝土的振捣采用插入式振捣器进行,振捣器的移动间距不超过其作用半径的1.5倍,并插入下层混凝土5~10 cm。对于每一个振动部位,必须振动到该部位混凝土密实为止,也不得超振。

(4) 不能在模板内利用振捣器使混凝土长距离流动或运送混凝土,以致引起离析。混凝土捣实后1.5~24 h之内,不得受到振动。

(5) 混凝土浇筑完成后,待表面收浆后应尽快对混凝土进行养护,洒水养护应最少保持7d或按监理人指示的天数。预应力混凝土的养护期应延长至施加预应力完成为止。

(6) 养护期间,混凝土强度达到2.5 MPa之前,不得使其承受行人、运输工具、模板、支架及脚手架等荷载。

8. 预应力的张拉

(1) 在进行张拉作业前,必须对千斤顶、油泵进行配套标定,并每隔一段时间进行一次校验。有几套张拉设备时,应进行编组,不同组号的设备不得混合。

(2) 当梁体混凝土强度达到设计规定的张拉强度时,方可进行张拉。

(3) 预应力的张拉采用双控,即以张拉力控制为主,以钢束的实际伸长量进行校核,实测伸长值与理论伸长值的误差不得超过规范要求,否则应停止张拉,查找原因。

(4) 张拉的程序按技术规范的要求进行。

(5) 张拉过程中的断丝、滑丝不得超过规范或设计的规定。

9. 压浆、封锚

(1) 张拉完成后应尽快进行孔道压浆和封锚,压浆所用灰浆的强度、稠度、水胶比、泌水率、膨胀剂用量按施工技术规范及试验标准中的要求控制。

(2) 每个孔道压浆到最大压力后,应有一定的稳定时间。压浆应使孔道另一端饱满和出浆,并使排气孔排出与规定稠度相同的水泥浓浆为止。

(3) 压浆完成后,应将锚具周围冲洗干净并凿毛,设置钢筋网,浇筑封锚混凝土。

任务2 逐孔施工

一、概述

1. 采用临时支承组拼预制节段逐孔施工

对于多跨长桥,在缺乏较大能力的起重设备时,可将每跨梁分成若干段,在预制场生产。架设时采用一套支承梁临时承担组拼节段的自重,并在支承梁上张拉预应力筋,并将安装跨的梁与施工完成的桥梁结构按照设计的要求连接,完成安装跨的架梁工作。之后,移动临时支承梁,进行下一桥跨的施工。

2. 使用移动支架逐孔现浇施工

此法也称移动模架法,它是在可移动的支架、模板上完成一孔桥梁的全部工序。由于此法是在桥位上现浇施工,可免去大型运输和吊装设备,桥梁整体性好。同时它还具有在桥梁预制厂生产的特点,可提高机械设备的利用率和生产效率。

3. 采用整孔吊装或分段吊装逐孔施工

这种施工方法是早期连续梁桥采用逐孔施工的唯一方法,可用于混凝土连续梁和钢连续梁桥的施工中。

二、用临时支承组拼预制节段逐孔施工的要点

1. 节段划分

(1) 桥墩顶节段　由于桥墩顶节段要与前一跨连接,需要张拉钢索或钢索接长,为此对墩顶节段构造有一定要求。此外,在墩顶处桥梁的负弯矩较大,梁的截面还要符合受力要求。

(2) 标准节段　前一跨墩顶节段与安装跨第一节段间可以设置就地浇筑混凝土封闭接缝,用于调整安装跨第一节段的准确程度。封闭接缝宽 15~20 cm,拼装时由混凝土垫块调整。在施加初预应力后用混凝土封填,这样可调整节段拼装和节段预制的误差。

2. 支承梁

(1) 钢桁架导梁:钢梁应设置预拱度,要求每跨箱梁节段全部组拼后,钢导梁上弦应符合桥梁纵断面标高要求。同时还需准备一些附加垫片,用于临时调整标高。

(2) 下挂式高架钢桁架:在节段组拼过程中,架桥机前臂必然下挠,安装桥跨第一块中间节段的挠度倾角调整是该跨架设的关键,因此要求当一跨节段全部由架桥机空中吊起后,第一个中间节段与墩上节段的接触面应全部吻合。

3. 预应力混凝土连续梁桥预制节段施工法案例

节段施工法一般是将大梁分为横向全宽、纵向分段的节段。节段长约 3m,用短线法生产,汽车运输到现场,起吊拼装,经预应力等工作,连成大梁整体。其主要优点是工厂化生产、机械化施工,工序流程固定。实践证明,此法快速、安全,容易保证质量,从而收到较好经济效益。

1) 短线法预制生产工艺

(1) 主要设备。

用短线法生产混凝土节段的预制场主要设备是浇筑机,其构造示意如图 7-2 所示。节段底模板放在有轨道的平车底盘上,车长与节段长度相同。平车底盘与节段底模板架之间的四角设有千斤顶,用于调节标高。当已浇节段作为匹配节段时,调节其标高以适应大梁纵向曲线和预挠度的要求。同时二者之间还应能相互略有平转,以适应大梁平曲线的要求。

平车车轮有用钢轮的,但还可用履带式滚轮。履带式滚轮高度很低(如负荷 200 kN 仅 150 mm),直接放在平车底盘架下,使用方便。同时,也降低了底模板高度。

浇筑节段的侧模板支承在两侧平台上,可下放或外移。对于大梁平曲线的缓和曲线段,由于梁外形的要求,侧模板面应可略有扭转。

端堵头模板一般固定在支架上,不移动。剪力齿模具固定在板面上,并保持与侧模相互垂直。

芯模固定在平车的悬臂支架上,由液压系统操纵其撑开就位和缩小脱出。当有节段内设有锚头齿板时,要仔细考虑使其撑开时能成型齿板,缩小时又能易于脱出。

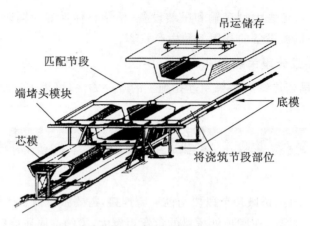

图 7-2 浇筑机示意图

每台浇筑机的主要部件有：①平车及底模板至少 2 台,并有轨道和牵引平车设备；②侧模（包括两侧）1 套；③端堵头模板支架 1 套；④芯模 1～2 套,视箱内锚具齿板情况而定。

在墩顶的节段,因有横梁,芯模要现拼。底板放支座处,因桥有横坡或需设曲线超高,以及在纵坡上,为使支座保持水平,此部分模板应与支座配合,要进行专门处理,比较费工费时。

(2) 浇筑节段主要工序如下。

① 将新浇节段脱去侧模、芯模和端模以及原有的匹配节段,并进行全面检查,包括检查混凝土表面质量,节段主要尺寸。如果发现问题,应及时进行处理。当尺寸误差较大时,应在下一节段及时调整。

② 移去原有匹配节段,并起吊运走储存,将其平车吊出轨道供下节段使用。

③ 将新浇筑节段移至匹配段位置,成为新的匹配节段,并校正其标高和平面位置。

④ 将前吊出轨道的底板平车吊到现浇节段位置与匹配段相连,调正位置,安装侧模板,测量定位。

⑤ 清理模板,涂上脱模剂,包括在与匹配段相接端头。

⑥ 吊入在钢筋预制架上的钢筋笼（包括预应力管道）并定位。安装端堵头模板。在管道内穿入聚酯管,伸入匹配段 50 cm 并加气压,以保持节段间管道连接平顺。

⑦ 安装芯模和附件,包括用于起吊的预留孔。

⑧ 全面检查测量。

⑨ 浇筑混凝土,在混凝土初凝前后,在新浇节段上设中线及两条控制线的定位标志。

⑩ 养生。

⑪ 当新浇节段的混凝土强度达到 20 MPa 时可脱端、侧模,新浇节段及匹配节段分离前移。匹配节段的混凝土强度达到 25 MPa 可起吊运走。

一般从工序(1)到工序(9)约需 3～4 h,1 套浇筑机并辅以相应设备,在熟练工人操作下,一天一节段是公认的效率。当然,墩顶节段要 2～3 天才行。

(3) 施工设计、测量和试验工作。

采用预制节段施工法,箱梁的预应力钢索设计和布置,不仅要满足大梁运营阶段的设计要求,还要与施工方法相配合。

当用悬臂法拼装大梁时,负弯矩主钢束都应按分段悬拼的要求,逐段锚固。主索的锚固位置有两种:一种是锚固在节段端部,位于行车道板与胶板交会区域,此处面积较大,便于安装锚垫板,以及使锚下应力较小;另一种是将锚头布置在节段中部,车道板与腹板交叉处,箱内侧设齿板、锚具。两种设计都要求钢束必须平弯到车道板与腹板交会部位才能锚固。

至于在底板内的后穿正弯矩钢束,也要平弯到腹板与底板交会处,并设齿板锚固。此类设计悬臂施工主钢束往往采用第一种方法锚固。

当用逐孔施工法拼装大梁时,主钢束的布置与逐孔现浇方法类似,主束大都布置在腹板、腹板与车道板或底板交会的部位。根据主梁正负弯矩和剪力要求,主束在梁内上下弯曲、全梁贯通,仅在梁两端设锚具,并在逐孔施工的工作缝处(约为跨径 L 的 $0.2L$)的腹板区用连接器锚固,次跨施工时再接长。此种布置的钢束具有整体性,并能抗梁体剪力,但腹板较厚。

节段在预制时,处于无应力状态。其外形几何尺寸正确与否,是拼成大梁,进而成桥外形的关键。要求全桥完工后,有的甚至规定完工后 30 年期间,其纵、平面尺寸应与设计图纸相符合。

按规范和施工要求作混凝土配合比试验,要有适当的工作度,用插入式和表面平板振捣器即可捣实,并在浇完 14~16 h 后强度达到 20 MPa。按规范进行混凝土弹性模量、收缩和徐变值测定。

预应力材料按规定进行测试,确定有关数据,如预应力及其损失等。

按设计施工方法、程序,分起始拼装、体系转换、二步恒载和运营阶段,分别对结构施加荷载,包括节段自重、施工荷载、预应力以及混凝土收缩和徐变、预应力及其损失等诸多因素,求出节段在各施工阶段的应力和变形,拼成结构物的平、纵曲线,以便检查。

以运营阶段各节段产生的最终弹塑性变形和应力值与按设计大梁的平、纵曲线节段尺寸叠加,即为无应力状态下节段的预制尺寸。

一般在每节段桥面板上设有六个标志点。其中,两个在中线上,另有四个分别在平行于中线且邻近腹板顶面的两条导线上。节段外形的预制尺寸,表现为此六个标志点的平面位置和标高,以及在模板上的相关位置和标高。

施工时,以浇筑机底模板下四个千斤顶调整底模板平面的标高,决定其横向坡度(实测侧模腹板上转角处)。由匹配节段的定位(平、纵、横三个方向)决定匹配形状,从而决定新浇节段的平、纵位置,浇筑机的端模是与节段垂直不变的。

因此在每台浇筑机前方适当距离均设有专用测站,一般台高 3~4 m,放置仪器支架与人站工作台分离,以精密经纬仪严格控制节段尺寸。

要编制节段浇筑手册,加强质量管理,应对施工人员进行培训。应先做试验节段,经检查合格才能正式生产。

> 说明:
> 用悬臂法施工,因有跨中合拢段,梁的外形略可调整;而用逐孔施工法施工,无现浇段,应当对节段尺寸形状要求更加严格。因为如有较大偏差,则调正较难。

(4) 预制场地布置。

以节段数量和进度要求决定浇筑机的台数和与之配合钢筋笼制作支架数。如果是中等规模的工程,需用 3~4 台浇筑机,场内主要运输可考虑用大型塔吊完成下述工作:钢筋笼由制作支架起吊到浇筑机上;将混凝土由拌和站直接提运到浇筑机上;匹配节段由龙门吊起吊运走后,将其平车吊到将新浇筑节段位置等。

一般用龙门吊将匹配节段吊上运输平车,以轨道运输平车运到储存地,再用龙门吊吊到储存台座上,可堆两层节段。装车外运时,亦用此龙门吊装车。

当预制节段数量较多,浇筑机多台依次排列,工作范围较大。因塔吊臂工作范围有限或不方便时,可用履带吊将钢筋笼吊出就位和吊运浇筑机平车,混凝土用搅拌车运输,以吊车提向浇筑机,或用专用小型皮带机将混凝土由搅拌车送到浇筑机上。

更可用四轮胎框架式吊车,来完成龙门吊和轨道平车工作。此设备与港口用于吊、运、存集装箱的吊车类似,也不需轨道,方便快捷。

2) 节段的场外运输

由预制场将节段运到工地安装,一般均由专用拖车运输。当跨度50 m左右箱梁节段,重量60~70 t,但跨度100 m及以上的节段,重150 t以上,要用载重200 t专用拖车。同时节段设计上也要采取措施,如将墩顶的0号节段纵向分成两段,在工地以临时预应力钢筋拼成整体,在两段各有的横梁之间浇混凝土填实。

3) 安装

(1) 准备工作。

架桥设备的拼装,在桥头跨堤上进行荷载试验,检查其功能和强度。要进行环氧黏合剂试验,其强度应高于混凝土抗拉强度,其成分要保证热稳定性,低徐变,不溶解性,无有机反应等特征即可。

节段在预制场储存至少14天才能安装。

节段在安装前两天内,要在预制场检查、核对,清洁预应力钢的管道,对两端的黏合面应进行喷砂和喷水处理。

安装方法因工地情况和设备配置而异,在条件允许情况下,有用跨径40 m跨墩龙门吊的,用大型履带吊的,用大型浮吊和安装于拼成梁段上的悬臂吊机从船上起吊的,但较多的是用梁式架桥机,从桥头开始采用悬臂拼装或逐孔施工。其特点是干扰少,安全质量较易保证,效率也高。

(2) 悬臂拼装法。

下面简要介绍用梁式架桥机,从桥头开始的主要工序。

① 第一阶段:在桥台后路堤上安装架桥机,并推向前到1号墩上,前支承在墩侧的临时支架上;安装1号墩上0号节段,包括支座和临时约束;在0号节段安装架桥桁梁的滚轮支架;牵引桁梁前端到2号墩上,并支承前支点,将桁梁中支点固定在1号墩的滚轮支架上;用一对在桁梁上的平车分别吊起1号和1'号节段,进行悬臂拼装。当拼成几组节段后,可在桁梁与节段间设稳定钢臂,以增加悬臂拼装节段和桁梁之间的稳定性,直到拼成一个悬臂。

② 第二阶段:在桥台与1号墩上悬臂间设临时支架,以安放此部分节段。安装桥台上节段并临时固定,依次安装相邻节段直到1号墩上的悬臂端,并立模浇筑合拢段,预应力后落临时支架,此时结构成单孔悬臂梁。

③ 第三阶段:桁梁前移,前端到3号墩上,以后工序同第一阶段有关步骤,立模浇筑1号墩和2号墩之间的合拢段,拆除1号墩上的临时固定,结构固定在2号墩上,安装3号墩上0号节段。

④ 第四阶段:重复第三阶段的步骤,直到将全部连接完成。其最后一跨将用类似于第一阶段设临时支架的方法。

悬臂拼装法,当跨度较大时应在悬拼墩顶梁下设一组千斤顶,在拼成一个T形后,要调整悬臂端标高及平面位置以减少施工误差。

4) 逐孔施工法节段拼装

逐孔施工法节段拼装是将一跨(一般由跨的 0.2L 处到邻跨的 0.2L 处)全部节段依次吊在或放在架桥桁梁上,但均先前移约 50 cm,以与原拼成的梁段有一定的操作空隙。然后,安装贯穿整孔主钢束,与已成梁段主钢束用预应力束连接器相连。于是,将放在或吊在架桥桁梁上节段,依次后移拼上,以吊点或支点上千斤顶,调节各节段标高,使节段接缝处原则上仅受压紧环氧接缝的压应力。当拼成一跨,对主钢束施加预应力,节段也脱离架桥桁梁,与原拼成梁段构成一体。

架桥桁梁有设在桥面以上,以桁梁上平车和索具分别悬吊各节段,另一种是桁梁从下支承节段,以放在上弦轨道上专用小车支承在节段悬臂板根部。同时在已成梁段端部有一个起吊设备,负责将由拖车运来节段卸车,并放在桁梁上的小车上。此起吊设备为一框架带悬臂结构,框架上有根可移横梁,横梁上走附有长杆活塞吊具的天车。

下面以上承式架桥设备的使用,说明逐孔施工主要工序。

(1) 由拖车将节段运到梁端起吊设备框架下,用天车上长杆活塞吊具起吊节段,拖车退出。

(2) 天车移至框架前悬臂端,直到可将节段旋转 90°位置,转 90°使节段长向与桥中线垂直,置节段于架桥桁梁小车上,固定后牵引该节段至安装孔前悬臂端,并超前 50 cm,以后依次将各节段放在桁梁上,均超前 50 cm。

(3) 穿预应力钢束,在已成悬臂端前 50 cm 空隙内做钢束连接工作。

(4) 调整小平车上节段标高和中线,使其与已成梁段试拼,合格后再分开,作黏结工作缝。

(5) 节段若两面刷环氧树脂黏合剂,则为 1.5 mm 厚(或单面刷 3 mm 厚)然后再拼拢,并用临时紧固件预应力,使全断面压应力为 0.2~0.3 MPa。

(6) 依次拼成全跨。

(7) 对主钢束施加预应力,并监测挠度。

(8) 下落桁梁约 30 cm。

(9) 管道压浆。

(10) 架桥桁梁前移至次跨。

(11) 起吊设备移到新成箱梁悬臂端,专门作业小组在桥下拆卸运输和安装桥梁的支承托架。

(12) 逐孔施工法因无现浇段,要求节段尺寸应更精确。但施工进度较快,据有关资料介绍,50 m 跨,可以做到 5 天/跨。

无论采用何种方法,悬臂拼装或逐孔施工都要编制安装手册,经批准后严格执行,一切监测手段也应反映在手册中。

三、用移动支架逐孔现浇施工(移动模架法)

当桥墩较高,桥跨较长或桥下净空受到约束时,可以采用非落地支承的移动模架逐孔现浇施工,称为移动模架法。移动模架法适用于多跨长桥,桥梁跨径可达 50 m,使用一套设备可多次移动周转使用。

移动模架法施工的主要工序为:侧模安装就位→安装底模→支座安装→预拱度设置与模板

调整→绑扎底板及腹板钢筋→预应力系统安装→内模就位→顶板钢筋绑扎→箱梁混凝土浇筑→内模脱模→施加预应力→管道压浆→落模、拆底模及滑模纵移。

1. 上行式移动模架的施工工艺流程

根据上行式移动模架的结构特点和施工工艺要求,首跨混凝土箱梁需要进行落地支架施工,以便拼装上行式移动模架。当进行标准跨施工时,其工艺流程和移动模架的工艺流程如下。

(1) 安装前支点墩顶支撑架,支撑架的中心位置通过精密测量仪器进行定位,严格控制上部结构的偏载对墩身受力的不利影响。

(2) 主梁承重系统通过移位系统悬臂移动到前支点处,经过纵桥向细部位置和标高调整后,固定主梁承重系统。

(3) 通过主梁承重系统顶部的移位系统将吊架整体移运到设计位置,当吊架系统通过墩身后,将箱梁底模合拢固定。

(4) 进行加载试验,检验结构的安全可靠性,通过加载试验,可消除结构物的非弹性变形,通过加载试验为施工中有效控制箱梁的线形、预拱度提供有力的依据。

(5) 扎底、腹板钢筋,布底、腹板预应力束,安装内模板及其支撑架,绑扎顶板钢筋及安装顶板预应力束。

(6) 浇筑砼,养生。达到设计强度后,按设计要求进行预应力张拉。

(7) 脱模板,托架系统与主梁承重系统分离,进入下一标准块施工。

2. 下行式移动模架的施工工艺流程

根据下行式移动模架的结构特点和施工工艺要求,当进行标准跨施工时,其工艺流程如下。

拆托架至下一跨安装,托架的支点位置通过精密测量仪器进行定位,拆主跨中横梁模板,做张拉前的准备工作→预应力束张拉,拆主跨墩顶模板,降支架主梁至移位系统上→横移分开主梁直到底模能顺利通过墩身,然后启动移位系统的千斤顶将支架移到下一跨,横移主梁使横梁合拢,通过销棒连接,调节模架位置,顶千斤顶使主梁就位,调底模及腹板模板,装墩顶模板→扎底、腹板钢筋,布底、腹板预应力束,安装内模板及其支撑架,绑扎顶板钢筋及安装顶板预应力束→浇筑混凝土,养生,等待砼强度→达到设计强度后,按设计要求进行预应力张拉→脱模板,托架系统与主梁承重系统分离,进入下一标准块施工。

四、整孔吊装或分段吊装逐孔施工

1. 整孔吊装或分段吊装逐孔施工的吊装的机具

吊装的机具有桁式吊、浮吊、龙门起重机、汽车吊等多种,可根据起吊物重力、桥梁所在的位置以及现有设备和掌握机具的熟练程度等因素决定。

2. 整孔吊装和分段吊装施工应注意的问题

(1) 采用分段组装逐孔施工的接头位置可以设在桥墩处也可设在梁的1/5附近,前者多为由简支梁逐孔施工连接成连续梁桥,后者多为悬臂梁转换为连续梁。在接头位置处可设有0.5~0.6 m现浇混凝土接缝,当混凝土达到足够强度后张拉预应力筋,完成连续。

(2) 桥的横向是否分隔,主要根据起重能力和截面形式确定。当桥梁较宽,起重能力有限的情况下,可以采用T形梁或工字梁截面,分片架设之后再进行横向整体化。为了加强桥梁的横向刚度,常采用梁间翼缘板有 0.5 m 宽的现浇接头。采用大型浮吊横向整体吊装将会简化施工和加快安装速度。

(3) 对于先简支后连续的施工方法,通常在简支梁架设时使用临时支座,待连接和张拉后期钢索完成连续时拆除临时支座,放置永久支座。为使临时支座便于卸落,可在橡胶支座与混凝土垫块之间设置一层硫黄砂浆。

(4) 在梁的反弯点附近设置接头,在有可能的情况下,可在临时支架上进行接头。结构各截面的恒载内力根据各施工阶段进行内力叠加计算。

1. 支架法施工的工艺流程是什么?
2. 支架法施工的预压具体工艺流程是什么?
3. 逐孔施工法包括哪些施工方法?
4. 支架设置预拱度和卸落装置,应符合哪些规定?
5. 简述用临时支承组拼预制节段逐孔施工的要点。

学习情境 8

桥梁上部构造悬臂、转体及缆索吊装施工

学习目标

1. 知识目标

(1) 掌握桥梁悬臂施工方法的基本施工工序和施工控制要点。
(2) 了解转体及缆索吊装施工方法的基本施工过程。

2. 能力目标

(1) 能够通过比较来选择桥梁上部构造的施工方法。
(2) 能够描述桥梁悬臂施工方法的基本施工过程。

❖ 知识链接

1. 桥梁悬臂施工方法的分类

桥梁悬臂施工方法一般可分为悬臂拼装施工方法和悬臂浇筑施工方法。

(1) 悬臂拼装是将预制好的梁体节段,用支承在已完成梁段上的专门悬拼吊机悬吊于梁位上逐段拼装。

(2) 悬臂浇筑是用挂篮就地分段浇筑梁体混凝土,待每段混凝土养生并张拉预应力筋后,将挂篮前移进行下一梁段的浇筑。

2. 桥梁悬臂施工方法的特点

(1) 在跨间不需要搭设支架。在施工过程中,施工机具和施工人员的重量全部由墩台和已建成的梁段承受,随着施工的进行,悬臂逐渐延伸,机具设备也逐渐置于梁端,自始至终无须桥下设置支撑。

（2）能减少施工设备，简化施工程序。应用悬臂施工法能做到施工时的受力状态和运营时的受力状态相一致。

（3）多孔结构可同时施工，加快施工速度。

（4）悬臂施工法充分利用预应力混凝土悬臂结构承受负弯矩能力强的特点，将跨中正弯矩转移为支点负弯矩，加大了桥梁的跨越能力。

（5）悬臂施工可节省施工费用，降低工程造价。

任务1　悬臂拼装施工

悬臂拼装施工包括块件的预制、运输和拼装以及合拢段的施工。

一、块件的预制

箱梁块件一般采用长线预制或短线预制的方法。

1. 长线预制

长线预制是在工厂和施工现场按桥梁底缘曲线制作固定的底座，在底座上安装模板进行梁段的预制。形成梁体底座的方法有多种，可以采用简易的土胎，也可采用支架搭设底座。底座必须具有足够的强度、刚度和稳定性，避免产生变形。

箱梁节段的预制在底板上进行。模板常采用钢模板，每段一节，以便于装拆使用。为了加快施工进度，保证节段之间密贴，常采用先浇筑奇数节段，然后利用奇数节段的混凝土端面弥合浇筑偶数节段。箱梁节段也可采用分节段的预制方法。当节段混凝土强度达到设计强度的75％以上时，可吊出底座进行安装。

2. 短线预制

短线预制箱梁块件是由可调整外部及内部模板的台车与端模架来完成，如图8-1所示。

第一节段混凝土浇筑完成后，在其相对位置上安装下一段模板，并利用第一节段的端面作为第二节段的端模进行混凝土的浇筑工作。

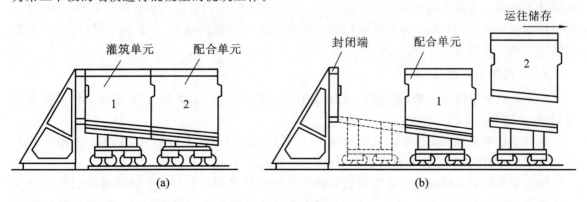

图8-1　梁体短线预制

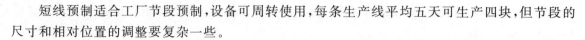

短线预制适合工厂节段预制,设备可周转使用,每条生产线平均五天可生产四块,但节段的尺寸和相对位置的调整要复杂一些。

3. 定位器和制孔器

设置定位器的目的是使预制梁块在拼装时能准确而迅速地安装就位。有的定位器不仅能起到固定位置的作用,而且能承受剪力,该定位装置称为抗剪楔或抗滑楔。

在预制各梁段时,注意各梁段预应力筋预留孔道位置应准确,避免造成孔道的偏位而产生过大的预应力损失,以及给施工带来麻烦。

二、块件运输

箱梁块件自预制底座出坑后,一般先存放于存梁场,拼装时块件由存梁场再运至桥位处进行安装。梁体预制块件的运输分为场内运输、块件装船和浮运三个阶段。

当存梁场或预制台座布置在岸边,又有大型悬臂浮吊时,可直接从存梁场或预制台座上将块件吊放到运输驳船上浮运。当运距较远时,应首先考虑采用平车运输。起吊前将块件安放平稳,底面坡度不同时采用不同厚度的楔形木调整,同时用缆索固定防止滑移。箱梁起吊时应采用四个吊点,防止偏向失稳。

块件装船应在专用的码头进行。码头的主要设施是施工栈桥和块件装船吊机。栈桥的长度应保证在最低水位时驳船能进港起运。栈桥的高度要考虑在最高施工水位时栈桥主梁不被水淹没。栈桥的宽度要考虑运梁驳船两侧与栈桥之间有不小于 0.5 m 的安全距离。栈桥起重机的起重能力应与预制场相同。

块件浮运船只应根据块件重量和高度来选择。为了保证浮运安全,应设法降低浮运重心。块件安放时应平稳,同时用缆索固定。

三、悬臂拼装

悬臂拼装前,需先采用托架法完成墩顶 0 号块梁体混凝土的浇筑,具体施工方法参见悬臂浇筑法。对于铰接支承体系的悬臂梁、连续梁,拼装前应先将梁、墩临时锚固或在墩顶两侧设立临时支承,待全部块件安装充毕后,再撤除临时固结或支承。具体措施参见悬臂浇筑法。

预制块件的悬臂拼装可根据施工现场布置和设备条件采用不同的方法来实现。当靠岸边的桥孔不高且可在陆地或便桥上施工时,可采用自行式吊车、门式吊车来拼装。对于河中桥孔,可采用水上浮吊进行安装。如果桥墩很高或水流湍急而不便在陆上、水上施工时,可利用各种吊机进行高空悬拼施工。

1. 悬臂吊机拼装法

悬拼吊机由纵向主桁架、横向起重桁架、锚固装置、平衡重、起重系、行走系和工作吊篮等部分组成,如图 8-2 所示。

纵向主桁架为吊机的主要承重结构,可由贝雷片、万能杆件、大型型钢等拼制。一般由若干桁片构成两组,用横向连接系连成整体,前后用两根横梁支承。

横向起重桁架是供安装起重卷扬机直接起吊箱梁块件用的构件。它将承重荷载传递给纵向主桁架。横向起重桁架支承在轨道平车上,轨道平车搁置于铺设在纵向主桁架上弦的轨道上。起重卷扬机安置在横向起重桁架的上弦。

学习情境8
桥梁上部构造悬臂、转体及缆索吊装施工

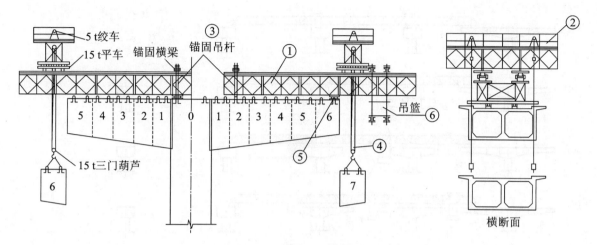

图 8-2 悬拼吊机构造图
1—纵向主桁架；2—横向起重桁架；3—锚固系统；4—起重系；5—行走系；6—工作吊篮

设置锚固装置和平衡重的目的是平衡不平衡弯矩，防止主桁架在起吊块件时倾覆翻转，保持其稳定状态。对于拼装墩柱附近块件的双悬臂吊机，可用锚固横梁及吊杆将吊机锚固于0号块上，对称起吊箱梁块件，不需要设置平衡重。单悬臂吊机起吊块件时，也可不设平衡重而将吊机锚固于已完成梁段的吊环或竖向预应力筋的螺栓端杆上。

起重系一般由电动卷扬机、吊梁扁担及滑车组等组成。起重系的作用是将由驳船浮运到桥位处的块件，提升到拼装高度以备拼装。滑车组应根据起吊块件的重量选用。

吊机的整体纵移可采用钢管滚筒，在木走板上滚移，由电动卷扬机牵引。牵引绳通过转向滑车系于纵向主桁架前支点的牵引钩上。横向起重桁架的行走采用轨道平车，用倒链滑车牵引。

工作吊篮悬挂于纵向主桁架前端的吊篮横梁上，吊篮横梁由轨道平车支承以便工作吊篮的纵向移动。工作吊篮供预应力筋穿束、千斤顶张拉、孔道压浆等操作之用。可设上、下层，上层供操作顶板钢束用，下层供肋板及底板钢束用。也可只设一层，工作吊篮通过倒链滑车调整高度。

这种吊机结构简单，使用最普遍。当吊装墩柱两侧附近的块件时，往往采用双悬臂吊机的形式，当块件吊装到一定长度后，将双悬臂吊机拆装成两个独立的单悬臂吊机进行各段的吊装。但在桥的跨径不大，孔数不多时，只需将双悬臂吊机的两端不断拼装接长，以减少吊机的移动和锚固次数。

2. 连续桁架（闸式吊机）拼装法

连续桁架悬拼施工可分为移动式和固定式两类。移动式连续桁架的长度大于桥的最大跨径，桁架支承在已拼装完成的梁段和待拼装孔的墩顶上。由吊车在桁架上移运块件进行悬臂拼装。固定式连续桁架的支点均设在桥墩上，而不增加梁段的施工荷载。

图8-3所示为移动式连续桁架拼装法，其长度大于两个跨度，有三个支点。这种吊机每移动一次可以同时拼装两孔桥跨结构。

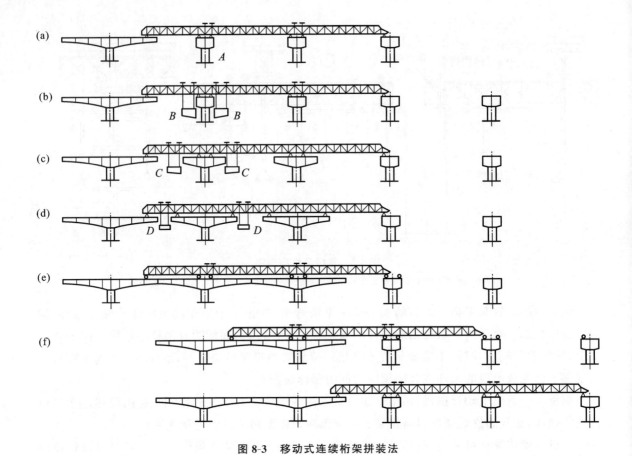

图 8-3 移动式连续桁架拼装法

3. 起重机拼装法

当地形、地质条件允许时,可采用伸臂吊机、缆索吊机、龙门吊机、人字扒杆、汽车吊、履带吊、浮吊等起重机进行悬臂拼装。根据吊机的类型和桥孔处的具体条件的不同,吊机可支承在墩柱上、已拼好的梁段上或便桥上、桥孔下。

不论采用何种起重设备,悬臂吊机均应满足下列要求:①起重能力能满足起吊最大块件的需要,并按设计荷载的 60%、100% 和 130% 分别进行起吊试验;②吊机便于纵向移动,移动后又能固定于一个拼装位置;③吊机处在一个位置上进行拼装时,能方便地起吊块件进行三个方向的运动,即竖向提升和纵、横向移动,以便调整块件的拼装位置;④吊机的结构应尽量简单,便于装拆。

四、接缝处理及拼装程序

梁段拼装过程中的接缝有湿接缝、干接缝和胶接缝等几种。不同的施工阶段和不同的部位,将采用不同的接缝形式。

1. 1号块和调整块用湿接缝拼装

1号块即墩柱两侧的第一块,一般与墩柱上的 0 号块以湿接缝相接。1 号块是悬臂施工箱梁的基准块件。为防止悬拼块件发生上翘和下挠,必须采取各种措施确保 1 号块定位的准确。

定位后的1号块可由吊机悬吊支承,也可在其下设置临时托架支承。为了便于进行接缝处预应力孔道连接、接头钢筋的焊接及接缝混凝土的浇筑,湿接缝一般宽0.1～0.2 m。

1号块拼装和湿接缝处理的程序如下:①块件定位,测量中线及高程;②接头钢筋焊接及安放制孔器;③安放湿接缝模板;④浇筑湿接缝混凝土(用高标号砂浆或小石子混凝土);⑤湿接缝混凝土养生,拆模;⑥穿1号块预应力筋(束)并进行张拉和锚固。

2. 其他块件用胶接缝或干接缝拼装

其他块件的拼装程序如下:①利用悬拼吊机将块件提升、内移就位,进行试拼;②移开块件,与已拼块件保持约0.4 m的距离;③穿束;④涂胶(双面涂胶);⑤块件合拢定位(利用定位器并施加一定压力),测量中线及标高,检查块件出坑前所做的跨缝弹线是否吻合;⑥张拉预应力筋(束),观察块件是否滑移、锚固。

五、穿束及张拉

1. 穿束

悬臂拼装时,预应力孔道的形成可采用明槽法和暗管法。

(1) 明槽法 预应力筋(束)通常为等间距布置,锚固在顶板加厚的部分,穿束时将钢丝束在明槽内摆放平顺,然后分别将钢丝束穿入两端孔道内。明槽法适用于顶板预应力束。

(2) 暗管法 穿束难度较大,60 m以下的钢丝束穿束一般采用人工推送。较长的钢丝束可先向孔道内穿入一根钢丝与钢丝束连接,然后一端用卷扬机牵引,另一端采用人工推送。

2. 张拉

钢丝束张拉前要首先确定合理的张拉程序,以保证箱梁在张拉过程中受力合理,避免产生过大的偏心距。纵向预应力筋的张拉程序一般遵循以下原则:①对称于箱梁中轴线,钢束两端同时成对张拉;②先张拉肋束,后张拉板束;③肋束的张拉次序是先张拉边肋,后张拉中肋;④同一肋上的钢丝束先张拉下边,后张拉上边;⑤板束的张拉次序是先张拉中部,后张拉边部。

六、悬臂挠度控制

悬拼施工过程中产生的挠度,涉及梁体自重、预应力、混凝土徐变、施工荷载的作用。同时由于许多不确定性因素的存在,常常造成梁体无法按照设计标高正确合拢(一般悬臂上翘值大大超过设计值)。为使悬臂梁在恒载、活载、预应力及混凝土徐变等的综合挠度下,保持良好的行车条件,须设置一定的预拱度。另外在施工过程中应注意控制施工误差,其关键是1号块的定位和胶接缝施工。为了控制和纠正过大的上翘,可采取如下措施。

(1) 1号块定位时按计算的悬臂挠度和顶拱度确定正确的定位位置。

(2) 其他块件胶接缝的涂层尽量减薄,并使其在临时的均匀压力下固化。

(3) 悬拼过程中发现实际悬拼挠度过大时,需认真分析原因,及时采取措施。可采取的措施包括:①通过多次涂胶将胶接缝做成上厚下薄的胶接缝,以调整上翘度;②在接缝上缘的胶层内加垫钢板,增加接缝厚度;③凿打端面,将块件端面凿去一层混凝土,凿去的厚度按截面的上、下方向需要而变化,然后涂胶拼接;④增加一个湿接缝,即改胶接缝(或干接缝)为湿接缝,将块件调整到要求的位置。

七、合拢段施工

用悬臂施工法建造的连续刚构桥、连续梁桥等,需在跨中将悬臂端刚性连接、整体合拢。这时合拢段的施工常采用现浇和拼装两种方法。现浇合拢段预留1.5~2.0 m,在主梁标高调整后,现场浇筑混凝土合拢,再张拉预应力筋,将梁体连成整体。节段拼装合拢对预制和拼接的精度要求较高,但工序简单,施工速度快。

任务2 悬臂浇筑施工

20世纪中期以前,各种桥梁均采用有支架的施工法。有支架施工是在桥跨位置架设支架,在支架上拼装钢梁或浇筑混凝土主梁,整个施工过程处于无应力状态。虽然有支架施工最为简单可靠,但其会使桥梁的跨越能力受到很大限制,随着科学技术的发展,桥梁跨径不断增大,尤其对跨越大江、大河和深沟的桥梁,若仍然采用有支架的施工方法,将使施工变得非常困难,甚至是不可能的。

随着桥梁事业的发展,近年来节段浇筑施工法在国内外大跨径预应力混凝土桥梁中得到了广泛应用。据有关资料统计,国内外1952年以来100 m以上大跨径桥梁中,采用节段浇筑法施工的占80%左右,采用悬臂拼装法施工的占20%左右。节段浇筑施工法的广泛应用,使得混凝土桥梁的修建以及桥梁的跨径都得到了较大的发展。节段浇筑施工适合梁的上翼缘承受拉应力的桥梁形式,因为节段浇筑施工的受力与桥梁建成后受力较接近。一般采用平衡节段浇筑施工,如图8-4所示。

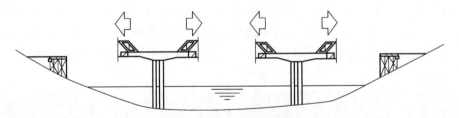

图8-4 平衡节段浇筑施工

节段浇筑施工法也称为悬臂浇筑施工法,它是在施工中将桥墩和梁固结,施工中桥墩要承受不对称弯矩,由两个相邻的桥墩同时向两侧分段进行,直到跨中合拢,各节段用预应力筋紧密连成整体。其施工特点是桥下不需要搭设支架,对在深水、大跨、通航、峡谷、高墩的条件下建桥是最优的施工方案。

悬臂浇筑采用移动式挂篮作为主要施工设备,以桥墩为中心,对称向两岸利用挂篮浇筑梁段混凝土,待混凝土达到要求强度后,张拉预应力束,再移动挂篮,进行下一节段的施工。划分节段长度时应充分考虑梁段混凝土重、挂篮重、平衡配重以及施工荷载产生的内力,故每个节段长度一般为3~4 m,特大桥也不超过6 m。节段过长,将增加混凝土自重及挂篮的结构重力,同时还要增加平衡重及挂篮后锚固设施;节段过短,将影响施工进度。因主梁是变截面,故节段长度自墩顶附近至跨中是逐渐增长的。

一、悬臂浇筑施工程序

悬臂浇筑施工程序一般如下（见图 8-5）。

（1）在墩顶托架上浇筑 0 号块并实施墩梁临时固结系统。

（2）在 0 号块上安装悬臂挂篮，向两侧依次对称地分段浇筑主梁至合拢段，如图 8-6 所示。

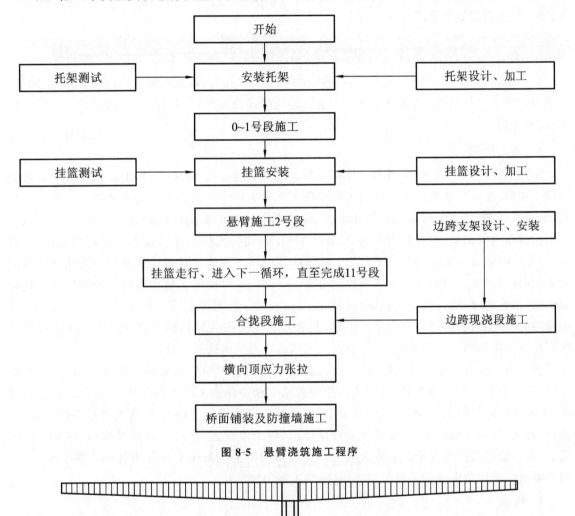

图 8-5 悬臂浇筑施工程序

图 8-6 悬臂浇筑分段示意图

（3）在临时支架或梁端与边墩间临时托架上支模板浇筑现浇梁段。当现浇梁段较短时，可利用挂篮浇筑；当与现浇相接的连接桥采用顶推施工时，可将现浇梁段锚固在顶推梁前端施工，并顶推到位。此法不需要支撑，省料省工。

（4）主梁合拢段可在改装的简支挂篮托架上浇筑。多跨合拢段浇筑顺序按设计或施工要求进行。

一般情况下,先进行0号块托架安装、预压,承载力及稳定性符合要求后再进行0号块浇筑施工;每一块段施工完成后,最重要的一步是进行纵向及竖向预应力张拉锚固,再进入下一节段施工;0号块张拉锚固后,进行挂篮安装预压检测,然后施工1号块,张拉锚固进入下一块段施工。合拢段分为边跨合拢段和中跨合拢段,一般先进行边跨合拢施工,再进行中跨合拢施工,边跨合拢时添加平衡配重,中跨合拢时减少平衡配重。另外,一般边跨合拢后就需将墩梁固结解除,体系转换后再进行中跨合拢。

二、悬臂梁段0号块施工

0号块结构复杂,预埋件、钢筋、各向预应力钢束及其孔道、锚具密集交错,梁面有纵横塌度,端面与待浇段密切相连,必须精心施工。视其结构形式及高度,一般分2～3层浇筑,先底板,再腹板,后顶板。

1. 施工托架

采用悬臂浇筑法施工时,墩顶0号块梁段采用在托架上立模现浇,并在施工过程中设置临时梁墩锚固,使0号块梁段能承受两侧悬臂施工时产生的不平衡力矩。施工托架可根据承台形式、墩身高度和地形情况,分别支撑在承台、墩身或地面上。可采用万能杆件、贝雷桁架、六四军用桁架及型钢等组成,也可采用钢筋混凝土构件作为临时支撑。常用施工托架有扇形托架、高墩托架、临时墩及型钢结构支承平台等。托架的顶面尺寸视拼装挂篮的需要和拟浇梁段的长度而定,横桥间的宽度一般应比箱梁底板宽出1.5～2.0 m,以便设立箱梁边肋的外侧模板。托架顶面(或增设垫梁)应与箱梁底面纵向线形的变化一致。托架可在现场整体拼装,亦可分布在邻近场地,或船上拼装再运吊就位整体组装,托架总长度视拼装挂篮的需要而决定。横桥托架宽度要考虑箱梁外侧主模的要求,托架顶面应与箱梁底面纵向线形一致。

由于考虑到在托架上浇筑梁段0号块混凝土,托架变形对梁体质量影响很大,在做托架设计时,除考虑托架强度要求外,还应考虑托架的刚度和整体性。由于托架弹性、杆件连接处有缝隙、地基有沉降等因素影响,可能使托架下沉,引起混凝土梁段出现裂缝,因此采用万能杆件、贝雷梁、板梁、型钢等做托架时,在混凝土浇筑以前,可采取预压、抛高或调整等措施,以减少托架变形,并检验托架是否安全。上海吴淞大桥采用扇形钢筋混凝土立柱作为托架支撑于承台上,并设置竖向预应力索在梁墩临时锚固用,减少了拖架变形。

2. 支座

1) 支座垫石

垫石是永久支座的基石。由于支座安装平整度和对中精度要求高,因此垫石四角及平面高差应小于1 mm,为此垫石应分两层浇筑。首层浇筑标高比设计标高低15 cm。第二层应利用带微调整平器的模板,控制浇筑标高比设计标高稍高,再利用整平器及精密水准仪量测,反复整平混凝土面。在安装支座前凿毛垫石,铺2～3 cm厚与墩身等强的砂浆,砂浆浇筑标高较设计标高略高(3 mm),然后安放支座就位,用锤振击,使其符合设计标高,偏差不得大于1 mm,水平位置偏差不得大于2 mm。

2) 临时支座

大跨径预应力混凝土桥梁采用悬臂施工法施工,若结构采用T形刚构,因墩身与梁本身采用刚性连接,所以不存在梁墩临时固结问题。悬臂梁桥及连续梁桥采用悬臂施工法时,为保证施工过程中结构的稳定可靠,必须采取0号块梁段与桥墩间临时固结或支承措施。临时支座的作用是在施工阶段临时固结墩、梁,承受施工时由墩两侧传来的悬浇梁段荷载,在梁体合拢后便于拆除和体系转换。

临时固结措施或支承措施有下列几种形式。

(1) 临时支座一般采用C40混凝土,并用塑料包裹的锚固钢筋穿过混凝土预埋梁底和墩顶中,其布置如图8-7所示。

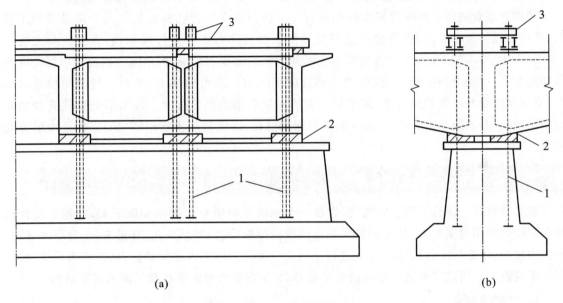

图8-7 0号块与桥墩的临时固结

1—预埋临时锚固用预应力筋;2—支座;3—工字钢

(2) 在桥墩一侧或两侧加临时支撑或支墩,如图8-8所示。

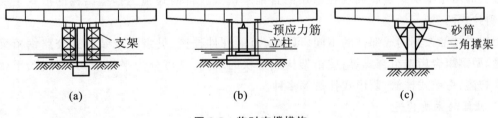

图8-8 临时支撑措施

(3) 将0号块梁段临时支承在扇形或门式托架的两侧。

(4) 临时支承可用10~20 cm厚夹有电阻丝的硫黄砂浆层、砂筒或混凝土块等卸落设备,以便体系转换时方便地解除临时支承。

3. 0号块的模板和支架

模板和支架是0号块施工的关键,其设计、施工的主要技术要求为:①应有足够的刚度和强度;②准确计算在浇筑过程中结构的弹性变形和非弹性变形;③施工偏差和定位要求应符合有关规范的规定;④便于操作,确保施工质量。

当墩身较低时,可采用在扇形托架或临时墩及型钢结构支承平台顶面上立模板、搭支架,浇筑0号块混凝土;当墩身较高时,可采用在高墩托架顶面上立模板、搭支架,浇筑0号块混凝土。也可由墩顶放置的型钢和墩身预埋的牛腿做贝雷梁的支承,形成0号块的施工托架,在托架上立模板、搭支架、浇筑混凝土。

4. 预应力管道的设置

为确保预应力筋布置、穿管、张拉和灌浆的施工质量,首先要保证预应力管道的质量。一般采用预埋铁皮管或铁皮波纹管和橡胶抽拔管。三向预应力筋管孔铁皮管需由专用设备加工卷制,孔径按设计要求而定,橡胶抽拔管管壁用多层橡胶夹布在专业厂家制作,宜在混凝土浇筑 150 ℃·h～200 ℃·h(混凝土全部埋设胶管时间与平均温度的乘积)内抽拔。抽拔时用尼龙绳锁住外露胶管,启动卷扬机拖拔,视设置管的长度和阻力一次可抽拔 5～8 根。为避免抽拔时塌孔,宜将波纹管与胶管相间布置,采用架立钢筋固定管道的坐标位置。浇筑后的铁皮管和抽拔管后的管道,必须用小于内径 10 mm 的梭形钢锤清孔,以使清除异物、补救塌孔,保证力筋穿孔畅通。

三、挂篮施工

挂篮是悬臂浇筑施工的主要机具,它是一个能沿着轨道行走的活动脚手架,挂篮悬挂在已经张拉锚固的箱梁梁段上,悬臂浇筑时箱梁梁段的模板安装、钢筋绑扎、管道安装、混凝土浇筑、预应力张拉、压浆等工作均在挂篮上进行。当一个梁段的施工程序完成后,挂篮解除后锚,移向下一梁段施工。所以挂篮既是空间的施工设备,又是预应力筋未张拉前梁段的承重结构。

1. 挂篮的形式

1) 挂篮的分类

作为施工梁段的承重结构,同时又是施工梁段的作业现场,随着施工技术的不断改进,挂篮已由过去的压重平衡式发展成现在通用的自锚平衡式。自锚式施工挂篮结构的形式主要有桁架式、斜拉式两类。

桁架式挂篮按其构成部件的不同,可分为万能杆件挂篮、贝雷梁或装配式公路钢桁梁组合式挂篮、型钢组合桁架组合式等;按桁架构成形状的不同,又可分为平行桁架式挂篮、平弦无平衡重式挂篮、弓弦式挂篮、菱形式挂篮等多种。

2) 挂篮的主要构造

(1) 主纵桁梁。主纵桁梁是挂篮悬臂承重结构,可由万能杆件或贝雷桁架(或装配式公路钢桁架)组拼或采用钢板或大号型钢加工而成。

(2) 行走系统。行走系统包括支腿和滑道以及拖移收紧设备。采用电动卷扬机牵引,通过圆棒滚动或在铺设的上、下滑道上移动。滑道要求平整光滑,摩阻力小,拆装方便,能反复使用。目前大多采用上滑道覆一层不锈钢薄板,下滑道用槽钢,内设聚四氟乙烯板,行走方便、安全、稳定性好。

(3) 底篮。底篮直接承受悬浇梁段的施工重力,可供立模板、绑扎钢筋、浇筑混凝土、养生等工序用,由下横桁梁和底模纵梁及吊杆组成。横梁可用万能杆件、贝雷桁架或型钢、钢管构成。底模纵梁用多根 24~30 号槽钢或工字钢;吊杆一般可用 2 mm 的精轧螺纹钢筋或 16Mn 钢带。

(4) 后锚系统。后锚是主纵桁梁自锚平衡装置,由锚杆压梁、压轮、连接件、升降千斤顶等组成,目的是防止挂篮在行走状态及浇筑混凝土梁段时倾覆失稳。系统结构按计算确定,混凝土浇筑前,应按设计锚力的 0.6、1.0 和 1.5 倍分别用千斤顶检验锚杆。

2. 挂篮设计与选择

1) 挂篮的设计

挂篮的合理设计是保证施工质量、加快施工进度的重要因素。在设计中要求挂篮的质量小、结构简单、受力明确、运行方便、坚固稳定、变形小、装拆方便,并尽量利用当地现有构件。

(1) 设计时首先需确定悬浇的分段长度。分段长,节段数量少,挂篮周转次数少,施工速度加快,但结构庞大,需要的施工设备相应增多;分段短,节段数量多,挂篮周转次数多,施工速度较慢,但结构较轻,相应的施工设备较少。因此,悬浇长度应根据施工条件权衡利弊综合考虑确定。我国近年来修建 T 形钢构桥的分段长度一般为 3~5 m。

(2) 设计时应考虑各项实际可能发生的荷载情况,进行最不利的荷载组合。设计荷载有以下几种:挂篮自重;模板支架自重(包括侧模、内模、底模和端模等);振动器自重和振动力,千斤顶和油泵及其他有关设备自重;施工人群荷载;最大节段混凝土自重等。

(3) 挂篮横断面布置,一般取决于桥梁宽度和箱梁横断面形式。当桥梁横断面为单箱时,全断面用一个挂篮施工;当桥梁横断面为双箱时,一般采用两个挂篮分别施工,最后在桥面板处用现浇混凝土连接;有时为了加速施工,如上海金山大桥采用大型宽体桁架式挂篮,双箱一次浇筑施工。

(4) 验算挂篮的抗倾覆稳定性能,确定结构整体的图示和尺寸以及后锚点的锚力等。选择挂篮形式主要考虑结构简单、自重轻、受力明确、变形较小、行走安全、装拆方便等方面因素。在一般情况下,尽量选择本单位现有设备,达到保证施工质量、加速施工进度、投资较省的目的。

2) 挂篮的选择

(1) 满足梁段设计的要求,即满足梁体结构、形体、质量及设计对挂篮质量的要求。

(2) 满足施工安全、高质量、低成本、短工期和操作简便的要求。

(3) 采用万能杆件、贝雷桁架、六四军用桁架组拼的挂篮桁架,一般比型钢加工制作的挂篮成型快、设备利用率高、成本低;而自行加工或专业单位生产的挂篮虽一次性投入成本大,但有节点少、变形小、质量轻,以及结构完善、施工灵活和适用性强等优点。

3. 挂篮的安装

(1) 挂篮组拼后,应全面检查安装质量,并进行载重试验,以测定其各部位的变形量,并设法消除其永久变形。

(2) 在起步长度内梁段浇筑完成并获得要求的强度后,在墩顶拼装挂篮。有条件时,应在地面上先进行试拼装,以便在墩顶熟练有序地开展挂篮拼装工作。拼装时应对称进行。

(3) 挂篮的操作平台下应设置安全网,防止物件坠落,以确保施工安全。挂篮应呈全封闭形式,四周设围护,上下应有专用扶梯,方便施工人员上下挂篮。

(4) 挂篮行走时,须在挂篮尾部压平衡重,以防倾覆。浇筑混凝土梁段时,必须在挂篮尾部将挂篮与梁进行锚固。

4. 挂篮试压

为了检验挂篮的性能和安全,并消除结构的非弹性变形,应对挂篮试压。试压通常采用试验台加压法、水箱加压法等。

1) 试验台加压法

新加工的挂篮可用试验台加压法检测桁架受力性能和状况。试验台可利用桥台或承台和在岸边梁中预埋的拉力筋锚住主桁梁后端,前端按最大荷载计算值施力,并记录千斤顶逐级加压的变化情况,测出挂篮弹性变形和非弹性变形参数,用于控制悬浇高程依据,如图 8-9 所示。

2) 水箱加压法

对就位待浇筑混凝土的挂篮,可用水箱加压法检查挂篮的性能和状况。加压的水箱一般设于前吊点处,后吊杆穿过紧靠墩顶梁段边的底篮和纵桁梁,锚固于横桁梁上,或穿过已浇箱梁中的预留孔,锚于梁体,在后吊杆的上端装设带压力表的千斤顶,反压挂篮上横桁梁,计算前后施加力后,分级分别进行灌水和顶压,记录全过程挂篮变化情况即可求得控制数据,如图 8-10 所示。

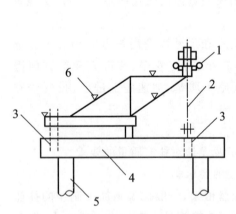

图 8-9 菱形挂篮试验台试压示意图
1—压力表千斤顶;2—拉杆;3—预埋钢筋;
4—承台;5—桩;6—观测点

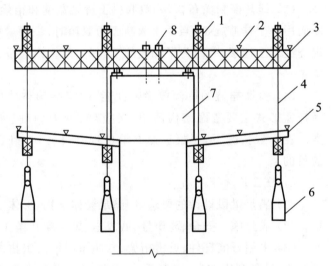

图 8-10 挂篮水箱法试压示意图
1—横桁梁;2—观测点;3—纵桁梁;4—吊杆;
5—底篮;6—水箱;7—墩顶梁段;8—后锚固

为了压缩工期,目前对挂篮预压还有一种方法:在地面利用千斤顶预压,读数准确,能精确估算出挂篮的承载能力和稳定性。

5. 浇筑混凝土时消除挂篮变形的措施

每个悬浇段的混凝土一般可二次或三次浇筑完成(混凝土数量少的也可采用一次浇筑完成),为了使后浇混凝土不引起先浇混凝土的开裂,需要消除后浇混凝土引起的挂篮变形。一般可采取以下几种措施。

1) 箱梁混凝土一次浇筑法

箱梁混凝土的浇筑采用一次浇筑,并在底板混凝土凝固前全部浇筑完毕。即要求挂篮的变形全部发生在混凝土塑性状态之间,避免裂纹的产生。但需在浇筑混凝土前预留准确的下沉量。

2) 水箱法

浇筑混凝土前先在水箱中注入相当于混凝土质量的水,在混凝土浇筑过程中,逐步放水使挂篮的负荷和挠度基本不变。

3) 抬高挂篮的后支点法

浇筑混凝土前将模板前端设计标高抬高 10~30 mm,预留第一次浇筑混凝土的下沉量,同时用螺旋式千斤顶顶起挂篮后支点,使之高于滑道或钢轨顶面(一般顶高 20~30 mm)。在浇筑第一次混凝土时千斤顶不动,浇筑混凝土质量使挂篮的下沉量与模板的抬高量相抵消。在浇筑第二次混凝土时,将千斤顶分次下降,并随即收紧后锚系的螺栓,使挂筋后支点逐步贴近滑道面或轨道面。随着后支点的下降,以前支点为轴的挂篮前端必然上升一数值,此数值应正好与第二次混凝土质量使挂篮所产生的挠度相抵消,保证箱梁模板不发生下沉变形。此法需用设备很少,较水箱法简单,但需顶起量合适。顶起量应由实测确定。

斜拉式挂篮因其总变形小,一般可在浇筑混凝土前预留下沉量,不必在浇筑过程中进行调整。也可试用某桥的施工实践,将挂篮底模承重横梁采用直径 1~1.2 m 加劲钢管,管内与水泵及卸水管连通,使加卸载控制灵活。在梁段混凝土浇筑过程中,逐渐卸水,保持挂篮的负荷和挠度基本不变。

四、支架现浇梁段施工

施工边跨支架上的现浇梁段部分时,可在墩旁搭设临时墩支承平台,一般采用万能杆件、贝雷架等拼装,在其上分段浇筑。当与采用顶推法施工的连接桥相接时,可把现浇梁段临时固结在顶推梁上,到位后再进行梁的连接。其步骤如下。

设置临时桩基→浇筑钢筋混凝土承台→加宽边墩混凝土承台和设置预埋件→拼装扇形全幅万能杆件支架→搭设型钢平台→加载试压→安装现浇底模和侧模,底模下设木楔调整块→测量底板高程(包含预抬量)和位置→绑扎底腹板钢筋及竖向预应力筋→安装底板纵向预应力管道→装端模和腹板模→自检及监理工程师验收→浇筑底板和腹板混凝土→养生待强→装内顶模→绑扎顶板底钢筋→安装纵向及横向预应力管道→绑扎顶板顶层钢筋→自检及监理工程师验收→浇筑顶板混凝土→养生凿毛→拆除端头模板→张拉竖向预应力筋和顶板横向预应力筋→拖移外侧模→拆除箱内模板。

在桥梁合龙时,现浇梁段经顶压后支架的变形已相对稳定,但悬臂端受气候影响在三个方向均可能产生较大变形。所以在预应力筋张拉之前,尤其是混凝土浇筑初期,这些变形可能导致合拢段混凝土开裂,施工工艺应保证合拢段适应这些变形,避免裂缝出现。跟踪观测要点如下。

(1) 选择日间悬臂标高最高时(一般在清晨)用支撑撑住悬臂端使其不能上翘(楔紧支撑时间是在标高最高时),也不能下挠(有支承撑住)。这样既避免了竖向相对位移又无须庞大的压重,支撑后再连续观测 2 日,确认稳定后再进行其余工序。

(2) 端部现浇段的支架下装滚轴,使其能纵向移动,再在合拢段设两片由型钢组成的桁架,构成刚性支承以抵抗悬臂端伸长变形产生的压应力。

(3) 支承桁架于合拢前一日清晨焊接完毕。

(4) 按开始进入日低温稳定区时混凝土初凝的原则确定混凝土开盘时间。

(5) 混凝土浇筑的次日,温度回落前,张拉部分顶板和底板预应力筋,使合拢段混凝土受到与其强度发展相适应的预压应力,以抵抗次日降温收缩应力。抵抗降温拉应力的力筋不在混凝土浇筑前而在浇筑次日温度回落前张拉。

(6) 混凝土强度达到设计强度的 80% 时,再张拉与边跨合拢段体系转换相应的预应力筋。

五、合拢段施工及体系转换

节段施工桥梁的竣工合拢标志着桥梁的主体结构施工即将结束,同时也是大桥施工的关键环节。无论是对于悬臂施工的连续梁桥、连续刚构桥、斜拉桥,还是节段吊装的拱桥,合拢质量往往是大桥建设成败的标志。

1. 连续刚构桥合拢的重要性

连续刚构桥的合拢工艺复杂,工序繁多,施工难度大,技术和质量要求高。

首先,合拢施工工艺繁杂。合拢时的工序大致包括:劲性钢骨架的预埋、水箱配重的设置、合拢温度的选择、待合拢的两悬臂端的顶开、劲性钢骨架的焊接、临时束的张拉、混凝土的浇筑与振捣、浇筑混凝土时配重的释放以及其后预应力束的张拉等。可见合拢段的施工明显比其他悬臂节段的施工复杂烦琐。

其次,一般情况下桥梁在合拢施工时的受力状态最为不利。对于分节段吊装的拱桥,合拢时拱肋的自由拱段最长,稳定性最差;对于悬臂施工的梁桥,合拢时其悬臂最长,悬臂根部应力最大。大桥在合拢后将发生体系转变而形成整体,合拢前其受力性能和稳定性能在整个桥梁施工阶段可谓最不利状态。因此,一般情况下,桥梁合龙阶段是一个相对比较危险的阶段。

最后,合拢工艺质量要求较高。如果待合拢段两悬臂端的高差控制得不好,不仅会使桥梁线形不平顺,影响其美观。而且给劲性骨架的焊接造成困难,而强行合拢对结构的内力影响很大。此外,对劲性钢骨架的构造、埋设位置的精确性、配重的吨位和位置、千斤顶的顶开吨位或顶开量、劲性骨架的焊接、临时束的张拉吨位、混凝土的振捣质量、配重的释放等都有严格的规定,这是确保桥梁合龙质量的重要条件。

连续刚构桥的合拢分为中跨合拢和边跨合拢。中跨为两个悬臂梁的合拢,立面图如图 8-11 所示,此图未示意用于顶开的千斤顶位置(因为其被劲性骨架遮住);边跨为一个悬臂梁和一个支架现浇段的合拢,立面图如图 8-12 所示。

一般情况下,设计上的中跨合拢段和边跨合拢段构造完全相同,施工工艺也基本相似,区别在于中跨合拢时要用千斤顶对两悬臂端进行一定量的顶开。

2. 合拢段的施工工序

(1) 劲性钢骨架的预埋。将劲性骨架按设计要求预先埋置于最后一个悬臂节段的前端。这

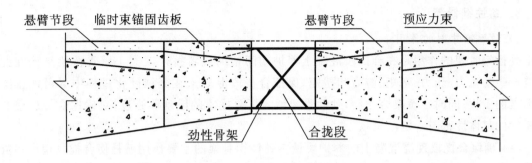

图 8-11 中跨合拢段立面图

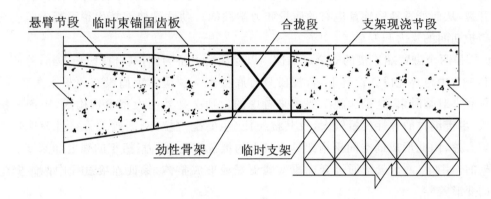

图 8-12 边跨合拢段立面图

一步除了要对梁体最后一个悬臂节段的施工挠度准确预估外,还要将预埋骨架定位准确,避免合拢时造成骨架焊接困难。

(2)配重的设置。合拢配重应该按照设计提供的最大配重,结合实际情况进行分析确定。配重的设置应注意均衡对称,避免对梁体产生扭转和冲击。

(3)两悬臂端的顶开。用千斤顶对两悬臂端适量顶开,顶开工艺只在中跨合拢时进行,边跨合拢则不需要顶开。

(4)劲性骨架的焊接。劲性骨架的焊接即将劲性骨架在合拢温度下锁定焊接。连续刚构桥的实际合拢温度就是指劲性骨架的焊接锁定温度。

(5)临时束的张拉。在合拢段顶板处设有一对临时预应力束,需要在合拢时进行张拉并在合拢后拆除。

(6)合拢段混凝土的浇筑。在合拢段混凝土浇筑的同时要同步释放等重量的配重(水),并且要注意合拢段混凝土的振捣质量。

(7)合拢段混凝土的养护及后期预应力束的张拉。后期预应力束(即底板束)的张拉并不属于合拢工艺,但对其张拉次序有严格要求。

可见合拢工艺是非常复杂的。下面将对其中的劲性骨架、配重、顶开及临时束问题进行详细讨论。

3. 劲性钢骨架

1）劲性钢骨架的作用

劲性钢骨架的作用是在合拢段混凝土养护期间帮助或者替代混凝土承受桥梁结构在此处可能产生的拉力、压力、弯矩、剪力和扭矩，保证合拢段混凝土在凝结硬化过程中尽可能排除外界因素的干扰；同时在桥梁合龙后，劲性骨架增大了合拢段的刚度和强度，对确保合拢质量和增加桥梁的整体性都有一定的贡献。

(1) 确保合拢段现浇混凝土的养护质量。劲性钢骨架的主要作用就是使合拢段现浇混凝土在养护期间尽量不受力或少受力，以确保其养护质量。合拢段混凝土在养护期间强度很低，其抵抗外力和变形的能力很弱。若合拢段混凝土在达到规定强度前承受过大的外力或变形，就会松散或开裂，从而严重地影响其应有的质量和力学性能。劲性骨架就是代替混凝土承受合拢段混凝土养护期间的受力和变形。

(2) 增强两个悬臂端连接的安全可靠性。以龙溪河大桥为例，其合拢段长2 m，分两个边跨合拢段和一个中跨合拢段。设计上，合拢段只有底板永久预应力束而没有顶板永久顶应力束。在顶板仅有一对临时束，这是从施工要求去考虑的。劲性骨架由大型型钢构成，牢固连接着两个悬臂段，由于钢材的弹性模量较大，故其抗拉压（主要是抗拉）刚度较大。并且劲性骨架设有强大的剪力撑，由此形成的空间钢桁架具有较大的抵抗弯矩、剪力、扭矩的强度和刚度。这样在劲性骨架的作用下，两个悬臂通过合拢段就能更好地形成整体，保证连接过程中两悬臂端不产生明显的变形差异。

2）劲性钢骨架的构造形式及含钢量

从抗拉压角度来说，劲性骨架的任何截面形式都是等效的。但合拢段劲性骨架还有抗弯和抗剪的要求，因此"工"字形截面和"["形截面较好。实际施工中，为了增加骨架的抗扭能力，多采用将两块"["钢对拼成闭合"口"形截面，并内灌混凝土。

3）劲性钢骨架的设置

劲性钢骨架的设置一般可分为体内式和体外式两种。体内式是指劲性骨架埋置于梁体混凝土内；体外式是指劲性钢骨架设置于梁体混凝土外，它通过反力座与梁体相连接。

体内式劲性骨架的优点是劲性骨架埋在混凝土中，不易受到腐蚀，不影响桥梁的外观。其缺点在于施工阶段，由于体内式劲性骨架多埋置在箱梁的四个倒角附近，因此倒角部位的钢筋放置很不方便；而且由于骨架及剪力撑的影响，箱梁现浇混凝土不易振捣密实；骨架在腹板倒角处，焊接操作空间狭小，工作困难且不易保证质量。

与体内式劲性骨架相反，体外式劲性骨架的优点在于施工方便，无论是劲性骨架的预埋、普通钢筋的放置、骨架的焊接、混凝土的振捣，都明显优于体内式劲性骨架。它的缺点在于成桥阶段劲性骨架容易被腐蚀破坏并影啊桥梁视觉效果。

4）劲性骨架的焊接

劲性骨架的焊接一般也有搭焊式和对焊式两种形式。

(1) 搭焊式通过搭板和缀板将骨架联结起来，受力明确，施焊方便，易于保证质量，安全度较高，以前较多采用此法。但它要求待焊的两个母材必须就位准确，若存在错位或倾斜，搭板就很难就位焊接。而对于悬臂结构的合拢，劲性骨架要预埋在悬臂端，经过最后一个悬臂号块的浇筑混凝土、张拉预应力筋、拆除挂篮等施工步骤及温度影响,其最终位置是很难准确控制的。

(2) 对焊式就是将劲性骨架端头的钢板对焊于预埋在梁端的钢板上。其优点是可通过在两悬臂端间加焊的型钢骨架的尺寸修改,较方便地适应两悬臂端的对位误差。对焊式是由焊缝来承担剪力的,如果焊缝抵抗剪力不足,可以采取加设辅助三角撑的办法解决。对于母材尺寸精度,可首先在两悬臂段预埋型钢和钢板,其中型钢与钢板焊接牢固,钢板预置在悬臂端头处,然后在合拢前精确测量出两块钢板的距离,并据此制造对焊的母材(劲性骨架)。这种处理方法可以保证母材尺寸的精度。

4. 配重问题

配重问题几乎在所有悬臂合拢施工中都会遇到,它也是很关键的步骤之一。

配重按其作用可分为基本配重和附加配重两种。基本配重是指等量代换合拢段混凝土重量的配重。除基本配重之外的即为附加配重,它是根据需要用来适当调节梁体变形、标高及应力等因素的。

1) 设置配重的作用

(1) 在浇筑混凝土过程中保持合拢段两端不发生相对变位。在合拢段浇筑混凝土的重量作用下,在其浇筑过程中会使悬臂端产生一定的下挠和偏转,这将使合拢段下缘尺寸变长,体积增大,有可能使原先浇筑的底部局部开裂或松散,影响合拢段混凝土的浇筑质量。如果预先施加与合拢段混凝土等重量的配重,并在浇筑混凝土时等量同步释放该配重,那么合拢段两端就不会因为浇筑混凝土而产生相对变位,从而保证了合拢段混凝土的浇筑质量。

(2) 调整合拢段两端的标高。由于多种因素的影响,合拢段两端的标高可能与设计标高不完全吻合,给预埋劲性骨架的焊接带来困难。利用悬臂端部附加配重可以调整悬臂端的标高至设计标高。当然,考虑到悬臂梁体强度,附加配重也不能过大。

(3) 调整成桥后期混凝土的徐变。基本配重在合拢段浇筑混凝土的同时随新浇混凝土数量的增加而同步逐渐卸除,附加配重要等到合拢混凝土达到规定强度后才能拆除。由于合拢前后的结构体系发生了转变,因此附加配重的加载和卸载对桥梁结构影响是不能相互抵消的。人们正是根据此原理运用附加配重调整桥梁内力和后期徐变变形。叠加后的内力全为负弯矩,即无论是对中跨还是边跨,其作用都是使梁体上拱,这对减小成桥后由于混凝土徐变引起主梁跨中下挠是很有利的。从改善桥梁后期徐变的角度看,附加配重越大对后期徐变越好,但过大的附加配重会对悬臂结构的内力构成威胁。

2) 配重设置的方法

(1) 配重形式的选择。配重一般采用钢护筒盛水的形式。钢护桶比较轻盈,它容易满足低附加配重的要求,且不易漏水,即使漏水也易于修补。用水作为基本配重,其重量的装卸都很方便且容易控制,这一点在浇筑混凝土释放配重时更能显示出优越性。对于附力配重也有采用沙袋等重物的,由于这部分配重要在合拢后拆除,因此也是可行的。

(2) 配重位置的选择。从配重对悬臂挠度作用的效果不难看出,配重加在悬臂端部最好。因此除了预留必要的施工操作空间外,配重在纵桥向应尽量靠近悬臂前端。

在横桥向,为了保持箱梁横向平衡而不发生侧向倾斜和扭转,配重应沿横桥向均衡布置。

另外,边跨配重与中跨配重一般应同时同步施加,其原因为:①仅在边跨单独先施加配重会使单T结构的桥墩承受较大的不平衡力矩及翘挠变形,这对于已成T形钢构桥的桥墩受力不利,而且由于边跨合拢后结构发生了体系转换,即使在中跨侧再施加等量配重,这种不平衡力矩也不能完全消除;②如果边跨单独施加配重,在边跨合拢后,中跨的配重会在边跨产生附加内力。③边跨单独施加配重还会使悬臂梁发生较大偏转,造成另一跨悬臂端的标高发生较大变化,使预先设计的配重无法正常施加。④各跨同时施加配重,有利于在边跨合拢后能尽快合拢中跨,使合拢这个较不利的工况能尽早完成。

故无论是从安全角度还是从质量角度来考虑,边跨和中跨同时施加配重都是非常必要的。

(3) 配重大小的选择。

① 确定最大配重重量 $W_{总max}$,根据设计图和结构的实际情况,计算出悬臂梁的实际承载能力,由此确定最大配重重量 $W_{总max}$。这里的 $W_{总max}$ 包括基本配重 $W_{基本}$ 和附加配重 $W_{附加}$。最大配重的确定是从考虑悬臂梁安全的角度出发的。

② 确定最小配重 $W_{总min}$。根据合拢段重量及施工机具确定最小配重 $W_{总min}$,见式(5-1)。

$$W_{总min} = W_{基本} + W_{1附加} \tag{5-1}$$

其中,$W_{1附加}$ 包括合拢段的模板重量、吊架重量、水箱重量、施工机具和人员的重量。最小配重是保证正常施工所必需的。结构的实际配重应在最大和最小配重之间选择。

③ 确定附加配重 $W_{2附加}$。

$$W_{2附加} = W_{高差附加} + W_{内力附加} + W_{徐变附加} \tag{5-2}$$

根据合拢段两端的高差确定 $W_{高差附加}$,$W_{高差附加}$ 为合拢段两端的配重差(仅加在一边),保证合拢能顺利进行;根据已实施结构的受力状态确定需要调整的内力幅度,以此反算出 $W_{内力附加}$;根据桥梁目前的标高及其徐变特点,确定 $W_{徐变附加}$。

$W_{内力附加}$ 和 $W_{徐变附加}$ 应综合协调考虑,针对具体问题,也可以考虑调整内力或调整后期变形。

因此,桥梁的最终实际配重可定为

$$W_{实际} = W_{基本} + W_{1附加} + W_{2附加} \leqslant W_{总max}$$

(4) 配重的释放方法。配重的释放应注意均衡对称,尤其是基本配重的释放,浇筑多少混凝土就应同步释放相同重量的基本配重,保证浇筑混凝土过程中结构不产生变形。

5. 顶开问题

在拱桥的合拢施工中必要时可用千斤顶顶开来调整主拱圈内力。连续刚构桥的合拢也涉及运用千斤顶将合拢段两端适当顶开的问题。

1) 顶开的作用

连续刚构桥仅在中跨合拢时进行适当的顶开,其作用如下。

(1) 消除高温合拢影响。以龙溪河大桥为例,其设计的合拢温度(连续刚构桥的合拢温度即为劲性骨架焊接锁定时的温度)为20 ℃,而合拢工期恰好赶在8~9月份,即使是阴雨天,气温一般也应大于20 ℃,要等待气温达到合拢温度在时间上和经济上都很困难,采用顶开的方式可以解决这个问题。

顶开的原则是在合拢温度下使结构成桥后其温度次内力最小。例如,已知在20 ℃时合拢段的长度为2.0 m,现要在25 ℃下合拢,此时合拢段的长度会"缩短"0.0134 m。如果不采取措施而就此合拢,那么桥梁合龙后在20℃时必然存在-5℃的温度内力,这是设计所不容许的。如果用千斤顶预先将两悬臂端顶开0.0134 m,然后焊接骨架、拆除千斤顶、浇筑混凝土,那么骨架预先受到一个预压力,而在20℃因温度降低5℃在主梁中产生的拉力恰好将此预压力抵消,即消除了温度内力。这就是千斤顶顶开的基本原理。

运用千斤顶来消除温度影响只对中跨适用。边跨合拢时因支架现浇段缺少纵向约束而无法顶开。另外边跨合拢时全桥还尚未形成最终体系,其合拢温度的影响可在中跨合拢时一起予以考虑。

(2) 改善桥墩受力。目前,通常设计的连续刚构桥桥墩一般为双薄壁墩,它们的承载能力相同。由于对称施工,合拢后其受力也大致相同。但当二期恒载和活载作用时,由于中跨较大(边跨与中跨之比一般为0.6左右),故其受荷较多,由于桥墩的柔性,墩顶将向中跨侧发生一定的位移(这在一些工程中已得到证实)。如果合拢前用千斤顶预先将墩顶向边跨侧适量顶开,就可以消除二期恒载及活载对桥墩的影响。

2) 千斤顶的设置方法

传统上一般都将千斤顶设置在箱梁的顶板上,从对改善桥墩受力、减小混凝土后期徐变、消除温度影响等角度考虑,将千斤顶放置在顶板与放置在底板没有多大差别,但对悬臂梁体的内力影响较大,故千斤顶的安放位置还应该根据悬臂梁的实际受力情况来确定。龙溪河大桥的千斤顶设置在顶板上。

为避免产生横桥向的弯矩,千斤顶在设置时应该注意横桥向均衡对称,顶开时也应同步进行。

顶开有两种控制方法:顶开力控制和顶开量控制,两种控制方法应该是一致的。即顶开力与顶开量一一对应。但由于实际结构与理想结构的差异以及边跨支座摩阻力等因素的影响,顶开力控制与顶开量控制不能完全对应,存在一定的偏差。

从补偿合拢温度影响的角度考虑,以顶开量控制为宜。但从对改善桥墩受力和对后期混凝土收缩的角度考虑,以顶开力控制为宜。在工程实际中,人们一般都首先从安全角度出发,以顶开力控制。

6. 临时束问题

在合拢段,临时束的设置是必不可少的。劲性骨架焊接后张拉临时束,使劲性骨架预先承受压力而临时束预先承受拉力。这样在合拢段混凝土养护期间,临时束和劲性骨架一起抵抗外界因素引起的外力和变形。当外界因素在合拢段引起压力时,先由进行骨架承受;当外界因素在合拢段引起拉力时,先由进行临时束承受。合拢段的混凝土始终不受力的作用和变形。另外,骨架在被施加顶应力后受载的变形也将减小。

焊接骨架、张拉临时束、千斤顶顶开等施工步骤有一定的顺序。

(1) 边跨合拢。边跨合拢时首先焊接劲性骨架,然后适当张拉临时束将骨架锁紧。边跨合拢不需要千斤顶顶开。

(2) 中跨合拢。中跨合拢时首先用千斤顶将两悬臂端顶开,然后焊接劲性骨架,最后张拉临时束。千斤顶的顶开吨位既要考虑温度影响又要考虑改善桥墩内力的影响。

任务3　转体施工

一、转体施工方法概述

上部结构转体施工是跨越深谷、急流、铁路和公路等特殊条件下的有效施工方法,具有不干扰运输、不中断交通、不需要复杂的悬臂拼装设备和技术等优点,转体施工分为平转法、竖转法和平竖结合法。

平转法施工是将桥体上部结构整跨或从跨中分成两个半跨,利用两岸地形搭设排架(土胎模)预制,在桥台处设置转盘,将预制的整跨或半跨悬臂桥体置于其上,待混凝土设计强度后脱架,以桥台和锚碇体系或锚固桥体重力平衡,再用牵引系统牵引转盘,待桥体上部结构平转至对岸成跨中合拢。再浇灌合拢段接头混凝土,待其达到设计强度后,封固转盘,完成全桥施工。平转法分为有平衡重转体施工和无平衡重转体施工两种方法,平转法施工主要适用于刚构梁式桥、斜拉桥、钢筋混凝土拱桥及钢管拱桥等。

竖转施工主要适用于转体重量不大的拱桥或某些桥梁预制部件(如塔、斜腿、劲性骨架等)。对于混凝土拱肋、刚架拱、钢管混凝土拱,当地形、施工条件适合时,可选择竖转法施工。其转动系统由转动铰、提升体系(如动、定滑轮组、牵引绳等)、锚固体系(如锚索、锚碇顶等)等组成。

二、桥体预制及拼装

桥体的预制及拼装,应按照设计规定的位置、高程,并视两岸地形情况,设计适当的支架和模板(或土胎)进行。预制时应符合下列规定。

(1) 应充分利用地形,合理布置桥体预制场地,使支架稳固,工料节省,易于施工和安装。

(2) 应严格掌握结构的预制尺寸和重量,其允许偏差为±5 mm,重量偏差不得超过±2%,桥体轴线平面允许偏差为预制长度的±1/5 000,轴线立面允许偏差为±10 mm。环道转盘应平整,球面转盘应圆顺,其允许偏差为±1 mm;环道基座应水平,3 m长度内平整度不大于±1 mm,环道径向对称点高差不大于环道直径的1/5 000。

三、平转法施工

1. 有平衡重转体施工

有平衡重转体施工的特点是转体重量大,其施工关键是转体。要将转动体系顺利、稳妥地转到设计位置,主要依靠以下措施实现:正确的转体设计;制作灵活可靠的转体装置,并布设牵引驱动装置。目前国内使用的转体装置主要有两种,第一种是以四氟乙烯作为滑板的环道平面承重转体;第二种是以球面转轴支承辅以滚轮(或移动千斤顶)的轴心承重转体。转体施工工艺为:脱架→转动→转盘封固→撤锚合拢。

(1) 有平衡重平转施工工艺,可以采用不同的锚扣体系。例如,箱形拱、肋拱宜采用外锚扣体系;桁架拱、刚架拱宜采用内锚扣(上弦预应力钢筋)体系;刚构梁式桥、斜拉桥为不需另设锚扣的自平衡体系。

(2) 桥体混凝土达到设计规定强度或者设计强度的 80% 后,方可分批、分级张拉扣索。扣索索力应进行检测,其允许偏差为 ±3%。张拉达到设计总吨位左右时,桥体脱离支架成为以转盘为支点的悬臂平衡状态,再根据合拢高程(考虑合拢温度)的要求精调张拉扣索。

(3) 转体平衡重依据情况利用桥台或另设临时配重。扣索和锚索之间宜通过置于扣、锚支承(桥台或立柱)的顶部交换梁相连接。

(4) 转体合拢时应符合下列规定。

① 应严格控制桥体高程和轴线,误差符合要求,合拢接口允许相对偏差为 ±10 mm。

② 应控制合拢温度。当合拢温度与设计要求偏差 3 ℃ 或影响高程差 ±10 mm 时,应计算温度影响,修正合拢高程。合拢时应选择当日最低温度进行。

③ 合拢时,宜先采用钢楔刹尖等瞬时合拢措施。再施焊接头钢筋,浇筑接头混凝土,封固转盘。在混凝土达到设计强度的 80% 后,再分批、分级松扣,拆除扣、锚索。

(5) 平转转盘有双支承式转盘和单支承式转盘两种。除大桥和重心较高的桥体外,宜采用构造简单实用的中心单支承式转盘。

(6) 转体牵引力按下式计算。

$$T = \frac{2fGR}{3D}$$

式中:T 为牵引力(kN);G 为转体总重力(kN);R 为铰柱半径(m);D 为牵引力偶臂(m);f 为摩擦系数,无试验数据时,可取静摩擦系数为 0.1～0.12,动摩擦系数为 0.06～0.09。

(7) 转体牵引索可用两根(钢绞线、高强钢丝束)。其一端引出,一端绕固于上转盘上,形成一个转动力偶。牵引动力可用卷扬机、牵引式千斤顶等,也可用普通千斤顶斜置于上、下转盘之间(注意应预留顶位)。转动时应控制速度,通常角速度不宜大于 0.01～0.02 r/min 或桥体悬臂线速度不大于 1.5～2.0 m/min。

2. 无平衡重平转施工

无平衡重转体主要是针对大跨度拱桥施工,是将有平衡重转体施工中的拱圈扣索拉力由在两岸岩体中锚碇平衡,从而节省了庞大的平衡重。无平衡重转体施工具有锚固、转动、位控三大体系,包括转动体系施工、锚碇系统施工、转体施工、合拢卸扣施工工艺。

(1) 采用锚固体系代替平衡重平转法施工,是利用锚固体系、转动体系和位控体系构成平衡的转体系统。

(2) 转动体系由拱体、上转轴、下转轴、下转盘、下环道和扣索组成。转动体系施工可按以下程序进行:安装下转轴→浇筑下环道→安装转盘→浇筑转盘混凝土→安装拱脚铰→浇筑铰脚混凝土→拼装拱体→穿扣索→安装上转轴等。

(3) 锚固体系由锚碇、尾索、支撑、锚梁(或锚块)及立柱组成。锚碇可设于引道或其他适当位置的边坡岩层中。锚梁(或锚块)支承于立柱上。支撑和尾索一般设计成两个不同方向,形成三角形稳定体系,稳定锚梁和立柱顶部的上转轴使其为一固定点。当拱体设计为双肋,并采取对称同步平转施工时,非桥轴向(斜向)支撑可省去。

(4) 位控体系包括扣点缆风索和转盘牵引系统,安装时的技术要求应按照设计要求或《公路桥涵施工技术规范》(JTG/T F50—2011)有关规定执行。

(5) 尾索张拉、扣索张拉、拱体平转、合拢卸扣等工序,必须进行相关的施工观测。

(6) 无平衡重拱体进行平转时,除应参照有平衡重转体施工有关规定办理外,还应符合下列规定。

① 应对全桥各部位,包括转盘、转轴、风缆、电力线路、拱体下的障碍等进行测量、检查,符合要求后,方可正式平转。

② 若起动摩阻力较大,不能自行起动时,宜用千斤顶在拱顶处施加顶力,使其起动,然后应以风缆控制拱体转速;风缆走速在起动和就位阶段一般控制在 0.5~0.6 m/min,中间阶段控制在 0.8~1.0 mm/min。

③ 上转盘采用四氟板做滑板支垫时,应随转随垫并密切注意四氟板接头和滑动支垫的情况。

④ 拱体旋转到距设计位置约 5°时,应放慢转速,距设计位置相差 1°时,可停止外力牵引转动,借助惯性就位。

⑤ 当拱体采用双拱肋在某一岸上下游预制进行平转达一定角度后,上下游拱体宜同步对称向桥轴线旋转。

(7) 当两岸拱体旋转至桥轴线位置就位后,两岸拱顶高程超差时,宜采用千斤顶张拉、松卸扣索的方法调整拱顶高差。

(8) 当台座和拱顶合拢口混凝土达到设计强度的 75% 后,可按下述要求卸除扣索:① 按对称均衡原则,分级卸除扣索,同时应复测扣索内力、拱轴线和高程;② 全部扣索卸除后,再测量轴线位置和高程。

四、竖转法施工

(1) 对混凝土肋拱、刚架拱、钢管混凝土拱,当地形、施工条件适合时,可选择竖转法施工。其转动系统由转动铰、提升体系(如动、定滑车组,牵引绳等)、锚固体系(如锚索、锚碇等)等组成。

(2) 待转桥体在桥轴线的河床上设架或拼装,根据提升能力确定转动单元为单肋或双肋,宜采用横向连接为整体的双肋为一个转动单元。

(3) 支承提升和锚固体系的台后临时塔架可由引桥墩或立柱替代,提升动力可选用 30~80 kN 卷扬机。

(4) 桥体下端转动铰可根据推力大小选用轴销铰、弧形柱面铰、球面铰等,前者为钢制,后两者为混凝土制并用钢板包裹铰面。

(5) 转动时应符合下列规定。

① 转动前应进行试转,以检验转动系统的可靠性。竖转速度可控制在 0.005~0.01 r/min,提升重量大者宜采用较低的转速,力求平稳。

② 两岸桥体竖转就位,调整高程和轴线,楔紧合拢缺口,焊接钢筋,浇筑合拢混凝土,封填转动铰至混凝土达到设计强度后,拆除提升体系,完成竖转工作。

任务4　缆索吊装施工

一、概况

在峡谷或水深流急的河段上,或在通航的河流上需要满足船只的顺利通行时可选用缆索吊装施工,缆索吊装由于具有跨越能力大,水平和垂直运输机动灵活,适应性广,施工比较稳妥方便等优点,在拱桥施工中被广泛采用。其主要施工设备包括缆索吊机塔架、缆索吊机主索(承重索)、起重索、牵引索、扣索、工作索、风缆、横移索、跑车(天车、骑马滑车)、索鞍和锚碇等。

二、吊装方法和要点

1. 缆索吊装施工工序

缆索吊装施工工序为:在预制场预制拱肋(箱)和拱上结构,将预制拱肋和拱上结构通过平车等运输设备移运至缆索吊装位置,将分段预制的拱肋吊运至安装位置,利用扣索对分段拱肋进行临时固定,吊装合拢段拱肋,对各段拱肋进行轴线调整,主拱圈合拢,拱上结构安装。

大跨径拱桥吊装,由于每段拱肋较长,重量较大,为使拱肋吊装安全,应尽量采用正吊、正落位、正扣,因此索塔的宽度应与桥宽相适应。拱肋分段安装时,每段拱肋由扣索临时固定在扣架上,此时每段拱肋必须设置风缆。起重索与扣索承重交接时速度不能太快,每次升降应控制在一定范围内,交接过程中对风缆随时进行调整。当拱肋跨度大于 80 m 或横向稳定安全系数小于 4 时,应采用双基肋合拢松索成拱的方式。即当第一根拱肋合拢并校正拱轴线,楔紧拱肋接头缝后,稍松扣索和起重索,压紧接头缝,但不卸掉扣索,待第二根拱肋合拢,两根拱肋横向连接固定好并拉好风缆后,再同时松卸两根拱肋的扣索和起重索。

2. 施工中的注意要点

1) 缆索设备的检查项目及检查方法

缆索设备虽不属于永久工程,但其质量的好坏直接影响着工程的进展及工程和工程人员的安全,因此在施工中应对以下内容作严格的检查。

(1) 地锚试拉,一般情况下每一类地锚取一个进行试拉。缆风索的土质地锚要求位移非常小,应全部作试拉。

(2) 扣索。试拉扣索是悬挂拱肋的主要设备,因此必须通过试拉来确保其可靠性。其试拉方法是将两岸的扣索用卸甲连接起来,收紧索进行对拉。这样可全面检查扣索、扣索收紧索、扣索地锚及动力装置等是否满足要求。

(3) 主索系统试吊分跑车空载反复运转、静载试吊和吊重运行三步。每一步骤试吊完成后,确定无异常现象才能进行下一个步骤。试吊重物可以为构件、钢筋混凝土预制件等,试吊载重运行可分几次完成,吊重一般为设计荷载的 60%、100%、130%。

在每一步试吊中,应连续不间断地观测塔架位移、主索垂度、主索受力的均匀程度;动力装置工作状态、牵引索、起重索在各转向轮上的运转情况;主索地锚稳固情况及检查通信、指挥系统的通畅性能和各作业之间的协调情况。

试吊后须综合各种观测数据和现场检查结果，对设备的技术状况进行分析、鉴定，提出切实可行的改进措施，对能否吊装做结论。

2) 设置风缆时应注意的要点

横向风缆，在边段拱肋安装时，可用来调整和控制拱肋中线；在拱肋合拢时可以使接头对中就位；在拱肋成拱后，可以减少拱肋自由长度，增大拱肋的横向稳定；在外力作用下对拱肋的位移产生约束。其在设置时需注意以下问题。

(1) 风缆可以布置在岸上、水中或桥墩上。

(2) 风缆应成对称布置，且上、下游风缆的长度相差不宜过大。风缆与拱肋轴线夹角宜大于45°，与地平面夹角宜为30°，距离宜小于100 m。

(3) 用于风缆的地锚应牢固可靠，为防止地锚受力后的位移，应采取预先试拉。对固定在桥墩台上的风缆须进行计算，不能对墩台造成不利影响。

(4) 根据风缆受力大小可采用单线钢丝绳，也可采用滑轮组，在初始收紧风缆时可用卷扬机，做拱肋调整时宜用链子滑车进行。

(5) 风缆在收紧、放松时应在测量观测下统一指挥进行，随拱肋接头高程的升降而放、收。

(6) 对于拱肋为整段吊装或两段吊装的中小跨径双曲拱桥，每孔至少应有一根基肋设置固定的风缆，分3段或5段吊装的大跨径拱桥，每孔至少有两根基肋在接头附近设置稳定的风缆。

(7) 在每孔拱肋全部合拢、横系梁或横隔板达到一定强度后，方可拆除风缆。

3) 松索过程中的注意事项

(1) 松索时应按边扣索、次边扣索、起重索三者的先后顺序对称均匀地进行，每次松索量以控制各接头标高变化不超过1 cm为限。

(2) 松索调整拱轴线。调整拱轴线时，应观测各接点标高、拱顶及1/8跨径处截面标高。调整轴线时精度要求为：每个接头点与设计标高之差不大于±1.5 cm，两对称接头点相对高差不大于2 cm，中线偏差不超过0.5～1.0 cm，防止出现反对称变形，导致拱肋开裂甚至纵向失稳。

(3) 厚度不同的薄钢板嵌塞拱肋接头缝隙。

(4) 拱肋松索成拱是一个反复循环的过程，将索放松压紧接头缝后，应再调整中线偏差至0.5～1.0 cm以内，固定风缆将接头螺栓旋紧。

(5) 电焊各接头部件，全部松索成拱。电焊时，宜采用分层、间隔、交错施焊的方法，每层不可一次焊得过厚，以防灼伤周围混凝土，电焊后必须将各接头螺栓旋紧焊死。

(6) 对于大跨径分5段或7段吊装的拱肋，在合拢成拱后，可保留起重索和扣索部分受力（称留索），待拱肋接头的连接工序基本完成后再完成松索。留索受力的大小取决于拱肋接头的密合程度和拱肋的稳定性。施工实践中，起重索受力一般保留在5%～10%，扣索基本放松。

(7) 当第二片拱肋吊装、合拢、松索调整后，应尽快与已合拢调整的第一片作横向连接，两片拱肋的风缆不要拆除。

学习情境 8
桥梁上部构造悬臂、转体及缆索吊装施工

1. 说明悬拼吊机的组成结构。
2. 悬臂拼装法施工中,1号块拼装和湿接缝处理的程序是什么?
3. 试说明挂篮的构造和安装。
4. 画图说明悬臂浇筑的施工程序。
5. 简述有平衡重转体施工的要点。
6. 缆索吊装施工设置风缆时应注意的要点有哪些?

学习情境 9 大跨径桥梁施工

学习目标

1. 知识目标

(1) 熟悉刚架桥的概念和施工特点。
(2) 掌握拱桥的概念、分类和就地浇筑施工和无支架施工。
(3) 掌握斜拉桥的主要构造、索面布置和斜拉桥的施工。
(4) 掌握悬索桥的锚碇、索塔、主缆、加劲梁等施工。

2. 能力目标

(1) 能够分析刚架桥、拱桥、斜拉桥和悬索桥的受力特点和组成构造。
(2) 能够描述拱桥、斜拉桥和悬索桥的施工特点。

❖ 知识链接

随着世界经济的快速发展,大跨径桥梁的建设在二十世纪末进入了高潮。目前的桥梁技术已经能较好地解决现有的问题,但是随着桥梁跨度的不断增大,并且向着更长、更大和更柔方向发展,为了保证桥梁的可靠性、耐久性、行车舒适性和施工简易性,还需要开展大量的研究工作。

在工程可行性研究中,往往需要考虑业主委托、现场地形地质条件、施工条件等因素,按安全、经济、耐久、适用的原则来拟定桥型方案。由于钢材具有轻质高强的特性,故在跨江、跨海的特大跨径桥梁中,往往考虑钢结构,桥型上主要考虑悬索桥与斜拉桥。

悬索桥和斜拉桥向特大跨径发展,不仅给施工带来了更大的难度,而且静力和动力的非线性问题、侧向稳定问题、风致振动问题、地震响应问题和悬索桥的锚碇与斜拉桥主梁根部巨大的轴向压力问题都十分突出。我们不仅要进一步研究分析它们的规律和危害,研究对策,更重要的是:①要在体系上采取措施,改善受力条件;②发展新材料,采用高强、低松弛、耐腐蚀的材料;③在理论和计算方法上进一步突破,准确地分析提高可靠度。

任务1 刚架桥的施工

一、刚架桥的概念和受力特点

1. 刚架桥的概念

桥跨结构(主梁)和墩台(支柱)整体相连的桥梁称为刚架桥。

2. 受力特点

由于桥墩和桥台之间是刚性连接,在竖向荷载作用下,将在主梁端部产生负弯矩,减少跨中的正弯矩;支柱除承受压力外,还承受弯矩;刚架桥在竖向荷载作用下,一般都产生水平推力。

刚架桥大多做成超静定的结构形式,故在混凝土收缩、温度变化、墩台不均匀沉降和预应力等因素的影响和作用下,会产生附加内力(次内力)。在施工过程中,结构体系转换和徐变也会引起附加内力。附加内力有时在整个内力中占很大的比例。

3. 刚架桥的结构特点

外形尺寸小,桥下净空大,桥下视野开阔,混凝土用量少。但是钢筋用量较大,基础造价也较高。同时,刚架桥基础造价较高、钢筋的用量较大且为超静定结构,会产生次内力,另外刚架桥的施工比较困难。

二、刚架桥的构造特点

1. 一般构造

1) 主梁截面形式

(1) 等截面。

(2) 登高变截面。

(3) 变高度。变高度主梁的底缘形状可以为曲线形、折线形、曲线加直线形等,主要根据主梁内力的分布情况,按等强度原则选定。在下缘转折处,为保证底板的强度,一般宜设置横隔墙。

2) 支柱形式

(1) 薄壁式。

(2) 立柱式:分为单柱和多柱。

2. 单跨刚构的节点构造

单跨刚构桥的节点指立柱(或斜支撑腿)与主梁相连接的部位,又称角隅节点。该节点必须具有强大的刚性,以保证主梁和立柱的可靠连接。角隅节点受力如图9-1所示。

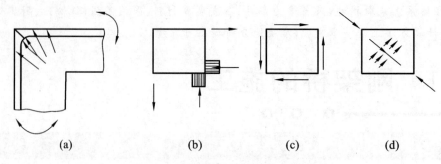

图 9-1 单跨刚构桥角隅节点受力图

2）板式刚架，可在节点内缘加设梗腋，如图 9-2 所示。

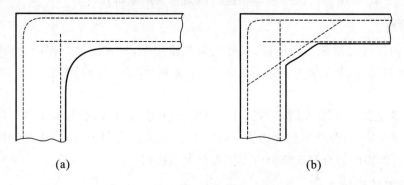

图 9-2 板式刚架桥内缘加设梗腋图

主梁为肋式的刚架，可以采用以下方式加设梗腋：①仅在桥面板加设梗腋；②仅梁肋加设梗腋；③二者都加设梗腋。

主梁和立柱都是箱型截面的刚架，可以采用如下方式加设梗腋。有时为了使节点刚度强大，简化施工，也可将它做成实体。

（1）仅在箱型截面内设置足够厚度的斜隔板。斜隔板传力直接，施工简单，但钢筋布置不如另外两种方便。

（2）设有竖隔板和平隔板，传力间接，受力情况较差，但构造和施工较简单。

（3）兼有斜隔板、竖隔板和平隔板，节点刚强，布置主筋较方便，但施工麻烦。

斜腿刚架桥的节点角隅根据截面形式的不同，可以做成如图 9-3 所示的两种形式。

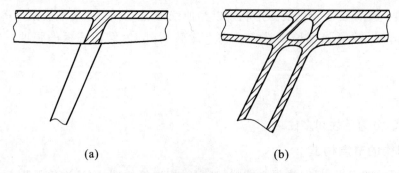

图 9-3 斜腿刚架桥的节点角隅形式图

3. 隅节点的配筋

对于普通钢筋混凝土，一定要有足够的连续钢筋绕过隅节点外缘，否则，外缘混凝土会由于受拉产生裂缝。对于受力较大的节点，在对角力的方向要设置受压钢筋，在与对角力垂直的方向要设置防劈裂钢筋。

对于预应力混凝土刚架桥，与隅节点相邻截面的预应力钢筋宜贯穿隅节点，并在隅角内交叉后锚固在梁顶和端头上。预应力钢筋锚头下面的局部应力区段还应设置箍筋或钢筋网，用于承受局部拉应力。

对于加设梗胺的隅节点，要设置与梗胺外缘相平行的钢筋。

4. 铰的构造

铅板铰是在支柱底面与基础顶面之间垫的铅板，中设销钉，销钉的上半截伸入柱内，下半截伸入基础内，如图 9-4 所示。

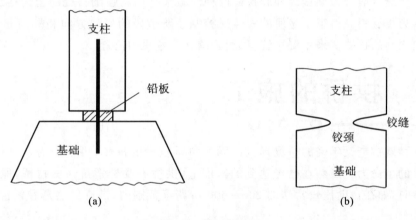

图 9-4　铅板铰图示

钢铰支座一般为铸钢制成，其构造与桥梁固定支座和拱桥支座相同。

混凝土铰是在需要设置铰的位置将混凝土截面骤然减小（称为颈缩），使截面刚度大大减小，因而此处的抗弯能力很低，可产生结构所需要的转动，从而起到铰的作用。

三、刚架桥的施工特点

1. 平衡悬臂施工

平衡悬臂施工可分为悬臂浇筑法施工与悬臂拼装法施工两种。其中，前者是当桥墩浇筑到顶后，在墩顶安装脚手钢桁架，并向两侧伸出悬臂以供垂吊挂篮，实施悬臂浇筑（挂篮是主要施工设备）；后者是将梁逐段分成预制块件进行拼装，穿束张拉，自成悬臂。

2. 悬臂梁起步段施工

为拼装挂篮或吊机，需在墩柱两侧先采用支撑托架浇筑一定长度的梁段。其施工托架可根据墩身高度、承台形式和地形情况，分别支承在墩身、承台或经过加固的地面上。挂篮由主桁架、悬吊系统、锚固系统与平衡重、行走系统以及工作平台底模架等组成。挂篮设置除应保证强度安全可靠外，还应满足变形小、行走方便、锚固装拆容易以及各项施工作业的操作要求，并注意安全防护设施。

3. 箱梁混凝土的浇筑（悬臂浇筑）

箱梁混凝土的浇筑可视箱梁截面高度情况采用一次或两次浇筑法。

浇筑肋板混凝土时，两侧肋板应同时分层进行。浇筑顶板及翼板混凝土时，应从外侧回内侧一次完成，以防发生裂缝。

当箱梁截面较大（或靠近悬梁根部梁段）时，节段混凝土数量较多，每个节段可分两次浇筑，先浇筑底板到肋板的倒角以上，再浇筑肋板上段和顶板，其接缝按施工缝要求处理。

4. 悬臂拼装

悬臂拼装的主要工序包括：块件预制、块件移运、整修、吊装定位、预应力张拉、施工缝处理等。各道工序均有其不同的要求，并对整个拼装质量有密切的影响。

5. 块件拼装接缝

块件拼装接缝一般分为湿接缝和胶接缝两种。湿接缝用高强细石混凝土为接缝料，胶接缝采用环氧树脂为接缝料。由于1号块的安装对控制该跨节段的拼装方向和标高非常关键，故1号块与0号块之间的接缝多采用湿接缝，以利于调整1号块的位置。

任务2　拱桥的施工

拱桥是一种既古老又年轻的桥梁形式。随着科学技术的进步，拱桥作为六大桥型之一，至今仍有着旺盛的生命力。虽然在已经达到的跨度上，拱桥不及悬索桥与斜拉桥，但当选择大跨度桥梁的桥型时，如在目前比较常遇的200～600 m跨度范围内，拱桥仍然是悬索桥与斜拉桥的竞争对手。

一、拱桥的基本概念、特点

梁式结构在竖向荷载作用下，支承处仅仅产生竖向支承反力，而拱式结构在竖向荷载作用下，支承处不仅产生竖向反力，而且产生水平推力。拱圈中的弯矩比相同跨径梁的弯矩小很多，因而使整个拱圈主要承受压力，可利用抗压性能较好而抗拉性能较差的圬工材料（如石料、混凝土、砖等）来修建拱桥，这种由圬工材料修建的拱桥又称为圬工拱桥。

当拱桥的跨径不是很大、拱圈净高较小或孔数不多时，可以采用就地砌筑或浇筑的方法来进行拱圈施工。

拱桥的主要优点有：①跨度较大，在全世界范围内，钢筋混凝土拱桥目前的最大跨径是460 m，石拱桥是146 m，钢拱桥达到550 m；②能做到就地取材，与钢桥和钢筋混凝土拱桥相比，可以节省大量的钢材和水泥；③耐久性好，而且养护、维修费用少；④外形美观，构造简单。

拱桥的主要缺点是：①下部结构的工程量大，要求有良好的地基条件；②对于多孔连续的大、中跨径的拱桥，需要采用特殊的措施以承受不平衡的推力，增加了造价；③与梁式桥相比，上承式拱桥的建筑高度较高，对行车不利；④传统的拱桥施工工序多，难度大，费用高，工期长。

拱桥虽然存在这些缺点，但是由于它的优点突出，只要在条件许可的情况下，修建拱桥往往是经济合理的。

二、拱桥的组成

拱桥与其他桥梁一样,也是由桥跨结构(上部结构)及下部结构两大部分组成。拱桥的桥跨结构是由拱圈及其上面的拱上建筑所构成。拱圈是拱桥的主要承重结构。由于拱圈是曲线形,一般情况下车辆都无法直接在弧面上行驶,所以在桥面系与拱圈之间需要传递压力的构件或填充物,以使车辆能在平顺的桥面上行驶。桥面系和这些传力构件或填充物统称为拱上结构或拱上建筑。桥面系包括行车道、人行道及两侧的栏杆或砌筑的矮墙(又称雉墙)等构造。

拱桥的下部结构由桥墩、桥台及基础等组成,用于支承桥跨结构,将桥跨结构的荷载传至地基,并与两岸路堤相连接。

拱圈最高处的横向截面称为拱顶,拱圈和墩台连接处的横向截面称为拱脚(或起拱面)。拱圈各横向截面(或换算截面)的形心连线称为拱轴线。拱圈的上曲面称为拱背,下曲面称为拱腹。起拱面与拱腹相交的直线称为起拱线。一般将矢跨比大于或等于 1/5 的拱称为陡拱,将矢跨比小于 1/5 的拱称为坦拱。实腹式拱桥的构造和主要组成部分如图 9-5 所示。

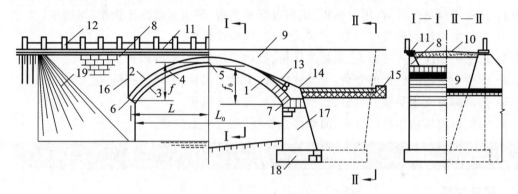

图 9-5 实腹式拱桥的主要组成部分

1—主拱圈;2—拱背;3—拱腹;4—拱轴线;5—拱顶;6—拱脚;7—起拱线;
8—侧墙;9—拱腔填料;10—桥面铺装;11—人行道;12—栏杆;13—护拱;
14—防水层;15—盲沟;16—伸缩缝;17—桥台;18—桥台基础;19—锥坡
L_0—净跨径;L—计算跨径;f_0—净矢高;f—计算矢高;f/L—矢跨比

三、拱桥的分类

1. 按结构静力图示分类

拱桥按结构静力图示分为三铰拱、无铰拱和两铰拱等。

(1) 三铰拱属于静定结构,温度变化、墩台沉陷均不会在拱圈截面内产生附加内力。由于铰的存在,使其构造复杂,施工困难,而且降低了整体刚度,尤其降低了抗震能力。同时,拱的挠度曲线在拱顶铰处出现转折,对行车不利。因此,大、中跨径的主拱圈一般不宜采用三铰拱。三铰拱一般用于大、中跨径空腹式拱上建筑的腹拱。

(2) 无铰拱属于三次超静定结构,在荷载作用下,无铰拱的内力分布比三铰拱好。由于没有设铰,其构造简单,施工方便。但是,温度变化、材料收缩、墩台位移等将使拱圈内产生附件内力。所以,无铰拱宜在地基良好的条件下修建。

(3) 两铰拱是一次超静定结构。其结构整体刚度较三铰拱好,因地基条件差而不宜修建无铰拱时,可采用两铰拱。

2. 按主拱圈横截面的形式分类

(1) 板拱桥:横截面为矩形,其特点是构造简单、施工方便、自重大。适用于地基条件较好的中小跨径圬工拱桥。

(2) 肋拱桥:横截面为两条(或四条)分离的拱肋,肋与肋之间由横系梁相连。适用于较大跨径的拱桥。

(3) 双曲拱桥:主拱圈在纵向及横向均呈曲线形,但施工程序较多,组合截面整体性差,易开裂,现已很少采用。

(4) 箱形拱桥:横截面为闭口箱形截面。其抗扭刚度大,整体性稳定性好,但施工制作较复杂,适用于大跨径桥梁。

3. 按其他分类方式分类

(1) 按建筑材料可分为:圬工拱桥、钢筋混凝土拱桥、预应力混凝土拱桥、钢拱桥。

(2) 按传力结构的形式可分为:实腹式拱桥、空腹式拱桥。

(3) 按主拱轴线形式可分为:圆弧线拱桥、抛物线拱桥、悬链线拱桥。

(4) 按桥面构造的位置可分为:上承式拱桥、下承式拱桥、中承式拱桥。

(5) 按拱脚有无水平推力可分为:推力拱桥、无推力拱桥。

(6) 按拱桥的结构体系可分为:简单体系拱桥、组合体系拱桥。

四、石(混凝土砌块)拱桥拱圈砌筑

1. 砌筑材料

(1) 拱圈及拱上建筑可按设计要求采用粗料石、块石、片石、黏土砖或混凝土预制砌块。

(2) 拱圈砌缝可用砂浆或小石子混凝土砌筑、填塞。

2. 拱圈基本砌筑方法

(1) 粗料石拱圈。

(2) 块石拱圈。

3. 砌筑顺序

(1) 拱圈按顺序对称连续砌筑,适用于跨径 13 m 以下的满布式拱架。

其做法为:全宽、全厚、两拱脚同时、按顺序、对称均衡地向拱顶砌筑,在拱顶合拢。

注意事项:拱顶合拢时,拱脚处砌缝砂浆尚未凝结。10 m 以下的拱圈,采用拱式拱架时,应在拱顶及拱跨 1/4 处预压。

(2) 拱圈分段、分环、分阶段砌筑。

① 分段砌筑　25 m 以下一般半跨分三段;25 m 以上增加分段数,每段不大于 8 m;拱圈较厚,拱石超过 3 层时,可分环分段砌筑,分环合拢。

② 分环分段砌筑　跨径较大的石拱桥(或混凝土预制砌块拱桥),当拱圈厚度较大、由三层以上拱石组成时,可将全部拱圈厚度分成几环砌筑,每一环可分成若干段对称、均衡地砌筑,砌

一环合拢一环。

③ 分阶段砌筑　砌筑拱圈时,为了争取时间和使拱架荷载均匀对称、拱架变形正常,有时在砌筑完一段或一环拱圈后的养护期间,砌筑工作不间歇,而是根据拱架荷载平衡的需要,紧接着将下一拱段或下一环层砌筑一部分。

3) 拱圈合拢。

① 拱顶石合龙　在拱顶预留一个龙口,各段完成后安砌拱顶石,完成拱圈合拢;分段较多、分环砌筑的,为使拱架受力对称、均匀,可在拱圈两半跨的 1/4 处或在几处同时完成拱圈合拢;为防止过大的温度附加应力,合拢应按设计规定的温度和时间进行。如无规定则宜在接近当地年平均温度时进行。

② 剎尖封拱　小跨径拱圈,可采用剎尖封顶完成拱圈合龙。其做法为:在砌筑拱顶石前,先在拱顶缺口中打入若干组木楔,使拱圈挤紧、拱起,然后嵌入拱顶石合拢。

③ 预施压力封顶　用千斤顶施加压力来调整拱圈应力,然后进行拱圈合拢;应严格按照设计规定进行;如设计文件中无此要求时,不得采用。

4. 砌体养护

拱圈砌筑完成后立即用草袋覆盖,并在 4 h 后(即砂浆初凝后)经常洒水,使砌体保持湿润。

五、拱上建筑浇筑

为避免主拱产生过大的不均匀变形,应由拱脚向拱顶对称、均衡地砌筑。实腹式拱上建筑的砌筑一般在卸架前进行;砌筑实腹拱上建筑时,应将其分成几部分进行,由拱脚向拱顶对称时、作台阶式砌筑;拱腹填料可随侧墙砌筑顺序及进度进行填筑;填料数量较大时,宜在侧墙砌完后再分部进行填筑;空腹式拱,一般在卸架前施工腹拱墩,卸架后再施工其他部分拱上建筑,如图 9-6 所示。

(1) 伸缩缝及变形缝的施工,伸缩缝缝宽 1.5～2 cm,要求笔直,两侧对应贯通。
(2) 拱上防水设施,包括:①拱圈混凝土自防水;②拱背防水层。
(3) 拱圈排水处理。
(4) 拱背填充。

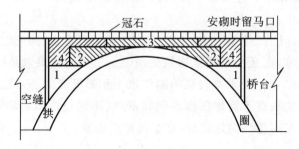

图 9-6　拱上建筑浇筑顺序

六、拱桥的就地浇筑施工

当拱桥的跨径不是很大、拱圈净高较小或孔数不多时,可以采用就地浇筑的方法来进行拱圈施工。

拱架应具有足够的强度、刚度和整体稳定性。连接处要紧密,以保证拱架在荷载作用下变形最小而且变形曲线圆滑。大跨径拱桥一般采用箱形截面的拱圈(或拱肋),为减轻拱架负担,一般采用分环、分段的浇筑方法。本节的任务是熟悉立柱式木拱架、撑架式木拱架、拱式木拱架、梁式钢拱架、拱式钢拱架、桁式钢拱架等各类拱架;掌握拱圈或拱肋的浇筑顺序、箱形截面拱圈(或拱肋)的浇筑、卸拱架及注意事项等内容。拱上建筑浇筑顺序如图9-6所示。

1. 拱架的结构类型和构造

1) 拱架的结构类型

(1) 按使用材料可分为:木拱架、钢拱架、扣件式钢管拱架、斜拉式贝雷平梁拱架、竹拱架、竹木混合拱架、钢木组合拱架以及土牛胎拱架等多种形式。

(2) 按结构形式可分为:排架式、撑架式、扇形式、桁架式、组合式、叠桁式、斜拉式。

2) 拱架的构造

(1) 木拱架:一般有排架式、撑架式、扇形式、叠桁式、木桁架式。拱架尺寸和形状应符合设计要求,立柱位置准确且保持直立,各杆件连接接头要紧密,支架基础牢固。

① 立柱式木拱架。立柱式拱架的上部是由斜梁、立柱、斜撑和拉杆组成的拱形桁架(拱盔),下部是由立柱及横向联系(斜夹木和水平夹木)组成支架,上下部之间放置卸架设备(木楔或砂筒等)。在斜梁上钉以弧形垫木以适应拱腹的曲线形状,通常将斜梁和弧形垫木合称为弓形木。弓形木支撑在立柱或斜撑上,长度一般为 1.5~2.0 m。在弓形木上设置横梁,其间距一般为 0.60~0.70 m,上面再纵向铺设 0.02~0.04 m 厚的模板,就可以在上面砌筑拱石(或做现浇混凝土拱的底模板)。当拱架横向的间距较密时,也可以不设横梁。

立柱式拱架的构造和制作都很简单,但立柱数目很多,只适用于跨度和高度都不大的拱桥。

② 撑架式木拱架。撑架式拱架是用少数框架式支架加斜撑来代替数目众多的立柱。木材用量较立柱式拱架少,构造上也不复杂,而且能在桥孔留出适当的空间,减少洪水及漂流物的威胁,并在一定程度上满足通航的要求。因此,它是实际中采用较多的一种形式。无论是立柱式拱架还是撑架式拱架,都应使构造简单,受力明确,避免采用复杂的节点和接头。拱架应具有足够的强度、刚度和整体稳定性。连接处应紧密,以保证拱架在荷载作用下变形最小而且变形曲线圆滑。

③ 拱式木拱架。与以上几种拱架相比,拱式木拱架不受洪水、漂流物的影响,在施工期间能维持通航,适用于墩高、水深、流急或要求通航的河流。三铰桁式拱架是拱式木拱架中常用的一种形式,其材料消耗率低,但是要求有较高的制作水平和架设能力。三铰桁式拱架的纵、横向稳定应特别注意。除在结构构造上需加强纵横向联系外,还需设抗风缆绳,以加强拱架的整体稳定性。在施工中还应注意对称均匀地砌筑,以加强施工观测。

(2) 钢拱架。

① 梁式钢拱架。梁式钢拱架是用工字钢做成,上垫弓形木。当支架间的距离较大时,可用桁架代替工字钢。支架可做成塔架式结构。

② 拱式钢拱架。拱式钢拱架是由几根直线形的工字钢连接而成的折线形拱架。其接头用铆接、螺栓接或焊接。当跨径很大时,可以做成桁架式。

③ 桁式钢拱架。通常用常备拼装式桁架拼装而成,即拱架由标准节段、拱顶段、拱脚段和连接杆等以钢销或螺栓连接而成。

2. 拱桥的有支架施工——现浇混凝土拱桥

1) 施工工序

(1) 第一阶段:浇筑拱圈(或拱肋)及拱上立柱的底座。

(2) 第二阶段:浇筑拱上立柱、连接系及横梁等。

(3) 第三阶段:浇筑桥面系。

2) 拱圈或拱肋的浇筑

(1) 浇筑流程。

● 满堂式拱架浇筑流程:支架设计→基础处理→拼设支架→安装模板→安装钢筋→浇筑混凝土→养护→拆模→拆除支架

● 拱式拱桥浇筑流程:钢结构拱架设计→拼设拱架→安装模板→安装钢筋→浇筑混凝土→养护→拆模→拆除支架

(2) 连续浇筑。

跨径小于16 m的拱圈(或拱肋)混凝土,应按拱圈全宽度、自两端拱脚向拱顶对称地连续浇筑,并在拱脚处混凝土初凝前全部完成。

(3) 分段浇筑。

大跨径拱桥的拱圈(或拱肋)(跨径≥16 m),为避免拱架变形而产生裂缝以及减少混凝土的收缩应力,应采用分段浇筑的施工方法。

(4) 箱形截面拱圈(或拱肋)的浇筑。

大跨径拱桥一般采用箱形截面的拱圈(或拱肋),为减轻拱架负担,一般采用分环、分段的浇筑方法。

(5) 卸拱架及注意事项。

拱架拆除必须在拱圈砌筑完成后20~30 d左右,待砂浆砌筑强度达到设计强度的75%后方可拆除。为了使拱圈在卸架时能够逐渐地、均匀地受力,在拱架上部和下部之间需设置卸架设备。常用的卸架设备有木楔和砂筒两种。

七、拱桥的无支架施工

1. 拱桥的悬臂施工

悬臂施工法是不设任何支架(包括满布式支架或拱式支架),在桥位处悬臂进行拱圈节段混凝土灌筑或拼装,最后在拱顶处合拢的一种修建拱桥的施工方法。

国外大跨度钢筋混凝土拱桥的施工方法主要采用悬臂施工方法,它是受预应力混凝土梁式桥的悬臂施工法影响而发展起来的,主要有悬臂浇筑法、悬臂拼装法等。本节主要介绍悬臂施工控制方法及相关内容。

悬臂法分为悬臂浇筑法和悬臂拼装法,我国钢筋混凝土拱桥发展在20世纪70年代得到提升,伴随无支架缆索吊装技术的成熟和设计方法的进步,才逐渐出现了大跨度的钢筋混凝土悬臂拼装拱桥。20世纪90年代后先后建造了跨度最大的中承式钢筋混凝土拱桥——广西南宁邕江大桥(312 m,1996年)和世界第一跨的钢管混凝土劲性骨架钢筋混凝土拱桥——重庆万州长江大桥(420 m,1997年)。

在国外,20世纪60年代就开始采用悬臂浇筑施工拱桥,目前施工技术已经比较成熟,最大跨径为德国2000年建造的WildeGera桥,跨径252 m。我国建成挂篮悬浇拱桥有:2007年建成的净跨150 m的白沙沟1♯大桥、2009年建成的净跨182 m的新密地大桥、2010年建成的净跨165 m的木蓬特大桥、净跨180 m的马蹄河特大桥,都采用悬臂浇筑施工。

随着时间的推移,国家对工程质量、技术的要求更高,悬臂拼装法需要足够大的预制空间和吊装能力,且成拱后拱圈接头多,整体性不高,最近几年开始推广挂篮悬臂浇筑施工的钢筋混凝土拱桥,由于主拱圈采用挂篮浇筑,故其具有一次成形、无须分环、工艺简单、整体性好、施工中横向稳定和抗风性能好、运营阶段养护费用低、耐久性好的特点。

1) 悬臂浇筑施工方法

悬臂浇筑包括塔架斜拉索法和斜吊式悬浇法。

(1) 塔架斜拉索法。

塔架斜拉索法是指在拱脚墩、台处安装临时钢或钢筋混凝土塔架,用斜拉索一端拉住拱圈节段,另一端在台后锚固,逐节向河中悬臂架设,直至拱顶合拢。

该法首先在斜拉筋扣吊的一段钢支架上,就地灌筑第一节段拱箱(拱脚段)。以后各段均用挂篮从左右两岸悬臂灌筑混凝土施工。施工至立柱部位,用临时斜杆和上拉杆,将立柱、拱圈组成桁架,并用拉杆或缆索将其锚固于台后,然后逐节向跨中施工。

(2) 斜吊式悬浇法。

利用专用挂篮,结合使用斜吊钢筋悬臂浇筑法。

斜吊式悬浇法塔架、斜拉索及挂篮浇筑拱圈施工要点:在拱脚墩、台处安装临时的钢塔架或钢筋混凝土塔架,用斜拉索或下拉粗钢筋将拱圈或拱肋用挂篮浇筑一段系一段,从拱脚开始,逐段向拱顶悬臂浇筑,直至拱顶合拢。

斜吊式悬臂浇筑拱圈施工要点:它是借助专用挂篮,结合使用斜吊钢筋将拱圈、拱上立柱和预应力混凝土桥面板等齐头并进、边浇边构成桁架的悬臂浇筑方法。施工时,用预应力钢筋临时作为桁架的斜吊杆和桥面板的临时拉杆,将桁架锚固在后面的桥台上。施工过程中作用于斜吊杆的力是通过布置在桥面板上的临时拉杆传至岸边的地锚上。

在边孔完成后,在桥面板上设置临时拉杆,在吊架上浇筑第一段拱圈,待此段混凝土达到强度要求后,在其上设置临时预应力拉杆,并撤去吊架,直接系吊于斜吊杆上,然后在其前端安装悬臂挂篮。用挂篮逐段悬臂浇筑拱圈。当挂篮通过拱上立柱P_2位置后,须立即浇筑立柱P_2及P_1至P_2间的桥面板,然后,用挂篮继续向前悬臂浇筑,直至通过下一个立柱后,再安装P_1至P_2间桥面板的临时拉杆及斜吊杆T_2,并浇筑下一个立柱及之间的桥面板,每当挂篮前进一步,必须将桥面板拉杆收紧一次。这样,一面用斜吊钢筋构成桁架,一面向前悬臂浇筑,直至拱顶附近,撤去挂篮,再用吊架浇筑拱顶合拢混凝土。如图9-7所示为斜吊式悬臂浇筑技术管理重视的问题框图。

2) 悬臂拼装施工方法

悬臂桁架法拼装,是将拱圈的各个部分(如箱形截面底板、腹板和顶板等)先悬拼组成拱圈,

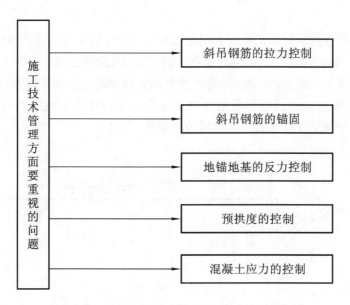

图 9-7 斜吊式悬臂浇筑技术管理重视的问题框图

然后利用立柱与临时斜杆和上拉杆组成桁架体系,逐节拼装直至合拢。也可将拱圈的组成部分事先预制,然后将桥跨的拱肋、斜杆、立柱和上弦杆组成桁架拱片,并沿桥跨分成几段,再用横系梁和临时风构,将两个桁架片段组装成框构,整体运至桥孔,由两端向跨中逐段拼装直至合拢。目前世界上跨度最大的混凝土桁式拱桥——贵州省江界河桥(跨径 330 m),就是采用这种悬臂桁架法拼装架设的。

2. 拱桥的缆索吊装施工

国内早期在拱桥无支架施工中主要采用缆索吊装法,但缆索吊机的吊装能力有限。为利用缆索设备实现拱桥跨度的增大,我国在 20 世纪 70 年代修建了大量的双曲拱桥。20 世纪 70 年代,我国修建的拱桥主要是箱拱桥。1979 年建成的四川宜宾马鸣溪大桥,跨径为 150 m,采用缆索吊装施工,吊装重量达 70 t,当时基本上是我国缆索吊装设备的最大吨位。下面主要介绍拱桥缆索吊装的施工方法。

1) 拱箱(肋)的预制

构件的预制方法按构件预制时所处的状态分为立式预制和卧式预制两种。拱箱的预制一般多采用立式预制;而桁架拱桥的桁架预制段或肋拱桥的拱肋这种面积大、宽度小的构件,必须采用卧式预制。

2) 缆索吊装设备

缆索吊装设备,按其用途和作用可以分为主索、工作索、塔架和锚固装置等四个基本组成部分。其主要包括主索、起重索、牵引索、结索、扣索、缆风索、塔架(包括索鞍)、地锚、滑车(轮)、电动卷扬机或手摇绞设备和机具。

(1) 主索 亦称为承重索或运输天线。它横跨桥墩,支承在两侧塔架的索鞍上,两端锚固于地锚。吊运构件的行车支承于主索上。

(2) 起重索 主要用于控制吊物的升降(即垂直运输),其一端与卷扬机滚筒相连,另一端固定于对岸的地锚上。

(3) 牵引索　用于拉动行车沿桥跨方向在主索上移动(即水平运输),故需一对牵引索。这样既可分别连接在两台卷扬机上,也可合拴在一台双滚筒卷扬机上,便于操作。

(4) 扣索　当拱箱(肋)分段吊装时,需用扣索悬挂端段箱(肋)及中段箱(肋),并可利用扣索调整端、中段箱(肋)接头处标高。扣索的一端系在拱箱(肋)接头附近的扣环上,另一端通过扣索排架或塔架固定于地锚上。如图 9-8 所示为扣索的布置图。

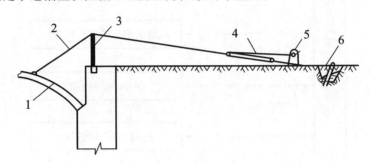

图 9-8　扣索的布置图
1—拱肋；2—扣索；3—扣索排架；4—张紧索；5—绞车；6—地锚

(5) 缆风索　亦称浪风索,用来保证塔架的纵横向稳定及拱肋安装就位后的横向稳定。

(6) 塔架及索鞍　塔架是用于提高主索的临空高度及支承各种受力钢索的结构物。塔架的形式是多种多样的,按材料可分为木塔架和钢塔架两类。

3) 吊装方法和加载程序

(1) 准备工作。无支架施工,在吊装前应对构件、墩台拱座进行全面质量检查和对起吊设备系统的试吊工作。对缆索设备的检查主要包括地锚试拉、扣索对拉、主索系统试吊(分为行车空载运行、静载试吊和吊重运行等三个步骤)等工作。如图 9-9 所示。

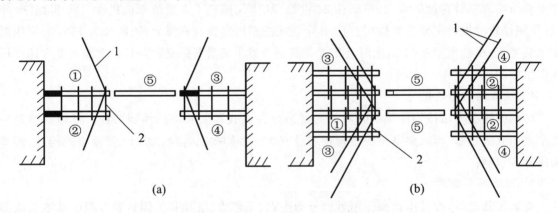

图 9-9　无支架施工中的单肋合拢与双肋合拢
1—缆风索；2—横夹木

(2) 吊装方法。采用缆索吊装施工的拱桥,其吊装方法应根据桥的跨径、桥的总长及桥的宽度等情况而定。合拢的方式有单肋合拢及双基肋合拢。单肋合拢是一片中段基肋与已安装就位的两边段基肋在中部合拢,其横向稳定主要依靠基肋接头处设置的缆风索来加强。例如,某拱桥主孔横向由 5 片拱箱组成,每片拱箱在纵向分为 5 段,每片拱箱的吊装顺序如图 9-10 所示。

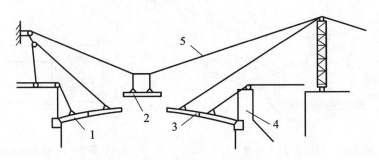

图 9-10 每片拱箱的吊装顺序
1—端段;2—中段;3—中间段;4—中墩;5—运输天线

(3) 加载程序。对于中、小跨径拱桥,一般可不进行施工加载程序设计,按有支架施工方法对拱上结构进行对称、均衡的施工。对于大、中跨径的拱桥,一般多按分环、分段、均衡对称加载的总原则进行设计。即在拱的两个半跨上,按需要分成若干段,并在相应部位同时进行相等数量的施工加载。在多孔拱桥的两个邻孔之间,也须均衡加载。如图 9-11 所示为一个箱形拱桥施工加载程序示例。

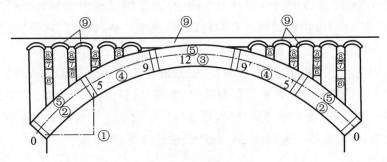

图 9-11 加载程序

(4) 加强稳定性的措施。横向稳定缆风索。拱肋稳定缆风索在吊装过程的不同施工阶段具有不同的作用:在边段拱肋就位时,用于调整和控制拱肋中线;在拱肋合拢时,可以约束接头的横向偏移;在拱肋成拱以后,相当于一个弹性支承,从而减少拱肋自由长度,增大拱肋的横向稳定;在拱肋受外力作用时,约束拱肋的位移。拱肋纵向稳定措施:当拱肋接头处可能发生上冒变形时,可在其位置下方设置下拉索来控制变形,下拉索一般对称布置,如图 9-12 所示。

拱肋横向联系。在吊装过程中,为了减少拱肋的自由长度和增强拱肋的横向整体性,拱肋之间的横向联系是一项必不可少的施工措施。一般采用的横向联系有木夹板(见图 9-13)、木剪刀撑、钢筋拉杆、钢横梁和钢筋混凝土横系梁等形式。

3. 拱桥的转体施工

1980 年建成的四川涪陵乌江大桥,采用我国首创的平面转体施工法施工拱桥,使拱桥施工的跨径跃上 200 m 的大关。平转法的应用为拱桥无支架施工开辟了新的道路,但当跨径增大

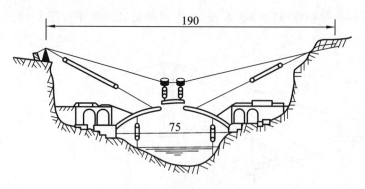
图 9-12 拱肋设置下拉索

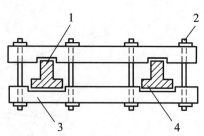
图 9-13 拱肋间的横夹木构造
1—拱肋；2—螺栓；3—横夹木；4—砍口凹槽

后,转体重量很大,转体施工工艺复杂,转盘圬工量大,因此也无法实现更大跨径的突破。

转体施工可以采用平面转体、竖向转体或平、竖结合转体等方法。用转体施工建造大跨度拱桥,可节省支架费用、减少安装工序,把复杂的高空作业和水上作业变为岸边的陆上作业;可不中断河道通航或立交桥的交通,具有良好的技术经济效益和社会效益。下面主要介绍拱桥转体施工的施工方法和内容。

拱桥转体施工方法,是将拱圈分成两个半跨,分别在两岸利用地形做简单支架(或土牛拱胎)将半拱预制完成,之后以桥梁结构本身为转动体,使用一些机具设备,分别将两个半拱转体到桥位轴线位置合拢成拱。转体施工一般适用于单孔或三孔的桥梁。

平转施工主要适用于刚构梁式桥、斜拉桥、钢筋混凝土拱桥及钢管拱桥等。竖转施工主要适用于转体重量不大的拱桥或某些桥梁预制部件(如塔、斜腿、劲性骨架等)。混凝土拱肋、刚架拱、钢管混凝土拱,在地形、施工条件适合时,可选用竖转法施工。其转动系统由转动铰、提升体系(如动、定滑轮组,牵引绳等)、锚固体系(如锚索、锚碇顶等)等组成。

1) 平面转体

按照桥梁的设计标高先在两岸边预制半跨,当预制件达到设计强度后,借助转动设备在水平面内转动至桥位中线处合拢成桥。

平面转体可分为有平衡重转体和无平衡重转体。有平衡重转体一般以桥台背墙作为平衡重,并作为桥体上部结构转体用拉杆(或拉索)锚碇反力墙,用于稳定转动体系和调整重心位置。为此,平衡重部分不仅在桥体转动时作为平衡重量,而且也要承受桥梁转体重量的锚固力。有平衡重转体的施工受到转动体系重量的限制,过大的平衡重增大了转动的难度且不经济,其一般适用于跨径 100 m 以内的拱桥。如图 9-14 所示为无平衡重平面转体的一般构造。

无平衡重转体施工是把有平衡重转体施工中的拱圈扣索拉力锚在两岸岩体中,由此来锚固半跨桥梁悬臂状态时产生的拉力,并在立柱的上端设转轴,下端设转盘,通过转动体系进行平面转体。由于节省了庞大的平衡重,减轻了转动体系的重量,故可用在大跨度桥梁中。无平衡重转体施工需要有一个强大牢固的锚碇,因此宜在山区地质条件好或跨越深谷急流处建造大跨桥梁时选用。

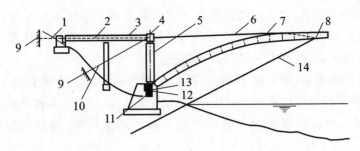

图 9-14　无平衡重平面转体的一般构造

1—轴向尾索；2—轴平撑；3—锚梁；4—上转轴；5—墩上立柱；6—扣索；7—拱肋；
8—扣点；9—锚碇；10—斜尾索；11—轴心；12—环道；13—下转盘；14—缆风索

2）竖向转体

竖向转体是在桥台处先竖向预制半拱，然后在桥位竖平面内转动两半跨使之在空中对接合拢，如图 9-15 所示。对于跨径过大、拱肋过长的拱桥，由于竖向转动不易控制，施工过程易出现问题，故该施工法只宜在中、小跨径拱桥中使用。竖向转体视拱箱（肋）预制或现浇的方式不同可分为：①俯卧预制后向上转体；②竖直向上预制后再向下转体。

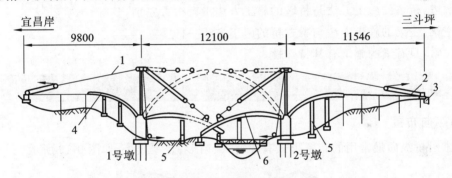

图 9-15　竖向转体示意图

1—扒杆背索；2—卷扬机；3—地锚；4—边拱肋；5—胎架；6—拱肋

3）平、竖结合转体

当受到地形条件及施工条件的限制，不可能在桥梁的设计平面和桥位竖平面内预制，则转体既要平转又要竖转才能就位。平转和竖转的方法与前述类似，但平、竖结合的转动轴构造要复杂一些。

任务3　斜拉桥的施工

斜拉桥也称斜张桥、斜缆桥或牵索桥等，它是以通过或固定于桥塔（索塔）并锚固于桥面系的斜向拉索作为上部结构主要承重构件的一种新结构。它不仅用高强度缆索代替桥墩，还使桥面处于预应力工作状态，因而是一种理想的适应大跨径桥梁和更有效地利用结构材料的新桥型。

斜拉桥的结构受力特点：它是用高强钢材制成的斜缆索将主梁多点吊起，并将主梁的恒载和车辆荷载传至塔柱，再通过塔柱基础传至地基。斜拉桥属于自锚结构体系，斜拉索对桥跨结构的主梁产生有利的压力，改善了主梁的受力状态。

随着斜拉桥跨径的增加，如主跨 1 088 m 的江苏省苏通长江大桥和主跨 1 018 m 的香港昂船洲大桥，有的单根平行钢丝拉索长度已达 580 m，自重达 65 t，整索张拉力要超过 10MN，拉索的制造和架设难度大增。拉索索盘的直径已超过陆上运输限界，增加了拉索的运输难度和费用。

本任务应掌握斜拉桥的受力特点和斜拉桥索面纵向和横向的布置形式。

一、斜拉桥的组成及构造

1. 斜拉桥的组成及构造

斜拉桥由塔、梁、索三部分构成。

2. 斜拉桥的主要构造

（1）基础：基础施工与其他类型桥梁相似。

（2）墩塔：桥塔的施工方法与桥墩的施工方法没有很大差别。

（3）主梁：主梁的施工方法与梁式桥的施工方法一样。

（4）拉索：只有索的施工有其特殊性。

二、斜拉桥的索面布置

1. 沿纵向布置

斜缆索沿桥纵向最常用的布置形式有辐射式、扇形、竖琴式等，如图 9-16 所示。

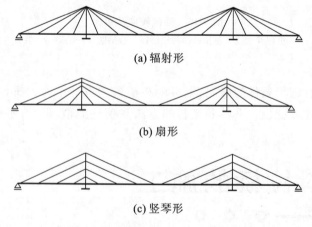

(a) 辐射形

(b) 扇形

(c) 竖琴形

图 9-16　斜缆索沿桥纵向布置形式

2. 沿横向布置

斜缆索沿桥的横向一般分为单索面、竖向双平行索面、双倾斜索面三种，如图 9-17 所示。

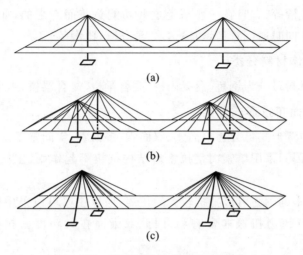

图 9-17 斜缆索沿桥横向布置形式

三、斜拉桥的类型

斜拉桥的主要特征据资料反映已存在于 18 世纪和 19 世纪的设计中,所以这种结构体系并不是 20 世纪的发明,虽然 20 世纪之后斜拉桥的发展很快,但这种结构体系的根源,我们应追溯到更早的时期。

老挝和印度尼西亚的爪哇岛上很早就有原始的竹制斜拉桥,古埃及的海船上也出现过用绳索斜拉的工作天桥等,这些结构中所具有的斜拉桥特征已明晰可见。

斜拉桥作为一种拉索体系,比梁式桥的跨越能力更大,是大跨度桥梁的最主要桥型,也是我国大跨径桥梁最流行的一种桥型。目前为止我国建成或正在施工的斜拉桥共有 30 余座,仅次于德国、日本,居世界第三位,而大跨径混凝土斜拉桥的数量已居世界第一。

1. 按照跨径布置分类

1) 双塔三跨式

双塔三跨式为目前应用最广泛的跨径布置方式。双塔三跨式斜拉桥通常布置两个边跨的跨度相等的对称形式,也可以布置成两个边跨跨度不等的不对称形式。

2) 独塔双跨式

独塔双跨式也是应用较为广泛的一种跨径布置,但由于它的主孔跨径一般比双塔三跨式的小,故特别适用于跨越中小河流、谷地及作为跨线桥,或用于跨越较大河流的主航道部分,也可采用主跨跨越河流,索塔及边跨布置在河流一岸的方式。

3) 多塔多跨式

多塔多跨式斜拉桥适用于需要多个大通航孔的大江大河、宽阔湖泊或海峡上,但这种结构一般采用较少,主要原因是中间塔顶没有端锚索来有效限制它的变位,使结构柔性及变形增大,整体刚度差。

2. 斜拉桥按照交通功能和建造的使用目的分类

按照交通功能分类和桥梁建造的使用目的,可以分为公路斜拉桥、铁路斜拉桥、人行斜拉桥、斜拉管道桥、斜拉渡槽等，有时在一座桥上这些功能是兼而有之的，如公铁两用桥。并且现在越来越多的斜拉桥都同时通行管道，如输送水、液化气、电缆等。

3. 斜拉桥按照梁体材料分类

斜拉桥按照梁体材料可分为钢桥、混凝土桥、叠合梁桥、复合梁桥、组合梁桥等。

4. 斜拉桥按照索面布置形式分类

斜拉桥按照索面布置形式可分为单面索、双面索、多面索、空间索等。

单索面应用较少，因为采用单索面是拉索对结构抗扭不起作用，主梁需要采用抗扭刚度大的截面。

使用双索面时，拉索的轴力可以抵抗较大的扭矩，所以主梁可以采用抗扭刚度较小的截面，而且双索面对桥体抵抗风力扭振非常有利，因此双索面在大跨度斜拉桥中已经成为主要的形式。

5. 斜拉桥按照主梁和塔的连接形式分类

斜拉桥按照主梁和塔的连接形式可分为悬浮体系、半悬浮体系、塔梁固结体系、刚构体系等。

6. 按照其他方式分类

目前，密索斜拉桥已取代稀索斜拉桥，对于主梁来说，混凝土斜拉桥多采用双边主梁的形式，钢斜拉桥多采用流线型扁平箱梁。主塔大都采用混凝土结构，大跨度的桥塔多采用倒 Y 形或钻石形结构。

四、斜拉桥的施工

1. 索塔施工

索塔的材料可用钢材、钢筋混凝土或预应力混凝土，索塔的构造比一般桥墩要复杂。索塔承受了相当大的轴向力，还承受了较大弯矩。桥塔的支承形式包括塔墩固接、塔梁固接、塔墩梁固接等。

索塔施工有现场浇筑法和预制后运到塔位处拼装两种方法。索塔可为钢结构或工形、钢筋混凝土结构。索塔的横向形式如图 9-18 所示。

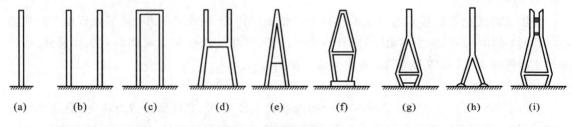

图 9-18 索塔的横向形式

1）钢筋混凝土索塔施工方法的分类

钢筋混凝土索塔的施工，可以采用搭架现浇、预制吊装、滑模、爬模浇筑等多种方法，它们各有其特点和适用范围。

(1) 搭架现浇。此施工方法工艺成熟,简便易行,无须专用的施工设备,能适应较复杂的断面形式,对锚固区的预留孔道和预埋件的处理也较方便,但是有费工、费料、速度慢的缺点。此法适用于索塔高度较小的斜拉桥施工。

(2) 预制吊装。此施工方法可将节段预制与基础施工同时进行,因而可以加快施工进度。但是该方法要求有起重能力较大的专用起重设备。如果索塔的高度较高、断面较大,则很难采用预制吊装法施工。

(3) 爬模施工。本方法的最大优点是施工进度快,适用于较高的直立塔及倾斜塔的施工。但是对拉索的锚固区预留孔道和预埋件的处理要困难些,并需要有专用的设备(如提升式千斤顶、顶杆等)。为了方便爬模施工,设计上应采取必要的措施。

2) 索塔的搭设

塔墩固接的索塔,施工脚手架宜在墩上搭设。塔梁固接的索塔,施工脚手架宜在梁上搭设。

3) 斜拉索锚固管的定位

斜拉索的锚固管全部集中在索塔上部的锚固区,其位置的准确性直接影响到斜拉桥的工程质量,因此锚固管的精确定位是索塔施工的重点,是控制索塔施工的关键。锚固管定位要求是平面及高程误差不得大于 5 mm。

为了保证索塔及锚固管位置的准确,现在的钢筋混凝土索塔设计中都布设有刚性骨架。刚性骨架由型钢制作,其安装精度易于保证,锚固管等较容易精确固定在刚性骨架上,而且在混凝土灌注过程中也不易发生移动。

另外,刚性骨架还可以用于悬挂固定模板,甚至可临时安装吊装用的起吊设备等。

4) 索塔施工变形观测

变形观测是指导施工及相应测量工作的依据。索塔施工过程中因受大气温度及日照的影响,塔柱会发生扭转。这样,在不同时刻进行的观测,就会有不同的结果,这就需要研究掌握索塔在自然条件下的变化规律。

另外,在主梁施工过程中,为了掌握索塔在索力影响下偏离平衡位置的程度,也需要进行索塔施工的变形观测。钢筋混凝土索塔大都采用高等级混凝土泵送法施工。因而,对混凝土的早强和可泵性有一定的要求,需要对混凝土的用料、级配及其外加剂严格把关,要严格按照混凝土施工的有关规定进行。

5) 钢索塔的安装

钢索塔需用铆接、螺栓连接或焊接等连接形式进行装配,通常为型钢组成的桁架或框架。其操作应遵循一般刚架结构的拼装要求,特别应注意尺寸的准确性,并使结构单元简化,减少拼装时的吊装次数。

6) 索塔施工的精度要求

索塔断面尺寸一般都较小,而且轴向压力较大,故施工中对索塔的尺寸和轴线位置的准确性应有一定的要求。

我国《公路桥涵施工技术规范》(JTG/T F50—2011)要求的施工允许偏差为:轴线允许偏差 ±10 mm,断面尺寸允许偏差 ±20 mm;倾斜度允许偏差不超过塔高的 1/3 000,且不大于

30 mm;塔身横向扰曲线的曲率半径允许偏差不小于 $20H$（H 为桥面起算的高度）；塔顶高程允许偏差±10 mm；斜缆索锚固点高程允许偏差±10 mm。

2. 主梁施工

斜拉桥的主梁制作与安装几乎可以采用任何一种梁桥的施工方法，如缆索法、支架法、顶推法、悬臂法、平转法等。由于斜拉桥梁体尺寸较小，各节段间有拉索，索塔还可以用来架设辅助钢索，因此采用各种无支架施工方法更为有利。

采用何种施工方法，应根据桥梁的构造特点、施工技术及设备、现场条件等因素确定。由于设计与施工方法密切相关，所以设计单位在设计时就应该确定桥梁的主要施工方法。下面介绍几种常见的斜拉桥主梁施工方法。

（1）滑动模板 是将模板悬挂在工作平台的围圈上，沿着所施工的混凝土结构截面的周边组拼装配，并随着混凝土的浇筑由千斤顶带动向上滑升。

（2）爬模施工 与滑动模板相似，不同的支架通过千斤顶支承于预埋在墩壁中的预埋件上。待浇筑好的蹲身混凝土达到一定强度后，将模板松开，千斤顶上顶，将支架和模板升到新的位置。

（3）翻模施工 与一般由三层模板组成一个单元。当浇筑完上层模板的混凝土后，将最下层模板拆除翻上来拼装成第四层模板，依此类推。

随着我国交通基础设施建筑的高速发展，斜拉桥以其优美的造型，较大的跨越能力，良好的结构受力性能，抗震能力强及施工方法成熟等特点，在高等级公路和城市道路跨越江河的桥梁建设中占据了重要地位，得到了广泛应用。

1）梁体截面形式

主梁的截面形式有箱形、工字形或箱形与工字形等。其中，前三者占绝大多数，也有少数斜拉桥的主梁用空心板梁或桁架。

箱梁的特点是抗扭刚度大，横向刚度也大，能适用于跨度大、桥面宽的桥梁的多种斜拉桥，可以通过设置横梁或横撑，使斜拉桥的斜缆索的拉力传递到主梁上，这样一面或两面锚固缆索即可。工字梁的特点是横向刚度小，但通过设置横隔板可提高刚度，工字梁比较轻，从短跨到长大跨均能适用。箱梁和工字梁均能工厂化生产，用预制构件施工能够进行悬臂拼装并可现场浇筑悬臂，有利于施工。

2）梁塔连接方式

梁塔墩的连接形式有三种，即全固接、塔墩固接及梁塔固接等。

（1）全固接 桥塔、主梁、桥墩三者均固接。其优点是不需设置支座，缺点是固接点附近的主梁应力大，梁需变高。

（2）塔墩固接 桥塔和桥墩固接，而主梁悬浮，即主梁不与桥墩和桥塔连接或铰接。其优点是主梁可以采用较小的支座，普遍不设固定支承；缺点是梁的抗风性能和横向刚度有所降低。

（3）梁塔固接 是指主梁和桥塔固接，而与桥墩之间为铰接或滑动支座连接。

3）梁体施工方法

斜拉桥主梁施工方法与梁式桥基本相同，大体上可以分为支架法、悬臂法、缆索法、顶推法、平转法、混合法等六种方法。其中，支架法适用于城市立交或净高较低的岸跨主梁施工；悬臂法适用于净高较大或河流上的大跨径斜拉桥主梁的施工。

（1）支架法。

支架法分为在支架上现浇、在临时支墩间设托架或劲性骨架现浇、在临时支墩上架设预制梁段等几种施工方法。其优点是施工简单方便，能确保结构满足设计线型，但仅适用于桥下净空低、搭设支架不影响桥下交通的情况。支架法的施工步骤为：①在永久性桥墩和临时墩上架设主梁；②从已完成主梁的桥面铺装，能够安装塔柱；③安装拉索；④拆除临时墩，使荷载传至缆索体系。

（2）悬臂法。

悬臂法一般是在支架上修建边跨，然后中跨采用悬臂施工的单悬臂法，也可以是对称平衡施工的自由悬臂法。悬臂施工法一般分为悬臂拼装法和悬臂浇筑法。此法是从塔柱两侧用挂篮对称逐段就地浇筑混凝土。

我国大部分混凝土斜拉桥主梁都是采用悬臂浇筑法施工的。斜拉桥主梁的悬臂施工与连续梁和连续刚构桥类似，不同的是如果能利用斜拉索，可以采用更轻型的挂篮施工。

（3）缆索法。

缆索法是用缆索系统架设桥梁的方法。缆索装置又称为施工索道或缆索起重机，用这种方法架设斜拉桥，可用索塔代替施工索道中的塔柱。在这种施工方法中，索塔既是桥梁结构的重要组成部分，又是施工设施的主要组成部分。

（4）顶推法。

顶推法施工与连续梁使用的顶推法大致相同，当然，要增加索塔与拉索的制作、安装工作。在钢斜拉桥的施工中，有将完成的整座结构（指索塔与梁固接的形式）一起顶推的成功经验，特别是将主梁节段用滚轴顶推已有许多实例。

（5）平转法。

平转法与拱桥中的平转法相似，即将上部结构分为两部分，在沿河岸顺河流方向的矮支架上制作，然后以桥墩为圆心旋转到桥位合拢。此法修建的斜拉桥跨径不大，其施工顺序如下：①建造主墩与上下转盘并试转；②在岸上浇筑或拼装全桥的主梁；③浇筑索塔；④安装拉索，张拉并调整高程与拉力；⑤平转就位；⑥校核高程，必要时再做最后调整；⑦封填转盘；⑧混合法。

混合法是指将斜拉桥主梁分为三个部分（两块边纵梁和一块行车道板）预制或现浇，纵梁可以预制，行车道板可现浇或预制。施工时，利用吊机先安装两侧边纵梁并拉拉索，然后在浇筑或拼装主梁中间的行车道板。

3. 拉索施工

斜拉索是指由高强钢丝为材料的斜缆索，其类型为平行钢丝索绞制工艺和热挤聚乙烯护套等工艺制成的钢绞线（索），前者多为工地现场制作，后者则为工厂预制，具有较高的内在质量和防腐能力，有条件时宜优先考虑采用。

索的组成。斜拉索由两端的锚具、中间的拉索传力件及防护材料三部分组成，称为拉索组装件。斜拉索的材料有钢丝绳、粗钢筋、高强钢丝、钢绞线等。

斜拉索的研究围绕三个目标展开：①如何使斜拉索与锚具的组装件能在斜拉桥整个使用年

限内经受得起高强度的应力变化;②保证拉索组件具备绝对可靠的、永久性的防护;③在保证斜拉索组件可靠、耐久的前提下,力争施工方便,造价低廉。

拉索一般采用工厂预制,运输到现场进行安装。工厂预制好的拉索只做临时防锈措施,可卷盘运输,或用吊机吊装。运输过程中注意不要让索顺地面拖动,也不要让索与尖锐物体碰撞,以防临时防锈层被破坏。为了防止索在运输过程中遭受损伤,大跨度斜拉桥的拉索通常采用钢结构焊成的索盘将索卷盘,然后运至工地安装。

拉索的张拉分为安装阶段的初始张拉与其后的二次张拉。

初始张拉是指拉索安装就位时的张拉,根据需要可分几批,按次序先后实施。进行初始张拉的目的是使梁内建立起必要的应力储备,也为了尽可能减少索的非弹性变形。

施工中的同步张拉很重要。为了避免张拉过程中索塔向一侧偏斜而使索塔底部出现裂纹,索塔顺桥向两侧对称的拉索应对称同步张拉。为了避免桥梁上下游两侧受力不均匀而发生扭转导致梁体出现裂纹,索塔上下游两侧对称的拉索应同步张拉。后安装拉索的斜拉桥的连续梁,为避免桥梁跨中两边受力不均匀导致跨中梁部出现裂纹,跨中两端对称位置的拉索应同步张拉。拉索张拉完毕后,应尽早制作索套。

1) 拉索制作

随着斜拉桥跨径的增加,如主跨 1 088 m 的江苏省苏通长江大桥和主跨 1 018 m 的香港昂船洲大桥,有的单根平行钢丝拉索长度已达 580 m,自重达 65 t,整索张拉力要超过 10MN,拉索的制造和架设难度大增。拉索索盘的直径已超过陆上运输极限,增加了拉索的运输难度和费用。

2) 工艺流程

屋盖梁板模板钢筋安装→张拉端预埋件安装→屋盖混凝土浇筑→中间立柱模板钢筋安装→固定端埋件安装→中间立柱混凝土浇筑→穿拉索→装 PVC 套管→拉索单根张拉→拉索整体张拉→拉索张拉端锚具封头→PVC 管竖向灌浆。

3) 预埋件安装

根据设计图样要求,计算每个张拉端预埋孔道的水平偏移角及垂直偏移角,按此角度严格控制预埋孔道的安装位置及角度,并与周围钢筋焊牢,混凝土浇筑时派人跟踪检查,以确保预埋孔道的位置与角度符合要求。

4) 穿束、装套管

无黏结钢绞线下料后,固定端装挤压锚具;在钢绞线两端 750 mm 范围内剥皮,用柴油清洗后用锯末擦净,以确保灌浆黏结。中间立柱混凝土浇筑后,将斜拉索钢绞线逐根从顶部穿入。每束穿完后理顺,隔 2 m 扎一个钢筋对中器。PVC 套管从下向上依次套入。套接时外接口朝下,涂专用胶水黏合打紧。PVC 套管上端插入波纹管内不小于 100 mm,下端套在露出屋面的钢管上,同时将钢绞线穿过屋面梁内的预埋孔道。

5) 斜拉索张拉

张拉设备选用 2 台 YDC240Q 型前卡式千斤顶(配液压顶压器)、2 台 YC60 型千斤顶(配连接套筒)、2 台 ZB4-500 液压泵及 2 台 ZBl-630 液压泵。张拉工作分三次循环:①第一循环用前卡式千斤顶将每根钢绞线拉至索力的 40%;②第二循环再用前卡式千斤顶将每根钢绞线拉至索力的80%,并用液压顶压器将夹片顶紧,安装防松装置;③第三循环用YC60千斤顶整束张拉至设计索力的90%(由于屋盖反拱大,索力减小10%),用螺母拧紧。

6) 管道压浆

PVC管道压浆前先将张拉端锚具封头,并将固定端凹槽堵口。灌浆材料采用42.5级普通水泥,掺10%(质量分数)UEA膨胀剂和1.5%液态CSP-4高效减水剂,水灰比为0.38。灌浆设备采用UBJ1.8型挤压式灰浆泵。灌浆工作从下向上,压力为0.6~0.8 MPa,待顶部固定端凹槽灌满为止。

7) 斜拉索放索

短索放索时,先在塔端锚杯前依次安装过渡套及牵引锚座,在锚杯后3 m处间隔安装2个哈夫夹具,利用塔吊的起升高度将索全部抽出。长索放索时,按以下工序进行:①在塔端锚杯前依次安装过渡套、牵引锚座 ϕ185 张拉杆,在锚杯后安装哈夫夹具;②利用塔吊抽出塔端锚头,起升至索道管处与塔上吊点对接,松开塔吊;③高塔吊起吊梁端锚头至最大高度,将索在空中展开并使其失去扭矩,缓慢下放梁端锚头并尽量使索往梁端方向前移;④将索放于梁面上由钢管及轮胎组成的滑道上,将梁面5 t卷扬机通过转向滑车与斜拉索梁端锚头对接;⑤牵引梁端锚头至箱梁梁端,前移时在斜拉索锚头后10 m处利用梁面12 t汽车吊移动跟进起吊索,并且利用高塔吊在其吊矩30 m处上提拉索,保护斜拉索前移平滑,防止突然扭转而导致索皮破坏。

8) 斜拉索安装

斜拉索安装时,考虑了不同长度索的牵引索力及张拉空间问题,采取了以下几种不同的安装方法。

(1) 短索安装。

首先在塔端先利用导链使塔端锚杯螺母戴满丝扣,然后梁端利用导链牵引使锚杯螺母安装至设计位置,最后利用650 t千斤顶张拉至设计吨位。

安装工序流程:塔吊起吊塔端锚头至索道管管口→导链与塔端锚头对接→导链牵引使锚杯螺母戴满丝扣→卸除导链及高塔吊机→梁端锚杯螺母安装至设计位置→塔端张拉杆、千斤顶及撑脚安装→塔端张拉。

(2) 中长索安装。

在塔端利用导链及钢丝绳使张拉杆戴帽,梁端利用导链牵引使锚杯螺母安装至设计位置;在塔端张拉杆后端通过特殊连接器安装钢绞线,并使其顶端在锚垫板外端(超过千斤顶及撑脚的高度,保证起顶);千斤顶张拉钢绞线使张拉杆外端伸出锚垫板外,使锚杯螺母戴满丝扣;卸除钢绞线后,千斤顶继续张拉至设计吨位。

牵引示意导链及钢丝绳使硬牵引杆戴帽,安装钢绞线并使其外端伸出锚垫板,利用千斤顶张拉钢绞线直至牵引杆伸出锚垫板外;卸除钢绞线,继续利用千斤顶张拉至张拉杆伸出锚垫板外,同时使锚杯戴帽,张拉直至达到设计吨位。

(3) 斜拉索的梁部安装。

当斜拉索的张拉端在塔部,则先将索在梁部安装。斜拉索在梁部安装的方法主要有吊点法和拉杆接长法。

● 吊点法。在梁上安装转向滑轮,牵引绳从套筒中伸出,用吊机将索吊起后,随锚头逐渐套入套筒,缓缓放下吊钩,向套筒口平移,直至将锚头穿入套筒内。

● 拉杆接长法。对于梁部为张拉端时索的安装,采用拉杆接长法较为简单。先加工长度50 cm左右的短拉杆与主拉杆连接,使其总长度超过套筒加千斤顶的长度,利用千斤顶多次运动,逐渐将张拉端拉出锚固面,并逐渐拆掉多余的短拉杆,安装锚固螺母。运用此法需加工一个组合式螺母,利用此螺母逐步锚固拉杆,直至将锚头拉出锚板后拆除。

任务4 悬索桥的施工

一、悬索桥的组成与分类

悬索桥由索(缆索)、塔、锚碇、加劲梁等组成,缆索通常用高强钢丝,加劲梁多采用钢桁架或扁平箱梁,桥塔可采用钢筋混凝土或钢结构。

悬索桥是目前跨越能力最大的桥型,最重要的受力构件是"缆索",故为柔性结构,如图9-19所示。由于其结构刚度不足,悬索桥较难以满足当代铁路桥梁的要求。

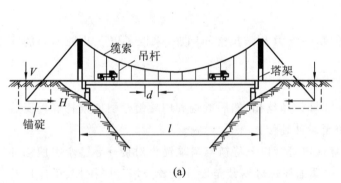

(a)   (b)

图 9-19 悬索桥

大跨径悬索桥的结构形式按吊索和加劲梁的形式可分为以下几种形式:竖直吊索,钢桁架作加劲梁;三角形布置的斜吊索,以扁平流线型钢箱梁作加劲梁;竖直吊索和斜吊索的混合型,流线型钢箱梁作加劲梁。除了具有一般悬索桥的缆索体系外,还设有若干加强用的斜拉索。按照加劲梁的支承结构不同,悬索桥可分为单跨两铰加劲梁悬索桥、三跨两铰加劲梁悬索桥和三跨连续加劲梁悬索桥。

悬索桥的下部工程包括锚碇基础、锚体和塔柱基础等施工,上部工程包括主塔、主缆和加劲梁的施工。施工架设主要工序为:基础施工→塔柱和锚碇施工→先导索渡海工程→牵引系统和猫道系统→猫道面层和抗风缆架设→索股架设→索夹和吊索安装→加劲梁架设和桥面铺装施工。

二、悬索桥的施工内容

悬索桥的施工主要分四部分：锚碇施工、主塔和索鞍施工、加劲梁施工、主缆施工。

三、锚碇施工

锚碇是悬索桥的主要承重结构，主要抵抗来自主缆的拉力，并传递给地基基础。锚碇按照受力形式的不同可分为重力式锚碇、隧道式锚碇等。重力式锚碇依靠自身巨大的重力抵抗主缆拉力，隧道式锚碇的锚体嵌入地基基岩内，借助基岩抵抗主缆拉力，隧道式锚碇只适合在基岩坚实完整的地区，其他情况大多采用重力式锚碇或自锚式悬索桥。

1. 锚碇体基础

锚碇的基础有直接基础、沉井基础、复合基础、隧道基础等形式。锚碇基础的基坑开挖、支护和加固施工等参照相关技术规范的要求执行。

2. 主缆锚固体系

根据主缆在锚块中的锚固位置不同，主缆锚固体系可分为后墙式主缆锚固体系和前墙式主缆锚固体系。前墙式的索股锚头在锚块前锚固，通过锚固系统将缆力作用到锚体；后墙式是将索股直接穿过锚块锚固于锚块后面，前墙式由于具有主缆锚固容易、检修保养方便等优点而广泛运用于大跨径悬索桥中。

前墙式锚固系统可分为型钢锚固系统和预应力锚固系统两种类型。

1) 型钢锚固系统

锚固系统主要由锚架和支架组成。锚架包括锚杆、前锚梁、拉杆、后锚梁等，是主要的传力构件；支架是安放锚杆、锚梁并使之精确定位的支撑构件。

型钢锚固系统施工程序如下：锚杆、锚梁制作→现场拼装锚支架（部分）→安装后锚梁→安装锚杆与锚支架→安装前锚梁→精确定位→浇筑锚体混凝土。

2) 预应力锚固系统

锚固系统的索股锚头由2根螺杆和锚固连接器相连，再对穿过锚块混凝土的预应力束施加预应力，使锚固连接器与锚块连接成整体承受索股的拉力。锚固系统的加工件必须进行超声波和磁粉探伤检查。

预应力锚固系统施工程序如下：基础施工→安装预应力管道→浇筑锚体混凝土→穿预应力筋→安装锚固连接器→预应力筋张拉→预应力管道压浆→安装与张拉索股。

3. 锚碇体施工

悬索桥锚碇属于大体积混凝土构件，混凝土施工阶段水泥会产生大量的水化热，引起变形及变形不均，从而产生温度应力及收缩应力，当应力大于混凝土本身的抗拉强度时，构件就会产生裂缝，影响混凝土质量。因此，水化热的控制是锚碇混凝土施工的关键。

锚碇体混凝土施工除按照有关规定执行外，还应符合以下要求。

（1）尽量降低水泥用量，掺入质量符合要求的粉煤灰和矿粉，粉煤灰和矿粉用量分别为胶凝材料用量的30%左右，水泥用量为40%左右。混凝土按60 d的设计强度进行配合比设计。

(2) 采取适当措施降低混凝土混合料入仓温度。对准备使用的骨料采取措施避免日照,采取冷却水作为混凝土的拌和水,一般选择夜晚温度较低时段浇筑混凝土。

(3) 在混凝土结构中布置冷却水管,设计好水管流量、管道分布密度,混凝土初凝后开始通水冷却以减低混凝土内部温升速度及温度峰值,进出水温差控制在 10 ℃ 左右,水温与混凝土内容温差不大于 20 ℃。混凝土内部温度经过峰值开始降温时停止通水,降温速度不宜大于 2 ℃/d。

(4) 大体积混凝土宜采取水平分层浇筑施工。每层厚度应视混凝土浇筑能力、配合比水化热及降温措施而定,混凝土层间间隙宜为 4~7 d。如果需要竖向分块施工,块与块之间应预留后浇湿接缝。

(5) 每层混凝土浇筑完后应立即遮盖塑料薄膜以减少混凝土的表面水分挥发,当混凝土终凝时可掀开塑料薄膜在顶面蓄水养护。当气温急剧下降时须要注意保温,并应将混凝土内表温差控制在 25 ℃ 以内。

4. 隧道锚碇混凝土施工要点

(1) 隧道式锚碇在隧道开挖时应采用小型爆破,并不得损坏周围岩体。开挖后应正确支护并进行锚体灌筑。

(2) 在混凝土中应掺入微膨胀剂,防止混凝土收缩与拱顶基岩分离。

(3) 混凝土浇筑完成后,立即在端模挂草袋保温,将洞口封闭,减少空气流通,达到减少混凝土内外温差的目的。

(4) 严格控制洞内排水和通风。

5. 散索鞍安装

(1) 底座板定位。底座板通过在散索鞍混凝土基础中精确预埋螺栓固定在基础上,调整好板面标高与位置,在底板和四周浇筑高强度膨胀混凝土。

(2) 安装散索鞍及精度控制。安装好底座板经检验符合要求后,开始安装散索鞍,施工精度要求为:纵横向轴线误差最大值为 3mm;标高误差最大值为 3 mm。

四、索塔施工

索塔按材料分为钢塔和钢筋混凝土塔,钢筋混凝土索塔一般为门式刚架结构,由两个箱形空心塔柱和横系梁组成;钢塔主要有桁架式、刚架式和混合式等结构形式。

塔顶钢框架的安装必须在索塔上系梁施工完毕后方能进行。索塔完工后,需要测定裸塔倾斜度、跨距和塔顶标高,作为主缆线性计算调整的依据。

1. 混凝土塔身施工

大跨度悬索桥塔身国内主要采用钢筋混凝土塔,国外主要采用钢塔,钢塔施工主要有浮吊、塔吊和爬升式吊机等架设方法。钢塔架制作工艺程序主要包括尺寸放样→冲孔→拼装→焊接→定中线→切削试拼。

混凝土塔柱施工工艺与斜拉桥塔身基本相同,施工用的模板工艺主要有滑模、爬模、翻模等类型,塔柱竖向主钢筋的接长可采用冷压套管连接、电渣焊、气压焊等方法。混凝土运送方式考虑设备能力采用泵送或吊罐浇筑,施工至塔顶时,应注意索鞍钢框架支座螺栓和塔顶吊架、施工猫道的预埋件的施工。

2. 主索鞍施工

安装索鞍时必须满足高空吊装重物的安全要求,一般选择在白天晴朗时连续完成工作。

索鞍安装时应根据设计提供的预偏量就位,加劲梁架设、桥面铺装过程中按设计提供的数据逐渐顶推到永久位置。顶推前应确认滑动面的摩阻系数,严格掌握顶推量,确保施工安全。

(1) 主索鞍施工程序,包括:安装塔顶门架→钢框架安装→吊装上下支承板→吊装鞍体等。

(2) 主索鞍施工要点:①吊装及所有吊具均要经过验算,符合起重要求;②吊装过程必须设专人指挥,中途要防止扭转、摆动和碰撞;③所有构件接触面是精加工表面,必须清理干净,不得留有砂粒、纸屑等,并且在四周两层接缝处涂以黄油,以防水气侵入锈蚀构件。

五、主缆施工

主缆架设工程包括架设前的准备工作、主缆架设、防护和收尾工作等,主缆施工难度大、工序多,其主要施工程序如下。

1. 牵引系统

牵引系统是架设于两锚碇之间,跨越索塔用于空中拽拉的牵引设备,主要承担猫道架设、主缆架设以及部分牵引吊运工作,常用的牵引系统有循环式和往复式两种。

牵引系统的架设以简单经济,并尽量少占用航道为原则。通常的方法是先将先导索渡海(江),再利用先导索将牵引索由空中架设。

索股牵引应符合下列规定:①牵引过程中应对索股施加反拉力;②牵引最初几根时,宜压低牵引速度,注意检查牵引系统运转情况,对关键部位进行调整后方能转入正常架设工作;③牵引过程中发现绑扎带连续两处被切断时,应停机进行修补,监视索股中的着色丝,一旦发生扭转,须采取措施予以纠正;④牵引到对岸,在卸下锚头前须把索股临时固定,防止滑移,索股后端宜施加反拉力;⑤索股两端的锚头引入锚固系统前,须将索股理顺,对鼓丝段进行梳理,不许将其留在锚跨内;⑥索股横移时,须将索股从猫道滚筒上提起,确认全跨径的索股已离开猫道滚筒后,才能横向移到索鞍的正上方,横移时拽拉量不宜过大,任何人不允许站在索股下方。

2. 猫道

猫道是供主缆架设、紧缆、索夹安装以及主缆防护用的空中作业脚手架。

猫道的主要承重结构为猫道承重索,一般按三跨分离式设置,边跨的两端分别锚于锚碇与索塔的锚固位置上,中跨两端分别锚于两塔索的锚固位置上。其上有横梁、面层、横向通道、扶手绳、栏杆立柱、安全网等。为了抗风稳定,一般设有抗风缆、抗风吊杆等抗风构件。中跨、边跨锚道面的架设进度,要以塔的两侧水平力差异不超过设计要求为准。在架设过程中须监测塔的偏移量和承重索的垂度。

猫道形状及各部尺寸应能满足主缆工程施工的需要,猫道承重索设计时应充分考虑猫道自重及可能作用其上的其他荷载,承重索的安全系数不小于3.0。

猫道承重索可采用钢丝绳或钢绞线,采用钢丝绳时须进行预张拉以消除其非弹性变形,预张拉荷载不得小于各索破断荷载的 1/2,保持 60 min,并进行两次。

猫道架设时总的原则:做到对称施工,边跨与中跨作业平衡,减少对塔的变位的影响,控制裸塔塔顶变位及扭转在设计容许的范围内。猫道承重索架设后要进行线形调整,应预留 500 mm 以上的可调长度,各根索的跨中标高相对误差宜控制在 ±30 mm 之内。承重索在边跨与中跨应连续架设。

主缆防护工程完成以后。可进行猫道拆除工作,拆除时严禁伤及吊索、主索和桥面。

3. 主缆架设

锚碇和索塔工程完成、主索鞍和散索鞍安装就位、牵引系统架设完成后,即可进行主缆架设施工,主缆架设方法主要有空中纺丝法(AS 法)和预制平行索股法(PPWS 法)。美国和欧洲等地主要采用 AS 法;中国和日本等亚洲国家主要采用 PPWS 法。

PPWS 法是在工厂将钢丝制成束,用卷筒运至桥位安装在一侧锚碇的钢丝松卷轮上,通过液压无级调速卷扬机用拽拉器将钢丝束吊起拉向对岸,对牵引系统所需动力要求较大。

钢丝束的拉张、移设就位、固定作业和调整作业对每束钢丝束都要进行,最后用紧缆机将钢丝束挤紧为圆形成为主缆。施工工序主要包括牵引系统及机具布置、主缆索股牵引、索股整形入鞍等。

AS 法的特点是主缆钢丝逐根或几根(一般最多 4 根)牵引,然后编束,相对于 PPWS 法,所用的牵引机械动力较小,而且可以编成较大的索股,因而锚头数量较少,但其设备一次性投资较大,而且制缆的质量相对于 PPWS 法差些,空中作业时间较长。

安装索力的调整以设计提供的数据为依据,其调整量应根据调整装置中测力计的读数和锚头移动量双控确定。

4. 紧缆

索股架设完成后,需对索股群进行紧缆,紧缆包括准备工作、预紧缆和正式紧缆等工序。

预紧缆应在温度稳定的夜间进行,预紧缆时宜把主缆全长分为若干区段分别进行,以免钢丝的松弛集中在一处。索股上的绑扎带采用边紧缆边拆除的方法,不宜一次全部拆除。预紧缆完成处必须用不锈钢带捆紧保持主缆的形状,预紧缆的目标空隙率宜为 26%~28%。

正式紧缆宜用专用的紧缆机把主缆整成圆形。其作业可以在白天进行,正式紧缆宜向塔柱方向进行。当紧缆点空隙率达到设计要求时,在靠近紧缆机的地方打上两道钢带。

正式紧缆质量控制要求为:①空隙率须满足设计要求,空隙率偏差为 ±2%;②不圆度(紧缆后主缆横径与竖径之差)不宜超过主缆设计直径的 5%。

紧缆作业程序包括:索股架设完成→猫道门架、牵引系统拆除→简易缆索天车组装→主缆引进部位临时紧固→主缆引进设备解体→预紧缆→紧缆机组装→正式紧缆→紧缆机解体→形状计测。

主缆架设程序如图 9-20 所示。

5. 索夹安装与索吊架设

索夹安装前须测定主缆线形,提交给设计及监控单位,对原设计的索夹位置进行确认。然

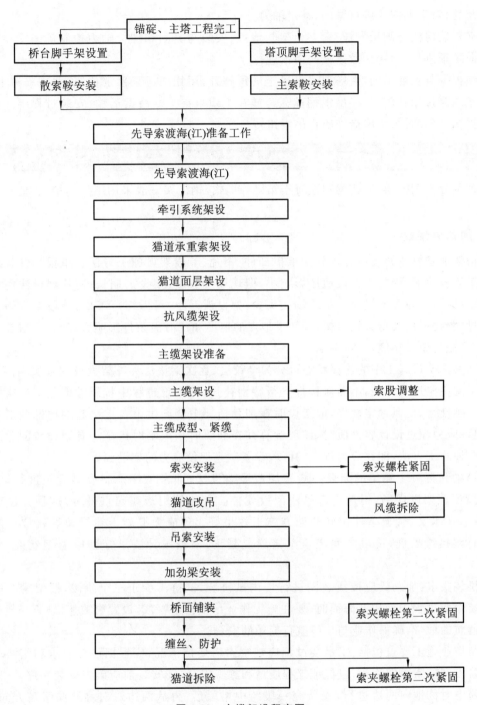

图 9-20 主缆架设程序图

后在温度稳定时在空缆上放样定出各索夹的具体位置并编号,清除油污,涂上防锈漆。

索夹在运输和安装过程中应注意保护,防止碰上及损坏表面。索夹安装方法应根据索夹结构型式、施工设备和施工人员的经验确定。当索夹在主缆上精确定位后,即固紧索夹螺栓。紧固同一索夹螺栓时,须保证各螺栓受力均匀,并按三个荷载阶段(即索夹安装时、钢箱梁吊装时、桥面铺装后)对索夹螺栓进行紧固,补足轴力。

索夹安装应注意测量放样、索夹上架与清理、安装与紧固和螺栓轴力控制等。安装时中跨从跨中向塔顶进行,边跨从散索鞍向塔顶进行。

吊绳根据其长度不同,由塔顶吊机运至塔顶解开,用托架运至预定位置,并在猫道上开孔,吊索钢丝绳穿过徐徐放下,将吊索钢丝绳跨挂在主缆索夹上。吊索运输、安装过程中应保证吊索不受损伤,安装时须采取措施防止吊索扭转。

六、加劲梁施工

加劲梁分为钢桁架、钢箱梁和混凝土箱梁等形式,钢桁架一般采用工厂焊接、工地高强螺栓连接施工。

1. 加劲梁架设

钢桁架加劲梁按架设单元可分为单根杆件、桁片、节段架设施工方法。单根杆件架设使用小型施工架设机械,受施工架设地形影响小,但现场接头多,架设工期长;桁片架设法使用中型施工架设机械,受施工架设地形小现场接头少,架设误差小,可以缩短工期;节段架设施工方法架设质量大,要使用大型架设机械,受架设地点的地形和江海面条件影响大,节段一般在工厂预制拼装,可提高架设精度,缩短工期。

加劲梁按架设施工中的连接状态可分为全铰法、逐次钢接法和有架设铰的逐次钢接法。全铰法施工的主梁反应单纯,不需对构件进行特别补强,但架设过程中抗风性能差。逐次钢接法施工架设刚性大,抗风稳定性好,但架设时在加劲桁架中会产生由自重引起的局部变形和安装应力,但该应力超过设计容许值时,需要验算并在必要时采取临时措施。有架设铰的逐次钢接法是前两种施工方法,即在应力过大的区段设置减小架设应力的架设铰。

钢箱梁和混凝土箱梁的架设一般采用节段架设法,即在工厂预制成梁段并进行试拼,然后将梁段运至架设现场,用垂直起吊法架设就位。一般使用跨缆起重吊装,这种方法对通航的限制小,在水文、气象条件较好的地方施工效果好。预应力混凝土箱梁架设就位后阶段之间要进行湿接缝处理,接段之间浇筑湿接缝混凝土,根据设计要求穿预应力钢丝束,预应力张拉。

试拼装要求:加劲梁应按拼装图进行厂内试拼装,试拼不少于三个阶段,按架梁顺序试拼装。吊装作业过程中使用江海面时,要在施工作业区域指定警戒,设置警戒船,防止一般船舶进入限制通航的地带,确保作业与一般航行船舶的安全。

吊装作业施工要点包括:①吊装过程应观察索塔变位情况,应根据设计要求和实测塔顶位移量分阶段调整索鞍偏移量,以保证工程质量和施工安全;②安装前应确定安装顺序,一般可以从中跨跨中对称地向两边进行,安装完一段跨中梁段后,再从两边跨对称地向索塔方向进行;③钢箱梁水上运输必须由有经验的人员担任,架设前,宜进行现场驳船定位试验,以保证定位精度;④各工作方面,吊装第二阶段起须与相邻阶段间预偏一定间隙(0.5~0.8 m),至标高后,牵拉连接,避免吊装过程与相邻阶段发生碰伤,影响吊装工作顺利进行;⑤安装合拢阶段前,必须根据实际的合拢长度,对合拢段长度进行修正。

2. 加劲梁阶段工地焊接

工地焊接一般是指加劲钢箱梁的工地大接头焊接,钢桁梁一般采用工厂焊接、工地高强螺栓连接施工。

工地焊接应注意控制焊接变形和有利于焊接应力释放,工地焊接的顺序应与工地吊装大致相同,可以以桥跨中间为中心,向桥塔方向分两个工作区同时进行对称拼装、焊接,完成工地焊缝的装配、焊接、探伤、修磨、涂装等工作。工地焊接质量要求高,施工环境差,工艺要求严格,施工前应做好充分准备,编写详尽的施工组织设计;准备好临时机具设备、工作台架、焊接设备、焊接材料、通风设备、防风防雨设备、除锈除尘设备气刨切割工具等;做好动能配置、用电及消防管理工作,施工时应充分考虑高空、水上作业等因素。

工地焊接主要包括环缝、嵌补段及附件的焊接。环缝焊接是指各梁段之间的箱形横截面的板缝对接,包括桥面板、桥底板、上下斜腹板的板缝对接;嵌补段焊接是指梁内加强结构(加劲肋)的嵌补,包括桥板纵肋嵌补段与桥板的角接、纵肋嵌补的对接;附件焊接是指附属构件的焊接,包括工作孔、检查小车路轨等的焊接。

工地焊接施工要点:①工地焊缝焊接前应钢丝砂轮进行焊缝除锈,并在除锈后 24 h 内进行工地焊接;②焊接前应检查接头坡口、间隙和板面高低差是否符合要求,同时检查环境是否满足工地焊接的环境要求,如不满足应采取措施;③工地接头焊接时,应注意温度变化对接头焊接的影响。安装时须有足够数量的固定点并保证足够的强度,当工地焊缝形成并具有足够的刚度和强度时,方能解除安装固定点,防止焊缝裂纹及接口处错边量超差;④箱内焊接须有通气排尘措施,钢桥上应有安全用电措施,确保施工安全;⑤桥面板和桥底板应使用单面焊双面成形技术,其他结构应尽可能采用高效焊接以减少焊接变形。当箱内采用 CO_2 气体保护焊时,应采取通风防护安全措施;⑥为控制变形,应对施焊顺序进行控制,横向施焊顺序宜从桥面中轴线向两侧焊接;⑦工地焊接头应进行 100% 的超声波探伤,其中抽其 30% 进行 X 光探伤拍片检查,当有一片不合格时则对该焊缝进行 100% 的 X 光拍片,纵向加劲肋的对接接缝只进行超声波探伤。

七、防腐涂装

悬索桥的防腐涂装是一项技术性、专业性、工艺性要求很强的工程,为确保质量,应委托专门从事防腐工程的技术部门进行设计。同时应选用质量优良的制造厂家生产的涂料,选拔过硬的施工队伍,在施工中必须聘请有涂装专业技术的人员进行严格监理。防护与涂装要点如下:

(1) 主缆防护应在桥面铺装完成后进行,主缆涂装应按涂装设计进行;防护前必须清除主缆表面灰尘、油污和水分等污物,临时覆盖,待对该处进行涂装及缠丝时再揭开。

(2) 缠丝工作宜在二期荷载作用于主缆之后进行,缠丝材料以选用软质镀锌钢丝为宜,缠丝工作应由电动缠丝机完成。

(3) 工地焊接后应及时按防腐设计要求进行表面处理。

(4) 工地焊接的表面补涂油漆应在表面除锈 24 h 以内进行,分层补涂底漆和面漆,并达到设计的漆膜总厚度。

桥梁施工技术

1. 刚架桥的受力特点和结构特点分别是什么?
2. 简述刚架桥平衡悬臂施工和悬臂拼装施工的特点。
3. 说明拱桥的特点。
4. 简述拱桥的缆索吊装施工方法。
5. 斜拉桥的主要构造和索面布置分别是什么?
6. 说明斜拉桥的支架法梁体施工步骤。
7. 试说明悬索桥锚碇体混凝土施工要求。
8. 在悬索桥施工中,关于猫道架设时总的原则有哪些?

学习情境 10 桥梁工程质量通病及防治措施

学习目标

1. 知识目标

(1) 熟悉钻孔灌注桩断桩与钢筋混凝土梁桥预拱度偏差的防治。

(2) 掌握箱梁两侧腹板混凝土厚度不均的防治。

(3) 熟悉钢筋混凝土结构构造裂缝的防治。

(4) 掌握桥面铺装与伸缩缝病害的防治。

2. 能力目标

(1) 能够准确对桥梁病害进行辨别。

(2) 能够描述桥梁各种病害的防治措施。

知识链接

桥梁工程在施工中质量通病涉及内容广泛,从基坑开挖、桩基础施工、构件预制及安装、支架现浇混凝土等过程中都会遇到些许不同的病害。在桥梁工程中根据桥梁施工的特点,施工中存在一些质量通病,针对这些质量通病应当制定相应的预防措施和治理办法。如图 10-1 所示为桥梁施工中的典型通病。

 (a) 钢筋扭曲
 (b) 钢绞线锈蚀
 (c) 波纹管破损
 (d) 滑丝
 (e) 支座偏位
 (f) 模板支撑不规范

图 10-1 桥梁施工中的典型通病

任务1 桩基施工质量通病与防治

一、锤击沉桩质量通病及防治

1. 桩的贯入度突然减小

- 原因：桩由软土突然进入硬土或遇到石头。
- 处理方法：不要硬打，要查明原因，对症处理。

2. 桩贯入度突然加大

- 原因：桩身断裂、接头断裂、桩尖劈裂。
- 处理方法：管桩用灌水法、铁钩、电钳、照明等方法探明，如无法探明则应该拔桩后处理。

3. 桩发生倾斜或者位移

- 原因：桩尖不对称、遇到障碍物、桩顶不平、桩接头错动。
- 处理方法：如为桩尖、接头，则拔出处理；如为桩顶不平，则削平桩顶。

4. 桩不下沉，桩身颤动，锤回跳

- 原因：桩尖遇到障碍物或者桩身弯曲。
- 处理方法：偏移桩位，加装铁靴，射水配合。桩身过长可加夹杠，若桩身弯曲过大，需要换桩。

5. 桩身涌起

原因：较黏的土层中，先打入的桩随土的涌起而涌起。

处理方法:对涌起过大的桩进行冲击试验,不合格的桩要求复打。

6. 桩顶破裂或者桩身开裂

● 原因:桩顶混凝土质量,桩顶面与桩轴线不一致,未安装桩顶帽或者没有缓冲垫等。

● 处理方法:木桩可截桩顶重做,混凝土桩法兰接触面处不牢,主筋与法兰、桩尖焊接不牢,吊点位置和码放支点不正确造成的,则分别预防和纠正。特别是施工前采取有效的措施以防管桩的断裂。

　　对于沉入后已经断裂破损的桩,较为严重的应拔出重打或另补新桩外,其他可根据具体情况,进行如下修补加固处理。

　　(1)河床以上部分,桩身露筋、混凝土脱落及裂纹较多的,可用薄钢板制成拼装式套筒,由潜水员安装于破损处桩的外围。套筒的长度应使套筒下端能放在河床上和视桩身破损部分的高度而定。将套筒内水抽干后灌筑混凝土或水抽不干时则可灌满水下混凝土。混凝土凝固后再拆除套筒。

　　(2)在河床以下桩已断裂时,如仅管壁混凝土破损,而钢筋未变形时,可使混凝土灌筑至顶部;如钢筋已变形弯曲时,可用通桩器等工具,将弯曲钢筋冲开,加置钢筋骨架后填充混凝土。通桩器应使用直径大小不同的,由小至大逐步替换冲击,以扩大桩心通路。若钢筋弯曲均在上部,而桩的下端有足够锚固力时,可考虑用拔桩设备适当将钢筋拉直,但应避免将桩的下段拔动,再进行填充加固处理。

　　(3)加固处理后的基桩,应进行静载试验。经试验合格后方可使用,如不合格,则加打新桩。

二、射水沉桩质量通病及防治

1. 桩下沉发生困难

(1)由正常下沉突然变为不易下沉,锤击时桩身颤动,桩锤有回弹现象。

● 原因:桩尖遇到障碍物或坚硬土层。

● 处理方法:可适当延续锤击后会穿过障碍物继续下沉,但切忌硬打,如仍无效,可将桩拔出,检查桩尖有无磕撞障碍物的痕迹,必须时改移桩位。

(2)桩下沉逐渐缓慢,最后除桩身颤动,桩锤回弹外无其他现象。

● 原因:一般是桩周土层摩阻力过大。

● 处理方法:此时不宜硬打,应增大射水量及水压,并可增加外射水,或改用锤击动能较大的桩锤。

2. 桩突然急剧下沉

(1)当桩位正直无变化,在开始急剧下沉前,亦无锤击过猛射水过多,或无桩身颤动等情况时。

● 原因:桩穿过密实土层后进入软弱土层,亦可能因射水时间过长,桩尖下已冲空较大。

● 处理方法:一般可继续下沉,加强观察,但若当桩已接近设计入土深度时,则应考虑改变设计将桩加深,或增加桩数。

(2)桩经过大量猛烈锤击以后突然下沉,或桩有偏斜现象。

● 原因:可能桩已断裂弯折。

● 处理方法:应即停止下沉,分析情况,采取措施,或拔出换桩重打,或另加桩。

3．桩周停止翻水

水从桩顶空心内翻出或从邻桩处涌出。

● 原因:①这是桩身周围已被土挤塞密实的现象,桩下沉缓慢或难于下沉;②射水水压、水量不足,或是曾用锤击使桩尖强行穿过密实土层。

● 处理方法:可加大射水压力、水量和延续射水时间并配合轻慢锤击或震动,或另加外射水,引水沿桩身周围上翻。如对桩下沉无大阻碍时,可不进行处理。

4．内射水管被顶起,且桩顶大量向外涌水

● 原因:射水嘴已被顶起缩入桩内。

● 处理方法:应立即停锤,继续射水,并摇动射水管,使劲下插。如桩入土不深时可将桩上拔少许,使射水管落出桩尖;如仍不能解决,可将射水管拔起改作外射水或单用锤击或震动。

5．桩不下沉,桩内涌出大量清水

● 原因:射水管在桩内断裂或漏水。

● 处理方法:可吊出射水管检修。

6．涌水由浑变清

● 原因:射水时间过长,或桩已沉入卵石或砾石层。

● 处理方法:应适当地加强配合锤击。

7．停止涌水

(1) 射水管无流水声音和感觉。

● 原因:桩突然下沉,使桩尖撞击在硬层或孤石上,将射水嘴堵塞或砸扁,胶管胀紧并发生颤动,水压表指针上升、摆动。

● 处理方法:将射水管提起少许,仍不通则拔出检修。

(2) 水流不通。

● 原因:桩管弯折,使水管亦弯折压扁,水流不通。

● 处理方法:应吊出射水管检修。

(3) 停水后,射水嘴涌入泥沙堵塞。

● 原因:停水过急或接桩时停水时间过长所致。

● 处理方法:缓停水或缩短接桩时间。

(4) 射水管内流水正常,压力表指针正常稳定,但不向上涌水。

● 原因:水由渗水层流失。

● 处理方法:如下沉困难,可加外射水管辅助或增大射水水量。

8．射水管拔不出

● 原因:停水后桩内下端被淤塞,挤住射水管。

● 处理方法:可在桩内另插入射水管射水冲击淤积后,射水管即可拔出。

9．水量与水压不足

常出现涌水量小、涌出泥沙量少、桩周围不涌水、桩下沉极慢或下沉停止等现象。

●原因：水泵设备能力不足；或管路有渗漏，管路内有障碍使水不畅通；或吸入空气进入水管或泵壳内等。

●处理方法：查明情况后，可采取下列措施：①随时检查维修管路和机械设备；②保持水源清洁和适当水位；③开放水泵的放气阀，放出空气；④使用的管路不适合土质情况，如在砂土或砂夹砾石土层内，需较大水量时，应用稍大的水管，反之在坚硬黏土层内，需较大水压时，则应用稍小的水管或射水嘴。

10. 涌水后地面下沉

影响安放在地面的沉桩设备下沉。

●原因：由于砂土大量随水流失所致。

●处理方法：应事先估计到土层下沉影响范围来布置脚手平台。施工中应随时检查、加固和修理。桩架下的垫木应采用长木料，或加设钢轨加固。

11. 射水不均衡造成沉桩的倾斜或移位

●原因：使用外射水时，两边对称的射水管中的水量、水压不均衡，或两侧土质软硬不均，均可能使基桩走向软弱的一侧，先下沉的基桩一侧土受破坏较大，虽经恢复，仍有差别，也可导致后下沉桩的偏斜或在下沉斜桩时土被冲松，由于桩身自重亦将使其斜度变大。

●处理方法：①对称地安设外射水管，并注意掌握水量、水压的均衡；②插桩时预先偏向较坚实的一侧，具体偏移尺寸应视土质和实际经验确定，并在施工过程中不断验证修正；③在已偏斜的反方向增加射水的水量、水压，进行校正。

三、振动沉桩质量通病及防治

1. 桩身产生横向裂纹

振动沉桩由于振动时有上拔力，易使混凝土产生横向裂纹，桩的接头螺栓也容易振松。因此，施工中应合理选锤和控制振动时间，不可过长、过猛。

2. 桩机电机损坏

振动沉桩机上的电动机容易损坏，因此，施工中应注意合理使用，并且需要较熟练的电机修理技工，经常进行检修。

3. 桩下沉困难

当桩基土层含有大量卵石、碎石或破裂岩层时，如采用高压射水振动桩仍难下沉，可将管桩锥形桩尖改为开口桩靴，并采用振动吸泥下沉（桩内设吸泥机配合吸泥），注意应有足够的水压强度以破坏岩层。

四、静力压桩质量通病及防治

1. 桩尖走位和倾斜

插桩初压即遇有较大幅度的桩尖走位和倾斜，即使采取强制固定措施，仍不见效时，说明桩尖下遇有障碍。须将桩拔出，清除障碍物后，回填土重新插桩。

2. 桩身倾斜或下沉突然加快

沉桩过程中，桩身倾斜或下沉速度突然加快时，多为接头失效或桩身破裂。其处理方法同锤击沉桩，在原柱位附近补压新桩。在压桩过程中因卷扬机不同步而引起的临时倾斜，可随时调整卷扬机速度予以纠正。

3. 压桩阻力突然增大

压桩过程中，当桩尖碰到夹砂层时，压桩阻力可能突然增大，甚至超过压桩能力，使压桩机上抬。此时可以最大的压桩力作用在桩顶后，采用停车再开、忽停忽开的方法，使桩缓慢穿过砂层。如果有少量桩确实不能沉达设计标高，如已接近，可以截除桩头，继续基础承台的施工。

4. 桩架倾斜

当压桩阻力超过压桩能力，或者由于平衡重来不及调整，而使压桩架发生较大倾斜时，应立即采取停压措施，以免造成断桩或倒架事故。

五、灌注桩成孔的质量通病及防治

钻孔灌注桩工程属于重要的隐蔽工程，其质量的好坏直接影响整个工程，很多文献资料都对灌注桩的混凝土浇筑过程进行了讨论。

1. 孔底虚土的成因

孔底虚土在灌注桩施工中属常见病，一般采取超过灌注桩设计底高程 0.5～1.2 m，以消除虚土沉降对设计底高程的影响。这样虽然起到了一定的作用，但人为增加了施工成本。

（1）土质 对地质情况缺乏了解，是造成孔底虚土不容忽视的因素。松散性质的炉渣、砂卵石层易于坍塌，尤其是孔底含卵石较多的砂层易于坍塌，形成虚土，难以取出。

（2）钻杆及钻头 钻杆不直，使钻头在进尺过程中产生摆动，孔径增大，松土回落；螺旋叶片坡角与转速不适应，或叶片磨损向下弯曲造成落土；锥形钻头可钻碎瓦块或坚土，但取不净虚土。

（3）钻孔工艺 钻到既定孔深时，有两种清底方法：①空转清底，停止回转，提升钻杆，称为静拔工艺；②边拔钻杆边回转，随转随出土，称为动拔工艺。若两种工艺使用不当，将造成孔底虚土。另外，遇到碎砖瓦块、软硬交界层时，钻进速度快也易扩大孔径，造成虚土回落。

（4）施工工序 成孔后没有及时盖好孔口板，放钢筋笼前没有安放好孔口护筒，翻斗车等施工机械在孔口附近行走等，都将造成地面及孔壁振动，致使虚土回落。

（5）场地 场地不平整，使钻孔孔径加大；钻杆叶片与孔壁不均匀摩擦，使壁土回落，形成虚土。

（6）钻机自身 钻机在自身运转期间不规则抖动，对地面形成动荷载，产生振动，造成孔底虚土。

2. 防治措施

机械进场使用前检修钻机、钻杆及叶片。根据地质勘测资料及试钻情况，选定钻头形式及施工工艺。试钻时确定是否需要二次投钻及方法。一般情况下，二次投钻可以减少虚土，土质较好时虚土厚度可以达到规定标准。对于黏性土或土中夹杂砖瓦时，采用动拔出土方法回落土较少；对于砂性土，采用静拔出土法，可减少虚土。加强施工管理，成孔后立即对孔口进行保护。安放钢筋笼时，注意垂直慢放钢筋笼，加强钢筋笼自身的架立强度，以防止起吊时变形，以致碰壁，避免孔口与孔壁土回落。翻斗车等施工机械不得靠近孔口；禁止翻斗车直接灌注混凝土；当日成孔当日灌注混凝土。

目前清除孔底虚土的方法还有：①用抓斗清孔底；②用套管旋转器清孔底；③用手摇式绞盘，悬挂125 kg铁锤锤击虚土，锤击高度0.8~1.2 m，锤击10~15次，效果也很好；④孔底先灌入水泥浆将虚土捣固，或用压力灌浆捣固，将孔底虚土固化。

3. 成孔垂直度问题

根据文献规定灌注桩成孔垂直度不得超过桩身长度的1%。否则将影响桥体的荷载分布，进而影响整个桥梁的使用寿命。造成成孔垂直度超标的原因如下。

(1) 筑岛土料碾压不实，或在雨后施工，钻孔机械施工由于振动致使机械发生倾斜。

(2) 场地不平，钻机钻孔前未进行超平，以至于钻杆不直，造成钻孔倾斜。

(3) 钻孔时钻机摇晃，钻头受力不均产生倾斜。钻孔工作是灌注桩施工质量的关键，钻机就位时必须保持平稳，不发生倾斜和移动；钻机的转盘和底座应水平；钻杆、卡孔和护筒中心三者应在同一铅垂线上，保证垂直度。针对以上原因，采取以下防治措施：①作好场地平整工作，松软场地及时进行分层碾压处理；②雨季施工现场采取排水措施，防止钻孔处表面积水；③钻机左右两侧增加调整装置，开钻前从两个方向校正钻杆的垂直度，钻头尖部一定要对准桩位，对中误差严格控制在$d/6$，且不低于200 mm。并在钻孔时，经常校正钻机的垂直度。

4. 成孔的扩径问题

地下流砂一般是在承压水的作用下，钻机破坏了原有的平衡系统使承压水带动细砂产生流动形成的，也是造成扩径甚至塌孔的主要原因。在实际施工中，要实地分析扩径的原因，采取正确措施。如果是地下流砂的原因，则通过采用反循环钻机，减慢成孔速度，增加护壁泥浆的浓度以及外水头压力的办法，来预防孔壁坍塌造成的扩孔。

5. 成孔过程中易发生孔位偏差

1) 分析原因

从钻孔的设备到地质条件，以及施工方法上考虑主要有以下几个方面的原因：①钻机或钻架安装不平，长时间施工产生移位；②地质条件出现软硬界面，钻头受力不均，岩面处倾斜钻进；③钻孔遇较大孤石或探头石造成倾斜；④钢筋骨架固定不牢产生偏差；⑤施工放样误差。

2) 预防措施

(1) 每根桩首件开工前，由项目经理部进行边施工边实地进行详细的技术交底工作。

(2) 桩位放样，采用标定精确的全站仪进行放样，并经技术负责人审核，监理工程师批准后方可实施，放样偏差控制在5 mm以内。

(3) 安装钻机时，应使转盘、底座水平，冲孔时经常检查钻机移位情况和孔位偏差，每班至少检查一次，并形成检查记录。

(4) 终孔下骨架前，检查孔中心偏差在允许范围。

(5) 骨架中心与桩位中心相重合，其偏差不得大于1 cm，骨架要固定牢固防止移位。

(6) 灌注混凝土过程中，下导管或提升导管时避免碰撞骨架。

(7) 发生岩面倾斜或遇探头石时，应吊着钻杆控制进尺，低速钻进，或回填片石卵石，然后用冲锤冲击。

六、钻孔桩混凝土灌注时的质量通病及防治

钻孔灌注桩是采用不同的钻孔方法,在土中形成一定直径的井孔,达到设计标高后,将钢筋骨架吊入井孔中,灌注混凝土,成为桩基础的一种工艺,如图10-2所示。成孔后的混凝土灌注施工是保证桩质量的关键环节,必须把可能出现的问题考虑周全,预防可能发生的质量通病。

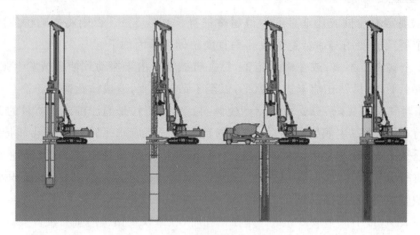

图 10-2 钻孔灌注桩过程

1. 导管进水

灌注桩首次灌注混凝土时,孔内泥浆及水从导管下口灌入导管;灌注中,导管接头处进水;提升导管过量,孔内水和泥浆从导管下口涌入导管等。具体原因分析如下。

(1) 首次灌注混凝土时,由于灌满导管和导管下口至桩孔底部间隙所需的混凝土总量计算不当,使首灌的混凝土不能埋住导管下口,而是全部冲出导管以外,造成导管底口进水事故。

(2) 灌注混凝土中,由于未连续灌注,在导管内产生气囊,当又一次聚集大量的混凝土拌和物猛灌时,导管内气囊产生高压,将两节导管间加入的封水橡皮垫挤出,致使导管接口漏空而进水。

(3) 由于接头不严密,水从接口处漏入导管。

(4) 测深时,误判造成导管提升过量,致使导管底口脱离孔内混凝土液面,使水进入。

首灌底口进水和灌注中导管提升过量的进水,一旦发生,停止灌注。利用导管作吸泥管,以空气吸泥法,将已灌注的混凝土拌和物全部吸出。针对发生原因,予以纠正后,重新灌注混凝土。

2. 导管堵管

导管已提升很高,导管底口埋入混凝土接近 1 m,但是灌注在导管中的混凝土仍不能涌翻上来。具体原因分析如下。

(1) 由于各种原因使混凝土离析,粗骨料集中而造成导管堵塞。

(2) 由于灌注时间持续过长,最初灌注的混凝土已初凝,增大了管内混凝土下落的阻力,使混凝土堵管。

灌注开始不久发生堵管时,可用长杆冲、捣或用振动器振动导管。若无效果,拔出导管,用

空气吸泥机或抓斗将已灌入孔底的混凝土清除,换新导管,准备足够量的混凝土,重新灌注。

3. 钢筋笼在灌注混凝土时上浮

钢筋笼入孔,虽已加以固定,但在孔内灌注混凝土时,钢筋笼向上浮移。原因分析:混凝土由漏斗顺导管向下灌注时,混凝土的位能产生一种顶托力。该顶托力随灌注时混凝土位能的大小、灌注速度的快慢、首批混凝土的流动度及首批混凝土的表面标高大小而变化。

具体预防措施如下。

(1) 钢筋骨架上端在孔口处与护筒相接固定。

(2) 灌注中,当混凝土表面接近钢筋笼底时,应放慢混凝土灌注速度,并应使导管保持较大埋深,使导管底口与钢筋笼底端间保持较大距离,以便减小对钢筋笼的冲击。

(3) 混凝土液面进入钢筋笼一定深度后,应适当提导管,使钢筋笼在导管下口有一定埋深。但注意导管埋入混凝土表面应不小于 2 m。

4. 灌注混凝土时桩孔坍孔

灌注水下混凝土的过程中,发现护筒内泥浆水位忽然上升溢出护筒,随即骤降并冒出气泡,为坍孔征兆。如用测深锤探测混凝土面与原深度相差很多时,可确定为坍孔。

其原因分析如下。

(1) 灌注混凝土的过程中,孔内外水头未能保持一定高差。在潮汐地区,没有采取措施来稳定孔内水位。

(2) 护筒刃脚周围漏水;孔外堆放重物或有机械振动,使孔壁在灌注混凝土时坍孔。

(3) 导管卡挂钢筋笼及堵管时,均易发生坍孔。

具体治理方法如下。

(1) 灌注混凝土的过程中,要采取各种措施来稳定孔内水位,还要防止护筒及孔壁漏水。

(2) 用吸泥机吸出坍入孔内的泥土,同时保持或加大水头高度,如不再坍孔,可继续灌注。

(3) 如用上法处治,坍孔仍不停时,或坍孔部位较深,宜将导管、钢筋笼拔出,回填黏土,重新钻孔。

5. 埋管事故

导管从已灌入孔内的混凝土中提升费劲,甚至拔不出,造成埋管事故。原因分析:①灌注过程中,导管埋入混凝土过深,一般往往大于 6 m;②由于各种原因,导管超过 0.15 m 未提升,部分混凝土初凝,包住导管。

其治理方法为:①埋导管时,用链式滑车、千斤顶、卷扬机、挖掘机、铲车等设备进行试拔;②若拔不出时,按断桩处理。

若造成过早拔出导管,则终止灌注。

6. 桩头浇筑高度短缺

已浇筑的桩身混凝土,没有达到设计桩顶标高再加上 0.5～1.0 m 的高度。其原因分析如下。

(1) 混凝土灌注后期,灌注混凝土产生的超压力减小,此时导管埋深较小。探测时,仪器不精确,或将过稠的浆渣、坍落土层误判为混凝土表面。

(2) 测锤及吊索不标准,手感不明显,未沉至混凝土表面,误判已到要求标高。

(3) 灌注混凝土中,有一层混凝土从开始灌注到灌注完成,一直与水或泥浆接触,不仅受侵蚀,还难免有泥浆、钻渣等杂物混入,质量较差,必须在灌注后凿去。对灌注桩的桩顶标高计算时,未在桩顶设计标高值上增加 0.5~1.0 m 的预留高度,从而在凿除后,桩顶低于设计标高。

具体治理方法如下。

(1) 尽量采用准确的水下混凝土表面测探仪,提高判断的精确度。当使用标准的测探锤检测时,可在灌注接近结束时,用取样盒等容器直接取样,鉴定良好混凝土面的位置。

(2) 对于水下灌注的桩身混凝土,为防止剔桩头造成桩头短浇事故,必须在设计桩顶标高之上,增加 0.5~1.0 m 的高度,低限值用于泥浆比重小的、灌注过程正常的桩;高限值用于发生过堵管、坍孔等灌注不顺的桩。

(3) 无地下水时,可开挖后做接桩处理。

(4) 有地下水时,接长护筒,沉至已灌注的混凝土面以下,然后抽水、清渣进行接桩处理。

7. 夹泥、断桩

先后两次灌注的混凝土层之间,夹有泥浆或钻渣层,如存在于部分截面,为夹泥;如属于整个截面有夹泥层或混凝土有一层完全离析,基本无水泥浆黏结时,为断桩。其原因分析如下。

(1) 灌注水下混凝土时,混凝土的坍落度过小,集料级配不良,粗骨料颗粒太大,灌注前或灌注中混凝土发生离析,或导管进水等使桩身混凝土产生中断。

(2) 灌注中,发生堵塞导管又未能处理好;或灌注中发生导管卡挂钢筋笼、埋导管、严重坍孔而处理不良时,都会演变为桩身严重夹泥,混凝土桩身中断的严重事故。

(3) 清孔不彻底或灌注时间过长,首批混凝土已初凝,而继续灌注的混凝土冲破顶层与泥浆相混;或导管进水,一般性灌注混凝土中坍孔,均会在两层混凝土中产生部分夹有泥浆渣土的截面。

具体治理方法如下。

(1) 断桩或夹泥发生在桩顶部时,可将其剔除。然后接长护筒,并将护筒压至灌注好的混凝土面以下,抽水、除渣,进行接桩处理。

(2) 对桩身再用地质钻机钻芯取样,表明有蜂窝、松散、裹浆等情况(取芯率小于 40% 时);桩身混凝土有局部混凝土松散或夹泥、局部断桩时,应采用压浆补强的方法处理。

(3) 对于严重夹泥、断桩的情况,要进行重钻补桩处理。

任务2 预应力钢筋混凝土梁桥的防治

一、后张法预应力混凝土工艺

1. 锚具碎裂

预应力张拉时或张拉后,锚板、锚垫板或夹片锚的夹片碎裂。其原因分析如下:①锚具(如锚板、锚垫板、夹片锚等)热处理不当,硬度偏大,导致钢材延性下降太多,在高应力下发生脆性断裂;②锚具钢本身存在裂纹、砂眼、夹杂等隐患或因热处理淬火、锻压等原因产生裂缝源,在受到高应力的集中作用时裂缝发展至碎裂。

具体防治措施如下。

(1)加强对锚夹具的出厂前和工地检验,锚夹具的技术要求应符合我国国家标准《预应力筋用锚具、夹具和连接器》(GB/T 14370—2015)中关于锚具的要求。有缺欠、隐患或热处理后质量不稳定的产品一律不得使用。

(2)立即更换有裂缝和已碎裂的锚具。同时对同批量的锚夹具进行逐个检查,确认合格后才能继续使用。

2. 锚垫板面与孔道轴线不垂直或锚垫板中心偏离

张拉过程中锚杯突然抖动或移动,张拉力下降。有时会发生锚杯与锚垫板不紧贴的现象。其原因分析为:锚垫板安装时没有仔细对中,垫板面与预应力索线不垂直,造成钢绞线或钢丝束内力不一。当张拉力增加到一定程度时,力线调整,会使锚杯突然发生滑移或抖动,拉力下降。

预防措施与治理方法:①锚垫板安装应仔细对中,垫板面应与应力索的力线垂直;②锚垫板要可靠固定,确保在混凝土浇筑过程中不会移动。

另外加工一块楔形钢垫板,楔形垫板的坡度应能使其板面与预应力索的力线垂直。

3. 锚头下锚板处混凝土变形开裂

预应力张拉后,锚板下混凝土变形开裂。其原因分析为:①通常锚板附近钢筋布置很密,浇筑混凝土时,振捣不密实,混凝土疏松或仅有砂浆,以致该处混凝土强度低;②锚垫板下的钢筋布置不够、受压区面积不够、锚板或锚垫板设计厚度不够,受力后变形过大。

预防措施与治理方法如下。

(1)锚板、锚垫板必须有足够的厚度以保证其刚度。锚垫板下应布置足够的钢筋,以使钢筋混凝土足以承受因张拉预应力索而产生的压应力和主拉应力。

(2)浇筑混凝土时应特别注意在锚头区的混凝土质量,因在该处往往钢筋密集,混凝土的粗骨料不易进入而只有砂浆,会严重影响混凝土强度。

将锚具取下,凿除锚下损坏的部分,然后加筋用高强度混凝土修补,将锚垫板加大加厚,使承压面扩大。

4. 滑丝与断丝

锚夹具在预应力张拉后,夹片夹不住钢绞线或钢丝,钢绞线或钢丝滑动,达不到设计张拉值。张拉钢绞线或钢丝时,夹片将其夹断,即齿痕较深,在夹片处断丝。其原因分析如下。

(1)锚夹片硬度指标不合格,硬度过低,夹不住钢绞线或钢丝;硬度过高则夹伤钢绞线或钢丝,有时因锚夹片齿形和夹角不合理也可以引起滑丝与断丝。

(2)钢绞线或钢丝的质量不稳定,硬度指标起伏较大,或外径公差超限,与夹片规格不相匹配。

具体防治措施如下。

(1) 锚夹片硬度除了检查出厂合格证外,在现场应进行复检,有条件的最好进行逐片复检。

(2) 钢绞线或钢丝的直径偏差、椭圆度、硬度指标应纳入检查内容。如偏差超限,质量不稳定,应考虑更换钢绞线或钢丝的产品供应单位。

(3) 滑丝、断丝若不超过规范允许的数量,可不予处理,若整束或大量滑丝和断丝,应将锚头取下,经检查并更换钢束重新张拉。

5. 波纹管线形与设计偏差较大

最终成型的预应力孔道线形与设计线形相差较大。其原因分析为:①浇筑混凝土时,预应力管道没有按规定可靠固定;②管道被踩压、移动、上浮等,造成管道变形。

具体预防措施为:①要按设计线形准确放样,并用U形钢筋按规定固定管道的空间位置,再用细铁丝绑扎牢固,曲线及接头处U形钢筋应该加密;②浇筑混凝土时要注意保护管道,不得踩压,不得将振捣棒靠在管道上振捣;③应有防止管道上浮的措施。

6. 波纹管漏浆堵管

穿束穿不过去;采用混凝土浇筑前穿束的,待混凝土浇筑后预应力束拉不动。其原因分析为:①预应力索管(波纹管)接头处脱开漏浆,流入孔道;②预应力索管(波纹管)破损漏浆或在施工中被踩、挤、压瘪。

具体防治措施如下。

(1) 使用波纹管作为索管的,管材必须具备足够的承压强度和刚度。有破损管材不得使用。波纹管连接应根据其号数,选用配套的波纹管。连接时两端波纹管必须拧至相碰为止,然后用胶布或防水包布将接头缝隙封闭严密。

(2) 浇筑混凝土时应保护预应力管道,不得碰伤、挤压、踩踏。发现破损应立即修补。

(3) 浇筑混凝土开始后,在其初凝前,应用通孔器检查并不时拉动疏通。如采用预置预应力束的措施,则应时时拉动预应力束。在混凝土浇筑结束后再进行一次通孔检查,如发现堵孔,应及时疏通。

(4) 确认堵孔严重无法疏通的,应设法查准堵孔的位置,凿开该处混凝土疏通孔道。

(5) 如不能采用凿开混凝土的办法恢复堵孔的预应力而不得不将其废弃,则可起用备用预应力管道或与设计人员商量采用其他补救措施。

7. 张拉后预应力筋延伸率偏差过大

张拉力达到了设计要求,但预应力钢筋延伸量与理论计算值相差较大。其原因分析为:①预应力筋的实际弹性模量与设计采用值相差较大;②孔道实际线形与设计线形相差较大,以致实际的预应力摩阻损失与设计计算值有较大的差异或实际孔道摩阻参数与设计取值有较大的出入也会产生延伸率偏差过大;③初应力用值不合适或超张拉过多;④张拉钢束过程中锚具滑丝或钢束内有断丝;⑤张拉设备未做标定或表具读数离散性过大。

具体防治措施为:①每批预应力筋应复验,并按实际弹性模量修正计算延伸值;②校正预应力孔道的线形;③按照预应力筋的长度和管道摩阻力确定合适的初应力值和超张拉值;④检查锚具和预应力筋有无滑丝和断丝;⑤校核测力系统和表具;⑥如预应力束的断丝率已超过规范规定则应更换该束。

8. 预应力损失过大

预应力施加完毕后预应力筋松弛,应力值达不到设计值。其原因分析为:①锚具滑丝或钢绞线内有断丝;②钢束的松弛率超限;③量测表具数值有误,实际张拉值偏小;④锚具下混凝土局部破坏变形过大;⑤钢束与孔道间的摩阻力过大。

其防治措施为:①检查预应力筋的实际松弛率,张拉钢索时应采用张拉力和延伸量双控制,事先校正测力系统,包括表具;②锚具滑丝失效,应予以更换;③钢束断丝率超限,应将锚具、预应力筋更换;④锚具下混凝土局部破坏,应将预应力释放后,用环氧混凝土或高强度混凝土补强后重新张拉;⑤改进钢束孔道施工工艺,使孔道线形符合设计要求,必要时可采用减摩剂。

9. 张拉预应力束后结构产生较大的扭曲变形

构件在张拉后发生扭曲变形,尤其是高、薄腹板或宽翼板的T形梁容易产生侧向弯曲或翘曲。其原因分析为:张拉顺序未按设计要求进行操作,构件受力严重不对称。

预防措施为:张拉时按照设计要求的顺序进行,左右对称施加预应力张拉速度应一致。

其治理方法为:由于预应力束张拉不对称引起的扭曲变形可释放某些预应力束后重新张拉纠偏。若偏差超限,且有裂缝产生,影响结构的安全,则构件不能使用。

10. 预应力孔道压浆不密实

水泥浆从入口压入孔道后,前方通气孔或观察孔不见有浆水流过;或有的是溢出的浆水稀薄。钻孔检查发现孔道中有空隙,甚至没有水泥浆。其原因分析如下。

(1) 灌浆前孔道未用高压水冲洗,灰浆进入管道后,水分被大量吸附,导致灰浆难以流动。

(2) 孔道中有局部堵塞或障碍物,灰浆被中途堵住。管道排气孔堵塞,灌浆时空气无法彻底排出。

(3) 灰浆在终端溢出后持荷继续加压时间不足。

(4) 灰浆配制不当。如所有的水泥泌水率高(3 h后超过3%),水灰比大(大于0.5),灰浆离析等。

其防治措施如下。

(1) 孔道在灌浆前应以高压水冲洗,除去杂物、疏通和润湿整个管道。

(2) 配制高质量的浆液。灰浆应具有良好的流动速度并不易离析,可掺入适量的减水剂和微膨胀剂,但不得掺入对管道和钢束有腐蚀作用的外掺剂,掺量和配方应试验确定。

(3) 管道及排气口应通畅。压浆时应从低处往高处压(参考压力0.3~0.5 MPa),待高端孔眼冒溢浓浆后,堵住排气口持荷(0.5~0.6 MPa)继续加压,待泌水流干后再塞住孔口。

(4) 对管道较长或第一次压浆不够理想的,可进行二次压浆。

11. 预应力孔道压不进去水泥浆

灰浆灌不进孔道,压浆机压力却不断升高,水泥灰浆喷溢但出浆口未见灰浆溢出。其原因分析为:①管道或排气孔受堵或管道内径过小,穿束后管内不通畅,浆液通过困难;②孔道内有杂物。

其防治措施为:①用高压水冲洗多次,尽可能清除杂物;②疏通排气管,用两端压浆的办法,将浆液注满管道。

二、预应力混凝土 T 梁

1. 预应力筋脆断

在张拉还未到设计规定的张拉力荷载时就发生了脆性断裂。原因分析：在现场加工或组装预应力筋时，采用了加热、焊接或电弧切割。

其预防措施为：①在预应力筋旁进行烧割或焊接操作时，应非常小心，使预应力筋不受到高温、焊接火花或接地电流的影响；②严禁采用加热、焊接或电弧切割加工预应力筋。

2. 预应力管道漏浆与堵塞

预应力管道压浆时漏浆，出现在管道中部或边部浆液流出，及在压浆时浆液不能顺利进入，出现管道堵塞的情况。其原因分析为：①波纹管安装好后未穿塑料管作为内衬；②混凝土尚未凝固，就抽出塑料管；③波纹管接头处连接不牢或波纹管有孔洞；④孔壁受外力振动影响。

其防治措施为：①管道中间接头、管道与锚垫板喇叭口的接头，必须做到密封、牢固、不脱节和漏浆；②施工时应该防止电焊火花灼伤波纹管；③波纹管安装好后，宜穿入塑料管作为衬管；④抽出衬管的时间宜控制在混凝土初凝后，终凝前进行；⑤抽出衬管后及时用高压水冲洗管道，并用通孔器检查管道是否通畅。

3. 预制 T 形梁基础出现不均匀沉降

预制 T 形梁基础在施工完后出现沉降过大，或者沉降不均匀的情况。其原因分析为：预制 T 形梁基础未进行加固，施加预应力后由于在支座附近荷载集中容易引起地基不均匀沉降。

其防治措施为：①施工前将场地整平夯实，浇筑 15 cm 厚的 C20 素混凝土；②在支座附近的基础采用混凝土加固，并设沉降缝。

4. 预制 T 形梁横隔梁错位

相邻 T 形梁横隔梁对不齐，上部结构同一排横隔梁不在一条直线上，如图 10-3 所示。其原因分析为：①预制梁模板外形尺寸或横隔梁方向角度有偏差；②横隔梁模板安装时有偏差；③T 形梁架设安装位置有偏差。

其防治措施为：①模板尺寸和方向角度要严格检查，确保正确；②模板安装要准确无误；③架梁时要控制好梁位准确并适当根据横隔梁对位情况稍加调整，使横隔梁互相对齐。

图 10-3 预制 T 形梁横隔梁错位

5. 预制预应力混凝土梁上拱度差别过大

预制梁在预应力束张拉后上拱度大小不一,安装后相邻梁中部出现高差。其原因分析为:张拉预应力束时每根梁的混凝土龄期不同,弹性模量大小不同,混凝土收缩徐变也有差异,造成每根梁的上拱度差别过大。

其防治措施如下。

(1) 混凝土梁浇筑后,要等龄期到后再张拉预应力束。每根梁张拉预应力束时混凝土的龄期应当一样。

(2) 应尽量减小混凝土的收缩和徐变,如在配合比中应尽量减少水泥的用量,减小混凝土的水灰比,增加粗骨料用量;尽可能延长混凝土的龄期和存放时间,加强混凝土的养生等。

(3) 架设时尽可能将上拱度相近的梁安装在同一孔内,使相邻梁的拱度差不大于 1 cm。

任务3 箱梁桥的通病及防治

一、混凝土箱梁

1. 箱梁常见裂缝

箱梁常见裂缝有以下几种情况,如图 10-4 所示:①纵向弯曲裂缝;②纵向弯曲剪应力裂缝;③预应力筋未能覆盖截面产生的裂缝;④桥墩两侧箱梁腹板和独立支撑处箱梁横隔板中的裂缝;⑤温度收缩裂缝;⑥箱梁底板的锚下裂缝;⑦大吨位预应力引起的裂缝。

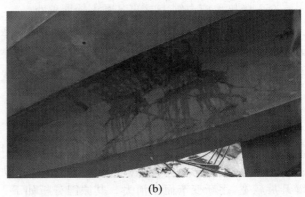

(a) (b)

图 10-4 箱梁裂缝

出现裂缝的主要原因有:①主桥总体设计中对箱梁截面尺寸的拟定不合理,其中包括梁高、腹板及顶板厚度尺寸、承托布置及尺寸等;②设计抗弯剪能力不足;③未合理考虑温度应力;④对超静定预应力混凝土连续梁桥设计中的次内力影响估计不足;⑤预应力束布置不合理;⑥预应力张拉未达到设计要求;⑦材料自身强度不足;⑧施工技术差错或未考虑施工精度的误差。

具体防治措施如下。

（1）设计时除了按有关规范进行主应力计算外，还要对各种应力，尤其是局部应力的可能分布状态有足够的定性分析和进行必要的定量分析，以便优化调整箱梁截面尺寸，合理布置预应力束；对预应力钢束锚固端两侧的危险截面应加以验算。

（2）布置适量的普通钢筋，以提高箱梁结构局部区域的抗裂性能，增加构件的局部强度，取用合理的技术经济指标。

（3）精心施工，充分考虑施工中的各种不利因素，对施工方法、材料强度及预应力张拉工艺等需要有可靠的保证，做到符合设计要求。

（4）对工程中出现的裂缝应进行详细的调查，科学分析。必要时还应进行有关试验和测试，对症下药。采取相应的对策，以确保结构的强度，以及安全性和耐久性。

2. 沿预应力钢束波纹管位置的纵向裂缝

采用支架现浇法施工的预应力混凝土箱梁底板，在沿预应力钢束波纹管位置下出现断断续续、长度不等的裂缝，宽度大部分在 0.2 mm 以下。其原因分析如下。

（1）预应力钢束的波纹管的保护层厚度偏薄，加上采用的高标号水泥用量偏多，水泥浆含量偏大，导致较大的收缩变形。由于箱梁结构的内约束，包括底板截面的不均匀收缩和波纹管对混凝土收缩的约束作用，导致较大的混凝土收缩应力，超过了当时混凝土的抗拉强度，从而出现沿波纹管纵向的裂缝。

（2）箱梁底板横向分布钢筋间距偏大。

（3）箱梁底板预应力钢束布置不合理。

（4）混凝土振捣不密实，养护措施不到位。

（5）张拉预应力钢束时的混凝土龄期偏小。

具体防治措施为：①改进混凝土的配置，优化降低混凝土收缩变形的材料配合比，其中包括水泥用量、水灰比、外加剂等；②采取技术措施，确保预应力钢束的波纹管的保护层厚度；③对底板构造钢筋和底板预应力钢束的间距采取合理布置；④加强对箱梁底板混凝土外表面的养护；⑤适当延长混凝土张拉龄期。

3. 箱梁腹板的斜向裂缝

悬臂现浇混凝土箱梁拆模后张拉预应力束，腹板混凝土出现裂缝。其中：一种是有规律地出现于底板约成 45°的斜裂缝；另一种为沿着预应力管道方向的斜向裂缝，往往是靠近锚头处裂缝开展较宽，逐渐变窄而至消失。其原因分析如下。

（1）出现与底板成 45°斜裂缝的原因极有可能是该区域的主拉应力超过了该处的预应力束和普通钢筋的抗剪及混凝土的抗拉强度。也有可能是混凝土拆模过早，混凝土尚未达到其设计抗拉强度。

（2）出现沿预应力钢束管道方向的裂缝的原因往往是由于预应力钢束张拉时，管道及其周边混凝土受到集中的压应力。

（3）混凝土未达到拆模、张拉的龄期。

（4）腹板的非预应力普通钢筋网的钢筋间距过大，不能满足抗裂要求。

（5）施工时临时荷载超载或在作用点产生过大的集中应力。

悬臂现浇混凝土箱梁腹板斜向裂缝的出现往往是设计、施工、材料、工艺等综合因素作用的结果,原因复杂。这里我们主要针对施工产生的原因提出预防措施。

(1) 施工工况、工艺流程必须与设计相符。如有变更应立即与设计单位联系,核算无误后方可施工。

(2) 混凝土未到龄期和强度,不得拆模。

(3) 施工时严格控制施工荷载,不得有超载或有不同于设计工况的集中荷载。

(4) 确保混凝土的保护层厚度及其质量。

4. 腹板与底板承托部位的空洞、蜂窝、麻面

箱梁浇筑混凝土拆模后,在底板与腹板连接处的承托部位,部分腹板离底板 1 m 高范围内出现空洞、蜂窝、麻面。其原因分析如下。

(1) 箱梁腹板一般较高,厚度较薄,在底板与腹板连接部位钢筋密集,又布置有预应力筋使得腹板混凝土浇筑时不易振实,也有漏振的情况,易造成蜂窝。

(2) 若箱梁设置横隔板,一般会设预留入孔,浇筑混凝土时从预留入孔两边同时进料,易造成预留入孔下部空气被封堵,形成空洞。

(3) 浇筑混凝土时,若气温较高,混凝土坍落度小,局部钢筋密集,振捣困难,易使混凝土出现蜂窝,不密实。

(4) 箱梁混凝土浇筑量较大,若供料不及时,易造成混凝土振捣困难,出现松散或冷缝。

(5) 模板支撑不牢固,接缝不密贴,易发生漏浆、跑模、使混凝土产生蜂窝、麻面。

(6) 施工人员操作不熟练,振捣范围分工不明确,未能严格做到对相邻部位交叉振捣,从而造成漏振情况,使混凝土出现松散、蜂窝。

具体防治措施如下。

(1) 箱梁混凝土浇筑前应进行合理的组织分工,对操作人员进行技术交底,划分振捣范围,浇筑层次清楚。

(2) 对设置横隔板的箱梁,混凝土要轮流从横隔板洞口一边下料,并从洞口下另一边振出混凝土,避免使空气封堵在洞口下部。

(3) 合理组织混凝土供料。

(4) 根据施工气温,合理调整混凝土坍落度和水灰比。

(5) 当箱梁腹板较高时,模板上应预留入孔处,使得振捣器可达到各部位。

(6) 对箱梁底板与腹板承托处及横隔板预留入孔处,应重点监护,确保混凝土浇筑质量。

5. 预应力钢束伸长值超出允许偏差值

预应力钢束张拉时,当张拉钢筋拉力符合规定时,钢束伸长值超出允许偏差范围。其原因分析为:①实际使用预应力钢材弹性模量和钢束截面积与设计计算值不一致;②由于预应力预留孔道的位置不准确,波纹管形成空间曲线,使张拉时钢束的摩阻力变大,当张拉到设计吨位时,预应力钢束的伸长值偏小;③预应力施工工序不规范;④千斤顶与压力表等预应力机具未能按规定定期进行校验。

具体防治措施为:①预应力筋在使用前必须按实测的弹性模量和截面积修正计算;②正确量得预应力筋的引伸量,按计算的引伸量误差修正伸长值;③确保波纹管的定位准确;④若实际

发生的摩阻力偏大,预应力钢束张拉后的实测值相差较大,此时可考虑使用备用孔道增加预应力钢束。

6. 预应力筋的断丝和滑丝

预应力混凝土箱梁张拉时发生预应力钢束的断丝和滑丝,使得箱梁的预应力钢束受力不均匀或构件不能达到所要求的预应力。其原因分析为:①实际使用的预应力钢丝或钢绞线直径偏大,锚具与夹片不密贴,张拉时易发生断丝和滑丝;②预应力钢束没有或未按规定要求梳理编束,使得钢束长短不一或发生交叉,张拉时造成钢束受力不均,易发生断丝;③锚具与夹片的尺寸不准确,夹片的锥度误差大,夹片的硬度与预应力筋不配套,易发生断丝和滑丝;④锚圈放置位置不准确,支承垫块倾斜,千斤顶安装不正,也会造成预应力钢束的断丝;⑤施工焊接时,把接地线接在预应力筋上,造成钢丝间短路,损伤预应力筋,造成预应力钢束的断丝。

具体防治措施为:①穿束前,预应力钢束必须按技术规程进行梳理编束,并正确绑扎;②张拉前锚具与夹片需要按规范要求进行检验,特别对夹片的硬度一定要进行测定,不合格予以更换;③张拉时锚具、千斤顶安装要准确;④当预应力钢束张拉到一定吨位时,如发现油压回落,再加油压又回落,这时有可能发生断丝,若这样,需更换预应力钢束;⑤焊接时严禁利用预应力筋作为接地线,也不允许电焊烧伤波纹管与预应力筋;⑥张拉前必须对预应力筋进行清理,如发生预应力筋锈蚀应重新更换。

二、钢箱梁

钢箱梁与混凝土箱梁在结构上类似,质量通病也有相同之处。本节仅介绍钢箱梁在制造及安装,包括钢箱梁焊接、对接及标高线型等方面的问题。下面就各阶段的质量通病类型及防治措施分述如下。

1. 钢箱梁焊接质量

钢箱梁的元件焊接、节段总成焊接和工地现场焊接,影响因素多,防治措施采用常规方法即可。

2. 对接

对接间隙与预拼不一致并超过规定值,缝宽不一致,板边平整度超标等问题,其防治措施如下:①采用无余量精密切割工艺,保证下料尺寸准确;②单元件制造采用反变形工艺,减少单元件变形;③将空中工作量提前到地面,在吊装前实施匹配预拼装消除梁段制造误差;④吊装过程中通过千斤顶、手动葫芦或其他手段予以矫正,并通过匹配件、马板及时固定。

3. 钢箱梁桥面标高及线型

钢箱梁桥面标高及线型是按一期恒载梁内无应力设计的,其竖向线型通过梁段接缝处顶板与底板间隙不同形成拱度来实现。其质量通病是桥面标高偏离设计值、线型不匀顺。防治措施为:加强监控的科学性及时予以修正,严格控制影响因素,认真执行预拼装确定的控制指标。

任务4　钢筋混凝土结构的防治

一、钢筋

1. 钢筋焊接质量通病及防治

1）钢筋闪光对焊

（1）未焊透　焊口局部区域未能相互结合，焊合不良，接头较粗，变形量很小，挤出的金属毛刺极度不均匀，多集中于焊口上部，并产生严重胀开现象。具体防治措施为：①选择合理的焊接参数进行试焊，并通过试件检验确定焊接参数；②重视预热作用，扩大沿焊件纵向的加热区域，减少温度梯度；③选择合适的烧化留量，使焊件获得符合要求的温度分布；④避免采用过高的变压器级数施焊。

（2）焊口氧化　一种状态是焊口局部区域为氧化膜所覆盖，呈光滑面状态；另一种情况是焊口四周强烈氧化，失去金属光泽，呈现发黑状态。具体防治措施为：①确保烧化过程的连续性；②采用适当的顶锻留量；③采用尽可能快的顶锻速度，避免氧化形成；④保证接头处具有适当的塑性变形，有利于去除氧化物。

（3）焊口脆断　在低应力状态下，接头处发生无预兆的突然断裂。脆断可分为淬硬脆断、过热脆断和烧伤脆断等几种情况，以断口齐平、晶粒很细为特征。具体防治措施为：①针对钢筋的焊接性，采取相应的焊接工艺，我国建筑用钢筋状况是HRB335级及以上都是低合金钢筋，不论其直径大小，均宜采取"闪光→预热→闪光焊"的焊接工艺为宜；②对于难焊的HRB500级钢筋，焊后进行热处理时，要避免快速加热和快速冷却，对热处理加热温度略超过600℃即可。

（4）焊接处烧伤　钢筋端头与电极接触处，在焊接时产生熔化状态，这是不可忽视的危险缺陷，极易发生局部脆性断裂，其断口齐平，呈放射性条纹状态。具体防治措施为：①两焊接钢筋端部130 mm的长度范围内，焊接应仔细清除锈斑、污物，电极表面应经常保持干净，确保导电良好；②在焊接或热处理时，应夹紧钢筋。

（5）接头弯折或偏心　接头处产生弯折，折角超过规定值，或接头处偏移，轴线偏移大于$0.1d$或2 mm。具体防治措施为：①钢筋端头弯曲或呈现马蹄状时，焊前应予以矫直或切除；②经常保持电极的正常外形，安装位置准确，电极磨损后应及时修理或更新；③焊接完毕，稍冷却后再移动钢筋，要轻放，不要扔、摔。

2）钢筋点焊

（1）焊点脱点　钢筋点焊制品焊点周界熔化铁浆不饱满，如用钢筋轻轻撬打或将钢筋点焊制品举至地面1 m高使其自然落地，即可产生焊点分离现象。具体防治措施为：①点焊前应正确选择焊接参数，经试验合格后再进行成品焊接；②焊接前清除钢筋表面锈蚀、氧化皮、杂物、泥渣等；③对已产生脱点的钢筋点焊制品，应重新调整焊接参数，加大焊接电流，延长通电时间，进行二次补焊，并应在焊好的制品上截取双倍试件，试件合格后进行补焊。

(2) 焊点过烧　钢筋焊接区上、下电极与钢筋表面接触处均有烧伤,焊点周界熔化铁浆外溢过大,而且毛刺较多,焊点处钢筋呈现蓝黑色。具体防治措施为:①调整焊接参数,降低变压器级数,缩短通电时间;②焊前清除钢筋表面锈蚀,避免局部导电不良,造成多次重焊;③焊接前应检查电极表面是否平正,电极处冷却循环水是否渗漏;④严格避免焊点二次重焊。

(3) 钢筋焊点冷弯脆断　焊接制品冷弯时在接近焊点处脆断。具体防治措施为:色检验,全部合格后,为消除焊接应力,对封头进行 500 ℃×8 h 的消除应力退火。

3) 钢筋电弧焊

(1) 焊缝成形不良　焊缝表面凹凸不平,宽窄不匀,这种缺陷对静载强度影响不大,但容易产生应力集中,对承受动载不利。具体防治措施为:①严格选择焊接参数;②提高焊工操作水平;③对已产生表面不良的部位,应仔细清渣后精心补焊一层。

(2) 咬边　焊缝与钢筋交界处烧成缺口没有得到熔化金属的补充,特别是直径较小钢筋的焊接及坡口焊中,上钢筋很容易发生此种情况。具体防治措施为:①选择合适的电流,避免电流过大;②操作时电弧不能拉得过长,并控制好焊条的角度和运弧的方法;③对已产生咬边部位,清渣后应进行补焊。

(3) 电弧烧伤钢筋表面　已焊钢筋表面局部有缺肉或凹坑。电弧烧伤钢筋表面对钢筋有严重的脆化作用,往往是发生脆性断裂的根源。具体防治措施为:①精心操作避免带电的焊条、焊把与钢筋非焊部位接触,引起电弧烧伤钢筋;②严格操作,不得在非焊接部位随意引燃电弧;③地线与钢筋接触要良好紧固;④HRB335、HRB400 级钢筋有烧伤缺陷时,应予以铲除磨平,视情况补焊加固,然后进行回火处理。回火温度一般以 500 ℃~600 ℃为宜。

(4) 夹渣　在被焊金属的焊缝中存在块状或弥散状非金属夹渣物,影响焊缝强度。具体防治措施为:①正确选择焊接电流,焊接时必须将焊接区域内的脏物清除干净;②多层施焊时,必须层层清除焊渣后,再施焊下层,以避免层间夹渣;③焊接过程中发现钢筋上有脏物或焊缝上有熔渣时,焊到该处应将电弧适当拉长,并稍加停留,使该处熔化范围扩大,以把脏物或熔渣再次熔化吹走,直至形成清亮熔池为止。

4) 钢筋电渣压力焊

(1) 接头偏心和倾斜　焊接接头其轴线偏差大于 $0.1d$ 或 2 mm。接头弯折角度大于 4°。具体防治措施为:①焊接钢筋端部必须平直,对端部歪扭和不直部分,焊接前应采用气割切断或矫正后,再进行焊接操作;②夹持两钢筋的上下夹具必须同心,焊接过程中应保持垂直和稳定;③夹具的滑竿和导管之间必须严紧,滑动自如,如间隙因磨损偏大时应及时修理后再用;④钢筋下送加压时,顶压力应适当,不得过大;⑤焊接完毕后,不得立即卸下夹具,应在停焊后约 1~2 min 再卸夹具,以免钢筋倾斜。

(2) 未熔合　上下钢筋在接合面处没有很好地熔合在一起,在试拉或冷弯时断裂在焊口部位。具体防治措施为:①在引弧过程中应精心操作掌握好操纵杆的提升速度及高度,如操纵杆提升得太快太高,造成上下钢筋间隙太大发生灭弧,如操纵杆提升得太慢造成上下钢筋粘连形成短路,均会影响焊口的熔合;②适当增大焊接电流和延长焊接通电时间,使钢筋端阳部得到适当的熔化量;③及时检修焊接设备,保持正常使用;④对已焊好的成品,如发现未熔合缺陷时,应切除重新焊接。

(3)夹渣 焊口中有非金属夹渣物,影响焊口质量。具体防治措施为:①适当调整焊接参数,延长通电时间,使钢筋在熔化过程中形成凸面,进行顶压使熔渣易排出;②根据焊接钢筋直径的大小选择合适的焊接电流和通电时间,因焊接电流过大或过小均会造成焊口夹渣;③熔化后熔渣黏度大的焊剂应进行更换或加入一定比例的萤石,以增加熔渣的流动度;④适当增加顶压力。

2. 钢筋加工时质量通病及防治

1) 钢筋表面锈蚀较严重

钢筋表面出现红色浮锈,日久后变为红褐色,如图 10-5 所示,甚至发生鱼鳞片剥落现象。具体治理方法为:钢筋上的红褐色锈斑要清除,清除可采用手工或机械方法。盘条钢筋可通过冷拉或调直过程除锈。已成型的钢筋及粗钢筋采用专用除锈机除锈。对锈蚀严重,锈皮剥落,因麻坑、斑点损伤截面的,应降级使用。

(a)

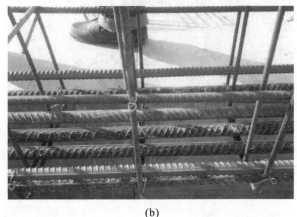
(b)

图 10-5 钢筋表面锈蚀较严重

2) 钢筋切断、成型尺寸不准

(1)剪断尺寸不准或被剪钢筋端头不平。具体治理方法为:根据钢筋所在部位和剪断误差情况,确定是否可用或返工。

(2)钢筋长度和弯曲角度不符合图纸要求。具体治理方法为:当成型钢筋各部分误差超过质量标准匀差值时,应根据钢筋受力特征分别处理。如弯起钢筋弯起点位置略有偏差或弯曲角度稍有不准,应经过技术鉴定确定是否可以使用。对结构性能有重大影响,或钢筋无法安装(如钢筋长度或高度超出模板尺寸),则必须返工。返工时如需重新将弯折处直开,则仅限于返工一次,并应在弯折处仔细检查有无变形过大或出现裂纹情况。

(3)箍筋不规整:矩形箍筋成型后拐角不成 90°,或两对角线长度不相等。具体治理方法为:当箍筋外形误差超过质量标准匀差值时,对于 HPB300 级钢筋,可以重新将弯折处直开,再行弯曲调整。对于其他品种钢筋,不得重新弯曲。

(4)已成型钢筋变形:钢筋成型时外形准确,但在堆放过程中发生扭曲、角度偏差。具体治理方法为:将变形的钢筋抬在成型梁上矫正。如变形过大,应检查弯折处是否有碰伤或局部出现裂纹,并根据具体情况处理。

(5)钢筋绑扎网片歪斜、扭曲:钢筋绑扎网片在搬运或安装过程中发生歪斜、扭曲。具体治理方法为:将斜扭网片正直过来,并加强绑扎,紧固结扣,增加绑点或加斜拉筋。

3. 露筋病害防治

1)产生原因

(1)混凝土振捣时钢筋垫块移位,或垫块太少,钢筋紧贴模板,致使拆模后露筋,如图10-6所示。

(2)钢筋混凝土构件断面小,钢筋过密,如遇大石子卡在钢筋上水泥浆不能充满钢筋周围,使钢筋密集处产生露筋。

(3)混凝土振捣时,振捣棒撞击钢筋,将钢筋振散发生移位,因而造成露筋。

(a)

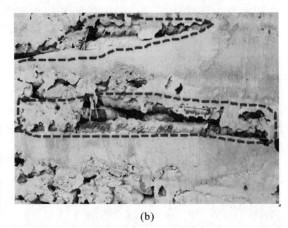
(b)

图 10-6 露筋

2)预防措施

(1)钢筋混凝土施工时,注意垫足垫块,保证厚度,固定好。

(2)钢筋混凝土结构钢筋较密集时,要选配适当石子,以免石子过大卡在钢筋处,普通混凝土难以浇灌时,可采用细石混凝土。

(3)混凝土振捣时严禁振动钢筋,防止钢筋变形位移,在钢筋密集处,可采用带刀片的振捣棒进行振捣。

3)处理方法

首先将外露钢筋上的混凝土渣子和铁锈清理干净,然后用水冲洗湿润,用1:2或1:2.5水泥砂浆抹压平整。若露筋较深,应将薄弱混凝土全部凿掉,冲刷干净润湿,用提高一级标号的细石混凝土捣实,认真养护。

二、混凝土

混凝土工程施工过程中,经常发生一些质量通病,影响结构的安全和外观质量,如何最大限度地消除质量通病,保证工程结构安全,是工程施工人员急需解决的。混凝土质量通病主要有蜂窝、麻面、孔洞、露筋、缝隙、夹层、缺棱掉角、表面不平整、强度不够、均质性差等。

1. 自拌混凝土

1) 坍落度不稳定

混凝土拌和物坍落度变化起伏大,超过允许偏差范围。其原因分析为:①搅拌机水量控制器失灵,自动加水量忽多忽少;②操作手任意增减用水量;③砂石料计量不准;④没有按现场情况调整砂石料的实际含水量。

具体防治措施为:①严格控制加水量,发现坍落度异常首先检查加水量的大小和砂石料的实际含水量是否正确;②校正水及砂石料的计量装置,杜绝按体积比拌制混凝土;③根据气温、湿度、砂石实际含水量调整加水量。

2) 混凝土现场试块强度不合格

试块出现同批次试件强度测定值和平均值低于混凝土设计强度 R 或者同批试件强度最低测定值低于 $0.85R$ 以及同批试件中强度最低测定值低于 R 的组数(当试件为 6～10 组时,多于 2 组;当试件为 3～5 组时,多于 1 组;当试件少于 3 组时,每组强度测定值低于 R)三种情况时,确定为试块强度不合格。其原因分析为:①混凝土配合比设计强度安全度不够;②试件制作有缺陷,如未按规定振捣、未进行养生、受冻或遭暴晒;③混凝土拌制质量低劣。

具体防治措施为:①混凝土配合比设计应有一定的安全储备;②按规定制作混凝土试件,并与结构或构件同条件养护,不得受冻或者暴晒。

当发现现场留置的混凝土试件不合格,应与标养条件下的试件强度相对照,确认试件强度不符合要求,可以从结构中钻取试样或采取非破损方法查明结构实际混凝土的抗压强度和灌注质量。

2. 蜂窝、麻面与孔洞的防治

1) 蜂窝病害的防治

蜂窝现象就是混凝土结构局部出现酥松、砂浆少、石子多、石子之间形成空隙类似蜂窝状的窟窿,如图 10-7 所示。混凝土产生蜂窝的原因有:①混凝土配合比不当或砂、石子、水泥等到材料计量不准,造成砂浆少、石子多;②混凝土搅拌时间不够,未拌和均匀,和易性差,振捣不密实;③下料不当或下料过高,未设串筒使石子集中,造成石子砂浆离析;④混凝土未分层下料,振捣不实,或漏振,或振捣时间不够;⑤模板缝隙未堵严,水泥浆流失;⑥钢筋较密,使用的石子粒径过大或坍落度过小;⑦基础、柱、墙根部未稍加间歇就继续灌上层混凝土。

图 10-7 蜂窝

防治混凝土蜂窝的措施如下。

(1) 认真按设计要求，严格控制混凝土配合比，经常检查，做到计量准确，混凝土拌和均匀，坍落度适合；混凝土下料高度超过 2 m 应设串筒或溜槽；浇灌应分层下料，分层振捣，防止漏振；模板缝应堵塞严密，浇灌中应随时检查模板支撑情况，防止漏浆；基础、柱、墙根部应在下部浇完间歇 1 h~1.5 h，沉实后再浇上部混凝土，避免出现"烂脖子"。

(2) 小蜂窝，洗刷干净后，用 1∶2 或 1∶2.5 水泥砂浆抹平压实；较大蜂窝，凿去蜂窝处薄弱松散颗粒，刷洗净后，支模用高一级细石混凝土仔细填塞捣实；较深蜂窝，如清除困难，可埋压浆管、排气管，表面抹砂浆或灌筑混凝土封闭后，进行水泥压浆处理。

2) 麻面病害的防治

混凝土麻面现象就是混凝土局部表面出现缺浆和许多小凹坑、麻点，形成粗糙面，但无钢筋外露现象。混凝土产生麻面的原因有：①模板表面粗糙或黏附水泥浆渣等杂物未清理干净，拆模时混凝土表面被破坏；②模板未浇水湿润或湿润不够，构件表面混凝土的水分被吸去，使混凝土失水过多出现麻面；③模板拼缝不严，局部漏浆；④模板隔离剂涂刷不匀，或局部漏刷或失效，混凝土表面与模板黏结造成麻面；⑤混凝土振捣不实，气泡未排出，停在模板表面形成麻点。

防治混凝土麻面的措施如下。

(1) 模板表面清理干净，不得粘有干硬水泥砂浆等杂物。浇灌混凝土前，模板应浇水充分湿润；模板缝隙应用油毡纸、泥子等堵严。模板隔离剂应选用长效的，涂刷均匀，不得漏刷。混凝土应分层均匀振捣密实，至排除气泡为止。

(2) 表面作粉刷的，可不处理，表面无粉刷的，应在麻面部位浇水充分湿润后，用 1∶2 或 1∶2.5 水泥砂浆，将麻面抹平压光。

3) 孔洞病害的防治

混凝土孔洞现象是指混凝土结构内部有较大尺寸的空隙，局部没有混凝土，钢筋局部或全部裸露，如图 10-8 所示。产生孔洞的原因有：①在钢筋较密的部位或预留孔洞和预埋件处，混凝土下料被搁住，未振捣或振捣不实就继续浇筑上层混凝土；②混凝土离析，砂浆分离，石子成堆，严重跑浆，又未进行振捣；③混凝土一次下料过多，过厚，下料过高，振捣器振动不到，形成松散孔洞；④混凝土内掉入木块、泥块等杂物，混凝土被卡住。

图 10-8　孔洞

防治孔洞的措施如下。

(1) 在钢筋密集处及复杂部位,采用细石混凝土浇灌,认真分层振捣密实。预留孔洞处,应两侧同时下料,严防漏振。砂石中混有黏土块、木块等杂物掉入混凝土内,应及时清除干净。

(2) 将孔洞周围的松散混凝土和软弱浆凿除,用压力水冲洗,充分湿润后用高强度等级细石混凝土浇灌、捣实。

3. 露筋、缝隙、夹层以及缺棱掉角病害的防治

1) 露筋

混凝土露筋就是混凝土内部主筋、副筋或箍筋局部裸露在结构构件表面。产生露筋的原因有:①灌筑混凝土时,钢筋保护层垫块位移或垫块太少或漏放,致使钢筋紧贴模板外露;②结构构件截面小,钢筋过密,石子卡在钢筋上,使水泥砂浆不能充满钢筋周围,造成露筋;③混凝土配合比不当,产生离析,模板部位缺浆或模板漏浆;④混凝土保护层太小或保护层处混凝土振捣不实,或振捣棒撞击钢筋或踩踏钢筋,使钢筋位移,造成露筋;⑤木模板未浇水湿润,吸水黏结或脱模过早,拆模时缺棱、掉角,导致漏筋。

防治露筋的措施如下。

(1) 浇灌混凝土,应保证钢筋位置和保护层厚度正确。加强检、验、查,钢筋密集时,应选用适当粒径的石子,保证混凝土配合比准确和良好的和易性。浇灌高度超过 2 m,应用串筒或溜槽进行下料,以防止离析。模板应充分湿润并认真堵好缝隙。混凝土振捣严禁撞击钢筋,操作时,避免踩踏钢筋,如有踩弯或脱扣等现象及时调整。正确掌握脱模时间,防止过早拆模,碰坏棱角。

(2) 表面漏筋处应冲刷洗净后,在表面抹 1∶2 或 1∶2.5 水泥砂浆,将漏筋部位抹平;漏筋较深的凿去薄弱混凝土和突出颗粒,洗刷干净后,用比原来高一级的细石混凝土填塞压实。

2) 缝隙、夹层

混凝土的缝隙、夹层现象是指混凝土内存在水平或垂直的松散混凝土夹层。产生缝隙、夹层的原因有:①施工缝未经接缝处理,未清除水泥表面的松动石子,未除去软弱混凝土层并充分湿润就灌筑混凝土;②施工缝处锯屑、泥土、砖块等杂物未清除或未清除干净;③混凝土浇灌高度过大,未设串筒、溜槽,造成混凝土离析;④底层交接处未灌接缝砂浆层,接缝处混凝土未很好振捣。

防治缝隙、夹层的措施如下。

(1) 认真按施工验收规范要求处理施工缝表面;接缝处锯屑、泥土砖块等杂物应清理干净并洗净;混凝土浇灌高度大于 2 m 应设串筒或溜槽;接缝处浇灌前应先浇 50 mm～100 mm 厚原配合比无石子砂浆,以利结合良好,并加强接缝处混凝土的振捣密实。

(2) 缝隙夹层不深时,可将松散混凝土凿去,洗刷干净后,用 1∶2 或 1∶2.5 水泥砂浆填密实;缝隙夹层较深时,应清除松散部分和内部夹杂物,用压力水冲洗干净后支模,灌细石混凝土或将表面封闭后进行压浆处理。

3) 缺棱掉角

混凝土缺棱掉角现象就是指结构或构件边角处混凝土局部掉落,不规则,棱角有缺陷。产生缺棱掉角的原因有：①木模板未充分浇水湿润或湿润不够，混凝土浇筑后养护不好，造成脱水，强度低，模板吸水膨胀将边角拉裂，拆模时，棱角被粘掉；②低温施工过早拆除侧面非承重模板；③拆模时，边角受外力或重物撞击，或保护不好，棱角被碰掉；④模板未涂刷隔离剂，或涂刷不均。

防治缺棱掉角的措施如下。

(1)木模板在浇筑混凝土前应充分湿润，混凝土浇筑后应认真浇水养护，拆除侧面非承重模板时，混凝土应具有 1.2 N/mm² 以上强度；拆模时注意保护棱角，避免用力过猛过急；吊运模板，防止撞击棱角，运输时，将成品棱角用草袋等保护好，以免碰损。

(2)出现缺棱掉角，可将该处松散颗粒凿除，冲洗充分湿润后，视破损程度用 1∶2 或 1∶2.5 水泥砂浆抹补齐整，或支模用比原来高一级混凝土捣实补好，认真养护。

4. 表面不平整、强度不够、均质性差病害的防治

1) 表面不平整

混凝土表面凹凸不平，或板厚薄不一，表面不平，也是其质量通病。产生表面不平整的原因有：①混凝土浇筑后，表面仅用铁锹拍子，未用抹子找平压光，造成表面粗糙、不平；②模板未支承在坚硬土层上，或支承面不足，或支撑松动，致使新浇灌混凝土早期养护时发生不均匀下沉；③混凝土未达到一定强度时，上人操作或运料，使表面出现凹陷不平或印痕。

防治表面不平的措施有：①严格按施工规范操作，灌筑混凝土后，应根据水平控制标志或弹线用抹子找平、压光，终凝后浇水养护；②模板应有足够的强度、刚度和稳定性，应支在坚实地基上，有足够的支承面积，以保证不发生下沉；③在浇筑混凝土时，加强检查，凝土强度达到 1.2 N/mm² 以上，方可在已浇结构上走动。

2) 强度不够，均质性差

混凝土施工过程中有时会出现同批混凝土试块的抗压强度不符合混凝土强度评定规定。产生强度不够、均质性差的原因有：①水泥过期或受潮，活性降低；②砂、石集料级配不好，空隙大，含泥量大，杂物多，外加剂使用不当，掺量不准确；③混凝土配合比不当，施工中计量不准，随意加水，使水灰比增大；④混凝土加料顺序颠倒，搅拌时间不够，拌和不匀；⑤冬期施工，拆模过早或早期受冻；⑥混凝土试块制作未振捣密实，养护管理不善或养护条件不符合要求，在同条件养护时，早期脱水或受外力砸坏。

混凝土强度不够、均质性差的防治措施如下。

(1)水泥应有出厂合格证，新鲜无结块，严禁使用过期水泥；砂、石子粒径、级配、含泥量等应符合施工规范要求；严格控制混凝土配合比，保证计量准确；混凝土应按顺序拌制，保证搅拌时间和搅拌均匀；防止混凝土早期受冻；按施工规范要求认真制作混凝土试块，并加强对试块的管理和养护。

(2)当混凝土强度偏低，可用非破损方法（如回弹仪法，超声波法）来测定结构混凝土实际强度，如仍不能满足要求，可按实际强度校核结构的安全度，研究处理方案，采取相应加固或补强措施。

5. 外形尺寸偏差

当钢筋混凝土表面不平整或者整体歪斜、轴线出现位移这种情况时记为外形尺寸偏差。产

生的原因有：①模板自身变形，有孔洞，拼装不平整；②模板体系的刚度、强度及稳定性不足，造成模板整体变形和位移；③混凝土下料方式不当，冲击力过大，造成跑模或模板变形；④振捣时振捣棒接触模板过度振捣；⑤放线误差过大，结构构件支模时因检查核对不细致造成的外形尺寸误差。

预防措施与处理方法如下。

（1）模板使用前要经修整和补洞，拼装严密平整。

（2）模板加固体系要经计算，保证刚度和强度；支撑体系也应经过计算设置，保证足够的整体稳定性。

（3）下料高度不大于 2 m。随时观察模板情况，发现变形和位移要停止下料进行修整加固。

（4）振捣时振捣棒避免接触模板。

（5）浇筑混凝土前，对结构构件的轴线和几何尺寸进行反复认真的检查核对。

无抹面的外露混凝土表面不平整，可增加一层同配比的砂浆抹面；整体歪斜、轴线位移偏差不大时，在不影响正常使用的情况下，可不进行处理；整体歪斜、轴线位移偏差较大时，需经有关部门检查认定，并共同研究处理方案。

任务5　桥面铺装病害的防治

一、水泥混凝土铺装层开裂

桥面防水层上的水泥混凝土铺装层，在通车后一至数月后，首先在车轮经常经过的板角产生裂缝，并很快发展为纵横交错裂缝，一至二年发生严重碎裂，以至脱落形成坑洼。桥面水泥混凝土开裂，使水由裂缝浸入铺装层，甚至会浸入上部结构的梁板，当桥面及梁、板的钢筋受到裂缝浸入水作用而锈蚀；为碱骨料反应提供水源；铺装脱落出坑，造成车辆跳车，加速桥面的进一步破坏。

1. 原因分析

桥面平整度不好或桥面伸缩缝附近不平整，使车辆行驶产生较大冲击。桥面防水层，由于与主梁顶面和桥面水泥混凝土铺装层间连接不好，将铺装层与主梁分为两个独立体系，在车辆荷载作用下变形不一致，形成桥面铺装层与主梁顶面间的空隙；铺装层厚，强度低，板角及桥缝处的应力集中形成板角裂缝。主梁刚度小，变形大，加剧了裂缝发展的速度。

2. 治理方法

（1）设计变更。

将桥面铺装水泥混凝土层，按弹性地基上的水泥混凝土路面设计，双层配筋，并将铺装层加厚，如采用钢纤维混凝土，可减小厚度。将桥面铺装层改为沥青混凝土，可同时消除原水泥混凝土铺装的干缩及温度裂缝。但要解决好防水层与沥青混凝土磨耗层的连接。

（2）可采取下述施工措施，减轻或延缓开裂。

①将单层混凝土桥面铺装改为上层沥青混凝土，下层水泥混凝土的双层做法为：下层水泥

混凝土结构层,施工按水泥路面纵向分条施工,横向采用切缝。上层的沥青混凝土磨耗层。使用效果是出现局部裂缝,未发生破损。

②桥面防水层,由三油二布改为GY1涂膜防水新材料,即为改性阳离子乳化沥青胶乳涂膜防水新材料。GY1涂膜防水材料是水乳性材料,施工工艺简单,对基层干燥程度要求低,是一种适于涂刷的质薄弹性好的材料,没有卷材防水材料的搭接问题。防水层采用加入橡胶沥青混合乳液防水剂的砂浆,涂层薄而均匀,利于减少混凝土铺装层裂缝。同时确保桥面平整度和桥面伸缩缝与两侧桥面的平顺度,减少车辆冲击力。

二、沥青混凝土铺装壅包

桥面沥青混凝土经过通车后一段时间,由于刹车或减速产生的水平力形成突起或波浪状的起伏。使桥面的平整度变坏,以及使车辆行驶的舒畅性恶化。

1. 原因分析

沥青混凝土面层,由于局部与路面基层的黏结力削弱,造成结合不牢,或沥青混凝土的热稳定性差而形成的。桥面板面铺筑沥青混凝土前潮湿或有水,桥面板(如钢梁时)变形大。

2. 预防措施

严格控制沥青混合料的油石比和石料级配,确保其符合设计要求的马歇尔稳定度的流值。做好桥面柔性防水层的施工,提高贴铺质量,并在铺筑沥青混凝土前,浇好黏层油,使其与桥面防水层牢固黏结。

3. 治理方法

属于基层原因引起的壅包,可用挖补法先处理基层,然后再作面层。由于面层沥青混凝土热稳性不好,或油石化不适,造成的壅包,可用挖补法修补,也可在高温季节,将壅包铲平。

三、桥面混凝土平整度超差的防治

桥面混凝土平整度超差产生的原因有:①施工设备落后,多采用人工摊铺;②泵送混凝土坍落度较大;③没有较先进的检测仪器。

具体预防措施如下。

(1)研制完成较适用的桥面混凝土摊铺设备(采用槽钢焊制前后两道,前面摊铺振捣,后面压光找平)。

(2)加密桥面厚度测点的控制,并固定牢固,随时观测桥面混凝土摊铺情况。

(3)对摊铺设备进行刚度增加,减少由于振动产生的挠度对桥面混凝土平整度的影响。

(4)加强混凝土的质量控制,泵送混凝土坍落度控制在8～12 cm之间,机动翻斗车运输坍落度采用3～5 cm。

(5)尽量缩短混凝土运输距离,防止离析。

(6)严格按要求控制骨料级配,控制混凝土和易性及浇筑质量。

(7)摊铺设备设专业人员操作,适度加强施工人员的责任心。

四、小型混凝土构件外观粗糙的预防措施

这一质量通病着重在操作人员及模板、混凝土振捣时的控制。产生的原因有：①施工人员质量意识不强，认为小构件不重视、马虎大意；②模板质量差且支立不牢固，造成漏浆，棱角不清；③混凝土振捣操作不当，振捣不密实不到位。

具体预防措施为：①加强人员的质量意识教育，进行详细的技术交底，如何支模、如何振捣都要以首件进行实地交底；②模板采用定型钢模板，要求表面平整、清洁，用后及时维修、检查合格方可再用，模板支立要牢固，接缝严密、平顺、无漏浆现象；③选择运用的振捣设备，确定振捣时间，振捣范围，防止漏振或过振；④试验工跟班作业，确保混凝土的工作性能、坍落度的措施；⑤根据气温情况，严格控制拆模时间，防止拆模过早强度不足而产生表面缺陷。

五、桥面平整度、横向裂纹病害的防治

1. 桥面平整度

桥面外观坑洼不平，雨后有水洼，平整度达不到质量标准的问题有：①混凝土材料规格要求不严，配合比不准；②未使用有效的机械施工，或者采用人工找平，操作不当；③施工时混凝土面板洒水、撒水泥粉，在烈日暴晒或干旱风吹时无遮阴棚；④没有控制好标高，或未按控制标高施工；⑤抹面时间控制不当，混凝土水灰比控制不严，坍落度过大，表面浮浆过多，干缩后出现洼迹。

具体防治措施为：①应采用机械摊铺施工；②严格控制混凝土材料规格、配合比及水灰比；③人工摊铺混凝土时，严禁抛掷和搂耙，以防止混合料离析，必须按控制标高施工，要随时检查模板有无下沉、变形或松动；④采用振捣梁振捣，每一位置的持续振捣时间应以混合料停止下沉不再冒气泡并泛出砂浆为准，不能过振，也不能漏振；⑤表面整平时，严禁用砂浆、水泥浆找平；⑥做好养生措施，达不到设计强度要求不允许开放通车；⑦对坑洼严重部位进行规则切缝、凿除后用混凝土找平（厚度不小于 7 cm），加铺沥青混凝土。

2. 横向裂纹

桥面断续有横向裂纹的原因有：①连续桥面伸缩缝处的无黏结筋失效或桥面隔离效果不成功，伸缩缝混凝土产生无规则裂缝；②墩台不均匀下沉，拉裂桥面铺层；③预应力混凝土连续梁负弯矩区上缘受拉致使桥面铺装产生水平裂纹，普通混凝土与预应力混凝土交接处易裂缝，预应力锚固区易产生裂缝；④弯、坡、斜桥的桥面铺装受力复杂易开裂；⑤桥头跳车即桥面伸缩缝不够平整，高速重载车辆的冲击和破坏力，超过混凝土的强度出现裂缝；⑥水泥的水化热高，收缩性大；⑦横向连接钢板未焊接。

具体防治措施为：①桥面连续结构要符合设计要求，无黏结筋和隔离措施要确保；②连续梁的负弯矩区引起的铺装破坏，应在铺装层以下设置沥青隔离层，使连续梁与桥面铺装分离，加强负弯矩区的钢筋网和受力钢筋；③桥面连续不宜过长，以五孔一联为宜，对于弯、坡、斜这三种特殊桥型宜三孔一联且长度不超过 100m。

六、桥梁地面滴水、钢筋保护层以及铺装表面病害防治

1. 桥梁地面滴水

桥梁地面滴水的原因有：①混凝土配合比不合理，粗骨料多、水泥用量少，混凝土不密实；②混凝土使用的外掺剂配比不好或效果不理想，混凝土的抗渗、抗裂性差；③施工过程中控制不严格，施工工艺粗糙，混合料有离析现象；④绞缝施工没有按设计要求施工，绞缝混凝土破坏。

具体防治措施为：①桥面混凝土应是细集料级配、高标号混凝土，配合比设计是小粒径偏多石料级配合理，水泥用量取上值；②施工中要严格控制混凝土坍落度及拌和时间，使混凝土和易性好、均匀并加强振捣，适当加入防水剂，满足抗渗要求；③施工过程中严格控制，提高施工工艺；④严格按图纸施工。

2. 桥面钢筋保护层

桥面钢筋保护层偏大或偏小，不均匀的原因有：①钢筋网垫块厚度及摆放位置不均匀；②钢筋绑扎不牢固，施工过程中遭到破坏。

具体防治措施如下。

（1）垫块厚度应均匀，垫块尽量布置密一些。

（2）可设置钢筋柱作垫石，与钢筋焊接在一起，并布设合理。

（3）桥面混凝土的浇筑应采用混凝土输送泵或采用吊车配吊斗方法；用人工小车运送混凝土时，平台运料道要坚固，倒料时要轻、慢，操作工不应脚踩或重物砸压钢筋网。

（4）桥面钢筋应绑扎牢固，保护层尺寸准确，振捣过程设专人注意检查，发现问题提前处理。

3. 桥面铺装表面

桥面铺装表面出现印记或个别小坑眼的原因如下。

（1）原材料质量控制不严，粗骨料不干净与水泥砂浆黏结不牢，受到外力作用后粗骨料脱离出来留下坑窝，或砂石料含泥块（团）经雨水冲刷成孔眼。

（2）混凝土表面尚未形成足够的强度，行人、行车或放重物留下印迹。

具体防治措施如下。

（1）砂石料质量严格控制，骨料要冲洗干净，砂子要过筛防止出现泥块。

（2）混凝土浇筑后做好管养工作，七天内不准行人或放置重物，未达到设计要求强度前禁止车辆通行。

（3）清理干净小坑眼，用水泥浆填平。

桥面有水洼的原因有：①桥面混凝土不平整，沥青铺装碾压后造成表面平整度差；②泄水孔位置不合适或标高太高、泄水孔堵塞等；③桥面横坡坡度不符合设计要求。

具体防治措施如下。

（1）加强桥面水泥混凝土施工平整度控制，沥青铺装前对水泥混凝土桥面平整度进行检查、修理使其达到平整度要求，并对压实过程进行检查、控制。

（2）泄水孔位置设计满足排水要求，其顶面标高低于水泥混凝土铺装，侧向排水管口底应与周边衔接做成半凹形，竖向排水管口应与周边衔接做成漏斗形。

任务6 桥梁伸缩缝病害的防治

一、桥梁伸缩缝处跳车

桥梁伸缩缝处跳车台阶产生的主要原因是桥梁伸缩缝发生病害或损坏引起的。

1. 桥梁伸缩缝的作用

众所周知,在气温变化的影响下,桥梁梁体长度会发生变化,从而使梁端发生位移,为适应这种位移并保持行车平顺,就必须设置桥梁伸缩装置。由此可见,桥梁伸缩缝的作用,在于调节由车辆荷载环境特征和桥梁建筑材料的物理性能所引起的上部结构之间的位移和上部结构之间的连接。桥梁伸缩缝装置是桥梁构造的一部分,如果设计不当、安装质量低劣、缺乏科学的和及时的养护,大部分桥梁会在桥梁伸缩缝处形成台阶,直接影响到桥梁的服务质量。

2. 桥梁伸缩缝的使用与发展

在橡胶伸缩缝出现以前,小位移桥梁一般采用锌铁皮伸缩缝,这种结构的装置在伸缩过程中会形成沟槽,使桥面失去平整,使用寿命缩短。大中位移的桥梁一般采用齿口钢板伸缩缝,车辆通过时受冲击振动大,缝体容易损坏,且不能防水,效果差。60年代末期我国开始研制和试用橡胶伸缩缝产品,产品有空心板型和W型,这种伸缩缝只能适应梁端位移量为20~60 mm的中小跨径桥梁,且容易发生胶条弹出现象而导致损坏。80年代中末期我国开始生产使用板式橡胶伸缩装置,这种装置由氯丁橡胶和加劲钢板组合而成,是一种刚柔相结合的装置。其接缝平整,吸震性好,适应面加大,基本上能满足中小跨径桥梁的需要。90年代,在板式橡胶伸缩装置的基础上生产了BF伸缩装置,其实质是橡胶板和钢梳齿组合成的伸缩装置,与板式橡胶缝装置相比合理性有所提高。90年代初,我国开始引进毛勒型钢伸缩缝装置,如图10-9所示,并进一步加以开发研究。到90年代中末期,开始大量生产和使用,此装置适用于所有大中桥梁的伸缩缝。毛勒型钢伸缩缝装置近几年来得到大范围推广使用,由于其结构形式和锚固形式大大改进,其合理性大大增强,普遍反映比其他类型装置先进、可靠,但发生病害损坏的现象却也不少。针对位移量小的中小跨径桥梁,近几年又引进了弹性与碎石填充型伸缩装置,虽大量推广,但仍存在一些问题,如图10-10所示。

图10-9 毛勒型钢伸缩缝

图 10-10　弹性与碎石填充型伸缩装置

3. 桥梁伸缩装置损坏分析

目前,工程上常常采用的伸缩装置有板式橡胶缝、BF 缝、毛勒型钢伸缩缝以及 TST 弹性体伸缩装置。板式橡胶伸缩装置及 BF 缝装置是使用最多、最广泛的伸缩装置,但损坏也比较严重,这种损坏首先表现在过渡段的混凝土破坏,继而锚固系统破坏,最后整个伸缩装置破坏而无法使用。

对目前常用的桥梁结构而言,伸缩装置的锚固系统很难准确地预埋在梁中,甚至不能预埋,大部分锚固在铺装层混凝土中。一般的桥梁铺装厚度为 8～12 cm,最厚也不超过 15 cm。板式橡胶伸缩装置和 BF 缝装置锚固系统由于缝本身厚度的影响,锚固深度一般只有 5～7 cm,最多不过 10 cm。伸缩装置一般设计要求过渡段混凝土采用 C40、C50 甚至更高的高标号混凝土,由于混凝土厚度太薄、体积太小,还加上预埋件的位置干扰,施工难度大,过渡段混凝土的锚固作用实际上大打折扣,预埋件的锚固质量也大受影响。桥面通常采用沥青混凝土料铺装,往往伸缩装置安装在先,桥面铺装在后,沥青面层和过渡段混凝土之间很难铺平,加上刚柔相接,容易产生台阶。车辆通行振动产生冲击使伸缩装置锚固系统和过渡段混凝土受力瞬时加大,而由此产生的振动又是高频振动,在反复的车辆瞬时荷载作用下,伸缩装置锚固混凝土不能保持弹性而破坏,锚固装置在反复动载震动下产生变形并与混凝土剥离,最终全部破坏。

桥梁的设计施工质量也是影响伸缩装置的使用寿命的一个主要原因。从设计上看:设计工程师在伸缩缝设计过程中只注重计算桥梁的伸缩量,并以此进行选型,而往往对伸缩装置的性能了解不全面,忽视了产品的相应技术要求。从施工上看:伸缩装置安装是桥梁施工的最后几道工序之一,为了赶竣工通车,施工人员对这道细活难活易疏忽大意,施工马虎,不按安装程序及有关操作要求施工。另外,伸缩装置安装后混凝土没有达到强度就提前开放交通,致使过渡段的锚固混凝土产生早期损伤,从而导致伸缩缝营运环境下降。另外,伸缩装置的受力复杂,而与之密切相关起决定作用的锚固系统却不尽合理,锚固混凝土太薄,强度很难达到设计要求,极容易损坏。

桥梁伸缩装置由于设置在梁端构造薄弱的部位,直接承受车辆荷载的反复作用,又多暴露于大自然中,受到各种自然因素的影响,因此,伸缩装置是易损坏、难修补的部位。伸缩装置产生破损的原因是多方面的,主要有以下几个方面。

(1) 设计不周。

设计时梁端部未能慎重考虑,在反复荷载作用下,梁端破损引起伸缩装置失灵。另外,有时变形量计算不恰当,采用了过大的伸缩间距,导致伸缩装置破损。

(2) 伸缩装置自身问题。

伸缩装置本身构造刚度不足,锚固的构件强度不足,在营运过程中产生不同程度的破坏。

(3) 伸缩装置的后浇压填材料选择不当。

对伸缩装置的后浇压填材料没有认真对待、精心选择,致使伸缩装置营运质量下降,产生不同程度的病害。

(4) 施工不当。

施工过程中,梁端伸缩缝间距没有按设计要求完成,人为地放大和缩小,定位角钢位置不正确,致使伸缩装置不能正常工作。这样会出现下列情况:由于缝距太小,橡胶伸缩缝因超限挤压凸起而产生跳车;由于缝距过大,荷载作用下的剪切力以及车辆行驶的惯性,会将松动的伸缩缝橡胶带出定位角钢,产生了另一类型的跳车。施工时伸缩装置的锚固钢筋焊接的不够牢固,或产生遗漏预埋锚固钢筋的现象,给伸缩缝本身造成隐患;施工时伸缩装置安装的不好,桥面铺装后伸缩缝浇筑的不好,使用过程中,在反复荷载作用下致使伸缩缝损坏。

(5) 连续缝设置不够完善。

为了减少伸缩缝,现在大量采用连续梁或连续桥面。桥面连续就需设置连续缝,目前连续缝的设置不够完善,致使连续缝破损,而产生桥面跳车。桥面连续缝处,变形假缝的宽度和深度设置得不够规范,不够统一,这也不同程度地影响着连续缝的正常工作。

(6) 养护不当。

桥梁在营运过程中,后浇压填材料养护管理不善,桥面没有经常进行清扫,导致伸缩装置逐渐破损。

(7) 桥面铺装的影响。

接缝处桥面凹凸不平,桥面铺装层老化等均可引起伸缩装置破损。

(8) 交通流量影响。

桥梁在营运过程中,车流量大、车速快、载重车辆多,巨大的车轮冲击力造成板式伸缩缝、橡胶伸缩缝的某些伸缩装置的部件破损、脱落、松动,有的甚至引起桥面破坏,严重影响行车安全。

总之,形成桥梁伸缩缝处跳车的原因是多方面的,设计考虑不周、材料不足、营运条件恶劣、施工管理不善和养护不当等诸多原因都可导致桥梁伸缩装置不同程度的损坏。

二、伸缩缝与两侧路面衔接不平顺

伸缩缝高于或低于其两则路面,超过规范规定值,造成衔接不平顺现象或伸缩缝两侧不等高。其原因分析如下。

钢板滑板伸缩缝上层钢板安装时标高不准,一般滑动端的钢板高于固定端钢板,造成高于或低于路面标高现象。滑板伸缩缝的滑动板因车辆冲击产生变形或前缘上翘。齿形钢板伸缩缝由于钢板与主筋相连焊缝脱裂,造成钢板变形或上翘。伸缩缝的钢板连同角钢松脱,其所埋范围内的水泥混凝土桥面层破裂,造成了伸缩缝两侧出现凹坑,造成伸缩缝附近不平顺。

具体预防措施如下。

(1) 伸缩缝下埋角钢要严格控制其符合设计标高;尽量缩小滑动伸缩缝滑动钢板的宽度,防止滑动钢板前缘的上翘。

(2) 加强上层钢板与其下主梁的连接,保证焊接处双侧焊以便增加焊缝长度。

(3) 采用连续桥面新技术,减少桥面伸缩缝的个数,并采用新型大变形量防水伸缩缝、毛勒伸缩缝。新型伸缩缝由工厂预制和组装,可分段在现场连接安装。根据安装温度调整好安装尺寸,然后将调整好的伸缩缝吊装就位,再将伸缩缝的锚固筋,与桥面预留槽口内的预埋钢筋相焊接,采用高于桥面混凝土一级的钢纤维混凝土将伸缩缝槽口浇筑密实。

伸缩缝装置的安装采用后安装法。即铺路时,将伸缩缝装置位置按路面铺过去,碾压平整、密实。然后,按伸缩缝装置加混凝土保护带的宽度,将该部分路面结构切、挖去,再进行伸缩装置安装、焊接,浇筑混凝土保护带,且有工程实例表明,这种方法能够消除桥头跳车的现象。

三、防治跳车的基本措施

根据目前我国公路修建中桥涵及桥涵两端路堤设计、施工的实际情况,以及桥梁伸缩装置设计选型和安装的具体情况,结合关于产生跳车原因的分析,跳车防治措施应该是综合性的。

1. 桥头跳车防治措施

1) 地基加固处理

为消除桥台和台后填方段的差异沉降变形,需对地基进行加固,尤其是特殊地基,如软土地基、湿陷性黄土地基、河流相冲击洪积物地基等更需进行特殊处理。台后填方段的地基压力,一般小于桥台的压力,其次台后填方的高度一般情况下沿纵向(远离桥台)不断降低,即压力不断减小。所以在进行地基加固处理时,首先应了解地基的地层岩性情况,并取样做土的含水量、密度和剪切试验,对特殊地层如黄土和膨胀土还需做湿陷性等试验,从而确定地基沉降变形特性(固结变形计算);其次分段计算填方自重压力,根据具体的地层情况设计地基加固方案,使台后填方路段的地基沉降变形与桥台地基沉降变形保持一致,对不同的地层采用不同方法和措施。

(1) 软土地基　软土属高压缩、大变形地基,对该地基首先应采用插塑料板、袋装砂井等超载预压等方法进行排水固结,其次根据填方路堤的压力计算,采用喷粉桩、挤密桩等进行加固处理。

(2) 河流相冲洪积物地基　该地层分布广、类型多,地貌一般为河漫滩,或一、二级阶地,该地基无论地层岩性条件,还是固结变形情况都优于软土地基,但由于该地基岩性和固结情况变化较大,在地基加固设计前,应进行地质勘查和土工实验,计算固结沉降量和填方压力,在此基础上进行地基渐变加固处理。

(3) 黄土地基　主要特点是具有湿陷性。设计前应做地基土的湿陷性指标和压缩试验,在计算台后填方土体压力的基础上,采用同上的地基加固处理设计,但需注意防排水设计,防止地基产生湿陷。

2) 桥头设置过渡段

在路堤和桥涵结构物的连接段上,考虑结构的差异,设置一定长度的过渡段。根据具体情况和所采用的措施,过渡段可以分为以下两种。

(1) 路面类型过渡。桥涵两端路堤的施工,在一定长度范围(该长度可以考虑与路堤高度成比例)内铺设过渡性路面,待路堤沉降基本完成以后改铺原设计的路面,这种措施对水泥混凝土路面比较适合。

(2) 搭板过渡。设置搭板可以使在柔性结构路段产生的较大沉降通过搭板逐渐过渡至桥涵结构物上,车辆行驶就不致产生跳跃。搭板的使用,在一段时间内效果尚好,但是在路堤一侧搭板搁置在路面基层上或特制的枕梁上,基层或枕梁的沉陷可能在该处形成凹陷,还有导致搭板滑落的。此外,在路堤与桥涵接缝处设置排水槽,避免或减少对路基、路面材料的冲刷和浸润,将会减少沉陷值和减弱冰冻的影响。

3) 台背填料的选择

设计及施工中,台背填料应在现场择优选用。采用粗颗粒材料填筑桥涵两端路堤,或者设置一定厚度的稳定土结构层。用粗颗粒材料作为路基的填料不仅改善了压实性能,使其易达到要求的密实度,而且对北方地区特别有利于减缓冻融的危害。设置稳定土的改善层能够使路基、路面的整体刚度有所提高,从而减少沉陷。国外台后填方采用轻质填料,其目的也是减小填方容重,减轻填方土体对地基的压力,提高地基的承载力和抗变形的能力。

在挖方地段的台背回填部位,因场地特别窄小,应选用当地的石渣、砂砾等优质填料(在湿陷性黄土地区宜用水泥、白灰稳定土),填料的施工层厚度,以压实后小于 20 m 为宜。无论填方或挖方地段的台背填料,最好不要采用容易产生崩解的风化岩的碎屑,以免因填料风化崩解而产生下陷,这一点在土方调配时应予以重视。在高填方的拱涵及涵洞与侧墙的相接部位,应尽量使用内摩擦角大的填料进行填筑,而且施工时应注意填料土压的平衡,不得发生偏压,以免造成工程事故。

4) 台背填方碾压方法

施工过程中尽可能扩大施工场地,以便充分发挥一般大型填方压实机械的使用,认真施工,给以充分压实。为了便于大型压实机械的使用,当受场地限制时,可采用横向碾压法,以能使压路机尽量靠近台背进行碾压。对于压路机不能靠近台背时,采用小型压路机配合人工夯实、碾压,最终压实度满足设计要求。

在洞涵的翼墙周围特别容易产生因压实不足而引起的沉陷,给养护工作带来麻烦,应注意压实。

扶壁式桥台在施工时很可能使用大型压实机械,这种情况下应与小型振动压路机配套使用,给以充分压实。

5) 设置完善排水设施

填方的排水措施对填方的稳定极为重要,特别是靠近构造物背后的填料,在施工中及施工后易积水下陷,因此,设计及施工时,应保证施工中的排水坡度,设置必要的地下排水设施。另外也可以在桥台与填方段结合处及过渡段的路面下设置垫层,防止路面下渗水进入填方体。对中间为砂砾石填料、两侧为土类填料的填方体与加固地基的连接处做 30~50 m 纵向集水管和每 10~15 m 的横向排水管,以排泄填方体与加固地基之间的下渗水。

6) 强化施工质量管理,提高桥涵两端路堤的施工质量

由于桥涵两端路堤所处的位置和特定条件使其有别于一般地段的路基质量要求,应采用相

应的方法达到较高的质量。桥涵端部路堤与桥涵是两种不同性质的结构物,都有各自的设计施工要求,为了使沉降差尽量小一些,应该将该处路堤的压实要求在现有基础上有所提高。除了路基顶部土层可提高至98%或更高外,整个路堤的压实度都应提高。

为了使桥台填方达到要求的密实度,必须完善施工工艺、方法和强化施工质量管理,比如压实土层厚可以适当减薄以及增加压实遍数。为适应桥涵端部路堤施工场地窄小,压实区域形状不规则而工期又紧迫的特点,应使用专用的小型压实机械。

7）加强工程监理工作

监理应对台背填土施工的填料选择、压路机具的选择、填土厚度进行检查,分层验收,对排水情况应予以检查,严格执行工序验收制度。

为了防止形成桥涵端部路堤的沉降台阶,防止桥头跳车,除了对路堤的设计、施工予以改善以外,还要加强管理,提高路基碾压质量。

2. 桥梁伸缩缝处跳车防治措施

1）梁端特殊设计

梁端部要具有足够的刚度,以满足营运过程中反复荷载的作用。设计过程中要采用恰当的伸缩间距,以保证伸缩装置的正常营运使用。

2）合理选用伸缩缝装置

选用伸缩缝装置最主要的是伸缩装置缝本身的刚度和质量。理想的伸缩缝装置必须满足下列要求：①满足上部结构梁与梁之间和梁与台之间的位移；②伸缩装置的锚固是牢固可靠、经久耐用的,能够抵抗机械磨损、碰撞；③车辆行驶平稳、舒适；④能防止雨水和垃圾渗入；⑤安装方便、简单,易检查且便于养路工操作。

目前我国公路建设中采用的伸缩装置类型较多,常见的有板式橡胶缝、齿口钢板伸缩缝、SDⅡ-80型伸缩缝、XF-80型仿毛勒伸缩缝、美国万宝伸缩缝、德国毛勒伸缩缝以及TST弹塑体与碎石填充型伸缩装置等。根据各种伸缩装置的使用状况及适应范围进行分析对比,选择采用最经济最合理的伸缩装置。

3）伸缩装置的安装

(1) 伸缩装置的锚固宽度。

需要规范伸缩缝预埋钢筋在梁(板)端部和桥台的锚固宽度。考虑到施工工艺的协调,伸缩装置的锚固宽度按50 cm进行设置为适宜,桥台上宜采用背墙的宽度进行设置,这既方便了桥面板、现浇混凝土铺装层的施工,也使伸缩装置的稳定性得到了保障。

(2) 伸缩装置的锚固钢筋。

在预制梁(板)的端部和背墙内预埋伸缩装置锚固钢筋是在两种不同情况下进行的。一般设计给定的都是对称于桥宽中心,在梁(板)端部设置预埋钢筋,则钢筋在每片梁(板)内的预埋位置都会不一样,给施工增加了难度,因此锚固钢筋应以对称于每片梁(板)的中心进行设置,这点在设计中要充分考虑。

施工中要保证锚固钢筋的作用。仅在浇筑8～10 cm厚的桥面板混凝土时进行设置是不可取的,这实际上没有让伸缩装置的定位角钢牢固地与梁(板)和背墙混凝土联结成整体,形成不稳定隐患,需要施工中认真对待。

(3) 伸缩装置的定位角钢。

伸缩装置的定位角钢一定要依据安装时测定出的气温、计算伸缩缝的伸缩量来调整两块定位角钢之间的距离,并按桥面高度将定位角钢焊接到预埋钢筋上,这样就严格控制了缝距。对于伸缩缝的间距,人们多持有宁小勿大的倾向,这是万万不可的。定位角钢附近的混凝土,在施工中振捣比较困难,死角和钢筋密集的部位,应加强人工插捣。

4) 连续缝的设置

连续缝的宽度按桥的设计跨径和梁(板)的设计长度之差值进行设置,30 m组合T形梁连续缝宽 6 cm;各种板桥连续缝宽 4 cm;弯道上的桥在盖梁上设置楔形块调整桥面曲线,楔形块部位的连续缝按两条缝进行设置,每条缝宽不宜小于 4 cm,通常设计缝宽 2 cm。桥面连续缝外,变形假缝的宽度和深度必须规范、统一,缝的宽度和深度宜按 0.5~2.5 cm 的锯齿缝进行设置,这样方便施工。

5) 锚固区混凝土的浇筑

桥面行车道混凝土铺装应该同伸缩装置锚固区的混凝土同时进行浇筑,不允许在该部位及整个桥面上留有施工缝。

6) 加强伸缩缝的养护

伸缩装置在营运过程中必须加强养护,为伸缩装置创造良好的工作环境,使其正常工作。

7) 完善连续缝的设置

目前连续缝的设置不够完善,需从设计上进行改进。

(1) 增设镀锌铁皮。

连续缝处通常采用涂两层沥青,于中间铺设一层油毛毡(简称二油一毡)或涂两层乳化沥青,于中间铺设一层土工布(简称二油一布)。这样施工中就存在一些需要解决的问题:①在铺设桥面混凝土时,缝顶部位上的油毛毡、土工布容易下挠,甚至胀裂;②混凝土在插捣中,油毡容易被戳破;③混凝土会存在振捣不密实的问题。

为了解决上述问题,需在二油一毡或二油一布底部增加设置一块宽度为 50 cm 的镀锌铁皮。

(2) 调整上部结构部分钢筋的设置。

对预应力梁封锚顶面部分钢筋需要适当调整,以不伸出顶面为原则。否则,伸露出的钢筋会妨碍连续缝上二油一毡或二油一布和镀锌铁皮的设置。

(3) 二油一毡、二油一布的设置宽度。

二油一毡、二油一布的设置宽度在设计中需要文字说明交代清楚,宽度宜控制在 50 cm 左右。

(4) 轻质包装材料不宜使用。

连续缝内填塞轻质包装材料,主要是为了衬托油毛毡或土工布不下挠和不被胀裂(实际上难以达到预期的效果)。该材料种类繁多,且无桥梁专用的产品,施工中使用的很混乱,掩盖了梁(板)缝内的杂物,甚至是坚硬块件。由于接缝中增设了镀锌铁皮,优化了二油一毡或二油一布的使用效果,轻质包装材料可以不用。

3. 跳车台阶的补救措施

桥端头台阶已经产生,跳车现象随之发生,需要我们考虑的是,应该采取什么措施进行修复补救。

当路面铺装以后产生沉降时,在桥涵构造物两端形成台阶,据调查所形成的台阶高度一般小于 20 cm 时,对车速的影响不太严重,可以不予修复。当台阶高度逐步增大时对跳车的影响将大为加剧,应予修补。

1) 更换填料

个别桥台背部因场地狭小、赶工填筑,填料压实度不足,需对桥涵两端 10 m 范围内的台背填料进行换填处理。采用抗水侵蚀性好的填料,如半刚性填料,砂石填料等,以改善填料的水稳性。

2) 采用半刚性基层

路基上部 0.5~0.8 m 厚的路基土应用水泥或石灰稳定处理,也可采用二灰稳定碎石进行填筑,以期提高整体强度。

3) 加铺沥青混凝土

为使沉降后的路面与缓路段端部衔接顺适,应对端部开挖处理,一般下挖 15~20 mm 为宜。错位沉降的修补可用热拌沥青混凝土加铺,以求增大与原路面的黏结能力,加铺层的强度也比较稳定。

无论采用何种措施,修补长度应视台阶高度、形状而异,一般为 10~15 m 为宜,缓和段的坡度控制在 0.5% 以内。桥梁在营运过程中,由于伸缩缝装置损坏至一定程度即会引起桥面跳车,因此对于损坏的伸缩缝装置应及时进行修复、更换,以免造成更大的损失。

4. 桥梁伸缩缝处跳车台阶的修补标准

桥面跳车现象是世界各国公路都存在的问题。由于各种因素的影响和作用,公路在建成使用以后尚无法完全避免台阶的出现,因此必须加强定期维修养护。那么在台阶达到多大时修补是比较合适的呢?为此,必须确定一个标准。

国内外在研究高等级公路路堤沉降时,对软土地基上的公路提出容许后沉降的标准,即指铺筑路面后至大修年限的容许剩余沉降值。对相邻人工构造物的路堤也提出了台阶标准。显然,为了维持公路的良好使用质量,实际上,必定是在达到远小于上述数值的某一沉降值时就要进行多次的维修,因此,应该定出一个合适的维修标准。考虑到桥头台阶是间断非连续的,行车间隔距离又稍长的情况,以及修补的频率,尤其是维修费用问题。

桥梁伸缩缝装置的损坏导致桥面形成数个高低不一的台阶,此类台阶与桥头台阶还有差异。每座桥又有数条伸缩缝,因此桥面台阶的存在对行车速度的影响比桥头台阶影响更为显著。

由于诸多原因的存在,伸缩缝装置的损坏是难免的,桥面跳车现象也是客观存在的,那么,修复标准是什么呢?根据台阶对车速的影响,台阶达到相应的规范值时即应进行修补养护。由此也可以看出伸缩缝装置的修复工作是经常性的、不间断的。这就需要我们加强日常维修养护工作,保证伸缩缝装置处于正常工作状态。

总之,桥头、桥梁伸缩缝处跳车台阶问题是个比较复杂的问题,牵涉设计、施工、养护各个方面,因而要解决这一问题也需要通过严密的设计、认真的施工才能解决或缓解这一病害。

1. 论述钻孔灌注桩断桩的原因。
2. 钢筋混凝土梁桥预拱度偏差的防治措施有哪些?
3. 简述关于桥梁"桥头跳车质量通病"防治措施的看法。
4. 箱梁桥在正常使用过程中的主要病害。
5. 谈谈你对桥梁质量通病及防治的看法。

参 考 文 献

[1] 中交公路规划设计院有限公司.公路桥涵设计通用规范:JTG D60—2015[S].北京:人民交通出版社,2015.
[2] 李辅元.桥梁工程[M].北京:人民交通出版社,2013.
[3] 尹锡军,韩冰玉.桥梁工程施工[M].济南:山东大学出版社,2015.
[4] 中交第一公路工程局有限公司.公路桥涵施工技术规范:JTG/T F50—2011[S].北京:人民交通出版社,2011.
[5] 范立础.桥梁工程(上册)[M].3版.北京:人民交通出版社,2017.
[6] 蒋平江.桥梁施工技术[M].2版.成都:西南交通大学出版社,2015.
[7] 孔繁瑞.预应力混凝土连续梁桥预制节段施工法:中国公路学会桥梁和结构工程学会2002年全国桥梁学术会议论文集[C].北京:人民交通出版社,2002.
[8] 舒丹.铁路预应力混凝土连续梁桥墩梁式支架施工及逐孔施工法关键工艺研究[D].长沙:中南大学,2009.
[9] 严国敏.现代悬索桥[M].北京:人民交通出版社,2002.
[10] 顾安邦,向中富.桥梁工程(下册)[M].3版.北京:人民交通出版社,2017.
[11] 廖朝华.公路桥涵设计手册:墩台与基础[M].2版.北京:人民交通出版社,2013.
[12] 黄绳武.桥梁施工及组织管理[M].北京:人民交通出版社,1999.
[13] 交通运输部公路科学研究所.公路工程质量检验评定标准 第一册 土建工程:JTG F80/1—2017[S].北京:人民交通出版社,2018.
[14] 王晓谋.基础工程[M].4版.北京:人民交通出版社,2010.
[15] 于忠涛,桑海军.桥梁下部结构施工[M].北京:人民交通出版社,2011.
[16] 唐杰军,赵欣.道路工程施工测量案例[M].北京:人民交通出版社,2010.
[17] 张辉.桥梁上部结构预制与安装施工[M].北京:人民交通出版社,2010.
[18] 魏红一,王志强.桥梁施工及组织管理程(上册)[M].3版.北京:人民交通出版社,2016.
[20] 王常才.桥涵施工技术[M].2版.北京:人民交通出版社,2007.
[21] 叶国铮,姚玲森,李秩民.道路与桥梁工程概论[M].2版.北京:人民交通出版社,2006.
[22] 全面一级建造师执业资格考试用书编写委员会.公路工程管理与实务[M].北京:中国建筑工业出版社,2018.
[23] 周昌栋.悬索桥上部结构施工[M].北京:人民交通出版社,2004.9